La vuelta del comunismo

FEDERICO JIMÉNEZ LOSANTOS

LA VUELTA DEL COMUNISMO

Su llegada al Gobierno de España, las desgracias que se produjeron y los desastres que se ocasionaron

ESPASA

Espasa, sello editorial de Editorial Planeta, S. A.
Avda. Diagonal, 662-664, 08034 Barcelona
www.espasa.es
www.planetadelibros.com

Relación de créditos fotográficos en página 437

Primera edición: noviembre de 2020
Cuarta edición: diciembre de 2020

ISBN: 978-84-670-6031-7
Depósito legal: B. 18.500-2020
Preimpresión: Safekat, S. L.
Impresión: Unigraf, S. L.

El papel utilizado para la impresión de este libro está calificado como **papel ecológico** y procede de bosques gestionados de manera **sostenible.**

A todas las víctimas del comunismo en Venezuela,
cuyo martirio se quiere repetir en España.

Índice

Prólogo

LO QUE VA DE AYER A HOY

En octubre de 2017 entregué a La Esfera de los Libros el texto de *Memoria del comunismo. De Lenin a Podemos*[1], que salió al mercado en enero de 2018. Ni la editorial ni yo podíamos pensar que iba a vender más de treinta ediciones y de cien mil ejemplares, señal de que no hay muchos libros sobre el comunismo y de que, por lo que estaba pasando en Venezuela, raíz y referencia de Podemos, en la opinión pública crecía el temor de que España siguiera la deriva chavista de la que aviso en *Memoria* y que, tres años después, se ha consumado. Mientras tanto, el régimen narcocomunista, aliado con Rusia, China e Irán, ha provocado la mayor catástrofe en términos de vidas, pérdida de propiedades y de derechos civiles de toda la historia de América.

Sin embargo, la llegada al Gobierno de Iglesias, epítome de Lenin en *Memoria*, obliga a una actualización de urgencia. La naturaleza proteica, cambiante y engañosa del comunismo no altera su condición esencial: la de ser una doctrina contra la propiedad privada que necesariamente destruye la libertad individual y cualquier forma de Estado de derecho. Y en España presenta variantes especiales con respecto a las formas clásicas de acceso al poder de los comunistas, que son tres: violencia insurreccional y guerra civil —URSS, China, Vietnam, Camboya—; ocupación militar —países de Europa Oriental que toma el Ejército Rojo tras la Se-

[1] Federico Jiménez Losantos: *Memoria del comunismo. De Lenin a Podemos.* La Esfera de los Libros, Madrid, 2018.

gunda Guerra Mundial—; y la corrupción de un Gobierno salido de las urnas, pero cuyo líder va minando la división de poderes hasta imponer un régimen comunista —Venezuela—.

El caso de España es tan singular que ofrece dificultades casi insalvables para explicarlo a quienes no conozcan la historia del comunismo y la de España, un país aparentemente inaccesible al peligro comunista. La nuestra es lo que suele llamarse una *democracia avanzada,* miembro de la Unión Europea, la cuarta economía de la zona y cuya calidad de vida, del sistema sanitario al asistencial, la coloca entre los mejores países del mundo para vivir. Aun así, España tiene un cáncer: los movimientos separatistas catalán y vasco, con los que colaboran socialistas y comunistas, y que se han expandido a la Comunidad Valenciana, Baleares y Navarra.

Tiene también España un régimen constitucional de monarquía parlamentaria, como el danés, el inglés o el sueco, salido de la Transición democrática que acabó pacíficamente con la dictadura franquista y fue votado de forma masiva por los españoles en 1978. Los comunistas de Podemos, con los separatistas vascos, catalanes y gallegos, pretenden derribar la monarquía, a la que tachan de continuación del franquismo, cuando fueron Juan Carlos I, heredero de Franco a título de Rey, y Adolfo Suárez, secretario general del partido único franquista, los que trajeron la democracia, pactada con el PCE. Y atacan a la Corona porque, hoy por hoy, es un dique legal infranqueable para los proyectos de fragmentar España.

La legitimidad de la Transición fue por primera vez cuestionada por un Gobierno del PSOE, el de Rodríguez Zapatero en 2004, que promulgó una Ley de Memoria Histórica avalada por la derecha e incluso por Juan Carlos I, y que, tras los años perdidos de Rajoy, ha retoñado con Pedro Sánchez. Tras sacar el cadáver de Franco del Valle de los Caídos —sórdido exorcismo histórico de la derrota del bando del Frente Popular ochenta años antes, retransmitido por televisión como el Día D en Normandía, y que reabre simbólicamente la Guerra Civil—, el Gobierno Sánchez, hijo político del ahora embajador del narco-régimen venezolano, promulga una ley tras otra de «reparación histórica» antifranquista. Antes de que Podemos entrase en el Gobierno anunció la creación de una especie de Ministerio de la Verdad para perseguir legalmente a los que no comulguen con la idea del pasado de la izquierda, que no es la anticomunista del PSOE de Besteiro y González, sino la de Negrín y Álvarez del Vayo, un socialismo enfeudado al comunismo.

Esa dictadura sobre la memoria es algo que, aunque relativamente nuevo en Occidente —al menos con respecto a la ferocidad iconoclasta actual, capaz de derribar estatuas de Colón en América, con el aplauso de la jefa del grupo demócrata en el Congreso, o la de Churchill en Gran Bretaña—, existió desde 1917 en Moscú o Pekín. La llamada «cultura de la cancelación» tiene su modelo en la Revolución Cultural china, que destruyó buena parte de los cuatro mil años de civilización por budista, confuciana o, simplemente, «vieja».

Pero hay aspectos del comunismo actual que se han desarrollado tras la caída del Muro de Berlín y que tienen una importancia esencial en el nuevo totalitarismo de izquierda tan visible en Podemos o en regímenes despóticos iberoamericanos como la Bolivia de Evo Morales o la Argentina de los Kirchner. Son, por citar solo cuatro, el racismo (Black Lives Matter), el indigenismo, el parafeminismo *queer* y el ecologismo, unos frentes ideológicos que parecen muy alejados de la lucha de clases marxista-leninista hasta que uno se fija en que sus enemigos son los mismos: la propiedad, la libertad individual y el derecho natural; y que su herramienta es también la misma: la ingeniería social, eso que ahora muy equívocamente se llama marxismo cultural, que abreva en fenómenos ideológico-mediáticos norteamericanos como el #MeToo, el *queer* o el del cambio climático, ayer acaudillado por Al Gore, hoy por Greta Thunberg.

Estos nuevos escenarios de confrontación social despistan a quienes ven o prefieren ver el comunismo como creen que era hace décadas. Pero incluso en la época de mayor expansión territorial de la URSS y máximo crédito intelectual del marxismo clásico, el comunismo libraba sus batallas ideológicas esgrimiendo fórmulas como la de la lucha por la paz, la lucha contra la energía nuclear —solo en Occidente— o el Movimiento de Países No Alineados, pero siempre alineados contra Occidente, y que por eso los apoyaba Moscú.

Hoy ya no hay una sino dos grandes potencias comunistas de capitalismo mafioso, China y Rusia, de tamaño y ambiciones diferentes pero no enfrentadas. El movimiento comunista en el llamado Tercer Mundo ha pasado de Cuba como única referencia al «socialismo del siglo XXI», el triángulo Caracas-La Habana-FARC, con aliados como Nicaragua, Argentina y México, sin olvidarse del populismo de extrema izquierda que arrasa bastiones como Chile o Perú. Puede decirse sin exagerar que, si el comunismo se define por el odio a la propiedad, la libertad individual, la ley y la tradición occidental, nunca ha tenido más fuerza que ahora. Nunca los Estados Unidos se han parecido más a la China de Mao con sus teatrales campañas de autocrítica promovidas por el poder, como cuando Nancy Pelosi y los demócratas del Congreso se arrodillan ante no se sabe muy bien quién por sus pecados de racismo imperdonables y olvidándose de su Constitución, Lincoln, Kennedy y hasta Martin Luther King. La fuerza del colectivismo televisado es tal que ya no se sabe dónde empieza el movimiento marxista BLM y termina la NBA.

En el comunismo de hoy cabe todo lo que sale en televisión para quejarse de la atroz herencia occidental recibida. En España, Podemos, por ejemplo, es leninista, *queer*, ecologista, animalista, inclusivo en educación, feroz perseguidor de la lengua común española y a favor del separatismo de regiones ricas como Cataluña o el País Vasco. Pero nunca hay que fijarse en lo que defiende, sino en lo que ataca. Lo mismo: libertad, propiedad, igualdad ante la ley, tradición occidental y unidad nacional.

Nada más llegar al Gobierno, Podemos empleó el BOE y toda su trompetería para avanzar en esos ámbitos que no parecen gubernamentales, pero lo son de poder. Lo veremos en el caso de su feminismo *queer*, no solo por su importancia en el 8 de marzo del COVID-19, sino por ser una enmienda total a la familia como institución y a la naturaleza en su máxima definición biológica: los dos sexos capaces de reproducir la especie. Ese era el fin último de Marx y Bakunin, Lenin y Trotski: romper los milenarios lazos de la cultura y de la naturaleza para crear el *hombre nuevo,* ser inédito que solo existirá dentro de una comunidad en la que se prohíba lo individual.

El #MeToo y BLM desembocan fatalmente en *El cuento de la criada,* aunque la industria de la comunicación —cada vez menos entretenimiento y más adoctrinamiento— lo vende en un solo paquete con lacito progresista, como si *Handmaid's Tale* no fuera una actualización mediocre de *1984,* la Camboya de Pol Pot, la China de Xi Jinping o, muy ajustadamente, del Estado Islámico, referencia prohibida para no caer en la islamofobia. Zuckerberg ha prohibido a sus empleados oponer al racismo violento de Black Lives Matter el «All Lives Matter», que representa la lucha antirracista de Luther King y la Constitución norteamericana. Da igual que los negros maten más negros que blancos, o que los blancos maten más blancos que negros: hay que imponer la agenda progresista, al margen de la realidad de los números y la fuerza de los argumentos. Al que disiente se le condena en las redes o lo echan del trabajo. Mao en el Gran Salto Adelante no hizo algo diferente: impuso su dictadura sobre las mentes. Luego la extendió a los estómagos y mató de hambre a sesenta millones de chinos, pero no verán eso en las producciones de Hollywood ni en las series de Netflix.

Otro aspecto tragicómico, ya antiguo, de la presión colectivista en la sociedad actual es la *infantilización,* esa ingeniería social izquierdista que trata a los niños como a adultos y a los adultos como a niños. El buenismo tontorrón que parece obligatorio en las teleseries está alcanzando niveles estremecedores. Por ejemplo, el de la payasa Filomena en Argentina, que con sus trenzas enhiestas y su apósito rojo en la nariz acompañó en televisión a los representantes del Gobierno que daban la cifra de muertos del COVID-19. Veinte contabilizaron ese día, pero, como era el de las Infancias —niñas, niños y niñes, dijo la política—, les rindieron homenaje aunque no estuvieran viendo la tele, con esta lírica creación de la payasa: «Una nube / cae la lluvia / crece el pasto / sube el árbol / caen las hojas / sobre el agua / hay un pulpo y un caracol / ¡clonc!».

De Victoria Ocampo a la payasa Filomena: he ahí el «significante vacío» de Laclau anegándose de comunismo y fascismo peronista. Así se entierra a veinte muertos en el país de Borges, ahora de los Kirchner y también de Podemos, porque su ministro de Educación fue, hasta la victoria de los sepultureros del fiscal Nisman, jefe de Gabinete de Pablo Iglesias. Esta es la modernidad: la payasa y los dos del Gobierno imitando en la tele la caída de la lluvia y las hojas y el crecimiento del árbol y la hierba. Raro es que no se la comieran.

En el comunismo, como en todo crimen, no hay casualidades. En la primera fila de invitados a la toma de posesión del presidente Fernández, padre del #GobiernoDePayasos, estaba el podemita Juan Carlos Monedero. Y la primera aparición de Pablo Iglesias como vicepresidente en televisión fue para pedir perdón a los niños por las incomodidades del virus, culpa de los mayores. Lenin quería «ingenieros de almas»; el leninismo lo difunden hoy los llamados «educadores sociales», clérigos de guardería y comisarios televisivos de la corrección política, que, como no aplaudas a la payasa de turno, te corrigen, vaya si te corrigen. El hombre nuevo sonríe al porvenir.

Los Iglesias-Montero y el casoplón solariego

Naturalmente, hace tres años, al terminar *Memoria del comunismo*, yo no podía imaginar el afán dinástico de Pablo Iglesias. Aún no se había instalado en el casoplón de Galapagar, ni contribuido con Irene Montero a aumentar en tres bebés la población nacional, ni depurado y corrompido por completo aquel partido que, con su coleta y él como símbolo, apareció en 2014, ni, por supuesto, había logrado la Vicepresidencia Segunda del Gobierno y cinco ministerios, incluido el de su última pareja —no arriesgaré: la madre de sus tres primeros hijos—. Dedicaremos una parte del libro a estudiar esa impostura de Pablo Iglesias, cuyo liderazgo ha sido, es y será la clave de Podemos. Puede salir del Gobierno y que Podemos se reduzca al 10 por ciento del voto comunista, normal desde la Transición. Pero lo importante es su política, y esa la hace el PSOE, en la oposición y en el poder, desde hace años.

Gracias a esa deliberada podemización del PSOE desde la vuelta de Sánchez a la Secretaría General, pudo producirse a finales de 2019 algo casi inimaginable en la UE y que, en España, muchos creían imposible: la vuelta del comunismo al Gobierno, ochenta años después de que el PSOE, que lo metió en 1936 en el Gobierno de Largo Caballero, tuviera que echarlo a cañonazos en 1939.

Su entrada en el Gobierno no fue, pues, fruto azaroso de la aritmética parlamentaria, ni tampoco de una radicalización. Fue la asunción por parte de Sánchez de un programa de subversión del Estado, calcada de la del PSOE de Largo Caballero, que llevó a España a la Guerra Civil para imponer la «dictadura del proletariado», es decir, la de su partido. Una tarea en la que contó, lógicamente, con los criados de Stalin en España, el PCE.

Esta vez, el PSOE asume algo aún peor que una dictadura al modo soviético con retoques masónicos al modo mexicano como la del Frente Popular en 1936. Ahora trata de liquidar el Estado, su régimen constitucional y la propia nación española —«de la que emanan todos los poderes del Estado», según la Constitución— como sujeto político y depositario legítimo de la soberanía. Pretende imponer una especie de federalismo o República de repúblicas, abocada a la balcanización.

El PSOE de 2019 se pone, como en 1936, a la cabeza de un proceso revolucionario que, esta vez, se inicia en el golpe de Estado dirigido por la Generalidad de Cataluña en octubre de 2017 y que supera su fracaso técnico con la moción de censura que desaloja al PP del poder en 2018 e instala un Gobierno que, aunque presida Sánchez, depende de los partidos de izquierda y separatistas, desde Bildu a los comunistas pasando por el PNV y el golpismo catalán. Pero ese proyecto de cambio de régimen es el de Podemos. Por eso insisto en que era solo cuestión de tiempo que entrara en el Gobierno: en el poder ya estaba, porque Sánchez hacía su política.

Veamos cómo España llegó hasta el abismo, casi sin darse cuenta.

1
La reinvestidura del comunismo en España

Recapitulemos: en solo diez años, de 2010 a 2020, el comunismo en España ha pasado de no significar nada en la vida política a significarlo casi todo; de tener algo más de un millón de votos (IU) —dos, si se añaden los grupos de izquierda totalitaria separatista (Bildu, CUP, BNG)—, a triplicar el número de votantes y entrar en el Gobierno, por primera vez desde 1939, con una vicepresidencia y cinco ministerios. Los comunistas tienen además un papel clave en el equilibrio de fuerzas —con los socialistas y separatistas— que forman el bloque de poder que llevó a la Moncloa en 2018 al socialista Pedro Sánchez. A cambio, este asumió el proyecto común separatista y comunista: liquidar el régimen constitucional de 1978 que trajo a España, integrada en la Unión Europea, cuarenta años de prosperidad económica y libertad política, salvo en las zonas dominadas por el terrorismo separatista, que prosperaron sin libertad.

Personalicemos: en 2010, un profesor ayudante de interino en la Facultad de Ciencias Políticas de la Universidad Complutense de Madrid, Pablo Iglesias Turrión, comenzó a emitir en Tele K, una cadena local de Vallecas, el barrio en que vivía, un programa llamado *La Tuerka*, que él mismo dirigía y presentaba. En 2020 era vicepresidente del Gobierno con cinco ministros del partido que él fundó en 2014, llamado Podemos, que había absorbido a Izquierda Unida y se había aliado con diversos grupos separatistas y comunistas. Los tres sectores —Podemos, IU y los separatistas— estaban representados en el Gobierno: el nacionalismo gallego de

En Marea, por Yolanda Díaz en el Ministerio de Trabajo; el nacionalismo catalán de En Comú Podem, con Ada Colau como referente mayor, por Manuel Castells, en Universidades; y el PCE, núcleo de IU y al que había pertenecido de joven Pablo Iglesias, por su rival en ese partido durante muchos años, Alberto Garzón, ministro de Consumo. Y por encima de todos, el vicepresidente Iglesias y la ministra de Igualdad Montero, su pareja.

El vertiginoso ascenso político de Pablo Iglesias se debe a diversas razones, pero la esencial es que, mientras él se ha mantenido fiel al modelo leninista de conquista del poder, las demás fuerzas políticas, sobre todo las supuestamente anticomunistas, le han ido concediendo espacios que, por lo general, aunque no siempre, ha sabido aprovechar. También ha tenido suerte, porque solo con mucha suerte pueden alcanzarse parcelas de poder inaccesibles para un grupo pequeño y sin un respaldo popular claro y fijo. Pero lo esencial de esa trayectoria, sin parangón en ningún país del mundo occidental, se debe a que sus aliados no han sabido entender la personalidad política de Iglesias y a que sus enemigos nunca valoraron el peligro de sus ideas. Como Lenin en la Rusia de 1917, el éxito propio se debe a la ceguera ajena.

Algunos solo empezaron a caerse del guindo —es decir, a tomarse en serio el riesgo de caer en un gobierno dictatorial, híbrido de Venezuela y China, de despotismo sucio y mafia oriental— el 12 de noviembre de 2019, cuando Sánchez e Iglesias anunciaron abrazados el pacto de Gobierno contra el que se habían convocado las elecciones.

Una de las supersticiones más arraigadas en la política española durante los últimos ciento cuarenta años es la de que el PSOE tiene remedio, y que se modernizará y democratizará como la propia nación. Nada puede contra ese atavismo, pese a que Sánchez llevaba forcejeando con Iglesias, pero junto a él, mucho tiempo, recogiendo el testigo de Zapatero, que en 2004 decidió liquidar el régimen constitucional de 1978 para crear un bloque de poder del que quedaba excluida la media España de derecha.

Como siempre, la excusa para creer que el PSOE es incompatible con cualquier variante del comunismo era solamente lo que dijo en la campaña electoral Sánchez, el «Doctor Cum Fraude» —acreditado mentiroso, perito en trolas y capaz de decir una cosa y la contraria no ya el mismo día sino en la misma frase—. Él estaba seguro de mejorar su posición con respecto a Podemos, porque nunca contempló otro socio, tras el recurso a las urnas contra Iglesias.

La campaña fue una exhibición anticomunista y antiseparatista por parte de Sánchez, que llevaba como presidente del Gobierno en funciones un año largo, aunque en la moción de censura contra Rajoy prometió en el Parlamento que convocaría elecciones a la mayor brevedad posible. No más de tres o cuatro meses, dijo. Pero no de qué año, se reían sus asesores, convencidos de lograr entre 140 y 160 diputados mientras Iglesias naufragaba. Presos de la manía de que el PSOE es como querríamos que fuera y no como es, muchos creyeron que lo que decía Sánchez sobre el comunismo era cierto.

Por ejemplo, el 18 de julio, fecha memorable, Sánchez explicaba en La Sexta la radical imposibilidad de la entrada de Podemos en el Gobierno:

> Pablo Iglesias es el principal escollo, no puede estar en el Gobierno (...). Yo no me puedo permitir el lujo de tener un vicepresidente político que no defienda la democracia española. Cuando habla de presos políticos, ¿qué está diciendo? ¿Que en España se está persiguiendo a personas que tienen ideas distintas y que están en la cárcel por esas ideas? ¿O porque han cometido hechos delictivos que están siendo juzgados en el Tribunal Supremo?

Y para dejar todavía más clara su incompatibilidad con el «escollo»:

> Lo que el señor Iglesias defiende es un referéndum de autodeterminación en Cataluña que partirá en dos definitivamente a la sociedad catalana.

El entrevistador no preguntó por las presiones a las que el Gobierno estaba sometiendo al Supremo para favorecer a los golpistas: por ejemplo, al echar al abogado del Estado, Edmundo Bal; o cuando Dolores Delgado, ministra de Justicia, negó la protección debida al juez instructor, Pablo Llarena, demandado por golpistas presos o huidos; o cuando el PSC pidió que salieran de la cárcel antes de conocerse la sentencia; o cuando el propio Sánchez dijo en la SER que «los catalanes tienen un Estatuto que no han votado» y que «una crisis política como la de Cataluña se soluciona políticamente, es decir, votando».

Sánchez, dijera lo que dijera, había asumido así la tesis separatista «a plazos» de Iceta, que en una entrevista en *El Mundo* acababa de pedir «diez años para cambiar la mentalidad de los españoles» sobre la independencia de Cataluña. También, se entiende —y por si acaso lo recordó Gabriel Rufián al día siguiente en las Cortes—, de los Països Catalans (Baleares, Comunidad Valenciana y una parte de Aragón). Lo más urgente era anular mediante una consulta regional la poda que en su día hizo el Tribunal Constitucional de catorce artículos del Estatuto que establecían una Justicia exclusivamente catalana —es decir, en manos del nacionalismo—, pretensión que era inequívocamente anticonstitucional.

Pero lo esencial en la campaña era convencer a la ciudadanía de que el PSOE es enemigo de cualquier régimen comunista, ruinoso y liberticida:

> Ni antes ni después el Partido Socialista va a pactar con el populismo. El final del populismo es la Venezuela de Chaves [sic], la pobreza, las cartillas de racionamiento, la falta de democracia y sobre todo la desigualdad.

Cabe suponer que el pacto posterior con el que eufemísticamente llamaba Sánchez «populismo», y que no es más que el comunismo pasado por el Foro de São Paulo, supone adoptar ese horizonte de pobreza y represión. Pero lo que los druidas de la Moncloa creyeron más eficaz fue esta confesión de carácter ético e íntimo, totalmente personal, de Sánchez a los españoles:

> Hoy podría ser presidente del Gobierno, con plenas competencias, pero de un gobierno de coalición en el que tendría que

> haber aceptado perfiles sin experiencia. Un gobierno de coalición hubiera fracasado (...). Sería un presidente del Gobierno que no dormiría por la noche... junto con el 95 por ciento de los ciudadanos, incluida la mayoría de votantes de Podemos, que tampoco se sentirían tranquilos.

Pablo Iglesias se revolvió haciéndose la víctima, como durante toda la campaña electoral, incluido el único debate a cinco que Sánchez admitió:

> Hay un error grave que yo cometí y es confiar en la palabra de Pedro, porque Pedro me mintió. Cuando un presidente del Gobierno que está en funciones no duerme bien, pues puede cambiar el colchón de la Moncloa todas las veces que quiera, pero creo que no hay que faltar el respeto a la gente.

Algo debió de torcerse, y mucho, durante la campaña electoral, porque, al final, Sánchez empezó a insistir en «desbloquear la formación del Gobierno», cuando él era quien lo había bloqueado durante meses por su cacareada imposibilidad de pactar con Podemos en general y el «escollo» Iglesias en particular. Era, como siempre, una forma de culpar a la derecha por no votar un Gobierno de izquierda, obligación únicamente reservada a España.

Sin embargo, la incógnita, según me dijo en una comida *off the record* José Luis Ábalos —«el único ministro en que puedo confiar», me aseguró en una charla en Moncloa Iván Redondo, o sea, Pedro Sánchez—, estaba en la derecha: cuánto iba a bajar Ciudadanos y subir Vox. No tenía duda de que el PSOE subiría, al menos, 20 escaños, ni de que Iglesias iba a verse doblemente perjudicado por el voto útil de la izquierda —categoría en que se situaba Más País, feble nombre del partido de Errejón—, ante el hinchado peligro de Vox.

Pero todas las encuestas fracasaron en las urnas del 10 de noviembre de 2019: el PSOE se quedaba en 120 escaños y perdía 750.000 votos. El PP sacaba 88 escaños, 22 más que en abril, y subía medio millón de votos. Vox pasaba de 24 a 52 escaños y subía un millón de votos. Iglesias, ahora Unidas Podemos, sacaba 35 escaños. Perdía 700.000 votos y 7 escaños. Más País era Menos Errejón: solo sacaba su escaño y el de Compromís en Valencia. Pero la debacle absoluta era la de Ciudadanos, que perdía 47 de los 57 que tenía y dos millones y medio de votos. De los cuales, uno no fue a votar.

El pacto de los náufragos

El desastre en las derechas, que perdía ese millón de votos, afectó sobre todo a Ciudadanos por no haber intentado en serio pactar con el PSOE y evitar que lo hiciera con Podemos y los separatistas. Albert Rivera, que dimitió al día siguiente «para ser feliz» con su nueva pareja Malú, había dicho en el anterior debate de investidura que «la banda de Sánchez» ya había pactado en «la habitación del pánico» el Gobierno con Podemos. Como entonces no era verdad, aunque luego lo fue, de allí salió Iglesias convertido en víctima de Sánchez; y Rivera, en cadáver político.

Esa misma noche, en Ferraz, la vieja guardia del PSOE exigió a Moncloa (a Iván Redondo, porque Sánchez es intocable) «autocrítica», por creer que unas nuevas elecciones mejorarían su posición para el pacto con Podemos, el socio deseado y, tras la ruina de Ciudadanos, el único posible. Pero en ese momento ya estaba Iván Redondo salvando su cabeza junto a la también derrotada cúpula de Podemos. Esa noche, Sánchez, que había perdido nada menos que 750.000 votos, llamó a Iglesias, que había perdido 700.000, más que él por el volumen previo de votantes. Y así fue como el «Pacto del Abrazo», que en los medios de centro-derecha se imploró a Rivera durante aquel verano que él prefirió pasar en el Algarve con Malú, se convirtió en el «Pacto del Naufragio» entre Sánchez e Iglesias, dispuestos a salir a flote cuanto antes y como fuera. Solo que el resultado salió al gusto de Iglesias, no al de Sánchez.

El martes 12 de noviembre, socialistas y comunistas anunciaron un pacto que se resumía en diez puntos, si cabe llamar resumen a algo tan vago. Conviene recordarlo, para compararlo con la realidad a que luego dio paso:

> *El PSOE y Unidas Podemos hemos alcanzado un preacuerdo para conformar un Gobierno progresista de coalición que sitúe a España como referente de la protección de los derechos sociales en Europa, tal y como los ciudadanos han decidido en las urnas.*
>
> *Ambas formaciones comparten la importancia de asumir el compromiso en defensa de la libertad, la tolerancia y el respeto a los valores democráticos como guía de la acción de gobierno de acuerdo con lo que representa la mejor tradición europea.*
>
> *Los detalles del acuerdo se harán públicos en los próximos días. Actualmente, estamos avanzando conjuntamente en una negociación encaminada a completar la estructura y funcionamiento del nuevo Gobierno que se regirá por los principios de cohesión, lealtad y solidaridad gubernamental, así como por el de idoneidad en el desempeño de las funciones.*
>
> *Los ejes prioritarios de actuación del Gobierno progresista de coalición se centrarán en dar respuesta a los principales retos que tiene ante sí la sociedad española en su conjunto:*
>
> *1. Consolidar el crecimiento y la creación de empleo. Combatir la precariedad del mercado laboral y garantizar trabajo digno, estable y de calidad.*
>
> *2. Trabajar por la regeneración y luchar contra la corrupción. Proteger los servicios públicos, especialmente la educación —incluyendo el impulso a las escuelas infantiles de cero a tres años—, la sanidad pública y la atención a la dependencia. Blindaje de las pensiones de nuestros mayores: asegurar la sostenibilidad del sistema público de pensiones y su revalorización conforme al coste de la vida. La vivienda como derecho y no como mera mercancía. Apostar por la ciencia como motor de innovación económica y dignificar las condiciones de trabajo del sector. Recuperar talento emigrado. Controlar la extensión de las casas de apuestas.*
>
> *3. Lucha contra el cambio climático: la transición ecológica justa, la protección de nuestra biodiversidad y la garantía de un trato digno a los animales.*
>
> *4. Fortalecer a las pequeñas y medianas empresas y a los/as autónomos/as. Impulsar la reindustrialización y el sector primario. Facilitar desde la Administración las bases para la creación de riqueza, bienestar y empleo, así como el impulso digital.*
>
> *5. Aprobación de nuevos derechos que profundicen el reconocimiento de la dignidad de las personas como el derecho a una muerte digna, a la eutana-*

sia, la salvaguarda de la diversidad y asegurar España como país de memoria y dignidad.

6. Asegurar la cultura como derecho y combatir la precariedad en el sector. Fomentar el deporte como garantía de salud, integración y calidad de vida.

7. Políticas feministas: garantizar la seguridad, la independencia y la libertad de las mujeres a través de la lucha decidida contra la violencia machista, la igualdad retributiva, el establecimiento de permisos de paternidad y maternidad iguales e intransferibles, el fin de la trata de seres humanos con fines de explotación sexual y la elaboración de una Ley de igualdad laboral.

8. Revertir la despoblación: apoyo decidido a la llamada España vaciada.

9. Garantizar la convivencia en Cataluña: el Gobierno de España tendrá como prioridad garantizar la convivencia en Cataluña y la normalización de la vida política. Con ese fin, se fomentará el diálogo en Cataluña, buscando fórmulas de entendimiento y encuentro, siempre dentro de la Constitución. También se fortalecerá el Estado de las autonomías para asegurar la prestación adecuada de los derechos y servicios de su competencia. Garantizaremos la igualdad entre todos los españoles.

10. Justicia fiscal y equilibrio presupuestario. La evaluación y el control del gasto público es esencial para el sostenimiento de un Estado del bienestar sólido y duradero.

Las veinticuatro horas mágicas de Iván Redondo

La «vieja guardia» del PSOE —cuyas figuras más relevantes, no diré notables, son Carmen Calvo y María Jesús Montero— nunca aceptó de buena gana el papel de Iván Redondo como una suerte de vicepresidente personal de Sánchez. Sin embargo, el ya presidente en funciones, que es incapaz de empatía con el ser humano común, tampoco iba a obedecer ahora a un partido al que los mismos que le pedían cuentas habían ayudado a destruir. Y también para hacer lo contrario de lo que había prometido en campaña se refugió tras la cómoda mampara de Iván Redondo, que es justo lo opuesto a él: alguien capaz de hablar de todo con todos sin esfuerzo visible, curtido en el afiebrado y durísimo mundo de los directores de campaña, *les hommes à l'ombre* («Los hombres en la sombra», gran teleserie política francesa) que se alquilan para unas elecciones a cualquier líder o partido que los contrate.

El papel no es nuevo en la política española. Pedro Arriola —que, como Iván Redondo, es un gran vendedor de alfombras persas *made in China* pero mucho menos simpático— tuvo un papel similar junto a Aznar en la década de oro del PP, en la oposición y en el poder. A nadie, pues, debe sorprender esta privanza de Redondo, que trabajó antes para el PP: Basagoiti en el País Vasco, Albiol en Cataluña y Monago en Extremadura. En Badalona, Albiol obtuvo un gran resultado polarizando el voto, que es la técnica favorita de Redondo, en torno a la inmigración y la inseguridad. Pero su mayor éxito lo consiguió en Extremadura, tras aliarse el PP con Izquierda Unida para arrebatarle al PSOE del *bellotari* Rodríguez Ibarra uno de sus feudos electorales y formar gobierno con los comunistas. Si Iván guio al PP hasta conseguirlo, ¿cómo no iba a hacerlo con el PSOE?

La diferencia es que Aznar creyó encontrar en Arriola a alguien que, encuesta en la mano, le guiaba para aplicar sus proyectos políticos; porque los tenía. Y ello pese a una gran inseguridad en su liderazgo y su base social, fenómeno cuidadosamente manipulado por medios de comunicación como PRISA y muchos otros en la derecha que se apuntaron, nunca gratis, a la operación de convertir a Mario Conde en el brillante líder liberal capaz de derrotar al carismático y todopoderoso Felipe González. El caso de Sánchez es justamente el contrario: no ha tenido que renunciar, como Aznar, a algunos de sus proclamados principios para poder aplicar otros una vez llegado al poder. Sánchez no tiene ni ideas ni principios, pero los suple con un insaciable afán de poder cuya base es un patológico narcisismo personal.

Si Aznar estaba inseguro de su liderazgo y de la penetración de sus ideas en un electorado acostumbrado a la hegemonía socialista, Sánchez está tan seguro de su liderazgo personal, y tan dispuesto a cambiar de ideas en un día o una misma frase, que solo necesita a alguien capaz de inventar cualquier truco propagandístico para disfrutar *sine die* del poder. En el fondo es como Iván, ambos sirven a un propósito: el de su ambición en el caso de Sánchez; el de servir a esa ambición, en el de Redondo. Y la noche triste de la jornada electoral, Sánchez delegó en su *alter ego*, tan derrotado como él, la negociación de noviembre, convertida pronto en rendición, ante los mismos comunistas por los que dejó perder la investidura en junio. A Redondo le pudo el servilismo profesional, como se mostró plásticamente al inclinar de forma grotesca la cabeza ante el inhabilitado golpista Torra, como si fuese no un inferior a Sánchez, sino un Tamerlán con el que igualarse.

La decisión de rendirse ante Iglesias estaba tomada por Sánchez. Lo que había que concretar eran los términos, que desembocaron en los diez puntos del acuerdo antes transcritos, y que sorprenden por su inanidad. Su carácter brumoso e infantiloide se explica, sin embargo, por el método de redacción elegido. Los primeros mensajes y llamadas del domingo entre Sánchez e Iglesias solo podían partir de ellos mismos, ya que nadie podía hablar en su lugar, y empezaron por el «tenemos que hablar» que imponía el rigor de las circunstancias. Y el primer acuerdo al que llegaron —del que se felicitó mucho después Iglesias, para disfrazar de problemas técnicos en el diálogo de equipos lo que fue un veto personal en toda regla «al escollo», o sea, a él— fue el de «máxima discreción en la negociación» y «evitar que la negociación se produzca en los medios», como en la ocasión anterior.

Y ahí es donde Redondo pasó de chivo expiatorio a mago solucionador del difícil trámite que era defender lo contrario de lo que Sánchez había dicho en campaña. En realidad desde que, antes del verano, decidieron jugárselo todo a unas nuevas elecciones, despreciando a un socio entonces muy débil.

En la política actual, y más en personajes dedicados a esa mezcla de masaje al líder y manipulación propagandística, es decisiva «la lucha por el relato», o sea, la forma en que quedan plasmados en los medios los sucesos relevantes. Controlar «el relato» no solo importa en una época que produce demasiadas noticias para ser asimiladas y triunfa el que mejor «vende» su versión de los hechos, sino que es ese tipo de personas, como Redondo, el que ha terminado definiendo esta forma de hacer política «relatando», ya que es lo que más importancia les da en el presente y mejor garantiza su futuro profesional. Gracias a esa necesidad relatora de «los hombres en la sombra» tenemos los datos fidedignos de una negociación que podía haber quedado oculta en la misma bruma que la moción de censura contra Rajoy.

Si no sucedió así, fue porque Redondo debía reivindicarse ante el aparato del PSOE y también ante Podemos, que lo detestaba tanto como los enemigos de Aznar, y a veces los amigos, detestaban a Arriola. Y fue él mismo el que filtró al medio más servilmente izquierdista de todos, El Diario de Nacho Escolar, la versión de esa negociación que, en veinticuatro horas, alumbró la vuelta de los comunistas al Gobierno de España de la mano del PSOE, justo ochenta años después de que el PSOE los desalojara a cañonazos.

Escolar, director del envilecido y envilecedor *Público* de Roures, también debía lavar su hosca imagen ante Iglesias, porque, al igual que Ferreras en La Sexta, habían apostado demasiado pronto por un ex-Podemos aliado incondicional del PSOE, el de Errejón, que se fue desinflando durante la campaña electoral y acabó naufragando en las urnas. Podían refugiarse en que Errejón no existía antes y ahora tenía 2 escaños, y que Iglesias había perdido más escaños y votos que nadie, salvo Ciudadanos, pero en el fondo tan náufragos como Sánchez e Iglesias eran los medios que alfombran los pasos y patadas de la izquierda, cuanto más radical mejor. Y Redondo lo supo aprovechar perfectamente. Él filtró —en realidad, redactó— el relato de las negociaciones y cantó como feliz invención lo que era una penosa rectificación.

Conseguía así borrar su posición contraria a Iglesias, que era la de Sánchez, y la bronca relación entre socialistas y comunistas, que ahora debían fingir adoración mutua. Y el sector mediático izquierdista, sobre todo en la red y la televisión, compartía con el sector político la misma necesidad de borrar los últimos meses de gresca y cortar la cinta del Camelot social-comunista.

Tras las llamadas entre Iglesias y Sánchez, el primer pacto fue el de designar a Irene Montero y Adriana Lastra como redactoras del borrador del acuerdo de Gobierno. Parecía elección peligrosa, dada la indigencia intelectual de ambas, pero Montero era Iglesias y Lastra era Sánchez, o sea, Redondo. Así que tras un penoso bosquejo de retales hilvanando todos los lugares comunes del discurso izquierdista, Sánchez se lo pasó a Redondo, que lo volvió a redactar entero «para darle coherencia y un poco de altura». Supongo que se guardó el producto de las preclaras politólogas para reírse a solas y para sus memorias, porque, evidentemente, en ellas figurará este suceso, el más importante de su carrera como asesor político. Por si acaso, antes le remitió el texto a María Jesús Montero, por fingir respeto, que lo devolvió sin cambiar nada, satisfecha con el gesto. Y así quedó la pieza el lunes por la noche.

Faltaba la foto, que preparó Redondo para el martes por la mañana y que recordaba, salvo el infante guapo, *La familia de Carlos IV* de Goya. En ella, aparte de Sánchez abrazando a Iglesias y dándose la mano —forma antiquísima de comprobar que ninguno de los dos lleva cuchillo—, aparece Redondo en primer plano junto a las primeras redactoras, Montero y Lastra, atrozmente ataviadas, una de canguro de BUP y otra de huésped de la cola del INEM, juntas y emocionadísimas. Detrás queda Alberto Garzón, con cara de no creérselo, y tras una cortina, un recorte de Monedero, que comparte alegre perplejidad. Y no se quedó en esa composición la evidencia del triunfo de Redondo: Sánchez le añadió un abrazo ratificatorio de su privanza, al que solo le faltó el beso. Ya habían pergeñado, aunque solo se supo después, una vicepresidencia en la sombra desde la que Iván debía coordinar la relación entre ministerios, es decir, de los dos gobiernos dentro del Gobierno que decía temer Sánchez y que ahora celebraba como en sus primeras teleapariciones como *Pepiño's boy*.

Por supuesto, la acción de Gobierno no tuvo nada que ver con aquel belén rojísimo y cariñosísimo de las dos tribus de la izquierda que, tres días antes, en la Jornada de Reflexión, se insultaban con minuciosa ferocidad. Pero el relato del pacto estaba hecho. Y el amanuense y héroe era Redondo.

La película de Podemos y el poder absoluto de Iglesias

Así terminaba la parte más difícil del «asalto a los cielos» que cinco años antes había proclamado Iglesias en la primera asamblea de Vistalegre. Y por cierto que lo hizo de forma nada espontánea, perfectamente calculada y previo debate con el entonces grupo dirigente. Así lo muestra la película que, a mayor gloria de Iglesias y Podemos, produjo Jaume Roures y dirigió Fernando León de Aranoa: *Política, manual de instrucciones.*

Si en esa jornada de apoteosis que supuso la entrada en el Gobierno alguien hubiera repasado en cualquier cadena de televisión —las controlan todas— esa película de propaganda de más de una hora, podría haberla dejado en un tráiler de diez minutos, o en una de esas fotos sepia con intuidos huecos típicas de la URSS de Lenin y Stalin tras las purgas bolcheviques. Todos los líderes del primitivo Podemos han sido purgados, apartados o eliminados. Solo queda Iglesias, Máximo Líder, con derecho a decapitar.

De los Errejón, Bescansa, Alegre o la entonces intimísima Tania Sánchez, entre otros muchos, al poder solo llegaban Iglesias, la madre de sus tres hijos en dos años, Irene Montero, con la que habita la mansión de Galapagar, y, como siniestro recadero al estilo del chavista Diosdado Cabello, Juan Carlos Monedero. Cooptado tras la aplastante derrota que narra la película, pero alejado de Teresa Rodríguez y tras probar su obediencia, Iglesias se dio el capricho de tener a su lado a Echenique, entonces líder del sector radical, *anticapitalista* y defensor del *liderazgo colectivo*. No sé si lo hizo para disfrutar convirtiendo en parlante su primera cabeza cortada o para presumir de «inclusivo» de «diferentes» ante los *tarzanes* de la izquierda y las *maricomplejines* de la derecha. Por labia o talento, no será. Tal vez, como admirador de Robespierre, ve en él a su fiscal Couthon, que dirigía con un manubrio su rudimentario carricoche de madera y proveyó a la guillotina del verdugo Sansón un montón de cabezas jacobinas.

Lo cierto es que, contra todo pronóstico, la negativa de Iglesias a someterse a las condiciones de Sánchez para la formación de Gobierno, que tampoco estuvieron nunca claras, se saldaba de forma aplastantemente favorable a los comunistas. La humillación del «escollo» Iglesias había hecho mella en el electorado de Podemos, como prueban los 700.000 votos perdidos, pero en el «relato» —la gran prioridad en dos partidos obsesionados con la propaganda—

parecía que el humilde había derrotado al soberbio, y que este había tenido que doblar la cerviz y aceptar el pacto que meses antes había rechazado, fiado en aquellas encuestas que, casi unánimes, le pronosticaban 140 escaños. La gran incógnita era qué haría la oposición.

La inhibición de las derechas ante la investidura

Antes de las elecciones de noviembre el peligro estaba claro, ya que fue el bloque social-comunista-separatista el que llevó a la Moncloa a Sánchez en 2018 mediante la moción de censura a la que no asistió Rajoy y tampoco convocó elecciones. En las elecciones de abril, Sánchez tuvo en la mano la formación de ese Gobierno con un Podemos muy debilitado y prefirió reforzar su posición negociadora a izquierda y derecha, aunque con el proyecto indudable de pactar con el separatismo catalán una especie de salida anticonstitucional a la crisis mediante un plebiscito solo regional. Las elecciones de noviembre reducían el abanico de posibilidades del PSOE a solo dos: pactar con el PP o con Podemos, paradójicos beneficiarios del chasco. Sin embargo, la oposición tenía margen hasta la sesión de investidura de Sánchez para articular una alternativa o preparar una guerra de posiciones ante lo que solo podía ser, después del acuerdo de Sánchez e Iglesias, una deriva extremista en materia económica y totalmente anticonstitucional en Cataluña.

De los tres partidos nacionales de oposición, uno salía difunto de las urnas: Ciudadanos. Otro, fortalecido: el PP. Y Vox, tan reforzado que ya se veía heredando el liderazgo de la derecha, como Podemos, tres años antes, vio a su alcance el *sorpasso* al PSOE. Pero se presentó junto a Izquierda Unida, tras absorber deudas y recolocar cargos… y perdió un millón de votos. Ahí empezó la crisis interna de la formación morada, las purgas de Iglesias y la bunkerización leninista del partido. (De hecho, a «Villa Tinaja», la mansión de Galapagar, los incondicionales de Iglesias-Montero la llamaban «El Búnker»). Y cuando peor parecía que les iba a ir, les había tocado el gordo de Navidad. Abascal no valoraba el crecimiento del PP, que se recuperaba del desastre anterior, sino el suyo, y soñaba alcanzar, como Iglesias en la izquierda, el liderazgo de la derecha y, más pronto que tarde, la victoria y la Moncloa.

Los que vimos que se nos venía encima un cambio de régimen de difícil marcha atrás tratamos de convencer al PP y Cs, e incluso a Vox, de que ofrecieran a Sánchez gobernar en solitario con su apoyo en las Cortes si renunciaba a un gobierno con los comunistas apoyado por los separatistas. En los días que mediaron entre el anuncio del rebautizado «Pacto del Insomnio» y la sesión de investidura, mantuve dos largas reuniones con Casado y Abascal para exponerles la necesidad y la conveniencia de hacer esa oferta, tanto si Sánchez la aceptaba como si la rechazaba. Nunca me había metido en semejante embrollo, porque sé que los políticos no escuchan, solo tratan de que los escuches tú. Sin embargo, ante el evidente peligro de liquidación del régimen constitucional, acepté, primero con Luis Herrero y luego solo, esas dos experiencias, que cuento entre las más desesperantes e inútiles de mi vida.

Dos artículos y dos conflictos con Abascal y Casado

Mi relación con Casado y Abascal —y la de casi todos los programas del Grupo Libertad Digital— se había enrarecido mucho durante el verano, en el largo forcejeo mantenido por la soberbia centriprogre de Ciudadanos contra Vox y la irresponsabilidad juguetona de Vox contra Ciudadanos y el PP. Unos y otros parecían disfrutar poniéndose zancadillas en las negociaciones para formar gobiernos autonómicos en Madrid y Murcia, o en ayuntamientos tan importantes como el mismo de Madrid o el de Zaragoza. Nada menos que hasta el 2 de agosto tardó Vox en dar el plácet para asegurar las dos joyas al alcance de las derechas: Ayuntamiento y Comunidad de Madrid, que, como antes Andalucía, dependían de su abstención para salir adelante.

Conozco y aprecio a Santiago Abascal desde hace muchos años, sobre todo desde la época heroica de la lucha contra ZP y su tregua trampa con la ETA, cuando me dio el Premio Españoles Ejemplares de DENAES. Y también lo recordaba en la presentación de mi libro *Memoria del Comunismo* o en los actos de la Fundación Villacisneros de Jaime Mayor Oreja y María San Gil, contra el intento del PSOE, Podemos y los separatistas de liquidar el régimen constitucional. Eso es lo malo de conocer personalmente a los políticos; ni los criticas con la libertad debida, ni deja de herirte personalmente que hagan lo que no esperas, que es lo normal.

Lo más conflictivo, en aquel momento, fueron unas declaraciones de Iván Espinosa de los Monteros, su portavoz parlamentario, en las que decía que eligieran PP y Cs «dónde los ponían», porque a ellos les daba igual «apoyar el pacto PP-Cs que estar en la oposición». Aquello me parecía demasiada frivolidad, y así lo dije el 21 de julio en *Libertad Digital*. En ese momento, tras renunciar el «escollo» Pablo Iglesias a formar parte del Gobierno para que entraran su señora y otros miembros del partido, parecía inminente la formación del Ejecutivo del Frente Popular Separatista. Y lo importante, escribí yo en «El Gobierno del Escollo y la Constitución como único escollo del Gobierno», era que la única política de un Gobierno PSOE-Podemos tendría que basarse en lo único que unía al bloque que llevó al poder a Sánchez: atacar a la Corona, la Nación y la Constitución. Así ha sucedido. Esto es lo esencial de mi artículo:

> *Pablenin y el comunismo en el Gobierno*
>
> Pablo Iglesias, que pasó este 19 de julio, aniversario del abandono definitivo de la legalidad por la II República, de ser el escollo para la investidura de Sánchez a colocar comunistas en el Gobierno de España por primera vez desde la Guerra Civil, proclamó la «alerta antifascista» en Andalucía cuando los tres partidos de centro-derecha lograron mayoría parlamentaria. Y Carmen Calvo, inventora del feminismo retrosocialista, llamaba a la oposición a la investidura de Sánchez «frente de obstrucción a la democracia». El fascismo siempre son los otros. La democracia, siempre ellos. Eso es la izquierda y no da más de sí. Tampoco menos: Iglesias ha pasado de ser el escollo para el Gobierno a formar el Gobierno del Escollo.

La de Cabra explicará cómo Iglesias pasó en un minuto de escollo a padrino de la democracia. Lo hará a su manera *ostentórea,* a coces con la Historia y a palos con la realidad, plastilina en su desportillado magín. No le temblarán la laca del flequillo ni el socavón bucal ni la facundia vocal. La ventaja del analfabetismo es que, desprovisto de freno moral, se atreve con todo, y puede justificar una cosa y la contraria en la misma frase. Los sacamuelas de antaño eran frailes mudos al lado de estos boquirrotos de corrala, vecindonas de partido y mozos de mulas sin albardas gramaticales. Nunca tanto lerdo quiso dar tanta clase. Pero ojo: parecen tontos, no lo son. Lo que llaman «la batalla del relato» la ganan siempre. Solo *relatan* ellos.

La inferioridad mediática y organizativa de las derechas

Desde que UCD dejó el poder en 1982, los partidos de la derecha, sin excepción, han competido por destruir los medios de comunicación que representaban a su base electoral. Particularmente sañudo ha sido el PP, que de Aznar a Rajoy inauguró una forma suicida de entender la libertad de opinión, que consiste en ayudar a los partidos de izquierda a liquidar los medios creadores de opinión que no obedecen a los partidos de la derecha. (...) El resultado es que, hoy, todas las cadenas de televisión nacionales están en manos de periodistas contrarios a la derecha o abiertamente favorables al separatismo y la extrema izquierda. Sus empresas se limitan a disfrutar del duopolio y a mantener, sin oposición política, la prohibición de crear emisoras privadas de radio y televisión, con lo que la media España que no vota a la izquierda está sin una sola cadena.

PP, Cs y Vox aspiran al mismo modelo de Soraya: un trato amable a los líderes del partido mientras se trituran las ideas y valores de su base social. Lo que buscan todos es tener «un Ferreras o un Wyoming de derechas». Es decir, que los medios de derecha sean tan viles como los de izquierda. Esa falta absoluta de respeto a las ideas y principios que dicen que defienden, y para los que piden el voto, pero que no toleran que se defienda al margen de la estrategia cortoplacista del partido, sea el PP, Cs o Vox, ha convertido el panorama mediático en campo de exterminio profesional para los que defiendan ideas liberales o conservadoras, si no son serviles.

En resumen: tanto en las empresas como en esas redes sociales que los anglobobos proclamaron capaces de puentear a los medios clásicos, ha empeorado la ya penosa situación en que nos dejó Aznar. El «invierno mediático» que auguré si dejaba el poder en 2004 es eterna glaciación. Y sin medios poderosos que conecten a los partidos de derecha con sus bases, se produce lo que estamos viendo desde las municipales y autonómicas: una sucesión de chulerías e improvisaciones, una pérdida de tiempo, una feudalización partidista que impide que cuaje un discurso común ante la deriva social-comunista y separatista a que nos aboca el triunfo de Iglesias, que es también el de la ETA y el PNV, de todos los golpistas y separatistas. Ni uno solo de los enemigos de España dejará de celebrar este Gobierno.

Mañana puede empezar el camino a la III República

La razón de fondo es que lo único que tienen en común, que es el desmantelamiento del Estado y el acoso a la Nación española, es también el programa de cualquier Gobierno PSOE-Podemos. Por mucho teatro que le haya echado Sánchez, todos sabemos que comparte con Iglesias lo que decía inaceptable: la rendición ante el separatismo y la liquidación de la soberanía nacional. El indulto al golpismo catalán y la entrega de Navarra al separatismo vasco son los dos primeros pasos hacia la III República. Para ello, deberá torcer hasta romperlo el brazo de la Justicia, convertir la sentencia del Supremo en papel mojado mediante las rebajas de la Fiscalía y el Constitucional, tal vez dirigidas por Conde-Pumpido, ducho en «mancharse la toga con el polvo del camino»… y en pringarse con la sangre de las víctimas de la ETA.

Porque lo que desde la investidura del Gobierno social-comunista se nos dirá es que todo lo que Sánchez, Podemos y sus aliados separatistas hagan para lograr su propósito, que es liquidar el régimen constitucional, lo harán dentro de la Ley y la Constitución… que admite su reforma. Lo que no admite es que *todos* los españoles dejen de ser propietarios de *toda* España, pero la gigantesca maquinaria propagandística de la izquierda va a tratar de convencernos de que sí, que liquidar España, por fin, la arreglará. (…)

Pero esta vez no se trata de subir o bajar impuestos, sino de defender la Nación y la Libertad de unos enemigos que han tomado el poder. Son los que, con el PSOE al frente en todas las regiones bilingües, ponen policía lingüística en los patios de las escuelas. Y siempre han contado con la complicidad del PP. Y siempre han sabido que Ciudadanos no se opone en serio a la inmersión lingüística, esa mordaza para ahogar desde la cuna la continuidad de todo lo español, sino que se ha inventado el truco del trilingüismo o timolingüismo para evitar la batalla que nunca quiso dar.

La Monarquía, escollo del Gobierno del Escollo

Eso es lo que tiene que acabar en la derecha: la cesión permanente a una política de desmantelamiento del Estado en lo que tiene de español. En política lingüística, Memoria Histórica, Ley de Violencia de Género y en cuantas leyes pretendan cercenar los derechos individuales, que serán todas. Como no tienen Ejército ni milicias, PSOE y Podemos tratarán de cambiar el régimen mediante una miríada de leyes de género, de empresa, de lenguaje «políticamente correcto», y de control «social» de los medios de comunicación, sometidos a tribunales políticos como el CAC o lo que invente la banda del Escollo, que algo inventará.

El único programa político que puede contentar a Podemos y al separatismo es derribar la monarquía parlamentaria, forma de Estado actual de España. Preparémonos, pues, para una campaña implacable contra los «obstáculos tradicionales», hijos del franquismo, y para oírselo al jefe de la facción comunista del Gobierno, que además de colocar a la familia y a la *famiglia* será un portavoz paralelo del Gobierno, en el que Sánchez se hará el sordo. Para el 20-N, tendremos encima una recesión económica brutal. A lo mejor entonces la derecha ya ha conseguido formar gobierno en Madrid.[1]

Al final, las derechas lo formaron. Y para entender mi irritación, quizás excesiva, contra Cs y Vox, baste imaginar a Madrid en manos de Gabilondo y Carmena. Pero poco duró el solaz. Menos de tres meses después, el 12 de noviembre, Sánchez e Iglesias anunciaban su Gobierno revolucionario. Y la respuesta de los tres partidos de oposición, antes de la investidura necesaria para que

---

[1] Federico Jiménez Losantos: «El Gobierno del Escollo y la Constitución como único escollo del Gobierno», en *Libertad Digital,* 21 de julio de 2019.

socialistas y comunistas jurasen —o sea, perjurasen— sus cargos, fue de total pasividad, como si la vuelta al poder de los comunistas ochenta años después de ser expulsados a tiro limpio por el mismo PSOE que en 1936 los había metido en el Gobierno, y que ahora los volvía a meter, no tuviera la menor importancia histórica ni institucional. Como si los comunistas no trajeran consigo un plan de troceamiento y ruina económica para España.

El domingo siguiente a las elecciones, con el pacto PSOE-Podemos ya hecho, publiqué en *Libertad Digital* un artículo criticando a Casado y Abascal: «Los comunistas en el poder, Sánchez en el trono y la derecha... en Babia»:

> La claudicación de Sánchez ante Iglesias ha sido absoluta y cabría decir que innecesaria, de no mediar un proyecto: liquidar el régimen del 78, en lo que coincide con Podemos y los socios necesarios para ser investido, desde Otegui hasta Junqueras pasando por Puigdemont —en el ámbito criminal—, y por el PNV y varios partidos regionales y provinciales —en el ámbito civil—. (...)
>
> El poder político de Podemos en este Gobierno anunciado por el falsario de la Moncloa es tan evidente que antes del encargo del Rey, de la sesión de investidura en las Cortes, y de formar ese Ejecutivo cuya misión es enterrar el régimen constitucional y acometer el desguace de España mediante la desmembración del Estado, los ministros que no quieren dejar de serlo ya obedecen la política comunista. El Ministerio de Exteriores calificó este viernes, como hubiera hecho Iglesias en defensa de su amigo el cocalero, de «golpe militar» la resistencia civil y militar al golpe de Evo Morales, que denunció la OEA como el mayor fraude electoral de la historia de Bolivia.
>
> La ministra de Educación negó el derecho a la enseñanza concertada, e incluso el derecho a la libertad de enseñanza, que está en el artículo 27 de la Constitución y ha sido ratificada en todas las sentencias del Tribunal Constitucional salvo una, hace décadas, que fue la única esgrimida por Celaá ante 2.000 atónitos representantes de centros concertados, casi todos católicos. Ambos hacen ya méritos ante Podemos para formar parte de ese Gobierno de concentración (léase Gulag) contra España y la Libertad.

La tarea de Podemos es servir de puente con el golpismo catalán, para lo cual Sánchez allanará los obstáculos legales, como la fiscal general del Estado [Consuelo Madrigal], que se interpongan entre el sedicioso Junqueras o el forajido de Waterloo y su investidura al frente de un Gobierno realmente dirigido por la ETA, ERC y el cártel de Caracas. El PSOE, o sea, el PSC, hará bulto. La política correrá a cargo de sus socios, que lo despedirán si no les obedece.

La parálisis de la derecha ante el cambio de régimen

El remedio que para sus dos fracasos electorales —los 750.000 votos perdidos por el PSOE y los 700.000 perdidos por Podemos— han encontrado el Doctor Cum Fraude, alias Don Trola, y el Marqués Rojo de Galapagar ha sido rápido y exitoso, porque se ha encontrado con las tres derechas tan desunidas y despistadas como en toda su estadía de okupa en Moncloa. Rivera se ha largado con Malú, dejando a Ciudadanos en la morgue. Vox, gran triunfador, ha pedido al PSOE, PP y Cs que formen gobierno, ya que los tres forman parte del «consenso progre». Aunque es evidente que un Gobierno de Sánchez e Iglesias no tendrá nada de consenso ni de progre; será un pacto para triturar el régimen constitucional con el apoyo del separatismo criminal, de Otegui a Junqueras.

Sin embargo, Abascal dice creer que no habrá Gobierno del Frente Popular o que Sánchez lo formará con PP y Cs, y que, aunque considera menos malo esto último, la cosa no va con él. Y exactamente lo mismo dijo Casado antes de desaparecer de escena el martes: que Sánchez forme Gobierno con sus socios naturales. Como si la liquidación de la monarquía parlamentaria, la destrucción del orden constitucional, la suelta de etarras y golpistas, la venta de plebiscitos separatistas y la ruina total por la recesión económica fueran accidentes parlamentarios fáciles de enmendar. Como si los comunistas, cuando llegan al poder, tuvieran por costumbre devolverlo.

Los tres grandes partidos que defienden la Nación y la Constitución han decidido sentarse a ver qué hacen comunistas, socialistas y separatistas. Y los mayores, PP y Vox, a mirarse de reojo, a ver quién supera a quién. Es una actitud suicida y abyecta. Y que no nos vengan con la monserga de que prometieron a sus electores no pactar con Sánchez. Lo que trae Sánchez es el Gobierno de las tres erres: Ruina, Represión, República. Y no digan que prometieron a sus votantes no hacer nada contra la crisis económica, en defensa de las libertades o ante el jaque mate de la izquierda a la Corona.

Abascal, el único que no parece noqueado tras las elecciones de la semana pasada, fue de hecho el más clarividente en la campaña ante esos tres problemas, sobre todo el último, que por importancia es el primero. Pues bien, ni siquiera Abascal ha ofrecido sus escaños para tratar de evitar que el Rey, tras la puñalada trapera de Marchena y sus Unánimes, tenga que deambular de dictadura en dictadura, a las órdenes de Sánchez, como le hemos visto en Cuba. ¿Acaso espera, como el heredero de Rajoy, que le vengan, de rebote, primero el liderazgo de la derecha y después el Gobierno?

La obligación de Casado sería presentar, como dice Cs, una oferta de Gobierno formal a Sánchez. ¿No la acepta? Peor para él. Nadie podrá decir que toda la derecha prefirió el interés de partido al nacional. Y la obligación de Abascal sería respaldar la oferta de Casado. Me temo que ninguno de los dos ha entendido de qué ha muerto Rivera: de inutilidad.

La trágica enseñanza de la Historia

Uno, loco por la música, otro, muerto de miedo, y otro, de risa: así están los tres líderes de la derecha que hace una semana concurrieron a las urnas. Los comunistas están en el poder; Sánchez, en el trono; y la derecha, en Babia. De nada sirve la trágica historia del siglo XX. Por la real cobardía en 1931 y por la cobardía gubernamental en 1934, la derecha tuvo que echarse al monte en 1936. Nadie vio llegar la República, y la tenían encima. Nadie vio llegar el Golpe, y lo estaban anunciando. Nadie vio llegar la guerra civil, y ya la había proclamado el PSOE de Largo Caballero.

Cabe preguntarse qué necesitan Casado y Abascal para convencerse de que es verdad lo que hasta el domingo denunciaban: que el Gobierno del Frente Popular Separatista busca acabar con España y nuestra libertad. Es como si no fuera con ellos. Ni la una, ni la otra. Es como si todo fuera reversible, como si cuando ellos manden todo tuviera remedio. Pero, a este paso, lo irreversible se impondrá y ellos, ilegalizados, jamás gobernarán. Lo malo es que, para entonces, el problema ya no será suyo, sino nuestro. De los que los hemos votado para que hagan algo. Y ese algo no era esperar.[2]

Cinco horas con Pablo

Además de *Libertad Digital*, casi todos, no todos, los programas de esRadio insistíamos alarmados en esa tesis: ofrecer a Sánchez permitirle gobernar en solitario a cambio de no pactar un gobierno con comunistas y separatistas. Dentro del PP, salieron algunos barones regionales a pedir públicamente un pacto, pero sin condiciones, porque creían, ilusos, en la buena fe del PSOE. El ambiente se enrareció mucho, porque la banda audiovisual de la Moncloa atizaba ese enfrentamiento interno. Pero lo que preocupaba a los dirigentes del PP era que un medio tan influyente en sus bases como LD/esRadio coincidiera con sus enemigos internos, a los que inútilmente cortejó tras el batacazo electoral, el de la merecida patada a Rajoy que se llevó el partido.

Así las cosas, Casado nos citó a comer a Luis Herrero y a mí, con Teodoro García Egea y María Pelayo, su jefa de comunicación y vieja amiga de infancia de Luis, para explicarnos la posición del PP. Fue en el restaurante El Mentidero, cuyo nombre, como advertencia de las añagazas políticas, no dejaba de ser un aviso. Y allí nos tiramos discutiendo cinco horas; María Pelayo se fue después de la primera, Teodoro y Luis, después de la cuarta; y aún nos quedamos otra más, mano a mano, Casado y yo. Mi tesis, ya la he transcrito. Pero Casado, buen orador y tan enconado polemista como yo, no aceptaba que no me convenciera y durante esa última hora insistió en el argumentario institucional y patriótico. Llegó la hora de cenar y no podíamos seguir en El Mentidero, así que salimos a la fría noche madrileña, algo tensos después de tantas horas de debate, en buenos términos personales, pero sin acuerdo.

---

2 Federico Jiménez Losantos: «Los comunistas en el poder, Sánchez en el trono y la derecha... en Babia», en *Libertad Digital,* 17 de noviembre de 2019.

Su argumento más sólido era que si el PP enfeudaba su voto a un Gobierno Sánchez que podía seguir la misma línea —la alianza, ahora en el Gobierno, con Podemos y complicidad con el golpismo separatista catalán—, no arreglaría nada y se perdería la imagen de alternativa dentro del sistema. La parte que no decían Casado ni sus colaboradores más cercanos, pero implícita en la rigidez de su postura, era que no querían arriesgarse a que, por apoyar a un PSOE sin Podemos, la única alternativa fuera Vox.

Para ser justos, a diferencia de Ciudadanos, nunca el PP había tildado a Vox de fuerza antisistema, pero implícitamente daba a entender que solo el PP —a ser posible con la vuelta de Vox a sus filas, gran deseo de Casado— podía encarnar esa alternativa a lo que aún veía como Gobierno del PSOE. Eran incapaces de asimilar que con la entrada de Podemos en el Gobierno se acababa no solo el régimen turnista del 78, sino el carácter constitucional del Gobierno, siquiera formalmente, porque ya Zapatero había querido liquidarlo.

Esa nostalgia del bipartidismo no era solo la de tiempos mejores para el PP, sino que incluía absurdamente al PSOE, pese a que, desde la última legislatura de González, la del dóberman, la izquierda y el nacionalismo le negaron al PP toda legitimidad de acceso al poder. Antes del Pacto del Tinell y de firmar ante notario que nunca pactarían con el PP, el libro de González y Cebrián *El futuro no es lo que era*[3] defendía que, en el fondo, la derecha siempre será franquista —en su último discurso, Polanco dijo lo mismo— y que solo la izquierda y el nacionalismo tienen derecho a gobernar. Volvía el espíritu de la Segunda República, del sectarismo del 31 a la Guerra Civil del 36.

Pero el PP, empeñado en no ver la realidad, seguía soñando *pactos de Estado*. Sigue y temo que seguirá, porque manda una generación que no vivió la lucha ideológica de los tiempos de la oposición de Aznar a González y que, llegado el PP al poder, la abandonó. Sin ideas contrapuestas, con intereses comunes, la realidad

[3] Felipe González y Juan Luis Cebrián: *El futuro no es lo que era*. Aguilar, Madrid, 2001.

del famoso consenso es: «Hoy por ti, mañana por mí». Con el PSOE, el PP acepta otra versión: «Hoy por ti, mañana también por ti; y si la crisis es grave, te sustituyo; y mientras, que tus medios me perdonen la vida».

Se la perdonaron a tres: Rajoy, Soraya y Montoro, que tras la crisis de 2011 heredaron la ruina económica de Zapatero y con mayoría absoluta se limitaron a parchearla, sin hacer las reformas institucionales que necesitaba España, y la más importante, la independencia judicial, que anunció en las Cortes Gallardón: «Vamos a acabar con el obsceno espectáculo de unos políticos que eligen a los jueces que pueden juzgar a esos políticos», dijo, y unos meses después lo canceló sin explicación alguna. Eso fue el PP de Rajoy.

Pero la experiencia de *agachamiento* ante la izquierda —que nació en el congreso búlgaro de Valencia en 2008 y llegó hasta la moción de censura de 2018, toda una década— ha marcado el comportamiento de esta generación de líderes jóvenes del PP, incluso tras producirse el estallido —Cs y Vox— de lo que llaman, nostálgicamente, «Casa Común de la Derecha». Un partido sobrevive a una derrota, no a la pérdida de sus ideas y valores. Y Casado, que ganó contra pronóstico un congreso apelando a aquellos valores, se muestra prudente, cauteloso, rajoyano, a la hora de plasmarlos. Cabeza, sentimiento y pensamiento se dicen liberales; sus pasos son penosamente conservadores.

Casado afronta también algo que en sus primeros tiempos al frente del partido se resistía a aceptar: lo irremediable de la ruptura con Vox. La excelente relación personal con Abascal le impidió al principio ver que el grupo dirigente de Vox y su perfil social en la base y en las redes sociales es abiertamente enemigo, no adversario, del PP. Los votantes de la derecha, no. Fluctúan entre el PP, Cs y Vox. Pero las cúpulas y militantes de cada uno viven de la diferencia, no de la semejanza o las urgencias de sus votantes. Y cuando Casado y los suyos se dieron cuenta de la realidad, que fue en las elecciones de noviembre de 2019, con el desastre de Cs y el alza de Vox, entraron en estado de pánico.

Lo que discutíamos en El Mentidero fue qué debía hacer el PP para evitar que los comunistas entraran en el Gobierno. Lo que no hablamos, pero se escuchaba como un zumbido silencioso, era cómo evitar que Vox sustituyera al PP al frente de la derecha y como alternativa a un Gobierno PSOE-Podemos. Por eso, el PP, al día siguiente de la larga tarde de debate, se negó a favorecer un Gobierno en solitario de Sánchez (no sin argumentos, el primero de ellos, la desconfianza hacia Cum Fraude; pero sigo creyendo que sin astucia política). Mi sorpresa fue comprobar esa misma semana, un viernes 13 de diciembre, que Abascal temía a Casado tanto como Casado le temía a él.

Espero que no se tomen como infidencia estas revelaciones: no hubo *off the record* y yo puedo quedar tan mal —o tan bien— como los dos líderes de la derecha, a los que critico porque aprecio.

Dos horas con Abascal

Tras la negativa de Casado a ofrecer un pacto a Sánchez, solo había un líder con diputados suficientes para plantearle una alternativa a cambio de no gobernar con comunistas y separatistas: Abascal. Los 120 escaños del PSOE y los 52 de Vox sumarían mayoría absoluta en cuanto les apoyara cualquier grupo regionalista. Y eso fue lo primero que les planteé en mi despacho de esRadio a Abascal y Kike Méndez Monasterio, su amigo y consejero para asuntos mediáticos.

—Si Casado no quiere ofrecerle ese acuerdo a Sánchez, porque puede no aceptarlo y porque os tiene echándole el aliento en la nuca, vosotros sí podéis hacerlo, esgrimiendo razones exclusivamente patrióticas: evitar que Podemos entre en el poder e imponga su programa comunista, que implica, además, toda clase de cesiones al separatismo, a los separatistas en general.

—Pero eso no lo aceptaría nunca Sánchez.

—Lo imagino, pero destruís el discurso de que pacta con Podemos porque las derechas, por culpa de Vox, no permiten otro tipo de acuerdo. Seríais vosotros, los malos de la película, los que os mostraríais generosos.

—Pero tampoco lo aceptarían nuestras bases —dijo Kike.

—¿Qué bases? ¿Las que tenéis o las que aspiráis a tener? Si queréis quitarle votos al PP, que ya ha empezado a recuperarlos, y a Ciudadanos, cuyo voto anda disperso y un millón se ha quedado sin votar, esta sería la prueba de que el extremismo que os achacan cede ante el patriotismo. Que no hay solo que elegir entre PP y Ciudadanos como alternativa a la izquierda, sino que Vox también lo es. Vamos que no sois un partido antisistema, sino un partido que defiende ante todo la unidad nacional y el orden constitucional.

—Pero eso ya lo hacemos —dijo Abascal, siempre tranquilo y calmado.

—También el PP y Ciudadanos. Y a uno no le vale, y al otro, menos.

—Nosotros por convicción. No nos repartimos jueces con el PSOE.

—Tampoco Ciudadanos, ni antes UPyD. Y tú estabas antes en el PP.

—¡Pero si yo me fui porque no soportaba a Rajoy y sus enjuagues!

—Naturalmente. Yo lo sé, vosotros lo sabéis y vuestros votantes lo creen. Pero se trata de ver si sois algo más que una disidencia derechista del PP. Tenéis fuerza. ¿Quién dudará de que solo os mueve el patriotismo?

—Parecerá entonces que hemos venido solo a sustituir al PP.

—Parecerá que tenéis el valor que no tiene el PP para hacer lo que hay que hacer, al margen de las apariencias.

—No digo que sea mala idea —insistía Kike—, pero no para los nuestros.

—¿Y cuántos eran «los vuestros» en las elecciones pasadas?

—Un millón menos.

—¿Y en las anteriores? Ninguno, ni un solo escaño.

—Vamos a ver, Federico, la idea es audaz y por eso me gusta —dijo Abascal—, pero tenemos que meditarla bien. Tenemos este fin de semana.

—Para el votante de derecha tenéis y tendréis, si no hacéis nada por evitarlo, un problema de legitimidad dentro del sistema.

Ya sé que vosotros lo defendéis mientras la izquierda quiere cargárselo, pero los medios están en sus manos y no dejarán nunca de trataros como delincuentes, y si hay Gobierno social-comunista, querrán ilegalizaros. Con toda seguridad.

—De eso estamos absolutamente seguros. Claro que quieren hacerlo.

—¿Y no creéis que este gesto de apoyo patriótico aliviaría la presión?

—En cierto modo, sí. El gran problema —reiteraba Kike— es explicarlo.

—Esta es una ocasión única. No tendréis otra. Quedáis como unos valientes, unos patriotas y además no tenéis nada que perder frente al PP.

—Bien, déjame hacerte una última pregunta —dijo Abascal—: ¿Crees que si hacemos lo que dices debo decírselo a Casado, con el que hablo mucho?

Yo entreví que Abascal, que de cerca pone a veces una mirada parda y verdosa, de lobo desconfiado, dudaba de si era una trampa por mi parte, aunque involuntaria, acaso inducida por gente del PP. Y contesté:

—Ni una palabra. Esto solo vale si lo hacéis vosotros y por sorpresa. Luis Herrero y yo le dijimos lo mismo esta semana y él prefiere no arriesgar. Si arriesgáis vosotros, el mérito tiene que ser vuestro, no compartido.

—Bueno, que sepas que voy, que vamos a pensarlo bien y a hablarlo este fin de semana. Que me parece una idea importante. Y lo que decidamos, si lo vemos claro, este mismo lunes se verá.

—Pues nada, hasta otra.

—Gracias por recibirnos y por el café… y el roscón.

—De nada, a vosotros. Recuerdos a la familia y demás.

Y se fueron. El lunes hicieron como Casado, fruto del mismo temor. Fue una ocasión perdida, sobre todo, para Vox. Pero nadie podrá decir que no lo intentamos. ¿Habrían cambiado mucho las cosas? Nunca lo sabremos.

2
El final ocultado de la Guerra Civil: todos contra los comunistas

En 2008, Javier Iglesias Peláez, viejo activista del PCE (m-l)-FRAP y padre de Pablo Iglesias Turrión —que, tras militar en las Juventudes Comunistas, enhebraba becas y estadías en el extranjero antes de crear el grupo Contrapoder en la Universidad Complutense de Madrid, germen de Podemos—, publicó *Stalin en España. La gran excusa*[1], con esta dedicatoria: «A mis padres. Y a mi hijo».

Con fingida humildad, Iglesias Peláez utiliza el plural mayestático: «no nos encontramos ante un libro de historiografía, sino de [sic] un mero ensayo historiográfico», y luego singulariza su propósito: «combatir una leyenda mal tejida que (...) ha terminado en estos comienzos del siglo XXI, en convertirse en un lugar común, desvirtuando lo que sigo considerando uno de los momentos luminosos de la humanidad de nuestro siglo XX: el antifascismo y el movimiento de resistencia al fascismo, del que la Guerra Civil española, de 1936 a 1939, fue quizás su más alto exponente».

Esto es falso, pero previsible en aquel a quien su propio hijo llama «frapero», es decir, partidario, como veremos en el capítulo «Iglesias, su padre y el terrorismo del FRAP», de impedir a toda costa una transición pacífica de la dictadura a la democracia, para volver a esa época «luminosa» de la Guerra Civil. Y más falso aún cuando dice que «el libro no se propone en absoluto ser una defensa de Stalin». No se encontrará en sus casi trescientas páginas una

---

[1] Javier Iglesias Peláez: *Stalin en España. La gran excusa*. Raíces, Madrid, 2008.

sola crítica al régimen totalitario creado por Lenin y continuado por Stalin, ni una sola referencia a las víctimas del comunismo, más de cien millones demostrados cuando se publica el libro, ni a un solo disidente de la ideología totalitaria que sigue siendo la suya, a juzgar por cómo ataca a los que la abandonaron.

El subtítulo de este libro —que en filial correspondencia a la editorial Raíces, Pablo Iglesias podría hacer de obligada lectura en Podemos—, *La gran excusa*, critica todas las «excusas» para oponerse al comunismo y a Stalin en la Guerra Civil: la primera es la excusa de los alzados contra el Gobierno del Frente Popular, que no tenían ningún motivo para temer el comunismo; la segunda excusa es la de los anarquistas que odiaban al PCE; la tercera excusa es la del POUM, víctima de una persecución lamentable —Iglesias Peláez, como Kruschev, quizá crea que los comunistas pueden matar a todos salvo a otros comunistas aunque, tras lamentar la muerte de Nin, al que degrada, condena a los vivos, con Gorkin al frente—. Y la cuarta excusa, la más infame de todas las excusas para él, es la de los socialistas, republicanos y anarquistas que se unieron contra Negrín para acabar la guerra.

Esta es una cuestión clave en la vuelta del comunismo a España: para deslegitimar el régimen constitucional del 78 hay que relegitimar no solo la Segunda República, sino la facción comunista que, agrupada en torno a Negrín, fue combatida a tiro limpio por todas las demás fuerzas del Frente Popular, que se negaron a inmolar a cientos de miles de jóvenes —las quintas *del biberón* y *del chupete*— por el interés de Stalin en alargar una guerra ya perdida.

En los años ochenta, con UCD y luego con el PSOE en el poder, muchos tratamos de rescatar la parte nacional de la España republicana, en línea con la política de reconciliación nacional del PCE y luego de la Transición. Yo publiqué las antologías de *Ensayos* y *Discursos*[2] de Azaña en Alianza Editorial, con Javier Pradera

[2] Federico Jiménez Losantos. Selección, prólogo y notas en dos tomos titulados: *Manuel Azaña. Antología. 1. Ensayos* y *Manuel Azaña. Antología. 2. Discursos* en Alianza Editorial, Madrid, 1982 y 1983.

como editor, y más tarde *La última salida de Manuel Azaña*[3], presentada por Aznar y Barrionuevo y que comento en *Memoria del comunismo*. La primera antología iba dedicada a la viuda de Azaña, Dolores de Rivas Cherif, que quiso recibir a Juan Carlos I en México tras las primeras elecciones democráticas en España, como símbolo de reconciliación y del sentido de la obra del último Azaña, bien distinto del sectarismo, a la larga letal para él mismo, de su política en el Gobierno.

Por cierto, que Iglesias Peláez —típico semiculto, que es la rama más peligrosa de los semianalfabetos— termina su libro de excusas estalinistas con una larga cita de *Retrato de un desconocido*[4], hagiografía de Azaña por Cipriano de Rivas Cherif, como si el presidente de la República respaldara la política de Negrín y los comunistas de resistir a toda costa… los demás. Hace falta cara de acero, de Stalin, para usar una frase tan larga contra el sentido general del libro —del que, por cierto, cuando Iglesias Peláez andaba enredado con los del FRAP, yo publiqué la primera reseña en *El País*, para satisfacción de Enrique de Rivas, su hijo, y de doña Lola, la viuda— y contra todo lo que Azaña escribió e intentó en sus últimos años. En lo literario, está en *La velada en Benicarló*[5] y en los *Diarios* y artículos para el extranjero, donde Negrín es «el piafante», y cuyo dinero, como su predecesor Alcalá Zamora, se negó a aceptar, por considerarlo un robo a los españoles; ese es el sentido de su frase «que los españoles no crean que yo soy un bandido». En lo político, lo hizo al dimitir, por no lograr echar a Negrín y poner en su lugar a Besteiro.

Pero desde finales del siglo XX se produce en la universidad un movimiento historiográfico hostil a esa recuperación de lo nacional en el bando republicano, tan anticomunista al final que prefirió a Franco antes que a Negrín y a Stalin. A los historiadores

---

3 Federico Jiménez Losantos: *La última salida de Manuel Azaña*. Planeta, Barcelona, 1994.

4 Cipriano de Rivas Cherif: *Retrato de un desconocido. Vida de Manuel Azaña*. Grijalbo, Barcelona, 1980.

5 Manuel Azaña: *La velada en Benicarló*. Castalia, Madrid, 2005. Azaña publicó la primera edición en agosto de 1939.

procomunistas —Southworth, Preston o Viñas; Bahamonde y Cervera para el fin de la guerra—, Iglesias los declara «historiadores serios» frente a los «anticomunistas» —Carr, Bolloten, Payne, Moa, De la Cierva, hasta Elorza—, que no son serios ni historiadores. Solo un comunista infatuado podría confesarse mero aficionado al asunto y condenar a profesionales como Bolloten, cuya obra —aunque aparezca en una bibliografía descabalada, donde los libros citados no siempre son los citados en el libro— ojeó solo para manipularla o, simplemente, desconoce.

Pero la dinastía Iglesias se barrunta eterna, y como en una *ouija*, en la página de agradecimientos que cierra el descompuesto volumen dice:

> Como he indicado en la dedicatoria, mi padre y mi hijo son los principales destinatarios. Mi padre, socialista «prietista» casi toda su vida, humanista cristiano, con una enorme estatura intelectual [...] gran parte de este libro ha sido un diálogo con él, muerto en 1986, a través de sus notas en los libros de su muy numerosa biblioteca. Estoy seguro de que me seguiría contradiciendo algunas de mis opiniones sobre Prieto, Besteiro y otros a los que él siempre tuvo en un altar.

Intentaremos alzarnos en el capítulo correspondiente hasta la «enorme estatura intelectual» de ese Iglesias I, propagandista del Sindicato Vertical franquista, que fue el altar en el que realmente ofició. Pero si las lecturas de Iglesias II se limitan, como parece, a las notas de su padre, sin catar los libros anotados, entendemos mejor la débil armazón intelectual de *Stalin en España*.

Sin llegar al diálogo de ultratumba con apuntes al margen, aún mejor es la posterior referencia filial:

> Mi hijo, joven comunista primero y ahora activista y estudioso de los movimientos globales y la acción colectiva postnacional, me animó —«no seas vago, padre»— y me estimuló con su ejemplo.

En realidad, cuando se publica el libro en 2008, Pablo Iglesias lleva ya dos años dirigiendo con Errejón y Monedero un grupo en la Universidad Complutense, que, en homenaje a Antonio Negri, condenado por la justicia italiana por terrorismo, llaman «Contrapoder». Su actividad más conocida es impedir por la fuerza que invitados como Rosa Díez puedan hablar en la universidad. El libro de Torreblanca *Asaltar los cielos*[6] cuenta, con excesiva indulgencia, la verdadera actividad del estudioso Pablo, que presume de ser «orgulloso hijo de un militante del FRAP», la siniestra banda terrorista. ¡Los Iglesias, siempre presumiendo!

Los alzamientos de Casado y de Negrín

Pero vamos al episodio que con tanto ahínco tratan de borrar Javier Iglesias y los que, para reinstalar el comunismo en nuestro país, buscan legitimar las actuaciones y la política de Stalin en España, al que en 1939 ya solo servían Negrín y el PCE.

Lo importante del llamado golpe de Casado es que se solapa con el golpe de Negrín, que, tras la olvidada ofensiva de Peñarroya —última batalla real de la Guerra Civil, como atestiguan sus 40.000 muertos—, pretende continuar la lucha cuando el Ejército republicano ha perdido sus unidades operativas, y todos sus generales, salvo los de obediencia comunista, buscan evitar el sacrificio inútil de cientos de miles de jóvenes ante la ofensiva general de Franco.

España es una carta que le vino a la mano a Stalin gracias al PSOE, tras su bolchevización o comunistización por Largo Caballero, Araquistáin y Álvarez del Vayo, con Negrín al fondo, a los que se unió Prieto, fautor del golpe de Estado contra la República de 1934, por el que pidió perdón antes de morir. Besteiro fue el único socialista opuesto a la Guerra Civil que buscó obstinadamente la redención de su partido. El *Anti-Caballero*[7] de su asesor Gabriel Mario de Coca, publicado antes de julio de 1936, prueba

---

[6] José Ignacio Torreblanca: *Asaltar los cielos. Podemos o la política después de la crisis*. Debate, Barcelona, 2015.

[7] Gabriel Mario de Coca: *Anti-Caballero. Crítica marxista de la bolchevización del Partido Socialista (1930-1936)*. Ed. Engels, Madrid, 1936. También en Ediciones del Centro, Madrid, 1976.

la responsabilidad absoluta del PSOE en el desencadenamiento de la guerra. Pero dos años y medio después, cuando Caballero había tenido su guerra, Prieto dirigido Defensa, y Negrín entregado los recursos a Stalin, solo Besteiro, callado toda la contienda, tenía la categoría moral para asumir dignamente la derrota. Su discurso, viejo y enfermo, en los sótanos de Unión Radio el 5 de marzo de 1939 para explicar el «golpe» de Casado es la continuación del *Anti-Caballero* y la pieza intelectual más noble producida por una izquierda que se puede y se debe considerar española. Ni Franco lo supo apreciar (aunque sí otros dirigentes nacionales), ni, lo que es más grave, el PSOE lo ha sabido respetar. Por eso ha vuelto al comunismo.

El discurso de Besteiro

El discurso dice así:

> Conciudadanos españoles: Después de un largo y penoso silencio, hoy me veo obligado a dirigiros la palabra por un imperativo de la conciencia, y desde un micrófono de Madrid.
>
> Ha llegado el momento en que irrumpir con la verdad y rasgar la red de falsedades en que estamos envueltos es una necesidad ineludible, un deber de humanidad y una exigencia de la suprema salvación de la masa inocente e irresponsable.
>
> ¿Cuál es la realidad de la vida actual de la República? En parte lo sabéis; en parte lo sospecháis o lo presentís; tal vez muchos, en parte al menos, lo ignoráis. Hoy, esa verdad, por amarga que sea, no basta reconocerla, sino que es preciso proclamarla en alta voz para evitar males mayores, y dar a la actuación pública urgente toda la abnegación, todo el valor que exigen las circunstancias.
>
> La verdad es, conciudadanos, que después de la batalla del Ebro, los Ejércitos nacionalistas han ocupado totalmente Cataluña, y el Gobierno republicano ha andado errante durante largo tiempo en territorios franceses.
>
> La verdad es que, cuando los ministros de la República se han decidido a retornar a territorio español, carecen de toda base legal y

de todo prestigio moral necesario para resolver el grave problema que se presenta ante nosotros.

Por la ausencia, y más aún, por la renuncia del presidente de la República, esta se encuentra decapitada. Constitucionalmente, el presidente del Consejo no puede sustituir al presidente dimisionario más que con la obligación estricta de convocar elecciones presidenciales en el plazo improrrogable de ocho días. Como el cumplimiento de este precepto constitucional es imposible en las actuales circunstancias, el Gobierno Negrín, falto de la asistencia presidencial y de la asistencia de la Cámara, a la cual sería vano dar una apariencia de vida, carece de toda legitimidad y no puede ostentar título alguno al respeto y al reconocimiento de los republicanos.

¿Quiere decir esto que en el territorio de la República exista un estado de desorden? El Gobierno Negrín, cuando aún podía considerarse investido de legalidad, declaró el estado de guerra, y hoy, al desmoronarse las altas jerarquías republicanas, el Ejército de la República existe con autoridad indiscutible, y la necesidad del encadenamiento de los hechos ha puesto en sus manos la solución de un problema gravísimo, de naturaleza esencialmente militar.

¿Quiere decir esto que el Ejército de la República se encuentra desasistido de la opinión civil? Aquí, en torno mío, se halla una representación de Izquierda Republicana, otra del Partido Socialista, otra de la UGT y otra del Movimiento Libertario.

Todos estos representantes, juntamente conmigo, estamos dispuestos a prestar al poder legítimo del Ejército republicano la asistencia necesaria en estas horas solemnes.

El Gobierno Negrín, con sus veladuras de la verdad, con sus verdades a medias y con sus propuestas capciosas, no puede aspirar a otra cosa que a ganar tiempo, tiempo que es perdido para el interés de la masa ciudadana, combatiente y no combatiente. Y esta política de aplazamiento no puede tener otra finalidad que alimentar la morbosa creencia de que la complicación de la vida internacional permita desencadenar una catástrofe de proporciones universales, en la cual, juntamente con nosotros, perecerían las masas proletarias de muchas naciones del mundo.

De esta política de fanatismo catastrófico, de esta sumisión a órdenes extrañas, con una indiferencia completa ante el valor de la nación, está sobresaturada ya la opinión republicana toda. Yo os

> hablo desde este Madrid que ha sabido sufrir y sabe sufrir con emocionante dignidad su martirio; yo os hablo desde este «rompeolas de todas las Españas» que dijo el poeta inmortal que hemos perdido, tal vez abandonado en tierras extrañas; yo os hablo para deciros que cuando se pierde, es cuando hay que demostrar, individuos y nacionalidades, el valor moral que se posee. Se puede perder, pero con honradez y dignamente, sin negar su fe, anonadados por la desgracia. Yo os digo que una victoria moral de ese género vale mil veces más que una victoria material lograda a fuerza de claudicaciones y de vilipendio.
>
> Yo os pido, poniendo en esta petición todo el énfasis de la propia responsabilidad, que en este momento grave asistáis, como nosotros lo asistimos, al poder legítimo de la República que, transitoriamente, no es otro que el poder militar.

Tras Besteiro —que, además del apoyo de socialistas históricos como Wenceslao Carrillo, tiene desde América el de Indalecio Prieto, Fernando de los Ríos y la inmensa mayoría del PSOE—, habla en nombre de Izquierda Republicana —el partido de Azaña, dimitido de la Presidencia y de todo— el diputado Miguel San Andrés, que lee la constitución de ese poder militar al que se ha referido Besteiro, cuyo liderazgo moral y político nadie discute:

> Trabajadores españoles. ¡Pueblo antifascista! Ha llegado el momento en que es necesario proclamar a los cuatro vientos la verdad escueta de la situación en que nos encontramos. Como revolucionarios, como españoles y como antifascistas, no podemos continuar por más tiempo aceptando la imprevisión, la carencia de orientaciones, la falta de organización y la absurda inactividad de que da muestras el Gobierno del doctor Negrín. La misma trascendencia del momento que atravesamos, el carácter definitivo de los que se aproximan, hace que no pueda continuar ni un momento más el silencio y la incertidumbre, origen del más tremendo desconcierto que se deriva de la conducta suicida de un puñado de hombres que todavía continúa aplicándose a sí mismo la denominación de gobierno, pero en los que nadie cree, ni en los que nadie confía.

Han pasado semanas desde que se liquidó con una deserción general la guerra de Cataluña. Todas las promesas que se hicieron al pueblo en los más solemnes momentos fueron olvidadas; todos los deberes, desconocidos; todos los compromisos, delictuosamente pisoteados. En tanto que el pueblo en armas sacrificaba en el ara sangrienta de las batallas millares a sus mejores hijos, los hombres que se habían constituido en cabeza visible de la resistencia abandonaban sus puestos y buscaban, en la fuga vergonzosa y vergonzante, el camino para salvar su vida, aunque fuera a costa de su dignidad. Esto es lo que no puede permitirse en el resto de la España antifascista.

No puede tolerarse que, en tanto se exige al pueblo una resistencia organizada, se hagan los preparativos para una cómoda y lucrativa fuga. No puede permitirse que, en tanto el pueblo lucha, combate y muere, unos cuantos privilegiados preparen su vida en el extranjero. Para impedir esto, para borrar tanta vergüenza, para evitar que se produzca la deserción en los momentos más intensamente críticos, es para lo que se constituye el Consejo Nacional de Defensa. Y hoy, con plena responsabilidad de la trascendencia de la misión que nos imponemos; con la absoluta seguridad de la lealtad de nuestro pasado, de nuestro presente y de nuestro futuro en nombre del Consejo Nacional de Defensa que recoge sus poderes del arroyo donde los arrojara el Gobierno del doctor Negrín, nos dirigimos a todos los trabajadores, a todos los antifascistas, a todos los españoles, para, poniéndose al frente de los deberes que a todos incumbe, darles la garantía plena de que nadie, absolutamente nadie, podrá rehuir el cumplimiento de sus deberes y esquivar en la última pirueta arlequinesca la responsabilidad que le incumbe por sus palabras y por sus promesas.

Constitucionalmente, el Gobierno del doctor Negrín carece de toda base jurídica en la cual apoyar su mandato. Realmente carece también de la tranquilidad y el aplomo, de la decisión de sacrificio que es exigible a todos los que, de una o de otra manera, pretenden ponerse al frente de los destinos de un pueblo tan heroico, tan abnegado como el pueblo español. En estas condiciones, al desconocer y negar la autoridad del doctor Negrín y sus ministros para mantenerse en el poder, afirmamos nuestra propia autoridad de auténticos y genuinos defensores del pueblo español, de hombres que están dispuestos, dando como garantía su propia vida, a que el destino de uno sea el destino de todos y a que nadie escape al cumplimiento de los sagrados deberes que a todos incumbe por igual.

No venimos a hacer frases. No venimos a jugar al heroísmo. Venimos a señalar el camino que puede evitar el desastre y a marchar junto con el resto de los españoles por ese camino con todas sus consecuencias. Aseguramos que no desertaremos ni toleraremos la deserción. Aseguraremos que no saldrá de España ninguno de los hombres que en España deben estar, hasta tanto que por libre determinación salgan de ella todos los que de ella quieran salir. Propugnamos la resistencia para no hundir nuestra causa en el ludibrio ni en la vergüenza. Para esto pedimos el concurso de todos los españoles. Y para esto, también, damos a todos la seguridad de que nadie, absolutamente nadie, escapará al cumplimiento de los deberes que le corresponden. «O nos salvamos todos, o todos nos hundimos», dijo el doctor Negrín. Y el Consejo Nacional de Defensa se impone, como primera y última, como única tarea, convertir en realidad estas palabras. Para ello recabamos vuestro auxilio. Para ello exigimos vuestra colaboración. Y nos mostraremos inexorables con los que hurtan el pecho al cumplimiento del deber.

Pero Izquierda Republicana no existe política ni militarmente desde que Giral, tras fracasar el intento de Azaña de pactar con Mola y los alzados a través de un Gobierno de Martínez Barrio, entregó las armas a los milicianos, abolió de hecho el Ejército «leal», que pasó a ser perseguido, e inauguró el Terror Rojo, que provocó decenas de miles de asesinatos de gente indefensa en toda España. Esa era la «legalidad» republicana de 1936.

En cambio, los comunistas libertarios de la CNT/FAI sí fueron a esa guerra civil que buscaban desde los primeros golpes contra la República en 1931 y 1932, y participaron ferozmente en ese Terror Rojo —y negro, en su caso—, sobre todo en Cataluña, como cuento en *Memoria del comunismo*. Sin embargo, chequistas como Escorza y torturadores catalanes ya no representaban a una mayoría anarquista que, contra sus principios, entró en el Gobierno de Largo Caballero junto a los estalinistas en 1936 y vivió la realidad de su revolución y de una guerra civil que quedó en manos soviéticas.

De hecho, anarquistas como Melchor Rodríguez, «el Ángel Rojo», e incluso García Oliver —como veremos— frenaron las masacres de civiles desarmados como las de la Modelo y Paracuellos en Madrid. El odio ideológico de los bakuninistas a los marxistas se convirtió en odio político a los negrinistas, y en 1939, la CNT/FAI era la única fuerza con poder militar: uno de los cuatro cuerpos de ejército que guardaban Madrid, al mando de Cipriano Mera. Era la fuerza esencial de Besteiro y Casado.

Y aquel albañil que, tras demostrar grandes aptitudes militares en la guerra, mandaba el IV Cuerpo de Ejército, con Liberino González de segundo, dijo:

> Trabajadores antifascistas: Españoles con dignidad. Un hijo del pueblo, carne de su carne y sangre de su sangre, militar porque desde julio de 1936 siente y cumple el deber ineludible de empuñar las armas para la defensa y la libertad de su patria, se dirige a vosotros con el corazón y la conciencia en los labios, para explicaros con toda sencillez la trascendencia de la actitud que con toda la responsabilidad asume en este momento histórico.
>
> La derrota sufrida por las armas antifascistas en Cataluña me ha resultado, además de dolorosa, inexplicable, mientras no he tenido el convencimiento de que fue precedida por la traición de unos hombres dispuestos a vender a precio de oro y de orgía la sangre generosa del pueblo español. La traición aludida que nos hizo perder pedazos de nuestra patria, que ha estado a punto de dar al traste con el movimiento obrero español y que ha puesto en peligro la dignidad del antifascismo que es nuestro interés moral de mayor valía, ha culminado en la actitud alevosa y criminal de Juan Negrín, gobernante indigno de los combatientes y de los trabajadores, cuya política personalista le ha hecho incompatible con los ministros de su gabinete y no tiene más finalidad que la de hacer un alijo con los tesoros nacionales y huir, mientras el pueblo queda maniatado frente al enemigo.
>
> Durante las últimas veinticuatro horas ha sucedido todo lo que puede suceder donde hay gobernantes traidores a sus promesas, a su pueblo y a todos los principios ideológicos y morales. Esto nos ha creado una situación delicada, ante la cual, este militar que os habla

con la emoción que le produce el recuerdo de su vida austera y dura de trabajador manual, piensa que solo se puede servir disciplinadamente a quien sirve a su patria y que es indispensable enfrentarse con quien la roba, la vende o la traiciona. Las tres cosas ha hecho, como gobernante perjuro y desaprensivo, el doctor Negrín, y Cipriano Mera, albañil ayer y hoy uno de los jefes del Ejército del Centro, pero siempre leal hijo del pueblo, al pueblo debe y quiere defender. Por eso se une a estos hombres de buena voluntad y de historia inmaculada, representantes del pueblo antifascista que constituyen el Consejo Nacional de Defensa y por eso también con toda su gente sobre las armas, y el pensamiento en la dignidad antifascista y de la patria, os grita desde Madrid, desde este noble corazón del mundo: a partir de este momento, conciudadanos, España tiene un Gobierno y una misión, la paz. Pero la paz honrosa, basada en postulados de justicia y de hermandad. Estas palabras no son para vosotros, sino para toda España. Sin humillaciones, ni debilidades, pero con la conciencia de nuestros actos, queremos la paz para España, pero si, por desgracia para todos, nuestra paz se pierde en el vacío de la incomprensión, también os digo serenamente que somos soldados y como tales estamos en nuestro puesto hasta sucumbir defendiendo la independencia de España.

¡Trabajadores y combatientes! ¡Antifascistas dispuestos a morir por el honor de nuestra causa! De cara a todos los traidores y todos los enemigos. ¡Viva la España invicta, independiente y libre! Todos en pie de guerra por la vida y el honor del pueblo que nos dio la misión de defenderle. ¡Viva su Consejo Nacional de Defensa!

Cipriano Mera, por su integridad personal y por representar el sentir general, tuvo el apoyo de todas las corrientes anarquistas, caso único en su historia, desde Horacio Prieto y Federica Montseny hasta Abad de Santillán y García Pradas, que estaba allí y ha dejado vívidos recuerdos del momento. Alguno, como García Oliver, matizó luego ese apoyo, pero entonces fue unánime.

Y terminó el coronel Segismundo Casado, que estropeó así la noche:

Españoles de allende las trincheras: una vez más me dirijo a vosotros desde Madrid, quicio de la guerra, capital de la patria y espejo de las virtudes españolas, fijándome poco en las ideas, los extravíos y las ambiciones que nos separan, pero mucho en el dolor que por igual sufrimos, y en el amor que no quiero suponer extinguido en vosotros, a este solar nativo que desde hace treinta y un meses estamos cubriendo de ruinas y de sangre.

Soy lo que siempre fui y estoy donde siempre estuve. Militar que jamás intentó mandar a su pueblo, sino servirle en toda ocasión, porque entiende que la milicia no es cerebro de la vida pública, sino brazo nacional. Quien os habla juró lealtad y leal a ella sigue; tenía la obligación de luchar por la libertad y la independencia de su pueblo y en defenderlas cifra su mayor orgullo. Desde el infausto día en que estalló la guerra, yo, como todos los militares no sublevados contra el régimen que se dio a España, pacífica y legalmente, no he tenido que hacer abjuración alguna, ni he tenido que renovar promesas de lealtad. Me he limitado a cumplir mi obligación.

Y sin más títulos que este del deber cumplido, me dirijo a vosotros, compatriotas, con el dolor de España en el corazón y su nombre en los labios, para advertiros que el pueblo ha tenido conciencia y gallardía suficientes para buscar, en medio de los horrores de la guerra, el camino de la paz mediante la conciliación en la independencia y en la libertad.

Estos dos motivos de la guerra defensiva que sostiene la República son los crisoles en que se funden todos los anhelos populares del lado de acá de las trincheras y así lo hemos proclamado tantas veces cuantas fueron menester y de modo rotundo y decisivo en ocasión reciente.

No luchamos por nada ajeno a nuestra voluntad y a nuestro interés de españoles. Queremos una patria exenta de toda tutela extraña, libre de toda supeditación a las ambiciones imperialistas que van a devastar a Europa y capaz de regirse internamente con plena libertad. No hay margen para otra política que la identificación absoluta con este intento supremo de defender la España no invadida, mientras llega el momento de la independencia en la libertad y en la seguridad.

Altas palabras que tienen hoy por mandato todos los partidos políticos y todas las organizaciones obreras de esta zona. Altas palabras, compatriotas, que también a vosotros van dirigidas y que, se quiera o no se quiera, os han de obligar tanto en conciencia como a los españoles del lado de acá de los frentes. Asimismo, no nos afectan únicamente a nosotros, sino a vosotros también os atañen en la misma medida estas frases con que hemos expresado el dilema que tenemos delante y la decisión con que lo mira el pueblo. O todos nos salvamos o todos nos hundimos en la exterminación y el oprobio.

Nuestra suerte está echada y solo depende de nosotros mismos el salir del trance difícil, por nuestra voluntad y nuestra resolución común. Escoged, españoles de la zona invadida, entre los extranjeros y los compatriotas. Entre la libertad fecunda y la ruinosa esclavitud; entre la paz y el provecho de España o la guerra al servicio de la locura imperialista. En nuestra zona no hay extranjeros. Para que el carácter de nuestra lucha no quede en dudas malintencionadas, hemos prescindido de la ayuda que quisieron prestarnos algunos hombres de diversos países sin intervención de ningún Estado. Solo españoles hay en nuestro Ejército... Volved los ojos al interés patriótico. La mirada en España. Es esto lo que nos importa como base de cualquier aspiración que lícitamente podamos tener.

Nuestra guerra no terminará mientras no aseguréis la independencia de España. El pueblo español no abandonará las armas mientras no tenga la garantía de una paz sin crímenes. ¡Estableced-la! No soy yo quien así os habla. Os dice esto un millón de hombres movilizados para la guerra y una retaguardia sin fronteras de retirada, dispuesta a batirse y luchar a muerte por la consecución de estos fines que son la paz.

Asegurar la paz de España y evitar que nuestro país se sumerja en un mar de sangre, de odio y de persecución que hagan imposible por muchas generaciones una patria española unida por algo más que la dominación extranjera, la violencia o el terror.

En vuestras manos, que no en las nuestras, están hoy la paz —necesaria para que España se recobre a sí misma— y la guerra —sangría que la debilita y la desbrava para ponerla al servicio del invasor—. Escoged, que si nos ofrecierais la paz, encontraréis generoso nuestro corazón de españoles, y si continuaseis la guerra, hallaríais implacable, segura, templada como el acero de las bayonetas, nuestra heroica moral de combatientes. O la paz por España o la lucha a muerte. Para una y para otra decisión estamos dispuestos

> los españoles independientes y libres que no tomamos sobre nuestra conciencia la responsabilidad de destruir nuestra patria.
>
> ¡Españoles! ¡Viva la República! ¡Viva España!

Besteiro estuvo sublime, San Andrés razonable, Mera comprensible; pero Casado convirtió lo que en Besteiro era una oferta de paz en pavoneo militar insostenible y, para Franco, a punto de cercar Madrid, insufrible. A los que habían empezado la guerra en las peores condiciones imaginables y, poco a poco, heroicamente, le habían dado la vuelta a la situación, los llama «zona invadida»; desleales, puesto que él es «leal» a lo que los nacionales consideraban ilegítimo, el Gobierno del Frente Popular; les amenaza con la resistencia de un millón de hombres armados hasta los dientes, cuando en Peñarroya, tan importante para ver lo que quedaba del Ejército Popular, habían acabado, como de costumbre, derrotados, y, al final, en desbandada. En suma, se enhebran despropósitos chulescos en un momento que exige lo contrario: la dignidad política en la derrota de Besteiro, no las amenazas militares de Casado.

Pero el del coronel no es un discurso político. Es un forcejeo militar totalmente equivocado y también fruto de la conciencia de su debilidad, no solo frente a las tropas nacionales, sino sobre todo a las de Madrid, donde la mayoría de las fuerzas es de obediencia comunista, y, como cabía temer, pasa al día siguiente a la ofensiva, lo cerca y fusila a tres jefes de su Estado Mayor.

En realidad, Negrín sabía —porque después de Peñarroya los generales ven inútil y criminal proseguir la lucha— que el Ejército del Centro de Casado y Matallana se negaría a combatir si, tras la dimisión de Azaña el mismo día en que las democracias reconocieron a Franco, él mismo no dimitía y daba paso a que otros negociaran una política de paz, léase rendición. Miaja es, como Rojo —que dice desde Francia que hay que fusilar a Negrín (y este lo toma muy en serio)—, de la opinión de Casado. Y ese Miaja, héroe de la defensa de Madrid según la propaganda comunista, aunque ante un ejército de Franco de 14.000 hombres, solo la mitad de las fuerzas que guarnecían la capital, es ahora el presidente del

Consejo de Defensa, pero ante un ejército de Franco de 400.000 hombres, seguros de su victoria.

Sin embargo, Negrín, que sigue robando todos los bienes del Estado a su alcance, intenta y consigue frenar al Consejo. Los frentes son Madrid y Cartagena, donde está la flota y estalla una improvisada sublevación de la Quinta Columna, que Franco prohibirá tajantemente en Madrid. Negrín envía a Cartagena a Francisco Galán, hermano del Fermín que, con García Hernández, dio el golpe de Estado republicano en 1930, que fracasó porque Casares Quiroga se quedó dormido en Zaragoza y no le avisó de que se suspendía. Fermín Galán fue fusilado y en 1931 declarado mártir. Alberti le dedicó una atroz obra de teatro que no merecía la víctima del dormilón Casares.

Este Galán era inteligente, y con suficiente apoyo militar recuperó Cartagena, que nunca se perdió del todo. Pero, tras una serie de dramáticos lances —como el hundimiento del *Castillo de Olite*, con tantas víctimas que los cartageneros se negaron durante días a comer pescado—, la flota, al mando del almirante Buiza, abandonó sus aguas y, tras vacilaciones muy bien narradas en el libro de Luis Romero *El final de la guerra*[8], y donde los mensajes por radio que recopila Ricardo de la Cierva en *Agonía y victoria*[9] son determinantes, decidió rendirse en Bizerta (Argelia francesa).

Distinto es el caso de Madrid. Negrín, atrincherado en Elda con los jefes comunistas al lado, decide cambiar todos los mandos militares, en dos tandas, pero Casado —que a través de Ángel Peinado controla el boletín— lo intercepta y, aunque impresos, los nombramientos primeros no salen a la calle y los segundos no llegan a imprimirse. Peinado pagará con la vida esta acción clave, que lleva a Casado a adelantar un día la creación del Consejo de Defensa. Martínez Bande lo cuenta muy bien en *El final de la Gue-*

---

[8] Luis Romero: *El final de la guerra*. Ariel, Barcelona, 1976. Reedición en Planeta, Barcelona, 2006.

[9] Ricardo de la Cierva: *1939. Agonía y victoria (El protocolo 277)*. Planeta, Barcelona, 1989.

rra Civil[10], monografía del Servicio Histórico Militar con referencias a la insuperada *Historia del Ejército Popular de la República*[11], de Salas Larrazábal, y que completa el madrugador libro de Bouthelier y López Mora *8 días. La revuelta comunista*[12].

En 2004, Luis Español Bouché tuvo la delicadeza de enviarme *Madrid 1939. Del golpe de Casado al final de la Guerra Civil*[13], libro singular y meritorio. El autor odia a Franco por su nula generosidad al final de la guerra, odio que extiende a todos los *nacionales,* subrayado sarcástico en el que insiste, olvidando la Puerta de Alcalá con las fotos de Stalin, Lenin, Largo y compañía, que no gustarían a Besteiro y los suyos, pero delataban un régimen poco *nacional.*

Ricardo de la Cierva, cuyo padre fue asesinado en Paracuellos, reprocha en *Agonía y victoria*[14] la misma falta de grandeza al entorno de Franco, sobre todo Serrano Suñer. Yo creo que la desconfianza sobre Casado de Franco, que nunca fue empático ni simpático, pero ganó una guerra imposible, la explica el propio Español Bouché al rescatar un discurso de junio de 1938 «A los estados mayores del Ejército rebelde», olvidado por los historiadores y manipulado por el propio Casado, que indignaría a los militares interpelados.

Que Casado fuera masón no le gustaría a Franco, pero también él tenía masones —Cabanellas, su hermano— y le era más importante el respaldo, vía masónica, de Inglaterra, que reconoció a Franco y le ayudó a tomar Menorca sin un tiro. La animadversión vendría del discurso de 1938, aún más empingorotado y vani-

---

[10] José Manuel Martínez Bande: *El final de la Guerra Civil.* Ed. San Martín, Madrid, 1985.

[11] Ramón Salas Larrazábal: *Historia del Ejército Popular de la República.* La Esfera de los Libros, Madrid, 2006. La edición original del mismo título es de Editora Nacional, Madrid, 1973.

[12] Antonio Bouthelier y José López Mora: *8 días. La revuelta comunista.* Editora Nacional, Madrid, 1940.

[13] Luis Español Bouché: *Madrid 1939. Del golpe de Casado al final de la Guerra Civil.* Almena, Madrid, 2003.

[14] Ricardo de la Cierva, *op. cit.*

doso que el de 1939, que insistía en instruirlos en patriotismo y lealtad. A la España del Alcázar de Toledo, ese tipo de lecciones le caía fatal. Eso no quita mérito objetivo a Casado en el ahorro de tantos miles de vidas que Negrín estaba dispuesto a sacrificar en el altar de Stalin y de su propia egolatría.

Español Bouché da, completísima, la lista de los cambios militares que, tras un mes de forcejeo con Rojo y Miaja —que, como Casado en 1938, querían un «pacto entre militares» para liquidar la guerra—, Negrín hace por sorpresa el 4 de marzo, adelantándose así a la constitución del Consejo de Defensa, prevista para el 6. Los retroantifranquistas niegan aún hoy esos nombramientos. Consúltenlos allí. Y sobran testimonios de que en febrero Negrín se reúne varias veces con los generales para convencerlos de que continúen una guerra perdida. Salvo Miaja, al que callaron recordando que él tenía su familia a salvo, Negrín solo tuvo en la reunión decisiva de Los Llanos el apoyo comunista; y viceversa. Contra esto se forma el Consejo.

Al principio, el PCE fingió reconocerlo, pero en cuanto sacó de España a escondidas a sus jefes políticos y militares —aunque lo negó *Mundo Obrero*, y lo creyeron los militares comunistas de Madrid—, el PCE ordenó atacar sin cuartel a Casado. Pudieron ganar, porque fuerzas tenían, pero los discursos del 5 de marzo prueban que la izquierda mayoritaria prefería rendirse a Franco antes que morir. Tras dimitir Azaña, Negrín debió hacer lo mismo. Pero imprimió sesenta mil pasaportes, prohibió salir de España sin ellos y trató de dar el golpe de mano militar. Era su dictadura, sin careta.

La película de los últimos ocho días rojos

La debilidad militar de Casado le llevó a encerrarse en el triángulo Gran Vía-Cibeles-Puerta del Sol. En el primer vértice están Unión Radio y Telefónica; en el segundo, el Ministerio de Marina; en el tercero, el de Hacienda, en cuyos sótanos estaba el Cuartel General. Cercado por los tres cuerpos de ejército comunistas, debía resistir hasta la llegada del cuarto, el de Mera, ante el que se alzaban Alcalá de Henares y Torrejón, los fuertes comunistas, antes de alcanzar el triángulo del Consejo y salvar a Casado.

Togliatti, verdadero jefe del PCE antes y después de que huyeran la Pasionaria y otros heroicos partidarios de «resistir hasta el final», hizo un resbaladizo comunicado de apoyo al Consejo, para que Casado creyera que tendría tiempo de esperar a Mera. Pero en cuanto Negrín y sus numantinos estuvieron a salvo en Francia, dieron al Partido Comunista de Madrid la orden de atacar. Su cuartel general era «Villa Eloísa», en Ciudad Lineal; sus medios de comunicación, *Mundo Obrero* y Radio Popular o Radio Norte; y su ataque, contra la esperanza del Consejo en la madrugada del 6 de marzo, fue el que permitía su superioridad: rápido y en flecha para atrapar a Casado.

El primer jefe del golpe comunista-contra el golpe del Consejo-contra el golpe de Negrín —porque los tres golpes se encadenan en dos días— debía ser Domingo Girón, pero al ir a convencer al coronel Bueno y a Barceló para empezar el ataque, en el último trayecto, fue detenido por tropas del Consejo. Y en ese momento se presenta en «Villa Eloísa» y asume el poder Barceló, que había jurado obediencia a Casado, pero, como todos ellos, obedecía antes al Partido. De la Cierva rescata este retrato que hace de él García Pradas:

> Tenía, más que traza militar, un aire de tenorio de pueblo, con rasgos de tratante y apostura de guapo ricachón. Fumaba un cigarro habano y apoyaba la mano derecha en un bastón de aldea.[15]

Pero sabía bien, como todos, lo débil de la posición de Casado y lo lejos que estaba para socorrerlo el IV Cuerpo de Ejército de Cipriano Mera.

El reto era completar el cerco esa misma mañana del 6 de marzo antes de que pudiera romperse, y Barceló plantea una acción envolvente muy rápida. La 8.ª División de Ascanio ocupa

---

[15] Ricardo de la Cierva, *op. cit.*, p. 197.

Fuencarral, pasa por Tetuán y Cuatro Caminos y penetra por Bravo Murillo y Ríos Rosas para copar los Nuevos Ministerios, aún sin terminar, pero que formaban una gran muralla defensiva. Otra columna comunista entra por los Bulevares, toma la sede socialista de la calle Carranza y se une a la anterior en Santa Engracia.

El mayor Calvo y la 300.ª División de Guerrilleros, a las órdenes del general Hungría, debe marchar a Villena, pero se rebela. Los nacionales captan este mensaje: «Sublevado Estado Mayor Ejército del Centro y constituida Junta facciosa, vamos a luchar contra ella de acuerdo con el Partido». Desde Benimámet, Hungría le ordena acantonarse y esperar, pero Calvo desobedece porque el Partido ha ordenado atacar. Convence a la unidad de tanques de Alcalá y se une a Barceló. Y otra columna comunista llega de Vallecas a la glorieta de Atocha, ocupa el Palacio Real, enlaza con Ascanio por la calle Princesa y cierra el cerco al triángulo del Consejo. Solo ha pasado medio día desde el anuncio de su constitución, y el golpe de Negrín, mediante el cambio de mandos militares previsto para el día 5, está a punto de triunfar en la tarde del 6.

Pero al Consejo lo defiende una unidad de Cipriano Mera, la 70.ª Brigada Mixta, que resiste heroicamente el asalto al triángulo cercado. A las 18.30 llega Miaja de Valencia y asume la Presidencia del Consejo. Casado coordina la defensa: instala baterías en Cibeles, su punto más débil, y espera que la Posición Jaca —puerta de entrada del esperado IV Cuerpo de Ejército, entre Barajas y la carretera de Barcelona— resista. Miaja dice por radio a los madrileños: «Hemos recogido el poder, que estaba muerto, para darle vida. (...) Llevaremos la tranquilidad a los hogares españoles, con la paz». Pero los comunistas no piensan en la paz: tienen cerca el triunfo. Y cae la fría noche sobre Madrid mientras preparan el asalto final al amanecer del día 7.

Ese día 6 de marzo que termina es uno de los más importantes, si no decisivos, de la historia de España. En la madrugada del 5 al 6, se ha pronunciado el Consejo y han huido en avión a Francia desde Alicante Negrín, Álvarez del Vayo y los dirigentes políticos y militares del PCE, salvo el jefe: Togliatti. Pero los ejércitos comunistas cercan al Consejo en Madrid, y Galán y Precioso acaban de hacerse con Cartagena. Los planes comunistas de resistir a toda costa —entiéndase decenas de miles de muertos— dependen del desenlace de esa guerra civil, de la lucha cuerpo a cuerpo en los barrios, calles y casas del centro de la capital. El Madrid de Galdós va a ser el teatro de una de las batallas más duras de la guerra. Como diría De Gaulle, luchan a muerte los partidos de izquierda contra el partido del Este.

En la madrugada del 7, Calvo ataca la Posición Jaca, mal defendida, de la que Mera no consigue sacar a los jefes militares casadistas. Él logra escapar de los controles comunistas, pero tres jefes de Estado Mayor de Casado son apresados y fusilados en El Pardo junto a Ángel Peinado, que impidió la publicación de los nombramientos militares de Negrín del 4 y el 5 de marzo, primero, insisto, de los tres golpes en ocho días que sufre Madrid. Esos fusilamientos prueban que la lucha será a muerte. Cuando aparezcan los cadáveres de El Pardo, el odio a los comunistas también será implacable.

Las posiciones se mantienen durante el 7 mientras los dos bandos se reorganizan, sin contar ya con la sorpresa: el Consejo no ha podido impedir el golpe comunista, pero los comunistas no han podido capturar al Consejo. Hasta esa noche del 7 al 8 no se concreta un movimiento que decidirá la lucha. Cuando las fuerzas de Mera, al mando de Liberino González, van camino de Madrid, se les unen de forma espontánea batallones y brigadas enteras, que lo convierten en un poderoso ejército de maniobra. El Consejo pide fuerzas de Levante para que, por Cuenca, lleguen a apoyar a Liberino. La indefensión casi total del Consejo en la noche del 6 se acentúa el día 7: los comunistas van tomando Torrejón de Ardoz, San Fernando, Vallecas y Canillejas. El cerco al triángulo del Consejo es prácticamente absoluto.

Pero el Consejo está ganando la batalla de la propaganda. Los diarios anuncian lo que repetirá luego Unión Radio. El viejo órgano caballerista y bolchevizante *Claridad*, reproducido por *El Socialista,* ahora en manos besteiristas, llama a Negrín «siniestro personaje»; y a su política, «carrera desaforada de loco caballo en el poder»; e insiste en que «carece de toda legitimidad republicana». El discurso de Besteiro en la noche del 5 al 6 sigue siendo la base doctrinal del Consejo. Explica *Claridad* —lejos de los tiempos del primer Araquistáin— que la URSS pretende que «siga la guerra, si es posible prolongarla hasta que estalle la conflagración mundial (...) y que España le sirve como presión sobre Inglaterra y Francia (...) contrapeso de Múnich». *El Socialista* desmiente a *Mundo Obrero* y dice que Negrín y Álvarez del Vayo están en Francia, verdad que el PCE niega. *La Libertad* llama al Consejo «salvadores de la paz»; a Negrín, «jefe de un gobierno autocrático»; y al «fascista» Franco, «general Franco».

Mientras tanto, el comunista Barceló avanza por la Castellana y la calle Serrano, toma el Gobierno Civil, apresa al gobernador Gómez Osorio y a Trifón Gómez, pero no puede echar a los anarquistas del palacete de los Luca de Tena. Llega al Consejo otro refuerzo militar: el general Matallana, que asume la dirección de las maniobras, mientras se confirma la huida de la flota y la del jefe de la aviación Hidalgo de Cisneros, que es sustituido por Gascón. Contra lo que esperaban los comunistas, la aviación pasa de ser su aliado a su peor enemigo, porque en campo abierto son un blanco fácil. Y Miaja, Besteiro y Casado, viendo la lucha sin decidir, vuelven a Unión Radio. El más claro y políticamente sólido vuelve a ser Besteiro, que dice:

> El Consejo Nacional de Defensa quiere impedir que el Gobierno de la España republicana caiga definitivamente en poder del comunismo, que tiraniza al pueblo. La lucha entablada es la lucha contra la tiranía comunista y esta lucha ha sido entablada por iniciativa exclusiva del PC, actuando desde las alturas del poder e infiltrándose en las filas de nuestras tropas.

Nunca sabremos la importancia exacta que tuvieron los llamamientos de Miaja, Casado y Besteiro en el cambio que se produce el día 8 de marzo. Lo seguro es que no perjudicaron la progresiva incorporación de unidades militares al IV Cuerpo de Ejército de Mera y Liberino González, cuya mejor Brigada, la 70, defendió eficazmente al Consejo de Defensa en los agónicos días 6 y 7.

En el amanecer del 8, según la opinión de Martínez Bande que apoya De la Cierva, ya no hay más que dos grandes grupos de combatientes: los comunistas marxistas y los bakuninistas, los autoritarios y los libertarios. Los socialistas se han volatilizado. Entre los republicanos solo cuentan los oficiales de la Guardia de Asalto, el único apoyo real de los anarquistas. El coronel Barceló hace esa mañana un movimiento que parecería decisivo si ya el 6 no hubiera topado allí con una inesperada resistencia: toma Las Ventas y Manuel Becerra, fortalece sus posiciones en la calle Serrano y por la calle de Alcalá toma la plaza de la Independencia y se planta frente a la Cibeles.

El cónsul francés comunica a París que cada vez son más frecuentes los combates con tanques y carros de asalto en pleno centro de la capital. La aviación, que realmente salvó al Consejo el día 7, machaca a unas fuerzas comunistas cualitativamente superiores, pero que no avanzan en campo abierto. Los «chinos», como llaman los anarquistas a los del PCE, están al ataque en la capital, pero no consiguen avanzar fuera de Madrid, lo que, por otra parte, está sucediendo en toda España, que apoya al Consejo.

La situación en el 6 y el 7 había sido tan mala para Besteiro y Casado que los miembros de la Quinta Columna con los que llevaban meses en contacto reciben o interpretan una petición de Matallana a Franco para que ataque, aligere la presión comunista y evite la forzada numantinización de Madrid. Franco acaba por ceder, ataca en el Manzanares y se topa con lo que temía: los que se matan entre sí no están maduros para rendirse. Toma un anillo de trincheras, pero ante el segundo deja doscientos muertos. Es la única vez que Franco interviene en la guerra interna del Frente Popular. Furioso por las bajas inútiles, vuelve a su vieja convicción de que la guerra se resolverá militarmente, que lo que pasa en Madrid es fruto de las derrotas que les ha infligido y se prepara para la ofensiva general y simultánea en todos los frentes.

Mientras, por primera vez desde su constitución en la madrugada del 6 de marzo, el Consejo pasa militarmente a la ofensiva en campo abierto el día 8, pero los anarquistas de Liberino González son rechazados al asaltar la base de guerrilleros de Alcalá de Henares, que, con Torrejón, reúne las mejores fuerzas comunistas. El ataque o tanteo de Franco en el Manzanares convence a ambas partes de que están solas en su guerra civil, pero el pacto que Casado propone para asegurar un perímetro conjunto es rechazado por los comunistas. Hay dos motivos: que solo contemplan una victoria total y que cada vez está más claro que el anhelo de paz ha unificado a la mayoría contra ellos. Eso no significa perder, pero sí el peligro de una inferioridad ante las fuerzas del resto de partidos, que los destruirían. Y el PCE aún niega que Negrín, la Pasionaria y demás «numantinos» hayan huido a Francia el 6.

La jornada del 8 es de intensos combates con tanques y artillería en las zonas céntricas o de acceso a Madrid. Un informe de la inteligencia franquista (SIPM) citado por De la Cierva resume así la situación «desde nuestros puestos de observación y por pasados»:

> A primera hora de la tarde, parece que ha habido un paréntesis de calma hasta las 17 horas, en que se percibe la lucha con fuego de cañón en el Retiro. A 15.25, tres aparatos de la Junta bombardearon algunos lugares de Madrid sin ser hostilizados (...) parece que en la parte Oeste y Norte dominan los comunistas que tienen ocupado el Estádium, Argüelles, la Cárcel Modelo y es posible que el Cuartel de la Montaña. (...) En el Centro de Madrid domina la Junta (...) y parece que cuentan fuera de la capital con el IV C. E. [IV Cuerpo de Ejército] (...). La Junta ha bombardeado Alcalá, quizá para evitar la llegada de refuerzos comunistas a Madrid.
>
> La situación en el Este y el Sur es muy dudosa y no se sabe quién ocupa actualmente el Hipódromo. Se ha combatido en Vicálvaro, Canillejas y a última hora en el Retiro, con artillería y aviación. Este combate pudiera ser debido a que los comunistas intentasen meter en Madrid refuerzos o a que Casado no tenga enlace con el IV C. E. [frente de Guadalajara] y pretenda establecerlo.
>
> La vigilancia establecida por los comunistas en el frente es muy grande. (...) En el frente de nuestra 18.ª División aparecieron esta mañana banderas blancas, habiéndose pasado trece que han dicho que la idea era el paso en bloque de varias compañías que no pudie-

ron hacerlo por el fuego de armas automáticas que les hacían desde retaguardia. A última hora se ha oído fuego de cañón en El Pardo, Casa Palomera y río Manzanares.[16]

Está claro que Franco ha renunciado a los informes de la Quinta Columna, demasiado deudores del Consejo, y prefiere los observadores directos para dibujar un buen mapa de operaciones. Y que en las unidades comunistas rige el sistema implantado por Trotski en el Ejército Rojo en 1918: la deserción se impide ametrallando por la espalda a los soldados.

La jornada siguiente, el 9 de marzo, decide técnicamente la lucha, aunque tardará tres días más en consumarse, por los muchos reductos que se han creado en edificios y zonas fáciles de defender. El Consejo ataca en todos los frentes: los guardias de asalto, con refuerzos, atacan en cinco direcciones, movimiento similar al de los comunistas en la mañana del 6, pero al revés, para tomar el centro. El avance es lento, casa por casa. En campo abierto, los anarquistas de Liberino González toman por asalto al fin las bases de Alcalá y Torrejón y llegan a la carretera de Aragón. El camino de la capital está abierto. Solo una reacción comunista exterior lo frenaría.

Y esa reacción se produce: Jesús Hernández, rival de la Pasionaria por la sucesión de José Díaz y que pocos años después rompería con el PCE y publicaría *Yo fui un ministro de Stalin*[17], pide al general Menéndez que tropas de Levante vayan a Madrid por Cuenca para frenar el avance de Mera, atascado en el foso del Jarama por la durísima resistencia comunista. Miaja persuade a Menéndez de que no actúe en ningún sentido, seguro de que el tiempo, ahora, juega a su favor. Ortega, el militar más importante de los comunistas, visita a Casado, en cama con un ataque de bilis, para tratar de llegar a un acuerdo, pero este, como Miaja, gana tiempo: se gritan, pero no pactan, mientras las crecidas fuerzas de Liberino van llegando a Madrid.

---

[16] Ricardo de la Cierva, *op. cit.*, pp. 239-240.

[17] Jesús Hernández: *Yo fui un ministro de Stalin*. Ed. Gregorio del Toro, Madrid, 1974. Originalmente se publica en Editorial América, México, D. F., 1953.

El IV Cuerpo de Ejército de Mera, rebautizado por Casado como Ejército de Maniobra, porque lo es, va reuniendo a su paso más efectivos. En Levante, fracasado el intento de Jesús Hernández, estalla una rebelión contra el PCE, expulsado de todos los ayuntamientos del Frente Popular. Cuando Hernández envía a Fernando Montoliu a «Villa Eloísa» para «evitar el degüello», encuentra desmoralizados a los jefes militares del PCE. Aparte de sus reveses militares, ya saben que era verdad lo que decía Unión Radio: mientras ellos combaten, hace días que sus jefes están a salvo en Francia.

Pero cuando al comunismo le falla el terror, siempre le queda la mentira. *Mundo Obrero*, en su último número, hace una exhibición que hubiera aplaudido Münzenberg, el genio de la Komintern que veraneaba en España invitado por Álvarez del Vayo, personaje al que en esos días vemos como la sombra de Negrín y con el que vuela a Francia. El final de su siniestra vida le llegó al frente del PCE (m-l)-FRAP, el partido o banda del autor de *Stalin en España*[18].

El órgano oficial del PCE llama a Besteiro «momia enchisterada» y asegura:

> El Ejército de la República, con ayuda del pueblo madrileño, sofoca definitivamente en estos momentos el criminal alzamiento militar. Madrileños, ¡viva el Gobierno de Unión Nacional! El Gobierno de la República que preside el doctor Negrín está hoy en su puesto, como estuvo en los días críticos de Cataluña. Falta a la verdad quien diga lo contrario. (...) No es cierto que haya huido el jefe del Gobierno, doctor Negrín, ni el ministro de Estado Álvarez del Vayo. No es cierto que hayan huido nuestros camaradas Pasionaria ni Uribe. Como tampoco Líster y Modesto. Todos permanecen en sus puestos.

Casado apela en Unión Radio a la opinión pública y a los soldados de las fuerzas comunistas, con la ametralladora detrás:

---

[18] Javier Iglesias Peláez, *op. cit.*

> Madrileños: el Cuerpo de Ejército de Maniobra y otras unidades avanzan rápidamente sobre Madrid para liquidar la sublevación comunista. Los sediciosos no oponen resistencia y se pasan continuamente a nuestras filas.

En la lucha de la propaganda, al menos esta vez, se impone la verdad. Lo que dice Casado es o va siendo cierto según avanza el día 9. Lo que dice *Mundo Obrero* es minuciosamente falso. Negrín, Vayo, Líster, Pasionaria, Alberti y demás están «todos en sus puestos». Pero en Francia. La ocultación de esta verdad ha durado tres días y ha costado cientos de muertos. Por eso, cuando, sin las tropas de apoyo de Levante que tanto necesitan, llega de Valencia Montoliu, de parte de Jesús Hernández, a pedirles a los jefes militares comunistas de «Villa Eloísa» que intenten algún acuerdo con Casado, no sabe que ya lo han intentado inútilmente esa mañana; y se derrumban cuando les confirma lo que se negaban a creer: que sus dirigentes han huido de España mientras les daban órdenes de luchar contra Casado hasta el final.

Hay otra operación paralela de la que solo se enteran algunos jefes: la huida de Shumilov y los consejeros militares soviéticos. Antes, intentan conseguir un avión para salvar a los de Levante. Casado se niega, pero le da a Shumilov salvoconductos para que salgan todos de Madrid. Se trata de algo más que un símbolo: el abandono por Stalin de una causa, la falsamente llamada de la Segunda República y la democracia, que nunca fue el «luminoso antifascismo» que proclaman nuevos podemitas como Pablo Iglesias y viejos fraperos como su padre, sino una baza de Stalin en su juego con las democracias y Hitler.

La patraña de que los comunistas no quisieron luchar contra Casado y le dejaron, por cálculo o por evitar más muertos, rendirse a Franco es algo que desmienten los hechos que hemos relatado. Pero la mendacidad de los comunistas es infinita. Martínez Bande, inocente como buen general franquista, acepta la versión cariñosa de Elorza y Bizcarrondo en *Queridos camaradas*[19] de que los

[19] Antonio Elorza y Marta Bizcarrondo: *Queridos camaradas. La Internacional comunista y España. 1919-1939.* Planeta, Barcelona, 1999.

comunistas de Madrid inician el ataque a Casado por su cuenta, privados de comunicación telefónica con sus jefes en Elda (falso: del 5 al 10 hay conversaciones en ambas direcciones), pero rescata estas perlas de Líster, Modesto y Tagüeña, los principales jefes militares comunistas de la guerra, con El Campesino y Mateo Merino, que mienten así:

> Líster: «Cuando el presidente de la República y el de las Cortes desertaban de sus puestos, y el Gobierno —presidido por un socialista—, en el que estaban representados todos los partidos y organizaciones del Frente Popular, decidían abandonar el campo a los conspiradores, cuando el Frente Popular era roto por la traición de casadistas, besteiristas, anarquistas y demás ralea, ¿debía el Partido Comunista entablar la lucha por tomar el poder en sus manos? No. No debía hacerlo y no lo hizo. Antes del golpe casadista, la lucha era posible; después ya no lo era y el Partido no podía desencadenar una nueva y sangrienta guerra civil —esta vez entre las fuerzas republicanas— que no hubiese servido para otra cosa que para acelerar la derrota».[20]

> Modesto: «Cuando se examinó la situación después del afianzamiento —con el apoyo por negligencia del Gobierno de Negrín— de la Junta de Casado, junta de traición, se desechó el llamar a la guerra civil en nuestro campo. Ello hubiera significado precipitar consciente e irreversiblemente la catástrofe, la pérdida de la guerra, la victoria de Franco, bajo nuestra responsabilidad principal. No. Eso hubiera sido un crimen ante nuestro pueblo».[21]

> Tagüeña: «Nuestras organizaciones tenían órdenes de no adelantarse a la sublevación, y no estaban preparadas para actuar si el golpe se producía. Cuando el Gobierno Negrín abandonó España, el Partido Comunista acordó no luchar contra Casado y mandar al extranjero a sus más destacados militantes».[22]

---

[20] Enrique Líster: *Nuestra guerra*. Colección Ebro, París, 1966, p. 260.
[21] Juan Modesto: *Soy del Quinto Regimiento*. Colección Ebro, París, 1969, p. 286.
[22] Manuel Tagüeña: *Testimonio de dos guerras*. Oasis, México, 1973, p. 318. También en Editorial Planeta, Barcelona, 2005.

Mienten los tres, un cuarto de siglo después de la guerra, en prueba del escaso respeto a los combatientes, si no de los dos bandos, al menos de los que murieron bajo sus órdenes. Aún no había decidido el PCE rescatar oficialmente a Negrín como uno de los suyos. Eso sucederá con el libro en dos tomos de Santiago Álvarez, que, por cierto, el autor me regaló en una visita a la sede y los archivos del partido, gentileza de Anguita. Yo había publicado ya las antologías de Azaña e investigaba las andanzas de El Campesino, pero Álvarez me dijo: «No vale la pena hablar de Valentín, estaba loco, bebía y lo manipularon. Pero verá como le interesa este libro».

Vayamos a los hechos, que desmienten la versión comunista: Líster y Modesto, como bien saben al falsificar su memoria, eran, como Tagüeña, hombres elegidos por Negrín y el PCE para tomar el control militar total, que empezaba por quitarles a Casado y Matallana el Ejército del Centro. Y eso sucede con los nombramientos citados de Negrín antes de que se haga público el Consejo, con un día de adelanto por esos nombramientos. El ascenso de Líster a coronel de infantería, por ejemplo, se había publicado en el *Diario Oficial del Ministerio de Defensa* el 3 de marzo. Su posterior nombramiento en *La Gaceta* se imprime, pero no llega a distribuirse gracias a Ángel Peinado Leal, acción que pagará con su vida. Como siempre, hablan los hechos: el 6, de madrugada, Líster y Modesto huyen a Francia en avión mientras el PCE, con *Mundo Obrero* al tambor, alza a las fuerzas comunistas contra la «ralea» de todos los partidos y sindicatos del Frente Popular, y desatan la «nueva y sangrienta guerra civil», que luego niegan.

Sin embargo, la desencadenaron y, con todo a favor, la perdieron. Hoy es moneda corriente hablar de que la República fue traicionada, apuñalada y otras metáforas de páginas de sucesos. La verdad es que el Frente Popular, que había convertido ya al régimen en simple bando para la guerra civil, la provocó y la perdió. Y que el PCE, dueño político y militar del Gobierno Negrín, provocó la guerra civil en el Madrid de 1939 y también la perdió.

Es posible que, si Hidalgo de Cisneros no hubiera huido el día 6 con los jerarcas del PCE, la aviación, que apoyó a Casado, no hubiera jugado el papel decisivo para impedir la victoria comunista el 7. Pero huyó como le mandaron, mientras, desde París, se decía a 700.000 soldados que debían resistir. Hidalgo de Cisneros, modelo de aristócrata comunista, fue uno de los pocos del PCE recibidos por Stalin antes, durante y después de la guerra. Su esposa Constancia de la Mora, la «tía Connie» de los Semprún Maura, fue, y no se arrepiente en *Doble esplendor*[23], la agente de Stalin que —como contó Bolloten, que lo vivió, y evocan novelas posteriores— encubrió el asesinato de José Robles Pazos, traductor de John Dos Passos, que denunció el crimen y dejó de ser «el gran escritor antifascista». Ese título lo heredó Hemingway traicionándolo.

Pero la aviación no ayudó, la flota huyó, y en tierra, del 9 al 10 de marzo, los comunistas perdieron su superioridad. El día 10, Liberino González, al frente del primitivo IV Cuerpo de Ejército, entra por la carretera de Aragón y toma Manuel Becerra. Unión Radio anuncia que ha hecho 14.000 prisioneros. Otro cuerpo de su improvisado Ejército de Maniobra llega al cementerio del Este; otro se enfrenta con las tropas comunistas de élite en Arturo Soria y Chamartín; otro ataca por Canillas y Hortaleza y confluye con el anterior en Chamartín; y desde allí, cercan el bastión inexpugnable: los Nuevos Ministerios. Mientras, liberan a los anarquistas que han resistido tres días en el palacete de los Luca de Tena, entre Castellana y Serrano, y, lo más importante, el cerco comunista contra el Consejo queda cercado: los anarquistas liberan a Casado y Besteiro, que han resistido desde la mañana del 6.

A las 19 horas, Unión Radio anuncia: «La situación puede considerarse virtualmente terminada. A los grupos que aún resisten se les arroja, siguiendo una táctica preconcebida, al Retiro y a barrios extremos, donde serán dominados».

Durante dos días más, habrá escaramuzas, pero la victoria está clara. El Consejo, que empezó acorralado, se ha impuesto gracias a la radio, en la que sus mensajes de paz tenían más fuerza que los de

---

[23] Constancia de la Mora: *Doble esplendor.* Prólogo de Jorge Semprún. Gadir Editorial, Madrid, 2017. También en Editorial Atlante, México, 1944, con subtítulo «Autobiografía de una mujer española».

luchar hasta el final; a la aviación, que impidió el ataque por tierra comunista del día 7, y a que Franco se limitó a contemplar cómo luchaban, pudiendo haber utilizado su superioridad aérea para destrozar a los dos bandos. Sin embargo, no quiso perder un solo hombre más ni que los perdiera el otro bando, si se rendía. Así pasaron dos semanas en las que Casado quiso ser protagonista de algo más que una derrota y Franco no le permitió ni hacerse una foto.

Al final, los soldados se adelantaron por unas pocas horas al mando republicano, abrieron los frentes y se juntaron a cantar jotas y beber juntos celebrando la paz, o sea, la vida. «¿No es hermoso que la paz la hayan hecho los soldados?», dijo Casado, al saber que nadie obedecía en sus trincheras porque ya no existían. Olvidaba que esa no era su apuesta, que se equivocó por completo y que Franco acertó de pleno: en vez de negociar lo que tenía ganado, desató la ofensiva general y se produjo la rendición incondicional, sin lucha, de un ejército de 700.000 hombres, y la entrada de sus tropas en Madrid sin una sola escena de violación, venganza o pillaje.

Melchor Rodríguez, «el Ángel Rojo», fue designado alcalde con muy buen criterio, porque era respetadísimo —se vio años después en su entierro— por los nacionales, tras su humanitaria labor salvando vidas de las «sacas». Él entregó ordenadamente el poder a la Quinta Columna, y, aunque nadie lo haga, cabe compararlo con lo que sucedió tras la guerra civil en Italia o en Francia. La contención de las autoridades civiles salientes y entrantes, y la colaboración de vencedores y vencidos, pese a inevitables torpezas individuales, fue milagrosa, si recordamos los miles de víctimas del Terror Rojo. Franco estaba tan seguro de que pasaría algo parecido que no lo valoró. Pudo entrar en Madrid en un caballo blanco, apoteósicamente. Prefirió un buen acuerdo burocrático. Era el final de una época de grandes gestos heroicos.

El 10 de marzo, Stalin se pasa a Hitler

El mismo día en que las tropas comunistas se rendían a las anarquistas y republicanas en Madrid, Stalin inauguraba el

XVIII Congreso del PCUS. Nadie esperaba un viraje como el que se produjo, que en realidad fue el anuncio del pacto con Hitler. Stalin declaró liquidada la política de Frentes Populares, que era una simple táctica para empujar a Inglaterra y Francia a un pacto con él y contra Hitler. Ahora, ante el silencio estremecido de lo que quedaba de un partido y un ejército que solo en 1937 habían perdido 700.000 hombres en el Gran Terror, dijo que los países democráticos eran «provocadores de la guerra, acostumbrados a que otros les saquen las castañas del fuego».

Manuilski, en nombre de la Komintern, atacó a los comunistas que «no entendían la necesidad de cambios». ¿Cómo, si nadie les había avisado? Cuando supo lo de Moscú, Togliatti quedó aterrorizado. Era el jefe real del PCE y había llamado a su mujer Rita Montagna para, tras la derrota en Madrid, reconocer a Casado y luego traicionarlo. La mandó de vuelta a Moscú mientras meditaba: ¿y si la culpa de la derrota fue del Frente Popular? Stalin no podía equivocarse, y algo habría de malo cuando los condenaba. Su informe, como el de Stepanov, es tan laberíntico que no hay forma de saber quién fue el culpable de derrota tan ignominiosa. Menos Franco, al que casi elogian, fueron las democracias y las izquierdas, salvo el PCE, que eran ellos. Había que hacer autocrítica, pero ¿cuánta? ¡A saber! ¡La que dijera Stalin!

Ambos se veían como los fusilados ausentes del XVIII Congreso de Moscú, a los que conocían de siempre y ya de nunca. Los libró que Stalin quiso conservar la bandera *antifascista,* pero ahora contra las democracias, enemigas de Hitler. Al PCE, su gitana de recuerdo sobre la radio, lo perdonó. La Guerra Civil española era la excusa para todos los crímenes del comunismo, aunque se aliara con Hitler. En agosto, Molotov rubricó el pacto germano-soviético con Ribbentrop. Pero lo había adelantado Stalin el 10 de marzo, mientras centenares de comunistas morían por él en Madrid.

Es ridículo el esfuerzo de los historietógrafos que aseguran que, sin Casado, la Guerra Civil hubiera cambiado de signo, al coincidir con la Mundial. Las democracias habían reconocido a Franco, y Stalin tenía una alianza duradera con Hitler —tanto que nunca creyó en la posibilidad de una Operación Barbarroja, aunque se lo avisaron—. ¿Qué pensaban los Álvarez del Vayo y Negrín de ayer, los Preston y Viñas de hoy? ¿Que Stalin iba a arriesgar algo por la República? ¿De qué República hablan? ¡Si todos los partidos eran anticomunistas y Negrín ni reconocía a las Cortes!

Un día antes de que Franco firmara el parte de final de la guerra, se reunieron esas Cortes, o lo que pudo agavillar el presidente, Martínez Barrio, que, tras dimitir Azaña el día en que las democracias reconocieron a Franco, no aceptó su encargo de asumir la Presidencia de la República. Sin presidente, el jefe del Gobierno carecía evidentemente de legitimidad. No así el Ejército, como adujo Besteiro, cuyos jefes había nombrado Negrín, pero bajo Azaña. Por supuesto, caben distintas opiniones y la situación de guerra lo permite. Sin embargo, el propio Negrín hizo el 31 de marzo la mejor justificación de los argumentos esgrimidos por Besteiro. Lo favorece que Barrio pidiera a todos los textos por escrito, a falta del servicio de taquigrafía y estenografía. Y son inapelables.

Español Bouché sigue todo el proceso de los debates, pero todo nos remite a esta parte del de Besteiro, el 6 de marzo:

> Por la ausencia, y más aún, por la renuncia del presidente de la República, esta se encuentra decapitada. Constitucionalmente el presidente del Consejo no puede sustituir al presidente dimisionario más que con la obligación estricta de convocar elecciones presidenciales en el plazo improrrogable de ocho días. Como el cumplimiento de este precepto constitucional es imposible en las actuales circunstancias, el Gobierno Negrín, falto de la asistencia presidencial y de la asistencia de la Cámara, a la cual sería vano dar una apariencia de vida, carece de toda legitimidad y no puede ostentar título alguno al respeto y al reconocimiento de los republicanos.

Martínez Barrio intenta no elegir entre la Junta y Negrín, para evitar, él sinceramente, la guerra civil entre republicanos. Y el día 7 cita a todos en un sitio de enorme importancia en la historia del comunismo, la masónica Liga de Derechos del Hombre, donde Lenin, gracias a Souvarine, logró evitar la legitimación de la intervención occidental en favor de los blancos durante la guerra civil rusa. En *Memoria del comunismo* lo trato en detalle. Pero el día 8, comunica al embajador Pascua que Negrín no contesta a sus llamadas.

Durante tres semanas, hasta que los nacionales entran en Madrid sin más resistencia que las frenéticas ovaciones al paso de sus tropas, Negrín y los demás desaparecen. Al fin, el 31 de marzo, se reúne en la citada Liga de Derechos del Hombre la Diputación Permanente de las Cortes, institución de emergencia cuando las Cortes ordinarias, por lo que sea, no funcionan.

Pero ¿en calidad de qué acude Negrín? Él dice, como si no hubiera existido la Guerra Civil en Madrid: «Es preciso que yo sepa si yo ante ustedes estoy aquí como jefe del Gobierno o no. Porque si no estoy aquí como jefe del Gobierno, estoy de más aquí. Y nada más». Los comunistas le llaman «presidente»; otros, «señor Negrín». Entonces él dobla la apuesta:

> Yo quiero advertir que como jefe del Gobierno y únicamente como jefe del Gobierno comparezco ante los señores que forman parte de la Diputación Permanente de las Cortes, sin que eso signifique que yo no haga reservas, como ciudadano, como diputado y como jefe del Gobierno, a un posible funcionamiento anormal de la Diputación Permanente de las Cortes fuera del territorio nacional.[24]

Negrín habla *piafante* como si estuviera en distinto suelo que la Diputación. Es un dictador arbitrario que tiene el botín para los sueldos de muchos de los allí presentes, que finalmente escuchan la lectura de un larguísimo texto de autojustificación y autobombo, en él indistinguibles. Con todo, al final, Martínez Barrio debe volver al principio: en calidad de qué está y habla ahí Negrín:

> No entro ni poco ni mucho en la cuestión de fondo que plantean las manifestaciones explícitas, categóricas y detalladas de la gestión del Gobierno presidido por el señor Negrín, hechas por su presidente.

---

[24] Luis Español Bouché, *op. cit.*, p. 158.

Nótese el sutilísimo matiz de Martínez Barrio entre el *señor* que es y el *presidente* que fue Negrín.

> La Diputación es, por razón del Derecho constitucional y del derecho parlamentario, la representación del Parlamento español (...). Las manifestaciones del señor Negrín, si nosotros las escuchamos a título particular, no nos dan derecho a tomar ni iniciativas ni acuerdos sobre un órgano ejecutivo que desconocemos. Si las tomamos a título de presidente del Consejo de Ministros de la República, ello nos da derecho a realizar la función que estimemos conveniente sobre ese órgano y él tiene la obligación de acatar los acuerdos que nosotros adoptemos.[25]

Es decir, que si es presidente del Gobierno, las Cortes lo pueden destituir y hasta procesar. Y Negrín, ensoberbecido, replica:

> Yo estoy dispuesto, en la reunión de amigos aquí presentes, a darles toda clase de explicaciones, pero yo, desde luego, me reservo el derecho de discutir la legitimidad de esta reunión en este sitio y en este instante.

El conflicto es exactamente el mismo que planteó Besteiro en su primer discurso: la legitimidad de Negrín, sin presidente de la República ni Cortes. Si además tampoco reconoce el órgano legítimo que, en situaciones de emergencia, tiene la soberanía nacional, Negrín es claramente ilegítimo.

Besteiro no podría haber encontrado mejor abogado para su causa.

El testamento de Besteiro, Julián Marías y la Transición

Ideólogos estalinoides que hace tiempo dejaron de ser historiadores, con Viñas y Preston al frente, siguen defendiendo esas

---

[25] *Ibid.*, p. 160.

mentiras del PCE mientras borran cuidadosamente el mejor *relato* del PSOE sobre el final de la Guerra Civil. La base son los discursos y artículos de Besteiro, ayudado por el joven Julián Marías, pero tiene el respaldo pleno del partido: Prieto y Fernando de los Ríos, entre otros muchos, en el extranjero; Wenceslao Carrillo, Trifón Gómez y los del Consejo, en Madrid.

Ese discurso o relato se centra en explicar la razón de su lucha contra los comunistas. Y dentro del PSOE emprenden públicamente la expulsión de Negrín y Álvarez del Vayo. Es la victoria póstuma de Besteiro, que en 1933 perdió, tras larga lucha y por la traición de Prieto, la batalla contra la bolchevización del PSOE por Largo Caballero, que desemboca en el Golpe contra la República de 1934 y la Guerra Civil en 1936. Es también la condena de la entrada del PCE en el Gobierno de Largo Caballero en 1936 y del rapto de las Juventudes Socialistas por Carrillo, banderín de enganche para Stalin. En 1939, hasta las Juventudes Socialistas apoyan a Casado.

Lo más importante de los textos de Besteiro es que sientan las bases para la reconstrucción de un PSOE reformista cuando se cierre la herida de la Guerra Civil. La «batalla del relato» la inicia Besteiro ese mes de marzo de 1939, pero ni Franco la entendió ni el PSOE la ha querido reivindicar después, para evitar el sambenito de «anticomunista». En 2009, Zapatero reincorpora al partido a Negrín y Álvarez del Vayo, que era como echar a Besteiro. Lógico, porque su política era la reivindicación de la Guerra Civil. Y esa vuelta a un PSOE identificado con el comunismo se consuma con la entrada de Iglesias y los ministros de Podemos en el Gobierno de Sánchez.

El PSOE, de Besteiro a la Pasionaria

En el libro de Andrés Saborit *Julián Besteiro*[26] hay un discurso para la radio que no llegó a ser leído, cuya frase más contundente

[26] Andrés Saborit: *Julián Besteiro*. Fondo de Cultura Económica de España, Madrid, 2008, pp. 411-412. Fecha de publicación original en 1957.

recoge Bande, que expresa muy bien lo que sentía y pensaba —o sentía porque pensaba y pensaba porque sentía— el dirigente del PSOE. De hecho, el último tramo de vida de Besteiro, desde los textos políticos a la conmovedora carta a su esposa Lolita[27] son un intento expreso, casi obsesivo, de dejar clara su trayectoria y la del futuro de la izquierda española, que él identificaba con una clase obrera que hoy se parece poco a la de hace ochenta años, pero que moralmente vale lo mismo. Su gran preocupación en la lucha intelectual contra el comunismo es decir la verdad. Y para el futuro de España, dar sentido a la paz entre españoles. Sobre lo primero, dice:

> La verdad real: estamos derrotados por nuestras propias culpas. (...) Estamos derrotados nacionalmente por habernos dejado arrastrar a la línea bolchevique, que es la aberración política más grande que han conocido quizás los siglos. (...) Si el acto del 4 de marzo [sic] no se hubiera realizado, el dominio completo de los resortes de la España republicana por la política del Komintern hubiera sido un hecho y los habitantes de esta zona hubiesen tenido que sufrir probablemente durante unos meses no solo la prolongación criminal de la guerra, sino el más espantoso terrorismo bolchevique, único medio de mantener tan anormal ficción, contraria, evidentemente, a los deseos de los ciudadanos.

De todos los artículos, casi siempre sin firma pero identificados en sus memorias por el ayudante de Besteiro y coautor Julián Marías[28] y publicados en el *ABC* republicano, el más valioso y al que, muerto Besteiro, hizo honor Julián Marías como senador real en la Transición, destacan estos párrafos de «La ruptura con lo anterior»:

> Hemos pasado de «la victoria rotunda, indiscutible y arrolladora» a la certeza, proclamada por el Consejo, de que la República

[27] Patricio de Blas Zabaleta y Eva de Blas Martín-Merás: *Julián Besteiro. Nadar contra corriente.* Algaba Ediciones, Madrid, 2002, pp. 455-457.

[28] Julián Marías: *Una vida presente.* Alianza Editorial, Madrid, 1988-1989.

> ha perdido militarmente, y el triunfo que ha de conseguir es el de su dignidad moral; hemos pasado de la unidad bajo el signo de Moscú, protector y amigo, a la traición soviética; hemos pasado también de la ficción de una República sin presidente, sin Gobierno, sin Cortes, sin relaciones diplomáticas con la mayoría de las naciones extranjeras, sin legalidad, en fin, a la realidad de una autoridad efectiva fundada en el poder militar, único precipitado legítimo de la República al acabar este largo y triste proceso.

Y si hasta aquí habla Besteiro, ahora el estilo es el de Marías:

> No podemos contentarnos con tomar nota de nuestra situación militar, de nuestro inmediato porvenir, de la alteración de nuestra relación actual y futura con los que hasta hoy son los adversarios y mañana no podrán ser más que españoles. (...) Cuanto hagamos debe estar fundado en la idea de que estamos haciendo la paz de España. Hay que sacudir la rutina y no marchar al desenlace de la guerra con las ideas falsas y funestas que nos han llevado hasta aquí. (...) Y hemos de llegar por nuestro propio pie, libremente, a la paz que nos espera.

Seguramente Marías pensó muchas veces en su amigo y maestro moral Besteiro, aunque el intelectual fuera Ortega, en los años cruciales de la Transición, de la muerte de Franco en 1975 a las elecciones de 1977 y la Constitución de 1978, votada por la abrumadora mayoría de los españoles. Esa era, duradera, «la paz de España», aunque nunca llegó del todo allá donde el terrorismo comunista de la ETA impuso la Ley del Terror, o el racismo xenófobo del nacionalismo catalán implantó la persecución del español en las aulas, peste que la derecha hizo suya en las autonomías que gobernaba. Sin embargo, el mensaje de fondo, que es el de la libertad individual y el sentimiento nacional como eje colectivo, estará vivo en la memoria de las derechas o las izquierdas que sientan, ante todo, su ciudadanía de españoles.

Por este recuerdo vivo de Besteiro que hizo del final de su vida un testamento de futuro para su partido, resulta terrible que Pedro Sánchez —secretario general del PSOE, y sucesor, por tanto, de Besteiro— dijera en las Cortes, en 2020, tras una intervención de Santiago Abascal diciendo que «el comunismo nunca ha traído progreso», esta frase:

> Me siento más cerca de la España que soñaba Alberti, la Pasionaria y muchos otros comunistas que construyeron la democracia en este país, la paz, la convivencia y la concordia.

Por supuesto, Sánchez no tiene la menor idea de lo que «soñaban» dos publicistas totalitarios que jamás se atrevieron a soñar nada que no permitiera el Partido, y no le importa desconocer quiénes y para qué construyeron la democracia. La izquierda es hoy la tumba desaseada de lo noble que pudo ser. Descanse en paz don Julián Besteiro Fernández.

3

Los peligros del comunismo en España

Del golpismo catalán al golpe judicial pasando por el COVID-19

El golpe en Cataluña, la reacción del Rey y la venganza del Gobierno

La entronización de Iglesias a la siniestra de Sánchez se produjo en una coyuntura en la que era más lógico ilegalizarlo que meterlo en el Gobierno. Antes de las segundas elecciones convocadas por Sánchez en un año y de ese pacto con Iglesias que «no le dejaba dormir», se produjo un hecho de extrema gravedad, que multiplica el peligro de ese bloque de poder y de la presencia comunista en él: la sentencia del Supremo sobre el golpe de Estado catalán, muy favorable a los golpistas, que asestó un golpe durísimo a la Corona. El rey Felipe VI hizo frente al Golpe por televisión y casi en solitario, provocando una inmensa reacción popular de rechazo al golpismo tolerado por Rajoy, amparado por el PSOE y defendido por Podemos. La firme actitud constitucional del Rey provocó el fenómeno llamado de «la España de los balcones»: millones de familias colgaron banderas españolas en el balcón, muchas con carteles de «¡Viva el Rey!» y «¡Viva España!».

Recojamos, sin embargo, una prueba que la Sala II del magistrado Marchena ni siquiera contempló: el discurso del Rey contra el Golpe, prueba de que era una rebelión contra el orden constitucional. Esta es la prueba rechazada, o sea, el discurso íntegro:

> Estamos viviendo momentos muy graves para nuestra vida democrática. Y en estas circunstancias, quiero dirigirme directamen-

te a todos los españoles. Todos hemos sido testigos de los hechos que se han ido produciendo en Cataluña, con la pretensión final de la Generalitat de que sea proclamada —ilegalmente— la independencia de Cataluña.

Desde hace ya tiempo, determinadas autoridades de Cataluña, de una manera reiterada, consciente y deliberada, han venido incumpliendo la Constitución y su Estatuto de Autonomía, que es la Ley que reconoce, protege y ampara sus instituciones históricas y su autogobierno.

Con sus decisiones han vulnerado de una manera sistemática las normas aprobadas legal y legítimamente, demostrando una deslealtad inadmisible hacia los poderes del Estado. Un Estado al que, precisamente, esas autoridades representan en Cataluña.

Han quebrantado los principios democráticos de todo Estado de derecho y han socavado la armonía y la convivencia en la propia sociedad catalana, llegando desgraciadamente a dividirla. Hoy la sociedad catalana está fracturada y enfrentada.

Esas autoridades han menospreciado los afectos y los sentimientos de solidaridad que han unido y unirán al conjunto de los españoles; y con su conducta irresponsable incluso pueden poner en riesgo la estabilidad económica y social de Cataluña y de toda España.

En definitiva, todo ello ha supuesto la culminación de un inaceptable intento de apropiación de las instituciones históricas de Cataluña. Esas autoridades, de una manera clara y rotunda, se han situado totalmente al margen del derecho y de la democracia. Han pretendido quebrar la unidad de España y la soberanía nacional, que es el derecho de todos los españoles a decidir democráticamente su vida en común.

Por todo ello y ante esta situación de extrema gravedad, que requiere el firme compromiso de todos con los intereses generales, es responsabilidad de los legítimos poderes del Estado asegurar el orden constitucional y el normal funcionamiento de las instituciones, la vigencia del Estado de derecho y el autogobierno de Cataluña, basado en la Constitución y en su Estatuto de Autonomía.

Hoy quiero además transmitir varios mensajes a todos los españoles, particularmente a los catalanes.

A los ciudadanos de Cataluña —a todos— quiero reiterarles que desde hace décadas vivimos en un Estado democrático que ofrece las vías constitucionales para que cualquier persona pueda defender sus ideas dentro del respeto a la ley. Porque, como todos sabemos, sin ese respeto no hay convivencia democrática posible en paz y libertad, ni en Cataluña, ni en el resto de España, ni en ningún lugar del mundo. En la España constitucional y democrática, saben bien que tienen un espacio de concordia y de encuentro con todos sus conciudadanos.

Sé muy bien que en Cataluña también hay mucha preocupación y gran inquietud con la conducta de las autoridades autonómicas. A quienes así lo sienten, les digo que no están solos, ni lo estarán; que tienen todo el apoyo y la solidaridad del resto de los españoles, y la garantía absoluta de nuestro Estado de derecho en la defensa de su libertad y de sus derechos.

Y al conjunto de los españoles, que viven con desasosiego y tristeza estos acontecimientos, les transmito un mensaje de tranquilidad, de confianza y, también, de esperanza.

Son momentos difíciles, pero los superaremos. Son momentos muy complejos, pero saldremos adelante. Porque creemos en nuestro país y nos sentimos orgullosos de lo que somos. Porque nuestros principios democráticos son fuertes, son sólidos. Y lo son porque están basados en el deseo de millones y millones de españoles de convivir en paz y en libertad. Así hemos ido construyendo la España de las últimas décadas. Y así debemos seguir ese camino, con serenidad y con determinación. En ese camino, en esa España mejor que todos deseamos, estará también Cataluña.

Termino ya estas palabras, dirigidas a todo el pueblo español, para subrayar una vez más el firme compromiso de la Corona con la Constitución y con la democracia, mi entrega al entendimiento y la concordia entre españoles, y mi compromiso como Rey con la unidad y la permanencia de España.

Recuerdo bien esa noche. Estaba con mi mujer en el sofá mientras el Rey iba hablando, perfecto de dicción y convicción, y, por lo bajo, íbamos diciendo: «¡Que no diga 'diálogo', que no diga 'diálogo'!». Y cuando al fin sonó el himno nacional, nos levantamos, como con el gol de Iniesta en el Mundial, diciendo: «¡No ha dicho 'diálogo'! ¡No ha dicho 'diálogo'!». En ese momento, pese a la cobardía de los políticos, se vio con claridad que España podía vencer, porque tenía fuerza de sobra y convicción suficiente. Luego vendrían siete jueces del Supremo a estropearlo todo.

Podemos carga contra el Rey tras el discurso

Podemos cargó ferozmente contra el Rey esa misma noche del 3 de octubre de 2017, como un partido golpista más, o simplemente, demostrando que lo es. Pablo Iglesias tuiteó: «Como presidente de un grupo parlamentario que representa a más de 5 millones de españoles, le digo al Rey no votado: no en nuestro nombre». Irene Montero coreó: «El Rey no ha representado a los millones de personas que queremos diálogo. Se compromete con el PP pero no con España ni con la democracia». Ramón Espinar, entonces a la cabeza de Podemos en Madrid, fue más allá: «El Rey acaba de hacer el discurso más irresponsable en 44 años de monarquía constitucional. Une su destino al del Gobierno. Un desastre». Y añadió: «Otra reflexión después del discurso del Rey: sobra testosterona en la crisis de Estado en España. Nuevos liderazgos para un país nuevo».

Evidentemente, era Podemos el que estaba uniendo su destino al golpismo. Y el ya apéndice comunista de Podemos, Izquierda Unida, iba más lejos en la frivolidad y la estupidez: sacaron dos dibujos, uno con un pollito de dibujos animados en vez de Felipe VI, otro con el rey de bastos; y Alberto Garzón, tres años después ministro de Consumo y cuyo modelo en ese ámbito, públicamente proclamado, es Cuba, remató la noche con un comunicado que anunció con el siguiente tuit Izquierda Unida: «Reflexión de @garzon tras la intervención de Felipe de Borbón: 'Sobre el discurso del jefe de Estado'. La República es hoy más necesaria que nunca».

Los comunistas, que siempre hablan en nombre del pueblo, de la calle y de las masas, fueron desautorizados por el pueblo, en la calle y en masa. Cinco días después del mensaje del Rey se produjo una gigantesca, improvisada y emocionante manifestación de un millón de personas en la mismísima Barcelona, exhibiendo banderas nacionales, aclamando al Rey, aplaudiendo a la Policía Nacional en las puertas de su sede en Vía Layetana y vitoreando un gran discurso de Mario Vargas Llosa, que se presentó en Barcelona con Cayetana Álvarez de Toledo, creadora de la plataforma antiseparatista Libres e Iguales. La TVE de Rajoy ni la retransmitió. El PSC se negó a asistir, pero trató de capitalizar una segunda manifestación, la semana siguiente, en la que Borrell criticó a los que gritaban «¡Puigdemont a prisión!» diciendo: «Esto no es un circo romano». Muy cierto: era un autohomenaje de Pilatos.

Pero ¿cuándo se hizo separatista Podemos?

La reacción de Iglesias, señora y adláteres al discurso del Rey despejó cualquier duda sobre su participación en el tinglado golpista, pero la integración de Podemos en el magma de partidos separatistas catalanes (aunque juegue a veces a parecer, nunca a ser, bisagra entre separatistas y unionistas en el Parlamento catalán o en el Ayuntamiento de Barcelona) no fue inmediata ni clara. Ha seguido un camino mucho más sinuoso y, por desgracia, poco estudiado, dentro de un proceso que empieza antes y culmina en el Golpe con el referéndum y la proclamación de la República separatista.

La apuesta por la desintegración de España —en contra de la teoría marxista y de todos los modelos comunistas de acceso al poder— no fue inmediata, y se produjo por la íntima sensación de debilidad en los líderes de Podemos al remitir la crisis económica que provocó el 15-M y verse incapaces de llegar al Gobierno, por encima del PSOE y a través de las urnas. Entonces decidieron subirse al carro de la *excepcionalidad* más a mano: el *procés* abierto por Artur Mas y la derecha nacionalista que culminan Puigdemont y Junqueras.

Pero en 2014, cuando Iglesias protagoniza la presentación pública de Podemos en Cataluña y hace su primer discurso en Barcelona, no aparece en hábito de escudero de ERC o del pujolismo. Es impresionante releer la crónica de Pablo Planas del 21 de diciembre en *Libertad Digital*, porque retrata a un líder y un partido reconocibles solo por sus feroces ataques a los periodistas críticos. El titular era: «Iglesias reclama el derecho a decidir "de todo y con todos"». Y debajo: «Iglesias cosechó un gran éxito de convocatoria. Tanto que buena parte de los asistentes se quedó fuera del recinto. El líder de Podemos dirigió sus críticas contra "la casta", pero también contra los periodistas a quienes tachó de "caniches rabiosos"».

La crónica de ambiente nos permite rememorar el momento de gran apogeo podemita y la magnitud del cambio estratégico posterior:

> La capacidad de convocatoria del partido del trío Iglesias, Errejón y Monedero crece como una bola de nieve, así como el tono radical de su discurso. Ya no hacen promesas que se les puedan volver en contra, solo atacan con dureza a Mariano Rajoy, a Artur Mas y a los periodistas, sobre todo a los periodistas. Ni Pedro Sánchez, ni Izquierda Unida ni el bloque separatista de izquierdas preocupan lo más mínimo a Pablo Iglesias, secretario general de Podemos, que los mira por el retrovisor. Las encuestas, tanto en Cataluña como en el resto de España, los sitúan ya por delante de todos ellos, de modo que la izquierda es Pablo Iglesias, aclamado como «presidente» por los militantes y simpatizantes que abarrotaban su primer mitin en Barcelona y su primer mitin como secretario general de Podemos.
>
> *Ni tricolores ni esteladas*
>
> El escenario elegido por el líder de Podemos para su primera aparición en Cataluña, el polideportivo del Valle de Hebrón, construido para los Juegos del 92, se quedó pequeño hasta el punto de que había casi tanta gente fuera como dentro, en torno a unas tres mil personas, muchas de ellas con las camisetas violetas del partido. No había banderas, ni republicanas ni catalanas ni independentistas. Eso sí, el mobiliario urbano de la zona lucía pintadas con la tricolor que parecían marcar territorio y señalar el camino al pabellón.
>
> Mezcla de acentos, con predominio del español, algunos silbidos a las dos primeras intervinientes, Gemma Galdón y Gemma

Ubasart (más que probable candidata de Podemos en las elecciones autonómicas) por hablar solo en catalán; y apoteosis con Iglesias, de riguroso uniforme: camisa blanca arremangada y verbo incendiario.

El primer palo se lo llevó el líder de las Candidaturas de Unidad Popular, David Fernàndez, el diputado que le enseñó la chancleta a Rato [y chófer de Otegui cuando iba a Barcelona]. «No os prometo nada, pero una cosa sí, que jamás me veréis dando un abrazo a Mas o a Rajoy». Era una alusión a la excelente relación que el dirigente de la izquierda antisistema independentista mantiene con Mas. A partir de ahí, los periodistas fueron los cabezas de turco de la retórica de Iglesias. Citó a unos cuantos, entre ellos Eduardo Inda, Alfonso Rojo e Isabel San Sebastián, con los que ha debatido en los platós de las televisiones, a quienes en dos ocasiones llamó «caniches rabiosos» y con quienes parecía realmente obsesionado el dirigente catódico.

Consignas

Iglesias fue breve y empezó calentando al auditorio en contra de la prensa. Tampoco hacía demasiada falta, puesto que los primeros gritos antiperiodistas se produjeron cuando una nube de fotógrafos y cámaras de televisión impedía a la concurrencia contemplar con comodidad a su líder. «¡Luego diréis que somos o cinco o seis!», coreaba un público enardecido que combinaba esa cantinela con el ya clásico «¡Sí se puede!» e incluso con el futbolístico «¡A por ellos, oé!». De tanto en cuanto, un grupo de militantes de Podemos elevaba unas letras de porexpán con la frase «su odio es nuestra sonrisa».

En el plano político, Iglesias aseguró que «no somos independentistas, no somos unionistas, somos demócratas» por lo que apostó por el derecho a decidir «de todo y con todos». Se trata de un «proceso constituyente» que supera los límites del marco catalán. «Vamos a empezar con los titulares —dijo— y luego ya hablamos de otras cosas» fue el introito de Iglesias, que concedió al catalán sus primeras palabras: *«bon dia»* y *«avui comença el canvi»*. Ejecutó un discurso escueto. Tachó a Rato y Pujol de «traidores del pueblo», a populares y nacionalistas de «no tener más patria que el dinero» y alegó que no quiere que Cataluña se vaya de España: «Sé que la casta española ha insultado a los catalanes; nosotros preferimos tender puentes».

Admitió desconocer Barcelona y Cataluña, pero peroró sobre sus lecturas de la serie *Carvalho* de Manuel Vázquez Montalbán como parte de su educación sentimental. Declaró que la renta per cápita se había multiplicado en Pedralbes durante la crisis mientras que Ciudad Meridiana se llama ahora «Villa Desahucio» y auguró que 2015 será el año del cambio. El momento culminante fue cuando afirmó que «el poder no teme a los partidos de izquierda, sino al pueblo».

El expresident Maragall

En la primera fila, pocos representantes de la casta. El más conocido, Joan Tardà, el dirigente de ERC, que asistía asombrado a la tensión, entusiasmo y no nacionalismo de los presentes. También estaba Pasqual Maragall, exalcalde de la Barcelona olímpica, expresidente de la Generalidad y aquejado de alzhéimer. Algunos individuos protestaron por su presencia y lo tacharon de «representante de la casta». Ni Galdón, ni Ubasart ni Iglesias hicieron mención alguna a la presencia de políticos de otros partidos o a la de Maragall.

En la retina de los presentes, la imagen de un acto de masas en Barcelona sin la omnipresente estelada y la sensación de privilegio ante la cantidad de personas que no pudieron acceder al recinto. Mucha gente hacía cola a las puertas del recinto en la idea de que aún no se habían abierto cuando en realidad ya no cabía casi nadie más en el pabellón. Los miembros de los círculos de Podemos en diversas localidades catalanas habían copado las gradas y las sillas de platea del polideportivo. Y lucían sus enseñas, pancartas moradas con el símbolo del partido, la palabra Podemos y la localidad respectiva, de todas las provincias catalanas. La policía autonómica reclamó a un miembro de la organización que saliera fuera y con un megáfono instara a desistir a los que pretendían entrar.

Candidata catalana

La candidata de Pablo Iglesias para las elecciones catalanas, Gemma Ubasart, empezó su intervención diciendo que se había tenido que marchar de Barcelona hace cuatro años por culpa de la

> crisis y de la falta de oportunidades para los jóvenes, tras lo que apuntó que el viaje a Ítaca de Mas no es un viaje a la Grecia homérica sino a la Grecia de los recortes, lo que entusiasmó al público. Miembros y dirigentes de Podemos se mostraron sorprendidos por el éxito de convocatoria y concluyeron que deberán buscar un recinto más grande para su próxima *performance* catalana.[1]

En 2014, por tanto, Podemos, en pura ortodoxia marxista, reniega del nacionalismo, empezando por el dominante, el catalán; y parece defender una izquierda que, en Barcelona, solo puede ser considerada... española. En ese momento, la excepcionalidad que busca Iglesias está al alcance de la mano: esas generales de 2015 en las que todas las encuestas lo colocan como segunda fuerza por delante del PSOE. Todo es posible y en solitario.

Sin embargo, en las elecciones la subida no fue suficiente, no se produjo el *sorpasso* al PSOE y se rompió el sueño de encabezar, dentro y fuera de las instituciones, una izquierda que, como el PSOE en 1936, fuera a la vez legal e insurreccional. La insurrección real fue el golpe de Estado en Cataluña dirigido por la propia Generalidad, que, con la pánfila inacción de Rajoy, celebró su primer referéndum en 2015, que le salió legalmente gratis, y el segundo y la proclamación de la República, dos años después.

Para entonces, Iglesias ha cambiado muchas cosas en su vida privada en la que anduvo la citada candidata catalana Gemma Ubasart, con la que coincidió en Bolonia según Luca Costantini en *Aquí mando yo*[2]. De Tania Sánchez pasó a Dina Bousselham y a Irene Montero, con un «proyecto de futuro familiar» que tiene traslación política. Iglesias se convenció de que el papel de Podemos, o sea, su papel, era, por un tiempo sin precisar, el de decantar la balanza parlamentaria para crear gobiernos de izquierda y separatistas en Madrid y en Barcelona; y participar en ellos. El cielo no se conquistaría por asalto, sino por parcelas, como la de Galapagar.

---

[1] Crónica de Pablo Planas en *Libertad Digital* publicada el 21 de diciembre de 2014.

[2] Luca Costantini: *Aquí mando yo. Historia íntima de Podemos*. La Esfera de los Libros, Madrid, 2019.

Pero, además, tras ese inicio casi *lerrouxista* en Barcelona, Podemos cayó enseguida en manos de separatistas catalanes, de ellos, varios argentinos, que vieron en la boga de Iglesias un autobús que los sacara de la nada política. Los polizones que se hicieron con el barco —ni Iglesias ni Errejón ni Monedero tenían de Cataluña más noticia que las superficialidades progres de rigor— provenían de Procés Constituent, grupo creado en 2013, un año después del inicio oficial del *prusés* separatista. Los principales eran Xavier Domènech, Jaume Asens, Gerardo Pisarello y Albano Dante Fachín.

Algunos venían del Observatorio de Derechos Económicos, Sociales y Culturales, de donde sale la Plataforma de Afectados por la Hipoteca (PAH) y su estrella Ada Colau. Uno de los patronos de ese «observatorio» es Gonzalo Boye, condenado como carcelero al servicio de ETA en el secuestro de Emiliano Revilla, y abogado de los golpistas. Es un hombre clave en las cloacas separatistas.

Podemos ha tenido varios nombres en Cataluña (Catalunya En Comú, En Comú Podem, Catalunya Sí que es Pot...) y trató de disimular siempre el origen separatista de sus líderes remarcando su perfil «social». Sin embargo, varios de sus dirigentes no pudieron disimularlo, como Albano Dante Fachín, que se pasó a Puigdemont, o Elisenda Alamany y Joan Josep Nuet, que se fueron a ERC. Uno de los portavoces de Podemos en el Congreso, Jaume Asens, asesoró a los consejeros de la Generalidad que dieron el golpe de Estado y les recomendó que huyeran de España. Y el que hizo más carrera fue Pisarello, que arrancó de las manos del entonces concejal del PP Alberto Fernández Díaz una bandera española en el balcón de la Generalidad y acabó estercolando la Mesa del Congreso.

El 1-O, Podemos participó, de la mano de Ada Colau o por su cuenta, en todas las movilizaciones ilegales para el referéndum golpista. El propio Pablo Iglesias, rememorando sus años de bronca antiglobalista, acudió al lugar del delito acompañado de Jaume Asens, al que entregó la dirección del partido en Cataluña provocando la salida del oscularizado Domènech.

Puede decirse que Podemos no llegó a nacer en Cataluña, y que fue engullido por los prejuicios de la izquierda española, que aprecian como buena por lejanamente antifranquista la dinastía cleptocrática de los Pujol y que, movidos por su estúpido odio a España y lo español, se privaron, justo en Cataluña, de haber creado ese movimiento típicamente bolivariano que Iglesias y Errejón tanto elogian en sus tesis doctorales y que se basa en ampliar el ámbito de la izquierda al conjunto de la nación. Si para ellos no hay más naciones en España que las que reniegan de España, renuncian al famoso paradigma de Laclau y Mouffe que ponía el nacionalismo peronista al servicio del proyecto comunista. Vázquez Montalbán y sus novelejas tienen ese efecto.

Asens es el personaje clave en la definitiva conversión de Podemos de la que sus críticos y primeros apoyos llamaban «una CUP de Madrid», a coartada incondicional del proceso separatista. Tras el discurso del Rey el 3 de octubre, se reunió en Francia con su íntimo Toni Comín, al parecer bajo el patronazgo de Boye —que, con Roures, es un factor clave en la sombra del tinglado del Golpe—, para decidir lo que denominó «la opción del exilio».

Llegó, como sus cómplices golpistas, a la conclusión de que sería conveniente, por el enorme eco europeo e internacional, un gobierno «en el exilio» de Puigdemont —Asens es otro separatista patéticamente umbilical que cree que el mundo se despierta cada mañana mirando al Tibidabo— y así se lo aconsejaron al prófugo, que se largó en un maletero justo después de proclamar la independencia. Junqueras, más corto, prefirió jugar a largo plazo y esperar el indulto vía PSOE, en lo que acertó. Y sin su vicepresidente, Puigdemont no pudo crear un gobierno en el exilio. De eso se venga en sus memorias, donde ERC es el gran enemigo de Cataluña.

No obstante, Asens siguió fiel al forajido de Waterloo. En 2017, capitaneó con Ada Colau la ruptura simbólica —la real nunca se produjo— con el PSC por apoyar la aplicación del 155 en la represión, también más simbólica que real, del golpe de Estado de la Generalidad. Pero, al final, en el maremágnum de «comuns» y Podem, acabó imponiéndose al primitivo sector podemita, el que acudió al primer mitin de Montjuich.

La liquidación de los que ellos llamaban despectivamente «españolistas» se produjo tras las primarias para las elecciones de 2019, cuyo vencedor fue Guardingo. Al final, maniobraron de tal forma, con Ada Colau y las cuotas de género de por medio, que al teórico número uno Guardingo le ofrecieron el número 11, y tuvo que irse. Su expulsión muestra la claudicación de la izquierda clásica ante el separatismo catalán, la siembra de Vázquez Montalbán en el PSUC.

La despedida de Óscar Guardingo fue humillante. Podem pidió para él el quinto puesto, que aseguraba su escaño, lejos ya de los 12 diputados de Domènech cuando Podemos era, al menos visualmente, hegemónico. Inútil. Antonio Baños se había extraviado de copas con Asens en 2017, Domènech se quedó como el único diputado morreado por otro en mitad del Congreso, y Guardingo fue despedido miserablemente por Echenique y Noelia Vera, últimos incondicionales del aparato *pablista*, al quejarse de que la candidatura por Barcelona era lo que parecía: puramente independentista.

Guardingo dijo: «No soy independentista. Creo que nos merecemos una España democrática y plurinacional. Podemos y sus confluencias necesitan un proyecto de país que sea el mismo para Cornellà, Vigo o Cádiz. No podemos tener los pies pegados en el *procés*. Mucha gente en las bases de Catalunya en Comú y en Podem no comparten el perfil independentista de la candidatura y de su cabeza de lista».

Noelia Vera replicó: «Mantenemos la misma posición. Defendemos que el pueblo catalán tiene derecho a decidir y a una solución democrática. Con soluciones extremistas no se va a solucionar nada: sentarnos, dialogar y encaje territorial en el que todos nos sintamos cómodos».

Lo de «sentirse cómodos» tras un golpe de Estado es un soniquete del debate constitucional del 78 que solo un necio utilizaría. Y además, resulta que el «derecho a decidir» del pueblo catalán no lo comparte la mitad, que no quiere que la otra mitad decida por él. ¿Y con qué mitad está Podemos? Con la xenófoba, racista, excluyente y cleptómana de Pujol.

Más vil, Echenique escupió sobre la tumba política de Guardingo: «En estos momentos somos la única fuerza estatal con capacidad de interlocución y de diálogo. El independentismo plantea la salida de Catalunya y los tres partidos hijos de Aznar tienen una estrategia reaccionaria con más componentes de venganza que de política de Estado».

Un año después, Echenique y Vera eran felices en el Gobierno de uno de los hijos de Aznar. Y quieren serlo con otro de Pujol. Cataluña pudo ser la cuna y fue la tumba de Podemos como fuerza política española. Iglesias prefirió ser cola de león a cabeza de ratón. Y entonces se quedó en solo ratón de complemento.

El doble tripartito de «Can Roures»

El acuerdo de fondo entre socialistas, comunistas y separatistas para trazar ese futuro común es anterior a la moción de censura contra Rajoy, aunque la incluía, y se produjo el 27 de agosto de 2017 en la mansión de Jaume Roures. Allí acudieron, en una furgoneta con cristales tintados de negro, Pablo Iglesias y Xavier Domènech, con el que protagonizó un público morreo en el hemiciclo de las Cortes, cuyo precedente era el de Breznev y Honecker. En «Can Roures» esperaba Oriol Junqueras, a la sazón vicepresidente de la Generalidad, cuyo perímetro aseguraban cuatro mozos de escuadra. Enric Juliana —coautor luego de otro alarde amatorio con Iglesias, un libro parecido al beso de Erich y Leonid: *Nudo España*[3], invitación a Pablo para hacer de Alejandro Magno— dijo en *La Vanguardia* que allí se habló de la moción de censura a Rajoy y se concretaron los dos tripartitos: PSOE en Moncloa apoyado por ERC y Podemos, y ERC en la Generalidad. Por una vez, no mentía.

La reunión se produjo tras la masacre islamista de las Ramblas, cuya responsabilidad se atribuyó en el acto oficial conmemorativo al rey Felipe VI, físicamente indefenso por culpa del Go-

[3] Pablo Iglesias y Enric Juliana: *Nudo España*. Arpa Editores, Barcelona, 2018.

bierno, cuya vicepresidenta Soraya Sáenz de Santamaría huyó ante la amenazadora multitud. Allí se ensalzó al Islam, «que nada tenía que ver con la masacre», y se culpó a la «islamofobia». También se ensayó la parafernalia policial del inmediato golpe de Estado, presentando al jefe de los Mozos de Escuadra, Trapero, que daba las ruedas de prensa pistola al cinto, como una especie de Harry el Sucio catalán, capaz de matar sin proceso a cualquier delincuente. De hecho, el terrorista islámico desarmado, único testigo de la anunciada y no prevenida masacre, fue abatido en campo abierto por los disparos de varios mozos, y viva prueba de una eficacia superior a la de la Policía Nacional española o la Guardia Civil, que intenta siempre coger vivos a los terroristas para interrogarlos.

Un periodista holandés pidió a Trapero que le contestara en español porque no lo entendía en catalán y debería irse de la rueda de prensa, y él respondió «Bueno, pues *molt bé*, pues adiós», frase plasmada pronto en miles de camisetas. Por cierto, Roures pagó la carpa para los cuatro mil periodistas extranjeros que dieron una parcialísima información del referéndum y de la violencia policial para cumplir la orden judicial de impedirlo. Sin embargo, no fue llevado ante los jueces como partícipe del golpe. Fue él quien me denunció a mí por contar lo mismo que Juliana, aunque valorándolo peor.

La resolución judicial de esa demanda de Roures contra mí, que demuestra la técnica golpista de utilizar los tribunales contra la legalidad, señalando a los que los critican para que sus medios traten de asesinarlos civilmente, tardó pero llegó. Y fue tan dura que cabe preguntarse cómo pudo admitirse. Los hechos que comentaba —la furgoneta estilo *Narcos*, hiriente detalle, en la que los podemitas llegaron a la mansión de Roures— eran ciertos y fueron publicados en otros medios. Yo tenía, recuerda la juez, todo el derecho a criticarlo, y más en esas fechas cuya culminación, el 10 de octubre, fue la proclamación —diecisiete segundos— de la República catalana.

El texto separatista, suspendido, no anulado, inmediatamente después de la proclamación, era una farragosa mezcla de mentiras históricas y burlas al Derecho, fatuidades ridículas y obsesiones victimistas, turbia excusa para atropellar las leyes que daban fundamento a unas instituciones de las que cobraban ricos sueldos, y que representan... al Estado español. Vale la pena leer la pieza completa, porque han manipulado tanto la historia, según su costumbre, y han cerdeado tanto los jueces que debían condenarlos que ahora quieren hacernos creer que no hubo ni proclamación ni República. Pero la hubo. Es esta:

> DECLARACIÓN DE LOS REPRESENTANTES DE CATALUNYA
>
> Al pueblo de Catalunya y a todos los pueblos del mundo.
>
> La justicia y los derechos humanos individuales y colectivos intrínsecos, fundamentos irrenunciables que dan sentido a la legitimidad histórica y la tradición jurídica e institucional de Catalunya, son la base de la constitución de la República Catalana.
>
> La nación catalana, su lengua y su cultura tienen mil años de historia. Durante siglos, Catalunya se ha dotado y ha disfrutado de instituciones propias que han ejercido el autogobierno con plenitud, con la Generalitat como máxima expresión de los derechos históricos de Catalunya. El parlamentarismo ha sido, durante los períodos de libertad, la columna sobre la que se han sustentado estas instituciones, se ha canalizado a través de las Cortes Catalanas y ha cristalizado en las Constituciones de Catalunya.
>
> Catalunya restaura hoy su plena soberanía, perdida y largamente anhelada, tras décadas de intentar, honestamente y lealmente, la convivencia institucional con los pueblos de la península ibérica.
>
> Desde la aprobación de la Constitución española de 1978, la política catalana ha tenido un papel clave con una actitud ejemplar, leal y democrática para con España, y con un profundo sentido de Estado.
>
> El Estado español ha respondido a esta lealtad con la denegación del reconocimiento de Catalunya como nación; y ha concedido una autonomía limitada, más administrativa que política y en proceso de recentralización; un tratamiento económico profundamente injusto y una discriminación lingüística y cultural.
>
> El Estatuto de Autonomía, aprobado por el Parlamento y el Congreso, y refrendado por la ciudadanía catalana, debía ser el nuevo marco estable y duradero de relación bilateral entre Cata-

lunya y España. Pero fue un acuerdo político roto por la sentencia del Tribunal Constitucional y que hace emerger nuevas reclamaciones ciudadanas.

Recogiendo las demandas de una gran mayoría de ciudadanos de Catalunya, el Parlament, el Govern y la sociedad civil han pedido repetidamente acordar la celebración de un referéndum de autodeterminación.

Ante la constatación de que las instituciones del Estado han rechazado toda negociación, han violentado el principio de democracia y autonomía, y han ignorado los mecanismos legales disponibles en la Constitución, la Generalitat de Catalunya ha convocado un referéndum para el ejercicio del derecho a la autodeterminación reconocido en el derecho internacional.

La organización y celebración del referéndum ha comportado la suspensión del autogobierno de Catalunya y la aplicación de facto del estado de excepción.

La brutal operación policial de carácter y estilo militar orquestada por España contra ciudadanos catalanes ha vulnerado, en muchas y repetidas ocasiones, sus libertades civiles y políticas y los principios de los Derechos Humanos, y ha contravenido los acuerdos internacionales firmados y ratificados por el Estado español.

Miles de personas, entre las que hay cientos de cargos electos e institucionales y profesionales vinculados al sector de la comunicación, la administración y la sociedad civil, han sido investigadas, detenidas, querelladas, interrogadas y amenazadas con duras penas de prisión.

Las instituciones españolas, que deberían permanecer neutrales, proteger los derechos fundamentales y arbitrar ante el conflicto político, se han convertido en parte e instrumento de estos ataques y han dejado indefensa a la ciudadanía de Catalunya.

A pesar de la violencia y la represión para intentar impedir la celebración de un proceso democrático y pacífico, los ciudadanos de Catalunya han votado mayoritariamente a favor de la constitución de la República catalana.

La constitución de la República catalana se fundamenta en la necesidad de proteger la libertad, la seguridad y la convivencia de todos los ciudadanos de Catalunya y de avanzar hacia un Estado de derecho y una democracia de más calidad, y responde al impedimento por parte del Estado español de hacer efectivo el derecho a la autodeterminación de los pueblos.

El pueblo de Catalunya es amante del derecho, y el respeto a la ley es y será una de las piedras angulares de la República. El Estado catalán acatará y hará cumplir legalmente todas las disposiciones que conforman esta declaración y garantiza que la seguridad jurídica y el mantenimiento de los acuerdos suscritos formará parte del espíritu fundacional de la República catalana.

La constitución de la República es una mano tendida al diálogo. Haciendo honor a la tradición catalana del pacto, mantenemos nuestro compromiso con el acuerdo como forma de resolver los conflictos políticos. Asimismo, reafirmamos nuestra fraternidad y solidaridad con el resto de pueblos del mundo y, en especial, con aquellos con los que compartimos lengua y cultura y la región euromediterránea en defensa de las libertades individuales y colectivas.

La República catalana es una oportunidad para corregir los actuales déficits democráticos y sociales y construir una sociedad más próspera, más justa, más segura, más sostenible y más solidaria.

En virtud de todo lo que se acaba de exponer, nosotros, representantes democráticos del pueblo de Catalunya, en el libre ejercicio del derecho de autodeterminación, y de acuerdo con el mandato recibido de la ciudadanía de Catalunya,

Constituimos la República catalana, como Estado independiente y soberano, de derecho, democrático y social.

Disponemos la entrada en vigor de la Ley de transitoriedad jurídica y fundacional de la República.

Iniciamos el proceso constituyente, democrático, de base ciudadana, transversal, participativo y vinculante.

Afirmamos la voluntad de abrir negociaciones con el Estado español, sin condicionantes previos, dirigidas a establecer un régimen de colaboración en beneficio de ambas partes. Las negociaciones deberán ser, necesariamente, en pie de igualdad.

Ponemos en conocimiento de la comunidad internacional y las autoridades de la Unión Europea la constitución de la República catalana y la propuesta de negociaciones con el Estado español.

Instamos a la comunidad internacional y las autoridades de la Unión Europea a intervenir para detener la violación de derechos civiles y políticos en curso, y hacer el seguimiento del proceso negociador con el Estado español y ser testigos.

Manifestamos la voluntad de construcción de un proyecto europeo que refuerce los derechos sociales y democráticos de la ciudadanía, así como el compromiso de seguir aplicando, sin solución de continuidad y de manera unilateral, las normas del ordenamiento jurídico de la Unión Europea y las del ordenamiento de España y del autonómico catalán que transponen esta normativa.

Afirmamos que Catalunya tiene la voluntad inequívoca de integrarse lo más rápidamente posible a la comunidad internacional. El nuevo Estado se compromete a respetar las obligaciones internacionales que se aplican actualmente en su territorio y continuar siendo parte de los tratados internacionales de los que es parte el Reino de España.

Apelamos a los Estados y las organizaciones internacionales a reconocer la República catalana como Estado independiente y soberano.

Instamos al Govern de la Generalitat a adoptar las medidas necesarias para hacer posible la plena efectividad de esta Declaración de independencia y de las previsiones de la Ley de transitoriedad jurídica y fundacional de la República.

Hacemos un llamamiento a todos y cada uno de los ciudadanos de la República catalana a hacernos dignos de la libertad que nos hemos dado y construir un Estado que traduzca en acción y conducta las inspiraciones colectivas.

Los legítimos representantes del pueblo de Catalunya:

Barcelona, 10 de octubre de 2017

Una vez declarada la República, el Gobierno de Rajoy no tuvo más remedio que aplicar el artículo 155 interviniendo la Generalidad catalana, para lo que tuvo el apoyo del PSOE siempre que se hiciera caso al PSC y la oposición radical de Podemos, que, como el Che vietnamita, quiere crear una, dos, tres, muchas repúblicas. Sin embargo, lo que hizo Rajoy fue no cerrar TV3 y demás medios golpistas ni intervenir los Mozos de Escuadra ni la Generalidad en sus áreas más relevantes. Por supuesta presión del PSC, no tocó TV3, como pedía hasta el jefe del PP catalán Xavier García Albiol, ni intervino la administración golpista al menos un año, como pedían todos en su partido.

Rajoy, por no agotarse, nombró presidenta de la Generalidad a Soraya, que, cuando el 6 de septiembre el Parlamento catalán votó liquidar la legalidad constitucional, había dicho «ha muerto la democracia en Cataluña», pero luego se limitó a presentar ante el Constitucional un incidente de ejecución de sentencia. El resultado fue el referéndum y la República. Pero Rajoy «no quería líos», así que convocó inmediatamente elecciones catalanas, que con el aparato de propaganda intacto y los golpistas sin ilegalizar, pese al triunfo de Ciudadanos, ganó el separatismo.

Que yo recuerde, solo tres personas denunciamos en público que esa convocatoria electoral sería un desastre y que supondría el triunfo del Golpe: Cayetana Álvarez de Toledo, Pedro J. Ramírez —aún casado con Agatha— y yo. El aplauso a la astucia de Rajoy fue casi unánime. Pero ni siquiera eso bastó para cambiar la posición de Iglesias, identificado totalmente con el Golpe y que siguió el acuerdo de los dos tripartitos pactado en «Can Roures».

La venganza

La prueba inequívoca de que existía un proyecto de largo alcance para eliminar el escollo que supone la Corona la tuvimos en septiembre de 2020, a cuenta de la entrega de despachos judiciales que se celebraba en Barcelona y a la que tradicionalmente acudía el Rey de España. Nunca le perdonarán aquel discurso contra el Golpe de Octubre. Por eso escribí este artículo en *Libertad Digital:*

Tres años después, la venganza contra el Rey del Tres de Octubre

La semana en que entró oficialmente el otoño de 2020 se puso en marcha una inmensa cámara frigorífica institucional que debe crear el shakesperiano «invierno de nuestro descontento». En pocos días, los programas máximos de comunistas y separatistas fueron asumidos por el Gobierno de Sánchez, el socialista dispuesto a ser, como Largo Caballero desde 1933 y Negrín desde 1937, más comunista y separatista que nadie.

Cuando Felipe VI salió al rescate de la nación

Eran las vísperas del aniversario de la mejor jornada protagonizada por Felipe VI en su azacaneada vida política, la del 3 de octubre de 2017. Dos días antes, el 1 de octubre, la Generalidad de Cataluña perpetró un referéndum prohibido por los jueces y proclamó la independencia de Cataluña. El Gobierno Rajoy, de puro cobarde, llegó a la cima del ridículo. La vicepresidenta Soraya Sáenz de Santamaría, alma vágula del cuerpo blándulo de Rajoy, dijo el 6 de septiembre, tras aprobar el Parlamento regional la «desconexión» con la legalidad en que se basa él mismo, que «la democracia había muerto en Cataluña». Pero no llamó a la funeraria.

Y el día 1, mientras una versión manipulada del referéndum ilegal inundaba las televisiones de todo el mundo, con escenas truculentas y discursos activando la «leyenda negra» de la Inquisición y el franquismo, Martínez Castro ordenó a Interior de parte de Moncloa que ocultara las imágenes de las más de mil agresiones a la policía, «para no echar más leña al fuego». Soraya, plenipotenciaria de la impotencia de Rajoy, aseguró esa misma noche que la democracia —que ella declaró muerta en septiembre— «había ganado» en Cataluña. Y además anunció e interpuso un valeroso «incidente de ejecución de sentencia» ante el Tribunal Constitucional.

Aquel discurso del 3, aquella manifestación del 8

Los españoles se vieron abandonados por la cobardía del PP, la complicidad nacionalista del PSC-PSOE y el pasmo de Ciudadanos, que reinaba en la Babia de las encuestas. Los tres partidos se habían opuesto muy gallardamente, sobre todo Cs y PP, al olvidado y trascendental golpe parlamentario de septiembre, cuando Moncloa debió intervenir, pero los hechos los habían desbordado. Y entonces, aunque quiso hacerlo la noche misma del 1, Rajoy no tuvo más remedio que aceptar que saliera el Rey.

Su discurso fue extraordinario. Y el efecto, milagroso. Cinco días después, un millón de personas enarbolando banderas españolas inundaban las calles de Barcelona. Mario Vargas Llosa, llevado por Cayetana Álvarez de Toledo, hizo una gran defensa de España, la Constitución y la Libertad. Pero el grito más repetido, en un acto que RTVE no retransmitió, porque según Soraya, «no había que echar más leña al fuego» y «no iría nadie», fue el de «¡Viva el Rey!». Los republicanos del PSOE y de IU, no de Caracas, fueron los que más emocionadamente lo repitieron, en el estrado y la calle.

Una semana después se repitió la manifestación, ya con televisión y el mismo éxito, pero con la intención opuesta: encauzar la riada nacional hasta hacerla desaparecer en el arenal del consenso progre. Ya no era un tal Illa el que representaba la deserción del PSC sino el propio desertor Iceta. Y otro sociata, Borrell, dizque españolista y luego madurista, dijo a los que gritaban: «¡Puigdemont, a prisión!»: «¡Esto no es un circo romano!». Falso: él era Poncio Pilatos, y Herodes Sánchez siguió urdiendo, con comunistas y golpistas, la moción que alumbró el Gobierno de la gran traición a España.

Y a los tres años de aquella intervención salvadora llegó la traición de Marchena y sus unánimes en la sentencia de la Sala II del Supremo, que dejó en sedición, hija de la ensoñación, la rebelión del 1-O contra el orden constitucional, que, según Sánchez, «no ofrecía lugar a dudas». Ahora, sin duda alguna por su parte, porque la acaudilla, llega la venganza de los golpistas, uncidos de forma inseparable a los comunistas. Sánchez es el encargado de cumplir todos sus deseos: indultarlos antes de amnistiarlos, y unir a Bildu-ETA al bloque de poder para dominar una España donde la derecha está prohibida. Y, como prueba, prohibir al Rey que se reuniera con los flamantes jueces en la entrega anual de despachos en Barcelona.

La semana de la venganza contra Felipe VI

El lunes, el subministro de Justicia —el ministro real es Garzón, que se deja ver en Roma de la mano de su fiscal general del Estado, chuleando— anunció en las Cortes que en una semana el Gobierno empezaría a tramitar los indultos a los golpistas. El martes, se supo que el Gobierno vetaba la presencia del Rey. El miércoles, Carmen Calvo posó con Bildu, y después Idoia Mendía, la que brindó con Otegui en Navidad, dijo en *El Mundo*: «Es un hito que Bildu se comprometa con la gobernabilidad de España». El jueves, ningún ministro supo explicar la ausencia del Rey, o peor, dieron explicaciones contradictorias. Todas las asociaciones judiciales, salvo «Jueces contra la Democracia», criticaron duramente al Gobierno por vetar al Rey, condición de los golpistas para votar los Presupuestos y venganza del 3-O.

Y llegó el viernes. El presidente del Constitucional anunció que no iría a Barcelona, varios jueces dijeron que no recogerían sus despachos. Y Lesmes pronunció un discurso, con el que la facción izquierdista del CGPJ quiso evitar un comunicado común contra el Gobierno. Contra lo previsto, fue nítido: expresó su «enorme pesar» por la ausencia del Rey, que rompía «una larga tradición de más de 20 años», y recordó que su presencia «es expresión del apoyo permanente de la Corona al Poder Judicial en su defensa de la Constitución», en la que los jueces «se sentían muy solos».

Al terminar Lesmes, el clima de la sala estaba electrizado. José Antonio Ballestero, vocal del CGPJ a propuesta del PP, invitó a los presentes a decir con él «¡Viva el Rey!». Y sonó un estentóreo «¡Viva!». Campo dijo tras la mascarilla: «Se han pasado tres montañas», sin ver que el micrófono estaba abierto y todo se grababa. Al conocer los detalles del acto, los medios ardieron. Campo quiso salir del paso diciendo que «no se reconocía en esas palabras». ¿En cuáles? Lo pusieron verde hasta los rojos.

Entonces el Gobierno decidió atacar al Rey, que al cabo era el sentido de la operación. Los comunistas, agrupados tras el moño de Iglesias, compitieron en insultar al mismo jefe del Estado ante el que los ministros y el vicepresidente segundo habían jurado sus cargos. Abrió fuego Asens, el separatista al que Iglesias encarga los tratos con sus pares, que en poco se diferencian Ada Colau, Rufián, Torra y toda la Catanazi's Yellow Band: «Si no vuelve a Barcelona, mejor», himpló, como si la ciudad fuera suya.

Le siguió el ministro Alberto Garzón, prácticamente desahuciado de Izquierda Unida por Enrique Santiago, el abogado de las FARC e íntimo de Iglesias. Como todo podemita maltratado en la oficina, maltrató así al Rey:

«La posición de una monarquía hereditaria que maniobra contra el Gobierno democráticamente elegido [sic], incumpliendo de ese modo la constitución que impone su neutralidad [resic], mientras es aplaudida por la extrema derecha [requetesic] es sencillamente insostenible».

Lo insostenible es su incompetencia gramatical, espejo de la política: ni este Gobierno ha sido elegido democráticamente —se eligen diputados, y, si acaso, lo elegido fue un PSOE que se negaba a gobernar con Podemos, so pena de insomnio presidencial—; ni la Constitución impone eso que dice, sino la unidad de la nación española, que separatistas y comunistas tratan de destruir; ni lo aplaude la extrema derecha —si lo aplaudiera sería normal en democracia, pero ni el catanazi Torra ni el racista PNV lo han hecho—. El que atacó al turismo español por «poco valor añadido» está mejor calladito.

Pero en su auxilio, a sentar cátedra de ignorante, llegó Pablo Iglesias:

«Respeto institucional significa neutralidad política de la jefatura del Estado, renovación de los órganos judiciales en tiempo y forma, actuaciones de la fuerza pública proporcionales. Art.1.2 CE: La soberanía reside en el pueblo español del que emanan todos los poderes del Estado».

El estilista moñudo lleva tiempo culitemporero, mezclando posaderas y estaciones, incapaz de leer entera la Constitución o de citar un artículo completo sin desmentir su sentido, tan antinacional que suele resultar anticonstitucional. Sobre el Poder Judicial, que es de lo que se trata, dice la Constitución: «La justicia emana del pueblo y se administra en nombre del Rey por Jueces y Magistrados integrantes del poder judicial, independientes, inamovibles, responsables y sometidos únicamente al imperio de la ley». A ver, marqués de la Hoz: ¿dónde dice que las elecciones al Congreso son para elegir jueces, o que los elija el Parlamento o el Gobierno? Esa es una idea liberticida que defienden los que se imaginan en Caracas, pretenden estabularnos en Cuba, o se sueñan dinastas norcoreanos: los Kim-Ti-naja.

Lo que siempre, desde su coronación, defiende el Rey, recordó Lesmes y quiere todo español amigo de la nación y su Constitución es que los políticos respeten esa independencia, gran obstáculo, con la Corona, de los golpistas y sus socios, que, con Sánchez al frente, buscan degradar al Rey a la condición de Campechano inerte, antes de provocar un golpe de fuerza y mandarlo a Cartagena, aprovechando la cobardía de la oposición.

Tras ese ataque de los comunistas, está, obviamente, el Gobierno, que se declara ante los periodistas «traicionado por el

Rey». Hay que tener poca vergüenza para culpar al agredido de la agresión, pero el mecanismo de la proyección, típicamente comunista, demuestra de qué va Sánchez. Su proyecto personal de instalarse indefinidamente en el poder entregando el Estado al separatismo y al comunismo tenía que chocar con el Rey y con la Justicia y ha chocado. Debió topar con la oposición, y no lo ha hecho.

Dos tuits exhalaron el viernes Casado y Arrimadas en defensa del Rey. Y el sábado, en pomposa rueda de prensa, Casado mostró el miedo que padece y su decisión de luchar toda su vida... contra el franquismo. Hay que ser muy, muy *maricomplejines* para, tras embaularse el PP la Ley de Memoria Histórica y el asalto a la tumba de Franco, decir de la Guerra Civil que «los dos bandos merecieron perder». Según Besteiro, su bando, sí; por eso se rebeló contra Negrín y los comunistas, con socialistas, republicanos y anarquistas. ¿Pero por qué debía perder el bando nacional, apoyado por Ortega, Marañón y Pérez de Ayala, padres del 14 de Abril, y por los cedistas, radicales, católicos, monárquicos y liberales de todo el mundo? ¿Porque defendían la propiedad, la Ley, la nación española, la familia y la religión? ¿Y no es eso lo que defiende la derecha política? Casado dirá, a lo Lassalle, que falta la Libertad. ¿Y quién la defendía en la guerra: Largo, Carrillo, Negrín? ¿Debió desaparecer toda España, porque se había portado mal?

Y para psiquiatra fue la frase atribuida a su escriba Quintanilla «Sin ira y sin miedo, ¡viva el Rey!, y ¡viva España!». Si presumes de no tener miedo, es que hay motivo para tenerlo. Y eso produce ira en todo bien nacido, más en un político que ve a los pobres temerosos y a los ricos del IBEX 35 acochinados. Si los que provocan ese miedo son, precisamente, los que atacan al Rey y a España. ¿Cómo creer que los combatirá alguien que se proclama neutral ochenta años después del final de la guerra de la que nació una dictadura y de ella esta democracia que quieren destruir socialistas, comunistas y separatistas?

Era la ocasión de anunciar una moción de censura e invitar a Vox y Ciudadanos a sumarse a ella, sin más condiciones que acabar con el cerco al Rey y a la independencia judicial de Sánchez y sus socios comunistas. No tendrá otra. Ayunos del apoyo de los partidos a los que votamos, los ciudadanos tendremos que organizar la resistencia por nuestra cuenta. Lo haremos, airados contra los traidores y sin miedo a matones ni a miedosos.[4]

Un virus comunista —el COVID-19— y un antecedente chavista

Los desastres del comunismo tienen orígenes muy diversos, de la pobreza a la sequía, del hundimiento demográfico al desastre ecológico, pero se parecen horrores, porque su desarrollo sigue siempre una misma pauta: la imposición de la ideología sobre los hechos, de la voluntad sobre la realidad. Lo que continúa sin entenderse más de un siglo después es que al comunismo los desastres siempre le vienen bien: si no los encuentra, los busca, y si no encuentra alguno que agravar, se las arregla para provocarlo.

Si la primera *excepcionalidad,* término favorito de Iglesias, que se encontró Podemos, dentro y fuera del Gobierno, fue el separatismo antiespañol —tanto el golpismo catalán como el separatismo tiránico del País Vasco y Navarra—, la segunda con que milagrosamente se topó al llegar al poder fue la pandemia del COVID-19. Por una trágica burla del destino, el virus llegó al cumplirse los veinte años justos de la *excepcionalidad* venezolana sobre la que Hugo Chávez fundamentó el discurso y el disfraz legaloide de su tiranía: el Deslave de Vargas, de 1999. Para Iglesias, devoto de Chávez hasta los lacrimosos extremos conocidos, su deslave fue la manifestación del Día Internacional de la Mujer el 8 de marzo.

Decenas de miles de venezolanos murieron en 1999 porque, anunciadas unas lluvias torrenciales con peligro de corrimientos de tierras, Chávez se negó a cancelar su referéndum para romper «el candado de la Constitución» y elevar a doce años la estadía legal en la Presidencia, que, en realidad, no pensaba abandonar nunca. Una montaña, convertida en río de lodo, arrasó el litoral cercano a Caracas y sepultó pueblos enteros y miles de familias que

---

[4] Federico Jiménez Losantos: «Tres años después, la venganza contra el Rey del Tres de Octubre», en *Libertad Digital,* 27 de septiembre de 2020.

deberían haber sido evacuadas. Nunca se sabrá a ciencia cierta cuántos murieron, pero las estimaciones a la baja rondaron los treinta mil.

Con motivo del vigésimo aniversario del desastre natural y político, el venezolano Ibsen Martínez publicó el 16 de diciembre de 2019 en *El País*, cuando el virus ya corría por Wuhan, una crónica sobre el túmulo de barro en que Chávez asentó su tiranía. Cuenta Ibsen en «La tragedia de Vargas» que cuando la prensa preguntó al presidente por la posibilidad de aplazar el referéndum,

> (...) Chávez invocó la frase atribuida a Bolívar en ocasión del terremoto que, en 1812, destruyó por completo la ciudad de Caracas. Los curas, entonces mayoritariamente partidarios de la Corona de España, propalaron desde los púlpitos que el sismo era señal divina y augurio del desastre de la Primera República. Bolívar, famosamente, respondió: «Si la naturaleza se opone, lucharemos contra ella y haremos que nos obedezca».

Pese a los muertos, lo peor estaba por llegar. Después de una caótica operación de auxilio, se militarizó toda la zona y se impuso el toque de queda en el que no faltaron las ejecuciones extrajudiciales al amparo del desorden que no se quiso evitar. El ministro de Defensa decidió solicitar ayuda logística norteamericana para atender a las víctimas y acelerar una primera reconstrucción de emergencia. Pero cometió un error: no lo consultó con su presidente.

> En un alarde de suficiencia antiimperialista y, según el mismo Chávez, siguiendo el consejo de Fidel Castro, se rechazó la ayuda gringa. El ministro pagó caro su diligencia.

La conclusión que cierra esa gran crónica es tan amarga como cierta:

> Entre tanto, la Constitución bolivariana, refrendada por el voto mayoritario aquel trágico domingo, sigue siendo violada constantemente por los mismos que la promovieron.

La estúpida chulería de Chávez citando otra estupidez de Bolívar podría ocultarnos bajo el chafarrinón caudillista la naturaleza típicamente comunista del rechazo del déspota a la ayuda norteamericana a tantos miles de desventurados que, tras ver sus vidas despreciadas en favor del plebiscito chavista, vieron cómo el artífice de su desgracia se permitía rechazarla. Pero, como explicamos en *Memoria del comunismo*, el consejo de Fidel Castro de rechazar la ayuda de los Estados Unidos sigue exactamente lo que hizo Lenin ante la hambruna que asoló Rusia en sus breves y fatídicos años de mandato. Primero, se negó; luego, la aceptó a regañadientes, por insistencia de Gorki y por la mala imagen que daba ese rechazo al naciente poder soviético; pero a los pocos meses expulsó a los cuáqueros y rechazó la ayuda norteamericana... que vendió al exterior. Lo mismo hizo Mao en varias ocasiones. Y Fidel y Raúl Castro siempre. Así, nadie puede decir que el capitalismo echa una mano a las víctimas del comunismo.

Pero como ya hiciera Lenin, Chávez convirtió la tragedia que provocó o se negó a paliar en escaparate de su revolución. Y lo hizo de un modo que habrían aplaudido Münzenberg, Goebbels o Iván Redondo.

Una década después, Paula Vásquez Lezama publicó *Poder y catástrofe. Venezuela bajo la tragedia de 1999*[5], en la que explica ese mecanismo por el que el gran culpable o, al menos, el mayor responsable de las decenas de miles de muertos, Hugo Chávez, no solo esquivó su responsabilidad, sino que convirtió la tragedia en el Jordán en que lavar los pecados... de sus predecesores. El deslave ha producido novelas como *Tatameo: antes y después del deslave*[6], de Ángel J. Chacín G., publicada el mismo año que el estudio de Vásquez, pero nada pudo competir con la eficacia televisada del desfile militar del año siguiente, 2011, conmemorando la Independencia: figurantes civiles hacían de damnificados, mientras fi-

---

[5] Paula Vásquez Lezama: *Poder y catástrofe. Venezuela bajo la tragedia de 1999*. Taurus, Caracas, 2010.

[6] Ángel J. Chacín G.: *Tatameo: antes y después del deslave*. Autoeditado, Carballeda, 2010.

gurantes militares hacían como que los salvaban, apoteosis teatral del nacimiento de una nueva era gracias al sacrificio del pueblo, que merced al régimen bolivariano ya no sufriría nunca más.

La verdad es que la desastrosa gestión chavista del deslave acrecentó ese sufrimiento, pero ¿quién se queja de no tener para comer o donde vivir, cuando te aseguran, como hace el comunismo, la salvación definitiva? Las viviendas lejos de Caracas que levantó el chavismo —al que entonces le sobraban los petrodólares— quisieron aprovechar la excepcionalidad para redibujar el urbanismo caraqueño, pero fueron abandonadas por los reinstalados, que volvieron a la capital, donde sabían ganarse la vida, y se instalaron en míseros refugios, de donde no han salido. ¿Y cómo protestará un damnificado que ya no es damnificado, sino *dignificado* por la Revolución? Ese golpe de genio publicitario, digno de la Komintern, había convertido la muerte en resurrección. Lógico que, hasta su muerte, Chávez se creyera Hijo de Dios.

Vásquez Lezama resume así en el prólogo de su libro la apropiación del deslave por el chavismo:

> En el caso de la Tragedia, los damnificados se volvieron sujetos políticos porque el presidente Hugo Chávez hizo suyo su sufrimiento a través de una astuta identificación retórica de las víctimas de la Tragedia con los males que afectan a todos los pobres del país.
>
> Esta apropiación política del sufrimiento ocasionado por una catástrofe no es original ni única del presidente venezolano, sino que constituye más bien una constante del mundo contemporáneo en el que la compasión es un motor fundamental de la acción política. La originalidad del presidente Chávez es que su apropiación política del sufrimiento de las víctimas de la Tragedia se inscribió también en el antes y el después de su llegada al poder y de la puesta en marcha de su proyecto de transformación. Al decir públicamente «damnificados somos todos», Hugo Chávez construyó la Tragedia como un signo revelador de la negligencia de los poderes públicos de los gobiernos anteriores, la llamada Cuarta República.
>
> A partir de esta identificación entre la catástrofe y el régimen anterior, la gestión de la población damnificada produjo nuevas figuras del sujeto político, siendo la más significativa la de los «digni-

> ficados». El presidente Chávez propuso, en su emisión radial *Aló, Presidente*, llamar «dignificados» a las víctimas de la Tragedia que fueran asistidas por el Estado. Al crear ese término perseguía la restitución de la dignidad perdida, inherente a la etimología de la palabra 'damnificado', del latín *damnum* y de donde también se deriva 'condenar'.
>
> El presidente señaló en su programa radiofónico que *damnificado* es una «palabra muy fea», y propuso un neologismo basado en la dignidad. Ese acto de creatividad léxica tuvo una traducción práctica inmediata que marcó la puesta en marcha, la ejecución y la vivencia misma de las políticas de asistencia. La nueva calificación de las víctimas de la catástrofe es, antes que nada, la formulación de una promesa: la de la dignidad materializada en un nuevo trato, en una nueva consideración, que a su vez inaugura los mejores tiempos que anuncia la Revolución bolivariana.[7]

La militarización, el confinamiento, la culpabilización de todo actor o sector social que proteste contra el poder, que el tirano salva o condena por televisión según el nombre que pone a las cosas, fueron prácticamente calcados, siguiendo el guion de la manipulación chavista del deslave, por el Gobierno Sánchez-Iglesias en su gestión de la pandemia del COVID-19.

CÓMO EL VIRUS DE LA MENTIRA COMUNISTA INFECTÓ AL MUNDO

Nadie sabe con exactitud cuándo apareció el luego llamado COVID-19. Lo indudable es que no hay precedentes de un éxito similar de la mentira como herramienta de propaganda comunista. China mintió sobre su origen, desarrollo, casos clínicos probados, evolución, tratamiento y prevención; permitió que se infectaran millones de chinos; infectó a todo el mundo dejando volar a los chinos a Estados Unidos y otros países en la fiesta de Año Nuevo chino, celebrada el 25 de enero de 2020; vendió la lucha contra

[7] Paula Vásquez Lezama, *op. cit.*

su Chernóbil vírico, hijo de la mentira e imprevisión, como un éxito del régimen comunista y, tras una gran campaña diplomática, remató su fechoría con un esperpento genial: firmó un tratado de asistencia a España, el país más castigado por el virus, y le estafó. Le vendió una gran cantidad de material sanitario preventivo... que se devolvió por defectuoso.

El análisis más completo —hasta ahora, porque hay un reguero de testimonios de exiliados chinos que, alguna vez, permitirá redibujar el mapa de esta infección que la desinformación comunista convirtió en letal— lo hizo en abril de 2020 la NBC, y nunca ha sido rebatido. Señal de que lo dicho no es solo cierto, sino apenas una parte de algo oculto y todavía peor.

En este informe, basado en investigaciones del Ministerio de Defensa y de Hong Kong (cuya eliminación del mundo libre por la dictadura china se debe quizás al papel que jugó en la crisis del COVID-19), se destaca que el *South China Morning Post* contradijo la información oficial del régimen comunista e indicó que la fecha exacta en que ya se conocía la existencia del nuevo virus era el 17 de noviembre. Pero hay que tener en cuenta que el virus tarda semanas en manifestarse, lo que retrasaría la fecha al mes de octubre, y que los médicos chinos que estaban tratando casos de infecciones respiratorias graves no sabían que su origen no era el estado de los pacientes, a veces enfermos respiratorios crónicos, sino un ignoto virus.

O no tan ignoto. El COVID-19 era el tercer virus SARS[8] que aparecía en China, y en Wuhan se encuentra el principal laboratorio de China sobre enfermedades infecciosas y guerra bacteriológica, de forma que tuvo que ser el primer lugar en que se estudió el nuevo virus. Muchos han señalado que la mutación del tercer SARS para hacerlo más contagioso fue el fruto deliberado de una investigación militar. Otros, sobre todo chinos de Taiwán y Hong Kong, apuntaban que uno de los investigadores de ese laboratorio

---

[8] El síndrome respiratorio agudo severo (SARS en inglés) es una enfermedad respiratoria causada por un coronavirus. Su primera propagación se documentó en Asia, en 2003.

se habría infectado estudiando el COVID-19 y lo había transmitido sin querer. Pero sea el origen voluntario o involuntario, lo indiscutible es que Pekín no informó al mundo de la existencia del virus, y singularmente a los Estados Unidos. El Centro Nacional de Inteligencia Médica (NCMI) iba a ciegas. Y aunque la campaña electoral norteamericana ha ocultado, razonablemente, las investigaciones de sus departamentos de inteligencia militares y civiles sobre el COVID-19, algo se ha ido derrumbando como un castillo de naipes: la credibilidad del pequeño número de casos que reportó Pekín durante el avance del virus, ni el número de sus muertos, ni siquiera las medidas de confinamiento, salvo las inocultables de Wuhan y varios barrios de Pekín.

En todo régimen comunista, la única pista segura que conduce a la verdad, acerca de lo que sea, son sus víctimas. Y las del COVID-19, en parte por la confusión y la cercanía de Hong Kong y Taiwán, fueron identificadas. El caso más conocido es el de Li Weinliang, cuya epopeya y muerte recuerdan como una gota de agua a otra los casos de disidentes, a veces involuntarios, que tras una comunicación privada acaban triturados por el régimen. Kundera cuenta un caso en su primera novela *La broma*, que parte de una simple postal y acaba con la teledirigida marginación social y la condena a años de cárcel.

El 30 de diciembre de 2019, Li compartió con excompañeros de estudios de Medicina que seguían en contacto a través de un grupo de WeChat (el WhatsApp chino), que siete pacientes de un mercado local de Wuhan habían sido diagnosticados con una enfermedad similar al SARS y puestos en cuarentena en su hospital. Li les dice que, según las pruebas que ha visto, se trata de un coronavirus, que produce el síndrome respiratorio agudo severo (SARS), con el referente de dos epidemias, sobre todo la de 2003, cuyo número de muertos se ocultó.

Li pidió a sus amigos la máxima cautela con esta información. Inútil. Además de la indiscreción, en este caso fruto de la alarma, está el control de las redes por la policía. Solo cuatro días después, el 3 de enero, fue llamado a comisaría y acusado, con otros siete médicos, de hacer «comentarios falsos que perturban severamente el orden público». Le amenazaron con llevarlo ante la justicia, pero la política era de discreción, y solo debió firmar, bajo la acusación, «Entendido». En enero, aún se decía que solo podían contraer el virus quienes tomaran contacto con animales infectados en el mercado de Wuhan, donde todo empezó. Ni hubo prevención ni protección para los médicos.

A Li le hubiera convenido más un arresto y hasta ir al Laogai: el 10 de enero atendió a una paciente con glaucoma que tenía el virus y se infectó. A las pocas horas llegó la tos, la fiebre y la hospitalización. Poco después entró en la UCI, aunque se mantenía lúcido. Sucedió entonces que la burda campaña oficial comunista contra los «ocho chismosos» que habían hablado del virus se convirtió en un bumerán contra el régimen y, como pasa a veces en China, alguien pensó que contar la verdad no podía hacer daño al Partido. El diario oficial *Beijing Youth Daily* entrevistó a Li en el hospital, el artículo causó sensación y gran alarma, precisamente por el precedente de las epidemias de SARS, y, según contó la CNN, fue censurado horas después. Demasiado tarde.

Acorralado, el Tribunal Supremo de China criticó así el 28 de enero a la policía de Wuhan por haber castigado a los «ocho chismosos»: «Hubiera sido mejor para frenar el nuevo coronavirus que se hubiera conocido ese "rumor" y se hubieran adoptado medidas como usar máscaras, desinfección estricta y evitar ir al mercado de vida salvaje». Pero no censuró los programas de televisión oficiales que injuriaron ritualmente a los «ocho chismosos», ni explicó cómo puede un chino, sin permiso del Gobierno y/o del Partido, hacerse con mascarillas y protección sanitaria si el régimen no lo organiza. Xi ordenó confinamientos. ¿Por qué no hizo antes algo más?

El 31 de enero, gravemente enfermo, Li pudo publicar una carta en la red social Weibo contando su historia y cómo se sintió al ser acosado por el Gobierno: «Me preguntaba por qué los avisos oficiales seguían diciendo que no había transmisión de persona a persona y que no había trabajadores de la salud infectados». Miles de compatriotas le dejaron mensajes de aliento, esperaban su recuperación y le agradecían su valor. Pero el 1 de febrero se confirmó el positivo del test de coronavirus; y el 6, Li Wenliang murió en el Hospital Central de Wuhan. Fue el primer mártir de la causa de la verdad contra la última mentira comunista china.

Pero no el único. El 19 de abril de 2020, *Infobae* —que tiene muchas noticias sobre el asunto, no siempre bien traducidas, pero libres y veraces— recogía un informe de Chinese Human Rights Defenders (CHRD) en el *Daily Mail*, según el cual más de 5.100 personas habían sido arrestadas solo por compartir información acerca del brote. Los disidentes habrían sido detenidos y aislados como enfermos, en una cuarentena ilimitada y sin informar a las familias. Mientras, las aplicaciones de salud habían añadido un código de barras que permitía tener un mapa completo de movimientos de la parte de la sociedad más sensible, educada y posiblemente crítica con el Gobierno. CHRD denunciaba también el control de movimiento y viajes, no siempre necesario, impuesto por el Gobierno y con la excusa del COVID-19.

Pese al secretismo del sistema, otros chinos se han convertido en héroes de la resistencia a la mentira y la irresponsabilidad de Xi Jinping. Así, Fang Bin, que publicó los primeros vídeos de los pasillos hacinados en los hospitales de su ciudad, Wuhan, donde agonizaban cientos de personas, muchas desatendidas, porque los médicos habían sido los primeros en caer, y cientos de cadáveres apilados en la morgue, sin forma de ser enterrados.

La policía china —con trajes que, más que EPI, parecían espaciales— fue a detener a Fang Bin a su casa, sin orden judicial, se lo llevó y le amenazó, como a Li, para que no difundiera más «rumores». El susto le duró una semana al desgarbado Fang Bin, pasada la cual publicó otro vídeo con un rollo de papel donde se leía «Los ciudadanos se resisten. Devuelvan el poder al pueblo». Era el espíritu de Tiananmén, treinta años después. Pero el del PCCh también era el mismo. Lo detuvieron y desapareció.

Lo mismo le pasó al abogado Chen Qiushi, cuyos vídeos sobre el caos en los hospitales de Wuhan, con las víctimas tiradas en los pasillos, seguían 400.000 personas en YouTube y 250.000 en Twitter. Al saber que la policía lo buscaba, dijo: «Mientras esté vivo, hablaré de lo que he visto y oído. No tengo miedo de morir. ¿Por qué debería temerles a ustedes, Partido Comunista?». Pregunta evidentemente retórica: el PCCh tortura y mata. Siempre.

Los reporteros independientes son raros en la televisión china, pero Li Zehua, de veinticinco años, se rebeló ante la orden de ocultar los muertos de Wuhan. Y retransmitió su propio arresto, cuando policías disfrazados de civiles entraron en su casa y se lo llevaron. Según Francis Eve, de CHRD, hay una alta probabilidad de que los detenidos sean torturados, además de carecer de abogados, no informar a las familias y otros derechos que, en todo tiempo, han tenido los presos políticos. No en el comunismo. Los centros de detención son secretos, como las checas de la Guerra Civil española, y los únicos seres relativamente humanos que trata el preso son los policías que lo torturan. No hay tiempo, no hay límite, no hay ley. Esa es la eficacia del comunismo chino ante el que se arrodilla Occidente. Por eso tiene mérito que el millonario Ren Zhiqiang, con sesenta y nueve años y antes de que se lo llevara la policía, le dijera esto a Xi Jinping por su gestión del COVID-19:

> Cuando la epidemia se volvió incontrolable, el emperador se convirtió en sabio comandante, amarrando a todo el Partido y al país con él, en el mismo barco, obligando a todos a asumir la responsabilidad del emperador. El emperador puede reemplazar en cualquier momento a cualquier funcionario que no proteja el poder imperial o que no esté completamente entregado, y puede usar el método «el mismo barco, la misma vida» para exigir que todos luchen en esta guerra por el Partido.
>
> El partido gobernante de China ocultó las razones del brote original del virus, luego confió en el poder del estado para poner en cuarentena a las ciudades, engañó a la Organización Mundial de la Salud para ganar su confianza e incluso ganó los elogios de la comunidad internacional. Pero habiendo vivido esto, a los chinos no se les vuelve a mentir tan fácilmente. Tal vez las personas que viven en países con libertad de expresión no conocen el dolor de vivir en un país sin medios de comunicación libres o libertad de expresión, pero los chinos tienen el dolor de saber que el brote del

virus y todo lo que vino después nunca debería haber sucedido y que todo se debe a un sistema que prohíbe estrictamente los medios libres y la libertad de expresión.

La criminal complicidad con China de la OMS

El primer «funcionario entregado» de Xi Jinping en esta campaña de infección y desinformación, de la que China salió económicamente fuerte, fue el director general de la OMS, Tedros Adhanom Ghebreyesus. Desde que la Libia de Gadafi y la Cuba de Castro se sentaron en la Comisión de Derechos Humanos de la ONU, no cabe pedir a estos zocos internacionales más rigor moral que al Parlamento vasco, donde el jefe de los pistoleros de la ETA también se sentó para vigilar los derechos humanos, hasta que la Policía quiso detenerlo y huyó de esa institución cuya presencia retrataba.

Pero incluso en esos ámbitos ayunos de dignidad, Tedros brilla con luz propia. Tras pertenecer al Frente de Liberación Popular de Tigray de ideología marxista-leninista, fue ministro de Sanidad (2005-2012) y Asuntos Exteriores (2012-2016) de la dictadura comunista etíope, repetida y razonadamente acusada de crímenes contra la humanidad. El dictador Mengistu Haile Mariam fue condenado por genocidio por un tribunal etíope tras doce años de proceso.

The Washington Post documentó en 2016, en el artículo «Las cosas que Etiopía no quiere que tú sepas que pasan en el país», cómo procedió el Gobierno africano a esconder los casos de cólera a los que llamaban AWD (Acute Watery Diarrhoea, en español: «diarrea acuosa aguda»). El periódico americano contó que habían sido detenidos y censurados decenas de periodistas extranjeros, entre ellos corresponsales de *Bloomberg* y *The New York Times.* Y el ministro de Exteriores era entonces Tedros Adhanom.

La oposición etíope lo acusó de ser un títere de China, de esterilizar a dos millones de mujeres y de participar en el robo de los fondos de ayuda internacional, mecanismo bien descrito en *Silen-*

cio, se mata[9], de Thierry Wolton y Andre Glucksman. Sin embargo, este viajero habitual por los lugares de placer chinos y gran admirador del sistema de salud cubano, que por desgracia no ha disfrutado, encontró un apoyo decisivo en la Administración Obama. ¿Razones? Raza e imagen: el ministro del régimen genocida Tedros sería el primer negro al frente de la OMS. De nada sirvió que los etíopes en el exilio dijeran que ellos eran tan negros como Tedros.

Apenas instalado en el cargo, Tedros nombró embajador de buena voluntad de la OMS al dictador comunista de Zimbabue Robert Mugabe, cuya bondad matizaba un tanto *El triunfo de la voluntad*. Por eso decía:

> Yo sigo siendo el Hitler de nuestro tiempo. Este Hitler tiene un solo objetivo: justicia para su pueblo, la soberanía de su pueblo, el reconocimiento de la independencia de su pueblo y sus derechos sobre sus recursos. Si ese es Hitler, entonces dejadme ser Hitler diez veces. Diez veces, eso es lo que buscamos.

Luego añadía algo que hubiera molestado a Hitler: «Aquí el hombre blanco es ciudadano de segunda. El único hombre blanco fiable es uno muerto». No a Obama, que lo siguió apoyando. Pero alguien desenterró la masacre de Gukurahundi, un caso de limpieza étnica atroz, y Tedros tuvo que prescindir de ese modelo de estadistas.

En 2018, Tedros disfrutó horrores con su viaje a Cuba. Allí, tuiteó:

> Honrado de unirme al presidente Miguel Díaz-Canel para la apertura de #CubaSalud2018. Visitar #Cuba me recuerda que #HealthForAll no es un sueño para el futuro, no es solo una aspiración; es una realidad ahora. Cuba es un ejemplo para el mundo. ¡Queremos y tendremos #SaludParaTodos!

---

[9] André Glucksman y Thierry Wolton: *Silencio, se mata*. Alianza Editorial, Madrid, 1987.

Lástima que, con el triunfo de Bolsonaro, uno de los negocios de la trata de seres humanos, en este caso médicos, del régimen comunista cubano se viniera abajo. Es sabido por el caso de Venezuela que Cuba provee toda clase de servicios y profesionales que en la isla no trabajan. Son comisarios políticos donde los pagan y Cuba cobra directamente sus sueldos. Bolsonaro dijo que mantendría a los médicos que cobraran su sueldo en Brasil, pero ellos, no La Habana. Y, zas, desapareció la solidaria preocupación por la salud brasileña. Salvo los que desertaron y se quedaron allí, la mayoría volvió a la isla, con sus familias o rehenes, esperando otro país que salvar, porque Cuba está salvada desde 1959 para siempre jamás. Sin embargo, Tedros es gafe. Al año siguiente, 2019, montó su tinglado en Pekín, y, tras infinitas fotos y compadreo, se escapó el virus.

Seguramente una de las mayores cotas de infamia y ridículo logradas por Tedros y su banda durante la crisis fue el intento de desprestigiar las denuncias contra Pekín de Taiwán, país al que —para pagar al padrino Xi, apenas llegado al cargo y al tiempo que incorporaba al genocida Mugabe a su escaparate salutífero— expulsó de la OMS como observador. Fue un abuso contrario a los fines universales y humanitarios de la OMS, pero la UE y Obama —que por fin tenía a un negro, aunque políticamente chino, al frente de la OMS— callaron. Y como Taiwán, a diferencia de Pekín, tuvo éxito en la lucha contra el virus, la OMS, indignada, acusó a Taiwán de *racista*. Imputación asombrosa, teniendo en cuenta que son chinos *han* idénticos a los del continente.

La desinformación china después del COVID-19

En mayo de 2020 Juan Pablo Cardenal, uno de los grandes expertos en la expansión del régimen comunista chino de Pekín —chinos son también Hong Kong, Macao y Taiwán, entre otros pequeños países y grandes comunidades por todo el mundo, y son víctimas de esa voracidad imperial—, publicó *Propaganda china para un escenario post-Covid-19*, título largo para un informe breve y enjundioso en CADAL (Centro para la Apertura y el Desarrollo de América Latina), *think tank* iberoamericano de los muchos que han nacido en todo el mundo ante la pavorosa inacción de las democracias occidentales y su corrupta sumisión a Xi Jinping.

A Cardenal le debemos *La silenciosa conquista china*[10] y *La imparable conquista china*[11]. Pasó diez años como corresponsal en el Imperio del Centro y, con Heriberto Araújo, ha sido capaz de resumir con toda claridad los aspectos genuinamente imperiales y despóticos del proyecto comunista de Xi Jinping, que no solo ha restaurado el culto a Lenin en el PCCh, sino que parece dispuesto a lograr lo que la Komintern solo alcanzó a soñar. Ni el Imperio británico fue tan ambicioso.

China no solo expandió el COVID-19 por el mundo y propició que se hundiera la economía de todo el planeta, aunque la suya menos, sino que pretende salir de la crisis que provocó como el mago que la solucionó. La técnica es genuinamente comunista: provoquemos la «excepcionalidad» y gestionémosla de modo que nos favorezca. Seamos bomberos-pirómanos. Dice Cardenal:

> Para neutralizar las críticas y desviar su responsabilidad, Pekín ha lanzado una ofensiva propagandística para posicionar a China no como el país autoritario donde se incubó la pandemia, sino como un líder internacional eficaz, responsable y generoso. En medio de la politización que Pekín hace de la ayuda prestada a los países afectados, la crisis ha visibilizado también la excesiva dependencia que el resto del mundo tiene de China en ciertos sectores estratégicos. Cuestionar el rol neurálgico de China en la globalización debería ser una de las lecciones que arroje el COVID-19.

El estudio de Cardenal tiene bastantes referencias a las fuentes que sobre el misterioso origen del COVID-19 pueden encontrarse en internet, pero, sobre todo, se centra en la movilización que el

---

10 Juan Pablo Cardenal y Heriberto Araújo: *La silenciosa conquista china*. Crítica, Barcelona, 2011.

11 Juan Pablo Cardenal y Heriberto Araújo: *La imparable conquista china*. Crítica, Barcelona, 2015.

Departamento de Trabajo, el Ministerio de la Verdad del Partido Comunista Chino, puso en marcha con una velocidad y precisión impresionantes, fruto de la práctica.

Cuando levantó los tres meses de confinamiento, la dictadura china colocó por todas partes gigantescos carteles y focos iluminando el cielo que decían «¡Victoria para Wuhan! ¡Victoria para China!». En eso se debió de inspirar Iván Redondo para su grotesca campaña al acabar en España el confinamiento: «¡Salimos más fuertes!». Salíamos camino del paro seis u ocho millones y de los rebrotes el resto, con una falta total de previsión y con Sánchez de vacaciones un mes; pero en desvergüenza, sí, fortísimos.

Después del verano, China escandalizó a los todavía escandalizables países arruinados de Occidente con un gesto verbenero típico del PCCH, desde el Mao que cruzaba el Yangtsé al empezar la Revolución Cultural, a Xi, su víctima de joven y ahora fervoroso continuador, un Lin Biao más alto: miles de personas se lanzaron al agua a la vez, en un «chapuzón de masas» con todos los ingredientes para convertirse en infectódromo de rebrotes. No sé cómo la Moncloa no nos regaló un salto olímpico de Sánchez desde un trampolín altísimo. Vaguería veraniega, complacencia en el triunfo: 50.000 muertos, ocho millones acogidos al paro. Salimos fortísimos y Xi Sánchez, bronceado.

Los frentes de la ofensiva propagandista de Xi Jinping fueron varios. Primero, acusó al ejército norteamericano de diseminar el virus en Wuhan. Tras haber mentido en las fechas y orígenes de la pandemia, y dejado que cientos de miles de chinos fueran o volvieran de los Estados Unidos en el Año Nuevo chino, resulta que el virus ya no era del pangolín del mercado húmedo de Wuhan, sino del Pentágono. Después se dedicó al acopio de material sanitario en todo el mundo, utilizando a la comunidad china en el exterior, más de 50 millones. Luego se propuso como ejemplo de gestión y ayuda en la materia, cuando no se sabe ni los fallecidos que hubo en China y están en la cárcel o muertos los que denunciaron la ocultación criminal del Gobierno. Y finalmente apareció como el Hermano Mayor, la Gran Potencia, que en una época de gran crisis económica puede guiar la recuperación mundial.

Los datos más interesantes, porque prueban que no hablamos de propaganda, sino de estrategias políticas, sociales y económicas muy serias, son los de la compra y acaparamiento de material sanitario a nivel internacional. Cardenal ofrece al respecto cifras espectaculares.

España, a la que había viajado recientemente Xi Jinping sin que nadie le preguntara por sus presos políticos, ni siquiera sobre el millón de uigures sometidos a una desculturización total en campos de concentración, de los que ni siquiera los paquistaníes, hospederos de Ben Laden y de todo islamismo radical, han protestado tras sus acuerdos económicos con Pekín, ha sido uno de los países donde la comunidad exterior china, estrechamente ligada al Estado y al Partido Comunista que la pastorea a placer, ha sido más activa en ese ámbito de la propaganda, que allanó el de la estafa. El 4 de febrero, destaca Cardenal, un grupo de cinco importantes empresarios chinos junto al alto cargo de la embajada Yao Fei se entrevistaron con Sánchez en la Moncloa. En teoría, para explicar su adhesión a la campaña iniciada el 27 de enero en Francia «Yo no soy un virus». En realidad, para encubrir la responsabilidad china en la expansión del virus.

Trump, tras el lamentable viaje a Pekín que comentamos en *Memoria del comunismo*, había entendido la naturaleza temible del régimen chino, y en uno de los baches de su forcejeo comercial, habló del «virus chino». Como venía de China y se había expandido por culpa del régimen chino, otros medios occidentales reprodujeron el término, rigurosamente descriptivo. «¡Racistas!», clamó Pekín. Y la agencia oficial *Xinhua* se hizo eco: «Deberían saber que su racismo y xenofobia daña los sentimientos del pueblo chino». ¡Ah, la sensibilidad comunista! Se ve que los disidentes muertos o encarcelados por denunciar la censura del COVID-19 no eran chinos. En la terminología maoísta, tomada de Lenin y tan vigente como el retrato del genocida en la plaza de Tiananmen, serían «ratas, microbios, gusanos, hienas, buitres». Y, ahora, virus.

Estados Unidos y varios países africanos, aprovechando un descuido de la OMS, también denunciaron la discriminación de los negros que trabajaban en Cantón, expulsados de sus casas, hoteles e incluso tiendas durante la pandemia. Era, agravada, la situación de los chinos, antes de la independencia, en las zonas económicas inglesa o francesa. Pekín ni siquiera contestó.

Las comunidades chinas de todo el mundo empezaron a comprar masivamente material sanitario: guantes, mascarillas, batas, geles o líquidos hidroalcohólicos. La prensa española denunció que las mascarillas se agotaban y que las farmacias estaban desabastecidas, sobre todo en barrios de mucha población china, pero ¿cómo podía vigilar el Gobierno a los chinos sin parecer racista, cuando la propia Moncloa había alertado de ese peligro a la opinión pública tras la recepción a Yao Fei y los grandes empresarios chinos en España? Además, entonces Sánchez e Iglesias negaban cualquier posibilidad de que el virus llegase a España o tuviera consecuencias. Nadia Calviño también lo negó tajantemente para la economía, pese a estar ya en claro declive.

En países tan distantes como Estados Unidos, Australia, Bélgica, Francia o Argentina ocurría lo mismo. Las Aduanas chinas confirmaron que, entre el 24 de enero y el 29 de febrero, China importó 2.020 millones de mascarillas y 25 millones de batas de protección, por valor de 1.150 millones de dólares. Según el *New York Times*, China importó 56 millones de respiradores y mascarillas solo en la última semana de enero. ¿Fue un movimiento espontáneo, de autoprotección de los chinos del exterior, ante las noticias confusas de la peligrosidad del virus? ¿Una forma de ayudar a sus familias?

Al principio, tal vez. Pero muy pronto el régimen, a través del *qiaowu*, mezcla de amenaza y premio, plata o plomo, que usa con los chinos en el extranjero, coordinó esas iniciativas en el sentido que más le convenía. El 26 de enero, un canal de noticias de Eslovaquia, uno de los países que quedó totalmente desabastecido de material sanitario, captó un mensaje de la web de la Federación Nacional de Retornados Chinos de Ultramar, controlada por el PCCh. En español, según traduce Cardenal, sería «Propuesta de la Federación de Retornados Chinos de Ultramar para pedir a los chinos de ultramar que donen dinero y materiales para la prevención y el control de la nueva neumonía infectada por coronavirus». El llamamiento, puro *qiaowu*, decía:

> Para responder resueltamente a la decisión del Comité Central del Partido y apoyar a la región de Wuhan para luchar contra la epidemia y ganar la batalla por la prevención y el control de la epidemia, la Federación de los Chinos de Ultramar propuso a los chinos de ultramar que donaran dinero, especialmente consumibles médicos y suministros de protección, incluidas máscaras (máscaras KN95, máscaras quirúrgicas, máscaras médicas desechables), gorras protectoras, ropa protectora, gafas protectoras, guantes de látex desechables, etc.

La llamada-orden no fue solo para Europa. También llegó a Iberoamérica:

> La Asociación Argentina de Hongmen, muchos de cuyos miembros expatriados están vinculados al partido Zhi Gong, envió a China 150.000 mascarillas en los primeros días de febrero. Lin Haining, su presidente, relató que pidió a sus compatriotas «que buscaran en los principales centros comerciales de Argentina» y que, gracias a ello, «pudieron reunir 50.000 mascarillas». Otras 100.000 llegaron desde la misma asociación en Brasil. (...) En febrero, otras asociaciones chinas en Argentina se sumaron al aprovisionamiento. Entre ellas, la que agrupa a la diáspora originaria de la ciudad de Fuqing, en Fujian, cuyas donaciones contribuyeron a la compra de 436.000 mascarillas con destino a China. La aportación económica de dos niños de 9 y 6 años de Fuqing y residentes en el país sudamericano, gracias a la cual adquirieron 25.000 mascarillas que se enviaron a China, fue convenientemente publicitada en los medios en mandarín.

En 2018 se había reorganizado el control político prácticamente total de Pekín sobre los chinos del exterior. El Departamento de Trabajo del Frente Unido del PCCh (UFWD) que depende directamente del Comité Central del PCCh, se reestructuró en doce burós, tres de ellos encargados de la relación con las diásporas chinas en el exterior. Y para presentar una fachada independiente y democrática, se utilizó el partido Zhi Gong.

El Zhi Gong, explica Cardenal, «es uno de los ocho partidos políticos minoritarios, llamados "democráticos", autorizados en China, que forma parte de la Conferencia Consultiva Política del Pueblo Chino, un órgano asesor político de la República Popular. Dicho órgano está bajo control del Partido Comunista, pero se da entrada en él a otros partidos políticos y organizaciones para dar una falsa impresión de pluralidad y de ser representativa».

> «Apoyar a la gente de la patria para luchar contra la epidemia es nuestra responsabilidad y obligación inquebrantables», declaró Lin Shuiqin, presidente de la Cámara de Comercio de Guizhou en Argentina.
>
> Si en el país sudamericano se movilizaron, principalmente, los oriundos de Fujian, en República Checa, Eslovaquia, Italia y España quienes hicieron acopio de material sanitario fueron los originarios de las ciudades de Qingtian y Lishui, en la provincia de Zhejiang. En Australia lideró la campaña la Asociación de Estudiantes y Profesores Chinos (CSSA en sus siglas en inglés), la cual está fuertemente implantada en las universidades del país. La actuación de la CSSA la supervisa, a través de las embajadas, el citado Departamento del Trabajo del Frente Unido del PCCh, responsable de las llamadas «operaciones de influencia» del régimen en el exterior. La petición incluía una descripción detallada del material sanitario requerido, así como las personas de contacto en los distintos hospitales de Wuhan e instrucciones para el envío desde Australia. La evidencia de que la iniciativa partía y estaba coordinada por las autoridades.
>
> A dicho esfuerzo se sumó el gigante inmobiliario chino Greenland Group, una de las mayores empresas del sector en Australia. Mandó durante días a buena parte de sus empleados, tanto financieros o directores como personal de recursos humanos o recepcionistas, la mayoría de origen chino, a la misión de abastecerse de material sanitario. Gracias a ello la compañía pudo exportar a China tres millones de mascarillas, 700.000 trajes de protección y 500.000 pares de guantes desde Australia y otros países como Canadá y Turquía, según la *newsletter* de la compañía. Una segunda inmobiliaria

china, Risland Australia, anunció que en febrero envió a Wuhan un avión con 90 toneladas de material sanitario. Según la prensa local, Risland compró parte del material a un exmilitar chino, residente en Australia, que infló los precios un 300%. (...)

La recolecta y compras de la diáspora y de las empresas chinas no fueron las únicas fuentes de aprovisionamiento, pues varios países y empresas internacionales hicieron donaciones a China en cuanto se desató allí la epidemia. Ursula von der Leyen, presidenta de la Comisión Europea, declaró que la UE donó en enero 50 toneladas de material sanitario a China. En las mismas fechas, EE.UU. anunció el envío de 17,8 toneladas de ayuda médica, mientras la Cámara de Comercio de Estados Unidos en el país asiático ayudó a coordinar donaciones por valor de 74 millones de dólares realizadas por 120 empresas estadounidenses. Entre ellas, Honeywell y 3M ofrecieron 500.000 y un millón de mascarillas KN95, respectivamente. Por su parte, Japón, donó tres millones de mascarillas. Nadie hizo «una campaña para explicar a diestro y siniestro que estábamos enviando material a China», apuntó un alto funcionario de Bruselas. «Cuando les mandamos ayuda a ellos, nos pidieron que fuésemos discretos, no querían perder la cara», señaló otra fuente comunitaria.[12]

[12] Juan Pablo Cardenal: *Propaganda china para un escenario post-Covid-19*, CADAL, 2020. Fuentes de Juan Pablo Cardenal: Joske, Alex. «Reorganizing the United Front Work Department: New Structures for a New Era of Diaspora and Religious Affairs Work», The Jamestown Foundation, China Brief, Volume: Issue: 9, 9 de mayo de 2019. Bowe, Alexander. «China's Overseas United Front Work», U.S.-China Economic and Security Review Commission, 24 de agosto de 2018. Vázquez, Pilar. «Coronavirus. Fábricas argentinas reciben pedidos por más de 7 millones de barbijos para China», *La Nación*, 3 de febrero de 2020. Christodoulou, Mario; Rubinsztein-Dunlop, Sean; Koloff, Sashka; Day, Lauren; y Bali, Meghna. «Chinese Students and Scholars Association's deep links to the embassy revealed», *ABC*, 4 de noviembre de 2019. Comunicado del Club de Estudiantes Internacionales China-Australia, 26 de enero de 2020. McClymont, Kate. «Chinese-backed company's mission to source Australian medical supplies», *The Sydney Morning Herald*, 26 de marzo de 2020. McKenzie, Nick; y Galloway, Anthony. «Profiting from a pandemic: former Chinese officer accused of huge COVID-19 mark-ups», *The Sydney Morning Herald*, 1 de abril de 2020.

Cuando a los españoles nos engañaron como a chinos

El 15 de marzo de 2020, una semana después de que el Gobierno social-comunista español admitiera que el peligro del COVID-19 podía ser mayor que el del machismo, y ya satisfechas e infectadas las amazonas socialistas y comunistas que riñeron por la pancarta del 8-M (la madre y la señora del presidente Sánchez, este último contagio ocultado por Moncloa; la señora del vicepresidente Iglesias; la vicepresidenta Carmen Calvo y otras enardecidas manifestantes) se vio claro que, contra lo anunciado repetidamente por el Gobierno, nadie había previsto nada, ni había material médico para proteger a los sanitarios, ni forma de comprarlo porque China había copado el mercado internacional y los intermediarios socialistas a los que llamó Illa, uno de Sant Cugat y otro de Zaragoza, sito en San Marino, fueron carne de estafa.

Entonces, la ministra de Asuntos Exteriores Arancha González Laya asumió la responsabilidad de garantizar lo que, según el Gobierno había asegurado a la oposición —PP, Cs y Vox— en las Cortes en enero, ya estaba garantizado. Y ese día 15 anunció un grandioso acuerdo económico por el que China nos iba a abastecer de material protector de ese virus que ella había creado y dejado expandir por el mundo, y cuyos medios de defensa había acaparado.

Crónica Global daba esta versión navideña del generoso trato chino con el siguiente titular:

> **China sella con España un acuerdo para ayuda médica masiva**
>
> *El Estado asiático enviará urgentemente un «lote de material médico»; abrirá corredores de exportación de trajes y aparataje; compartirá información y pedirá que las empresas también colaboren*

Crónica Global es un medio crítico con el nacionalismo catalán, es decir, curtido en sortear la demagogia dictatorial y desconfiado ante la buena voluntad de los déspotas, pero, como casi toda la prensa española, se rendía a la propaganda de la supuesta eficacia del régimen comunista frente al virus, sobre la que no había ninguna información segura, salvo que toda era falsa. Podía haberse sugerido que los expertos sanitarios que prometía enviar China fueran los que había encarcelado o *desaparecido* en Wuhan, con lo que se aprovechaba su experiencia y se salvaba su vida, pero China había logrado aparecer no como el origen del mal, sino como su salvación.

Poco después, los medios sanitarios comprados, que no regalados, en China, tuvieron que ser devueltos por su absoluta ineficacia. O sea, que Xi Jinping había conseguido acaparar el material bueno en todo el mundo, incluida España, y nos vendía el malo, el suyo, previo pago de la estafa. En la historia del timo, hay que reconocer que ese es uno de los más logrados. Los contratos multimillonarios adjudicados a dedo por el Ministerio de Sanidad a un surtido de intermediarios del PSOE están en los tribunales. Uno de estos años, cuando ya haya vacuna, los juzgarán. Pero no faltará un juez progresista que achaque todas estas estafas al «estrés administrativo».

La muralla china de la desinformación española

El COVID-19 es, sin duda, el arma más eficaz contra Occidente que hasta ahora haya producido un país comunista. Pero la mentira de China ha generado una especie de metástasis del engaño verdaderamente pasmosa. Aunque hoy sabemos mucho más sobre esa central del embuste en que se convirtió el Ministerio de Sanidad de Salvador Illa y el saltimbanqui Fernando Simón, vale la pena repasar los hechos. De haber Justicia, este cadáver de la verdad, o morgue de la trola, llevaría al cadalso al Gobierno en pleno. El 8-M marca una línea divisoria clara en la política desinformativa del Gobierno, así que sigamos hasta esa fecha lo sucedido tal y como lo reconstruimos recopilando nuestras propias noticias en *Libertad Digital*:

Jueves 23 de enero. Pablo Iglesias, vicepresidente del Gobierno, dice que España está «preparada para la situación que venga» al conocerse que China confina Wuhan, con 11 millones de habitantes.

Viernes 24 de enero. Un informe elaborado por José Antonio Nieto González, jefe de Prevención de Riesgos Laborales de la Policía Nacional, solicita al Gobierno medidas de protección como guantes de nitrilo y mascarillas «para evitar la exposición al coronavirus» en la actividad policial, por ejemplo, en los aeropuertos. No se hizo nada, pero el mismo día en que se decretó el estado de alarma, el 14 de marzo, Nieto fue destituido.

Jueves 30 de enero. La OMS declara la emergencia internacional. Sin medida alguna en aeropuertos y sin suspensión de vuelos, el ministro de Sanidad, Salvador Illa, asegura: «No se ha detectado ningún caso de coronavirus en España y estamos preparados para afrontar cualquier eventualidad».

Viernes 31 de enero. Aparece el primer caso en España. Se trata de un turista alemán en La Gomera. Fernando Simón pronuncia una de las frases que más le perseguirán: «España no va a tener más allá de algún caso diagnosticado». Hacienda envía mascarillas a su delegación del barrio madrileño de Usera, en el que reside mucha población china.

Domingo 9 de febrero. Un turista británico en Palma de Mallorca se convierte en el segundo caso confirmado de coronavirus en España.

Martes 11 de febrero. La OMS eleva a «amenaza muy grave» la alerta sanitaria, pero España sigue sin adoptar medidas de cancelación de vuelos. En la actividad política diaria, el Congreso aprueba la Ley de Eutanasia, impulsada por el PSOE.

Miércoles 12 de febrero. Se suspende el Mobile World Congress con críticas del Gobierno de Sánchez. Según la vicepresidenta Carmen Calvo, «no hay razones sanitarias» porque «somos un país que ha seguido las recomendaciones estrictas de la OMS, que tenemos un sistema de respuesta muy cualificado y muy solvente».

Jueves 13 de febrero. Pedro Sánchez también opina sobre la cancelación del MWC: «De acuerdo con los expertos y la información disponible, no responde a razones de salud pública en España». Coincide en el diagnóstico Salvador Illa: «En España no hay ninguna razón de salud pública para adoptar medida alguna respecto a cualquier evento». Fernando Simón va más allá al decir que «no existe riesgo de infectarse».

Sin embargo, ese día se produce la primera víctima en España, en Valencia, donde fallece una persona sexagenaria que acababa de llegar de Nepal. La opinión pública no lo sabrá hasta principios de marzo, después de que a finales de febrero Sanidad ordene hacer necropsias a todos los fallecidos por neumonía bilateral, lo que demuestra que en esa fecha ya sabía que había epidemia.

Viernes 14 de febrero. Salvador Illa dice que «es más que suficiente» lo que está haciendo el Gobierno respecto al coronavirus.

Domingo 23 de febrero. Contagio colectivo durante un funeral en Vitoria. Fernando Simón: «En España ni hay virus ni se está transmitiendo la enfermedad».

Martes 25 de febrero. Salvador Illa dice que «no es necesario ir con mascarillas por la calle» porque sería crear un «alarmismo» contraproducente.

Miércoles 26 de febrero. Cuatro turistas italianos dan positivo en un análisis en Tenerife, lo que provoca el aislamiento de casi mil personas en un hotel. Salvador Illa no ve inconveniente en que los que han visitado zonas de riesgo hagan vida normal. Se produce el primer caso de contagio local en España, en Sevilla. El paciente, de sesenta y dos años, no había viajado.

Viernes 28 de febrero. La OMS eleva a «muy alta» la alerta internacional. Salvador Illa pide «no caer en el alarmismo» e insiste en que las mascarillas «no son necesarias» pese a que ya existen 33 casos positivos en coronavirus en España.

Sábado 29 de febrero. Fernando Simón: «Este virus sobrevive mal en el medio ambiente». Según esa máxima, el responsable de las alertas sanitarias en España añade que «cualquier medida de distanciamiento social tiene consecuencias muy gordas, porque no hay prácticamente ninguna certeza de que estas favorezcan el control del coronavirus».

Lunes 2 de marzo. Desde este día hasta el 8 de marzo llegan a España, procedentes de China e Italia, decenas de vuelos y barcos sin control sanitario de pasajeros. Todo ello pese a que el Centro Europeo para la Prevención y el Control de Enfermedades (ECDC), del que es miembro Fernando Simón, informa de que el virus se «propaga rápidamente y puede tener un enorme impacto en la salud pública con resultados fatales en grupos de riesgo». El informe recomienda no celebrar «actos masivos».

Martes 3 de marzo. España registra 169 casos y un muerto. El Ministerio de Sanidad aconseja suspender los seminarios y los congresos médicos. Illa justifica la decisión porque «necesitamos que los profesionales se encuentren en perfectas condiciones» y «no nos podemos permitir una merma de profesionales». Ese mismo día, el Gobierno presenta su proyecto de Ley de Libertad Sexual, obra de Irene Montero.

Miércoles 4 de marzo. España registra 228 casos y dos muertos, el segundo en Bilbao.

Viernes 6 de marzo. España registra 365 casos diagnosticados y 8 muertos. Pedro Sánchez dice que «sin feminismo no hay futuro» y Adriana Lastra llama a «llenar las calles de feminismo» el domingo. Ese mismo día ya le habían llegado al Gobierno dos informes oficiales desde Europa. En el primero de ellos, la comisaria de Salud de la UE, Stella Kyriakides, pide «garantizar la capacidad hospitalaria y la disponibilidad de equipos de protección, especialmente para la población vulnerable».

El segundo informe es del Centro Europeo para la Prevención y Control de Enfermedades (ECDC), al que pertenece Fernando Simón, y reclama: «Si no se ha hecho ya, los Estados miembros deberían activar los mecanismos de alarma nacional y planes para asegurar la contención y mitigación con medidas sanitarias, especialmente la disponibilidad de equipamiento para los trabajadores sanitarios y de camas hospitalarias». Otro párrafo del informe pide «garantizar que la población esté al tanto de que este brote de COVID-19 puede afectar gravemente a la sociedad».

Sábado 7 de marzo. España registra 430 casos diagnosticados y 10 muertos. Fernando Simón pronuncia otra de sus frases: «Si mi hijo me pregunta si puede ir [a la manifestación del 8-M] le diré que haga lo que quiera». La explicación es merecedora de análisis: «Es una convocatoria para nacionales en la que en principio participan nacionales, pero no quiere decir que no haya extranjeros ni tampoco algunos de alguna zona de riesgo, pero no es una afluencia masiva de personas de zonas de riesgo».

Carmen Calvo, a la pregunta sobre qué le diría a una mujer que duda si acudir a las manifestaciones del 8-M: «Que les va la vida en ello, que les va la vida». En los medios de comunicación al servicio del Gobierno, como La Sexta, se repetían este tipo de mensajes para animar a la gente a acudir a las manifestaciones, pese al riesgo ya conocido de contagio.

Domingo 8 de marzo. España supera los 600 casos y 17 muertos. Se celebra sin restricciones el 8-M en toda España, con una asistencia inferior a la del año anterior: 120.000 personas según la Delegación del Gobierno en Madrid y 50.000 en Barcelona, según la Guardia Urbana.

Varias ministras resultan contagiadas. Irene Montero y Carolina Darias son las primeras. Moncloa intenta ocultar el positivo de Carmen Calvo. Asimismo resultan contagiados la mujer de Pedro Sánchez, Begoña Gómez, que Moncloa también ocultó, y la madre y el suegro del presidente del Gobierno.

Lunes 9 de marzo. España registra 1.200 casos y 28 muertos. Salvador Illa anuncia el cierre de colegios en Madrid, La Rioja, Vitoria y Labastida (Álava). Dice que «estábamos en un estado de contención y ahora estamos en un escenario de contención reforzada».

Martes 10 de marzo. España registra 36 muertos. Se suspenden las Fallas de Valencia y las procesiones de Semana Santa. Salvador Illa dice que el «cambio de la situación se produce el domingo [8] al anochecer». Por si no hubiera quedado clara la estrategia, añade: «La situación del lunes no es la misma que la del domingo, o que la del sábado. Esto va a ser así».

Pedro Sánchez decreta el cierre de los aeropuertos para los aviones procedentes de Italia. La medida, que también se aplica en los puertos para los barcos de esa procedencia, se toma cuarenta días después del primer caso de coronavirus en el país transalpino y treinta y nueve días en el caso de España. En ese período de cuarenta días llegaron unos cuatro mil vuelos sin control alguno, unos cien diarios según AENA.

Miércoles 11 de marzo. España registra 48 muertos. La OMS eleva al máximo la alerta al calificar los contagios como pandemia.

Viernes 13 de marzo. España registra 121 fallecidos por coronavirus. Pedro Sánchez anuncia que al día siguiente decretará el estado de alarma. El anuncio provoca miles de desplazamientos por toda España antes de su entrada en vigor.

Sábado 14 de marzo. Pedro Sánchez decreta el estado de alarma durante quince días. Comienza el confinamiento. El Ministerio de Sanidad asume en un «mando único» las competencias de Sanidad de todas las comunidades autónomas, centraliza las compras y se decreta también la expropiación de todo el material sanitario que el Gobierno estime necesario. Las autonomías quedan como simples «gestores» de sus propios sistemas sanitarios.

Destitución de José Antonio Nieto, jefe de Prevención de Riesgos Laborales de la Policía Nacional. En enero había solicitado guantes y mascarillas.

Domingo 15 de marzo. España registra 152 muertos en veinticuatro horas llegando así a los 288 muertos.

Lunes 16 de marzo. España registra 309 muertos y casi 10.000 casos confirmados.

Viernes 20 de marzo. España llega a los 1.002 fallecidos. En unos días se rozará la dramática cifra de 1.000 muertos en veinticuatro horas.

Sábado 21 de marzo. 1.326 muertos y 24.926 contagiados. Comparecencia bochornosa del presidente del Gobierno, Pedro Sánchez, en la que se muestra al borde del llanto, no anuncia una sola medida y deja la frase «somos el tiempo que respiramos». Además, durante casi dos horas de intervención, se dedica a destacar datos positivos como que «los delitos han bajado un 50 por ciento» o que «somos el quinto país del mundo con más tráfico de internet».

A partir de aquí el Gobierno entra en una vergonzosa escalada de mentiras tanto en la contabilización de muertos e infectados como en la adquisición de material de protección y test de diagnóstico.

Sábado 28 de marzo. España registra 5.690 fallecidos de forma oficial. Empieza a verse que las cifras oficiales están muy por debajo de lo que se puede detectar en los registros y funerarias.

Martes 31 de marzo. Con los datos ya completamente en entredicho, España registra oficialmente 8.189 muertos y 94.417 contagiados.

Jueves 23 de abril. Durante las primeras medidas de alivio del confinamiento, el vicepresidente Pablo Iglesias se dirige a los niños desde una intervención pública televisada para pedirles «disculpas» porque «es verdad que en los últimos días en el Gobierno no hemos sido todo lo claros que deberíamos a la hora de explicar cómo vais a poder salir a partir del domingo a dar paseos con vuestras familias». Iglesias, sin abandonar el tono de tutor, ganaba el pulso al resto del Gobierno que reducía la medida a que los menores pudieran acompañar a sus padres al cajero o al supermercado. Presumió de ello en las redes sociales.

Sábado 23 de mayo. Sánchez, eufórico, anuncia la vuelta de la Liga de fútbol, el turismo y el ingreso mínimo vital. «Invito a todos los establecimientos turísticos a reactivar la actividad en pocos días y animo a todos los españoles a planificar sus vacaciones ya».

Domingo 24 de mayo. Solo un día después de la eufórica comparecencia de Sánchez, Francia recomienda no viajar a España por sus «medidas contradictorias».

Lunes 25 de mayo. Toda la prensa nacional aparece inundada por una campaña publicitaria del Gobierno que dice: «Salimos más fuertes».

Lunes 1 de junio. Se hace público un vídeo en el que Irene Montero, sin saber que está siendo grabada, afirma el 9 de marzo que en las manifestaciones feministas del día anterior hubo menos participación «por el coronavirus», aunque aclara que en la entrevista «no lo voy a decir», y, sobre todo, confirma que ella y el Gobierno sabían del riesgo que implicaba el contacto personal entre los participantes en la movilización. Un riesgo del que, por supuesto, no avisaron a nadie.

Miércoles 3 de junio. Durante el Pleno para aprobar la sexta prórroga del estado de alarma, Pedro Sánchez proclama: «Yo lo digo alto y claro: ¡viva el 8 de marzo!».

Miércoles 17 de junio. Sánchez presume en el Congreso de los Diputados de haber salvado «450.000 vidas» y de haber evitado la destrucción de millones de puestos de trabajo gracias al estado de alarma.

Martes 7 de julio. La Comunidad de Madrid recurre la resolución emitida por el Ministerio de Sanidad sobre los controles en los aeropuertos frente al coronavirus al considerarlos «insuficientes».

Viernes 24 de julio. Los controles en Barajas solo detectaron el 5 por ciento de los casos de coronavirus importados. El Gobierno de Sánchez sigue sin conceder importancia al aeropuerto de Madrid para luchar contra la pandemia.

Lunes 27 de julio. El director del Centro de Coordinación de Alertas y Emergencias Sanitarias, Fernando Simón, agradece que Reino Unido y Bélgica recomienden no venir a España. Por toda explicación dice: «Es un problema que nos quitan». Agradece a estos países que «desincentiven» la llegada de turistas a España. En mayo, Sánchez había animado a «hacer turismo».

Martes 28 de julio. La Mesa de Turismo, que representa a empresarios y profesionales del sector, critica las palabras de Fernando Simón por «intolerables».

Martes 25 de agosto. Sánchez se lava las manos y descarga en las comunidades autónomas la petición del estado de alarma.

Lunes 21 de septiembre. Sánchez se reúne en Sol con Ayuso y ofrece «ayuda» a Madrid. El acoso político hacia la Comunidad gobernada por la popular Isabel Díaz Ayuso no se oculta en las filas del PSOE. Esa «ayuda» no tarda en convertirse en una intervención en toda regla.

Jueves 1 de octubre. El Ministerio de Sanidad obliga a la Comunidad de Madrid a adoptar las medidas que Salvador Illa había tratado de imponer solo unas horas antes en el Consejo Interterritorial del Sistema Nacional de Salud de España. Los votos en contra no se tienen en cuenta pese a que la ley marca que dichos acuerdos deben tomarse por consenso.

Martes 8 de octubre. El TSJM tumba las restricciones del ministro Illa por afectar a «derechos fundamentales». El presidente Sánchez amenaza a la Comunidad de Madrid con declarar el estado de alarma en la capital si no lo solicita antes la propia Comunidad. *El País* ya anuncia esa noche que habrá Consejo de Ministros extraordinario a tal efecto.

Miércoles 9 de octubre. Sánchez cumple la amenaza e impone el Estado de alarma en Madrid pese al auto del TSJM.

No sabemos cómo estaremos en los próximos meses, salvo enfermos, o años, salvo arruinados, pero Sánchez visitará al papa Francisco para compartir valores. Todo puede empeorar.

4
Los Iglesias y la invención de una dinastía leninista

Cuando Stéphane Courtois publicó su gran biografía de Lenin[1], le entrevisté para *Libertad Digital* (noviembre de 2017) y le pregunté cuáles eran las características psicológicas fundamentales del primer dictador comunista de la Historia. Courtois señaló dos: narcisismo absoluto y una irrefrenable voluntad de poder. «Exactamente igual que Pablo Iglesias», dije yo. Porque sus semejanzas biográficas con Lenin son llamativas.

En primer lugar, es un niño cuyo padre desaparece de su vida en la adolescencia —el de Lenin muere a los catorce, el de Iglesias los deja con trece—, y su educación como adulto está dominada por la madre y varias mujeres más. En el caso de Lenin, son su madre y sus hermanas, que atendieron a su manutención y cuidaron de él durante toda la vida. En el de Iglesias, su madre, sus tías y sus abuelas, reales y asociadas. En su entrevista más reveladora, para el dominical de *La Vanguardia* (11 de febrero de 2016), dice Pablo:

> Fui objeto del amor simultáneo de las mujeres de mi familia, con sus cosas maravillosas —todo tipo de mimos y cariños— y siempre tuve la sensación de no tener que competir con otro varón. (...) Siempre he sido «el niño»; me llamaron así hasta que murieron mi tía abuela y mi abuela. En realidad, tuve tres abuelas: mi tía Án-

[1] Stéphane Courtois: *Lénine, l'inventeur du totalitarisme.* Editions Perrin, París, 2017. Versión española, *Lenin, el inventor del totalitarismo,* con prólogo de Federico Jiménez Losantos, en La Esfera de los Libros, 2020.

> geles fue una abuela sentimental, una persona de una sensibilidad extraordinaria. Y sabía contar historias. Tengo horas y horas de vídeos grabadas. Pienso en sus historias con lenguaje cinematográfico: las describía de tal manera que las ibas viendo en planos, como el fusilamiento de su hermano, mi tío Ángel: iban todos los hombres esposados, intentando levantar los puños. Los suben a un camión que arranca. Mi tía comienza a correr detrás, y mi tío Ángel, a pesar de las esposas, logra quitarse la gorra y se la lanza. Es la última imagen que tiene de él vivo. La siguiente es la de su cadáver en la fosa.

Iglesias se sueña en un Camelot Rojo o un Kremlin familiar con varias hadas madrinas que le cuentan terribles historias de guerra y de muerte. Y ellas mecen su cuna, hasta el día en que, como Lancelot tras pasar su infancia en la burbuja del Lago, crezca y vengue a la familia. No distingue ficción y realidad porque lo único que realmente le importa es el placer asistido de ser el Niño-Dios. Como se bautizó a sí mismo, en poema memorable, Juan Ramón Jiménez.

Un físico que necesita el cuidado materno

Otro de los rasgos que Iglesias comparte con Lenin —y Mao y el Che— es un estado de fragilidad física, de dolencia latente. El ruso se ponía enfermo a menudo, provocando la inquietud y los mimos de sus madres. A Pablo Iglesias le cuesta trabajar, madrugar y concentrarse, por ejemplo, en escribir. También Lenin se perdía en los cafés y los periódicos, aunque su actividad erótica —Trotski creía que era técnicamente virgen— se sublimaba en una grafomanía patológica. Decenas de miles de notas con una letra casi microbiana lo atestiguan en los inmensos archivos del Kremlin. Para Freud no es solo un impulso negativo, de falta de maduración. Es el que empuja a tantos grandes escritores, novelistas incansables o poetas perfeccionistas. El mismo Juan Ramón llamaba «El trabajo gustoso» al quehacer literario, la *Obra* que recomenzó infinitas veces.

Pero el placer del *niñodiós* actúa casi siempre bajo el signo de la dispersión. Caprichoso, hiperactivo, no física sino mentalmente, ese impulso lleva a Iglesias al cine y a las series de televisión como realidad fantaseable. *Novecento* es su *Caperucita Roja*; *The Wire* y *Juego de tronos*, sus tebeos de *Hazañas bélicas*. Esta última, sobre la que coordinó un libro, se la regaló al Rey —¡*Juego de tronos* a un Borbón!— la segunda vez que lo vio. Se olvidó de la primera, cuando, siendo Príncipe de Asturias, le entregó, ante Miguel Blesa, una beca de Caja Madrid para hacer un curso en Cambridge. He ahí una personalidad abocada a lo imaginario sobre lo real, siempre en función de un narcisismo primordial: un Yo superior a todos. Y que recuerda solo lo que le conviene.

Como Lenin, el Iglesias niño sabía gustar en casa: traer buenas notas a cambio de muchos mimos. Pero es el tipo de buen estudiante solo cuando le interesa, no por afán de saber sino de complacer a su entorno y ser complacido por él. Ni Lenin ni Iglesias tuvieron problemas de rechazo a la autoridad. No echaron en falta el referente paterno en la adolescencia por la mejor de las razones: les sobraban mamás. Ambos estudiaron Derecho sin brillantez y sin provecho. Iglesias hizo luego Políticas para entrar en la universidad. Como para Lenin, la política es su modo natural de vida. Salvo un año de pasante, Lenin no trabajó; Iglesias, muy poco. Lo que les interesa es la política, o sea, el poder. Un trabajo que es, sobre todo, placer.

Un padre borrado y un hijo enmadrado

La relación de Pablo con su padre y la «línea paternal» es más borrosa: «Seguramente por no vivir bajo el mismo techo la relación con mi padre es fantástica», confiesa a *La Vanguardia*. Pero el término *fantástico* es equívoco. No hay niño de trece años que viva la desaparición del padre solo como «fantástica», salvo que lo hiciera objeto de malos tratos, a él y a su madre, y no parece que fuera así. En apariencia, Iglesias sería un Edipo sin complejo o que vive la fantasía edípica satisfecha: hijo único y varón que ve desaparecer de casa al hombre capaz de disputarle el amor de su madre. Habría sido el típico *mama's boy* de no ser porque esa madre afectuosa y todopoderosa introduce en la psique infantil un factor simbólico, la Ley, el Destino.

La gran diferencia entre Lenin e Iglesias es, obviamente, que Pablo es leninista y Lenin no pudo ser pablista. Pero también que la madre de Iglesias instala en su estructura psicológica el único superyó compatible (junto al de la religión) con un narcisismo extremado: el comunismo, o sea, el derecho de un grupo y su jefe a tomar de forma violenta el poder y, en nombre de la igualdad, quitar a los demás lo que tienen, incluso la vida, si se oponen —o si los comunistas creen que, por razón de clase, podrían hacerlo— a su absoluto derecho a mandar.

Luisa Turrión, abogada del sindicato comunista Comisiones Obreras, modela en el joven Pablo al adulto que debería ser para no defraudarla y acarrear la gran tragedia del niño mimado, que sería perder su amor: «Mi madre viste muy bien. El sentirme con una mujer como en *La dama y el vagabundo* me encanta desde siempre», dice Pablo, haciéndose el perrito abandonado ante la dama Joana Bonet en la entrevista. Y la dama periodística... se rinde.

No faltará, equivocadamente, quien vea en Iglesias a un niño maltratado, a fuer de fanatizado. En una entrevista en *El País*, su madre dice: «Mi hijo ha sido criado de la mejor manera posible de cara a su clase, a su pueblo, a su gente y a su patria». Y añade que, en vez de Pablo Iglesias, ante cuya tumba conoció al padre de Pablo, «se hubiera llamado Manuel si su padre fuera un Rodríguez, por el revolucionario chileno al que cantó Mercedes Sosa».

El «hildegartismo» socialista

Los que conocen la historia de la izquierda española verán en las palabras de su madre sobre la educación del joven Pablo un peligroso caso de «hildegartismo». Recordemos aquella tragedia: Hildegart era obra de su madre, Aurora, que quiso criarla sin padre, le puso su propio apellido —ella sí que era Rodríguez— y la educó para dirigir la futura revolución socialista y feminista española. Hildegart era un prodigio: a los catorce años terminó Derecho; a los quince, Filosofía; a los diecisiete hablaba varios idiomas y era la gran estrella juvenil del PSOE. Pero se enamoró de un chico, algo que tenía prohibido, y su madre la asesinó. Aurora salvó la vida a cambio del psiquiátrico y desapareció en la suelta de presos y locos de julio de 1936.

La historia, que estremeció a la España de antes de la guerra, se había olvidado hasta que Fernando Fernán Gómez leyó la novela *Aurora de sangre*[2] del anarquista Eduardo de Guzmán y la llevó al cine. El guion fue del propio director y Rafael Azcona; las actrices, estupendas, fueron Amparo Soler Leal y Carmen Roldán, y se estrenó con gran éxito en 1977. Sí, el mismo año en que llegó la falsa democracia explotadora, el fascismo camuflado del régimen del 78, que Iglesias quiere derribar para llevarnos al paraíso socialista y dar satisfacción a su madre. Aurora Rodríguez no lo logró con Hildegart y la mató. Resistirse al paraíso socialista de verdad, el comunismo, suele ser mortal hasta para los líderes rojos.

Volviendo al «hildegartismo», recordemos que los padres del futuro líder podemita se conocieron el 1 de mayo de 1972 ante la tumba de Pablo Iglesias Posse. Javier Iglesias Peláez tenía veintidós años y estaba recién licenciado en Derecho e Historia Contemporánea por la Universidad de Zaragoza. En Madrid era su padre funcionario e ideólogo destacado en el ministerio franquista por excelencia, el de Trabajo, cuyo joven ministro, héroe de guerra en el Alto de los Leones, fue el archifalangista Girón de Velasco. Nada tendría de particular esa circunstancia si el líder podemita, cultivando un disimulo jesuítico o un secretismo leninista, no hubiera presentado a ese abuelo como modelo de virtudes antifranquistas y espejo de las suyas.

La invención del abuelo heroico

Pero la historia real del abuelo Manuel es bien distinta de la que nos ha contado su nieto, hasta el punto de que, si el nieto se mira en el abuelo, verá la imagen de un oportunista político des-

[2] Eduardo de Guzmán: *Aurora de sangre. Vida y muerte de Hildegart*. G. del Toro, Madrid, 1972. Reedición en La Linterna Sorda, Madrid, 2014.

carado o un pícaro vividor. La invención del abuelo heroico, práctica comunista tan vieja como Lenin, fue puesta en entredicho por Leyre Iglesias[3] en una investigación publicada en la «Crónica» de *El Mundo* del 22 de febrero de 2020. Allí cita de pasada un libro casi desconocido, *Algunos abuelos de la democracia*, cuyo autor es Alfonso García López[4], notario jubilado y que editó su propia obra en 2018. En ella, aunque cita la obra publicada de Manuel Iglesias, no hace, cosa nueva, una sola cita de ningún libro. No obstante, su tarea al reconstruir la verdadera historia de los reinventados abuelos de Zapatero, Rajoy, Sánchez, Rivera e Iglesias es extraordinaria. Y la parte principal del libro la ocupa, con justicia, el caso del abuelo de la Dinastía Iglesias. Ahí, tal vez a pesar del propio autor, aparece un personaje políticamente bipolar, con trazas de agente doble o triple, muy lejos del modelo de virtud socialista y «liberal humanista» que, falseado por su nieto y sus especialistas en redes, aparece en la Wikipedia.

Lo que, según confesión del autor, le lleva a hurgar en esos archivos infinitos donde solo se orientan los notarios son dos frases del nieto sobre el abuelo. Una, la ha repetido en libros y entrevistas; la otra, en el Congreso de los Diputados. Su abuelo, presentado como su modelo de vida y raíz de su vocación política fue «un ejemplo de compromiso de alguien que se lo jugó todo por tener un país mejor». A lo que añadió en la tribuna de Las Cortes:

---

[3] Leyre Iglesias es una de las grandes periodistas de su generación, curtida en la lucha contra las mentiras del nacionalismo vasco en sus dos variantes: la sabiniana y la etarra.

[4] Alfonso García López: *Algunos abuelos de la democracia*. Auto edición, 2018. García López, que escribe habitualmente en *El Correo Gallego*, ha publicado, entre otros libros, *Una historia de la banca española a través de sus documentos* (Lex Nova, 1999); *La actividad bancaria en Galicia: desde el catastro del marqués de la Ensenada a la Ley Cambó* (Lex Nova, 2003); *La Coruña en los protocolos notariales. Siglos* XVIII *y* XIX (Ed. do Castro, 2005); *Los pioneros del comercio en La Coruña* (Lex Nova, 2006); *Entre el odio y la venganza. El Comité Internacional de Cruz Roja en la Guerra Civil española* (Espacio Cultura Editores, 2016). Aunque el éxito le llegó con *Las 1001 preguntas que todo abuelo debe saber responder* (Itsimagical-Imaginarium, 2012), que está traducida a siete idiomas y Braille.

> Mi abuelo era uno de esos de los que cumplió sus responsabilidades y acabó en la cárcel, de los pocos que militaban en su partido [el PSOE] durante la Dictadura, y todos los Primeros de Mayo estaba frente a la tumba de Pablo Iglesias.

Esa tumba se convierte en el belén de Pablo Iglesias Turrión: allí se conocieron sus padres, y de su encuentro nació, hijo único y magnífico, el dirigente que, según mamá, fue educado para servir y liberar «a su clase». Pero ¿a qué clase social pertenecen? ¿En que trabajó el abuelo Iglesias? Según su biógrafo, el rotundo «se lo jugó todo» cabría reformularlo así:

> ... supo sortear con inteligencia, preparación intelectual, habilidad, capacidad para las relaciones sociales y el apoyo de la familia de su esposa y de un escogido grupo de amigos, una condena a muerte, conseguir la libertad provisional tan solo cuatro años y medio después de tan contundente sentencia, hacer carrera profesional en la administración del régimen franquista, que le permitió educar en la universidad a sus hijos, y tejer importantes relaciones personales entre la burguesía de la época y relevantes personalidades del régimen. (...) Puedo admitir que alguien para salvar su vida y proteger a su familia aporte pruebas y testimonios a su favor, incluso cuando resulten contrarios a sus aparentes convicciones; pero de ahí a afirmar que «es un ejemplo de compromiso» hay una diferencia.[5]

En realidad, la diferencia es abismal, como veremos de inmediato.

De los jesuitas al «Regimiento Nelken»

Los cuatro tatarabuelos paternos de Pablo Iglesias Turrión vienen de la comarca extremeña de Tierra de Barros, bien de Villafranca de los Barros, el pueblo mayor de la comarca, o de Vi-

[5] Alfonso García López, *Algunos abuelos de la democracia, op. cit.*, pp. 104-105.

llalba de los Barros. Sus bisabuelos, padres de Manuel Iglesias Ramírez, regentaban la fonda Reverte, negocio sin duda próspero, porque Manuel, hijo tardío de Alberto Iglesias y Carmen Ramírez, se educó en el colegio San José de los jesuitas, inaugurado a finales del XIX con el apoyo de las mejores familias de la comarca —así los Ceballos y los Dorado— para dar educación de calidad a sus hijos. Ahí estudió Manuel, que terminó el bachillerato superior en otro buen colegio, el internado salesiano de Utrera. En el examen final, en septiembre de 1929, obtuvo solo un aprobado, pero le bastó para entrar en la Universidad de Sevilla y, allí, en las Juventudes Socialistas.

En 1932 se afilia a UGT, en 1933 preside la Federación Universitaria Escolar de la Facultad de Derecho y en 1934 se afilia al PSOE. Aunque se le sitúa en el sector de Besteiro, sigue en el partido tras la bolchevización de 1933 a 1936, y la derrota y marginación definitiva, hasta 1939, de Besteiro a manos de Indalecio Prieto, promotor del golpe de Estado de octubre de 1934 y, sobre todo, de Francisco Largo Caballero, el «Lenin español».

Según declaró al final de la guerra, en 1934 —pese a seguir en el partido que, tras perder las elecciones de 1933, se alzó contra la República en toda España, no solo en Asturias— había publicado en *El Debate* una carta en defensa de Manuel Giménez Fernández, ministro de Agricultura de la CEDA y que había sido su profesor de Derecho Canónico en Sevilla. El apoyo al democristiano, más tarde profesor de Felipe González, le habría costado su expulsión del PSOE. Cabe creerle bajo palabra, y sin pruebas, pero todo apunta a mera invención. En 1931, 1933 y 1936 Manuel Iglesias colaboró en las campañas electorales de una de las más radicales dirigentes del PSOE bolchevizado: Margarita Nelken, que salió diputada por Badajoz.

Su relación no era solamente política. Al terminar sus estudios en la universidad —Derecho en 1934 con diez sobresalientes, de ellos seis matrículas de honor; y en 1936, Historia de América en la Universidad Hispanoamericana—, Nelken lo colocó en un bufete de abogados en Madrid. Y al empezar la guerra le encargó, junto al también diputado por Badajoz Miguel Lancho, que llevara a Villafranca dos remesas de fusiles para enfrentarse a los alzados.

En su juicio, al final de la guerra, el abuelo de Pablo Iglesias negó toda participación en la entrega de armamento; pero también alegó que gracias a él no quemaron vivos a docenas de derechistas encerrados en una iglesia, antes de entrar los nacionales. En realidad, quemaron la sacristía y ametrallaron a los prisioneros antes de huir, prueba de lo poco que evitó. Hubo heridos, no muertos, de ahí que presuma de «evitar hechos criminales, que en efecto no se produjo ninguno». ¿No son quemar y ametrallar «hechos criminales»?

Pero parece que hubo un caso aún más grave llevado a cabo por el batallón, también llamado «regimiento», de Margarita Nelken, en el que Manuel era comisario y asesor jurídico con el sueldo de 10 pesetas diarias, cinco veces el salario habitual del campo, como criticaban los franquistas y escandalizaba a Orwell en *Homenaje a Cataluña*[6].

El episodio, típico de la Guerra Civil, fue recuperado cuando el líder de Podemos entró en la escena política, en la publicación comarcal *Villafranca Hoy* y comentado por otros medios y periodistas, aunque antes de publicar García López su clarificadora investigación. Entonces, Javier Iglesias Peláez, hijo de Manuel, padre de Pablo y jefe de Podemos en Zamora, salió a defender el honor de la saga y se querelló contra Hermann Tertsch, no contra *Villafranca Hoy* y la *gaceta.es*, que eran los que rescataron de la Causa General la denuncia de la viuda del marqués:

> En la declaración de María Ceballos Zúñiga y Solís, marquesa viuda de San Fernando, natural de la localidad de Villafranca de los Barros igual que Manuel Iglesias, el abuelo de Pablo Iglesias estaba en la partida de milicianos que el 7 de noviembre de 1936 detuvo a su marido, Joaquín Dorado y Rodríguez de Campomanes, marqués de San Fernando, y a su hermano, Pedro Ceballos. Ambos

[6] George Orwell: *Homenaje a Cataluña*. Primera edición española en Ariel, Barcelona, 1970.

fueron entregados a la checa de milicias situada en la calle Serrano 43 y fusilados en la pradera de San Isidro.

Junto al abuelo de Pablo Iglesias estaban, según refieren varias de las declaraciones de implicados y testigos, Ángel Medel Larrea, Manuel Carreiro «el Chaparro», Jesús Yuste «el Cojo de los Molletes», Antonio Delgado «el Hornachego» y otros dos milicianos de los que solamente se conoce el apodo «el Vinagre» y «el Ojo de Perdiz».

Al día siguiente de la detención fueron varios los empleados y vecinos de la casa de la calle del Prado número 20 los que fueron a pedir explicaciones a Manuel Iglesias, al que conocían los marqueses por ser de la misma localidad. Los testigos son claros en su declaración y explican que el abuelo del líder de Podemos les dijo que no le molestaran más, que «lo habían fusilado en la pradera del Santo».

La denuncia defensiva es una táctica corriente de los partidos totalitarios y las bandas terroristas, utilizada desde siempre por los comunistas y en España por la ETA y sus escaparates políticos: usar los tribunales de justicia para amedrentar a los que se atrevan a indagar y decir la verdad sobre la vida de héroes poco heroicos. En este caso, el mayor de la dinastía de los Iglesias.

La operación, que tuvo segunda parte, era, naturalmente, a beneficio del patriarca actual del clan, Pablo Iglesias Turrión. La denuncia de Javier Iglesias se presentó en Zamora, la única capital española con alcalde comunista, y no en Madrid, donde se edita *ABC* y tenía su domicilio el periodista y ahora eurodiputado Tertsch. Y la resolución del tribunal fue a modo de las «zamoranas» del legendario don Ricardo, portero del Real Madrid y la Selección Española, que despejaba con el codo el balón si no llegaba con la mano. El tribunal de Zamora ordenó *borrar* el artículo denunciado, sin querer ver que comentaba lo ya escrito por otros que no fueron objeto de querellas y basado en la denuncia que consta en la Causa General y, como atención, en el auto del juez de instrucción que llevó a la condena a muerte. El Supremo negó además la apelación de Tertsch cuando ya había salido el libro de García López, que, como veremos, proporciona abundantes datos para aclarar el asunto y, tal vez, condenar en costas al denunciante.

La carrera judicial de Manuel Iglesias en la represión republicana

Vayamos a ese abuelo supuestamente heroico, que, a comienzos de 1937, se quedó sin la protección de Margarita Nelken por culpa de un personaje con mucha más tradición revolucionaria: Juan García Oliver, de la CNT-FAI, que junto a Durruti y a los hermanos Ascaso era uno de los dirigentes históricos del comunismo libertario de raíz catalana. Según la Real Academia de la Historia: «en 1921 desempeñó un importante papel en la Dirección del Comité Provincial de Tarragona de la CNT y colaboró en las tareas logísticas del atentado que costó la vida al presidente del Gobierno Eduardo Dato»[7]. Aun así, Largo Caballero lo nombró ministro de Justicia, dentro de su política de integrar en el Gobierno a todas las fuerzas del Frente Popular. Aquello duró hasta que se enfrentó con los soviéticos, antes sus padrinos, que, tras una equivocada jugarreta de Prieto, lo reemplazaron por Juan Negrín.

Paradójicamente, en el tiempo en que García Oliver —cuya relación con el Derecho se limitaba al banquillo y a la cárcel— ocupó el Ministerio de Justicia, quiso hacer gala de respetabilidad revolucionaria y prohibió los «paseos» de Nelken y otros matarifes de retaguardia, que se erigían en juez, jurado y verdugo. En sus memorias *El eco de los pasos*[8], a medio camino entre el delirio narcisista y el genio intuitivo, presume de haber liquidado los asesi-

---

[7] Extraído de la sección «Biografías» de la Real Academia de la Historia, donde también se destaca que «en julio de 1925 participó, junto a Durruti, Ascaso y Jover, en el intento de atentado frustrado contra el monarca español Alfonso XIII en la capital francesa. Tras la detención por la policía francesa de Durruti y Ascaso, se refugió en Bruselas, pero pronto se reincorporó a los proyectos de Macià para invadir España desde Prats de Molló. Detenido en Tafalla, fue juzgado en Burgos y condenado a ocho años de cárcel» *(http://dbe.rah.es/biografias/10405/juan-garcia-oliver).*

[8] Juan García Oliver: *El eco de los pasos.* Publicado originalmente por Ruedo Ibérico en 1978 desde México. El subtítulo original rezaba: *El anarcosindicalismo en la calle, en el Comité de Milicias, en el gobierno, en el exilio.*

natos de Margarita Nelken, la madrina política de Manuel Iglesias:

> Los juicios contra los facciosos se veían en los tribunales populares, creados por el Gobierno presidido por Giral. (...) Con excepción de Cataluña, donde el orden revolucionario pasó a depender inmediatamente del Comité de Milicias, lo que permitió restablecer rápidamente la ley y el derecho de gentes, en el resto de España, empezando por Madrid con los grupos de ejecución que capitaneaba Margarita Nelken, en todas partes ocurría algo más o menos parecido. Y era mi primera obligación restablecer el orden jurídico, de manera que la vida humana y el derecho de gentes fuesen respetados.

En *Memoria del comunismo* cuento los crímenes atroces que García Oliver presume de haber evitado en Cataluña, donde mandaba la CNT-FAI. Y miente. Pero que entre asesinos andaba el juego lo muestra el propio líder anarquista al contar cómo disolvió en Valencia el «Tribunal de la Sangre», creado por todos los partidos y sindicatos locales del Frente Popular:

> Dispuesto a terminar en Valencia con aquella anómala situación, hice convocar al llamado «Tribunal de la Sangre». Los reuní en el salón grande. Por falta de asiento para todos, estuvimos de pie. (...)
>
> —Os he convocado para pediros que no reunáis más el llamado Tribunal de la Sangre. Debéis dejar que actúen los tribunales populares.
>
> —Se me hace mucho pedir —replicó Sánchez Requena [del Partido Sindicalista].
>
> —A mí también se me hace mucho pedir —argumentó otro tipo de los presentes—. No vaya a ocurrir que tengamos que reunirnos una noche para juzgar a nuestro querido ministro.
>
> Repliqué amablemente:
>
> —Compañeros, ya sabéis quién soy yo. Os contestaré a las buenas, pero podría hacerlo con el fusil ametrallador de mano. No me daré por enterado de lo que alguno de vosotros acaba de decir, a condición de que no actuéis más como Tribunal de la Sangre.

Y concluye:

> … casi terminamos con los «paseos». Todavía de vez en cuando aparecía alguien muerto en una cuneta. Pero el Tribunal de la Sangre no volvió a reunirse.[9]

Disuelto el «Regimiento Nelken» por el ministro-pistolero, Iglesias comienza su carrera en lo que cabría llamar aparato de represión legalizada del bando republicano, sector militar. No sabemos cómo, pero, al empezar 1937, la Subsecretaría del Ministerio de Defensa lo nombra asesor jurídico de la 24.ª División del general Pozas, bajo el mando directo del comandante Gallo. Se supone que participa en la campaña de Aragón, que, buscando la fácil toma de Zaragoza, naufragó en la crudelísima batalla de Belchite.

En junio, Iglesias pasa a la auditoría del Ejército del Centro, el más importante. Ya no era aquel ejército del 36, con las milicias de partido perpetrando una escabechina tras otra de civiles en retaguardia y con los militares profesionales sujetos a sospecha, «paseos» y asesinatos. Pese a su gran superioridad en hombres y material, los republicanos eran incapaces de recuperar las posiciones tomadas por los nacionales, con menos generales, pero más comandantes, capitanes y tenientes que el otro bando.

Los comunistas detestaban a los milicianos de partido. Porque no los controlaban y porque eran ineficaces en la guerra planteada por Franco, la única que podía ganar: de posiciones y de desgaste. Su inferioridad de partida solo podía equilibrarse si se ampliaba la zona nacional. Y la única forma de impedirlo en la otra zona era construir, aprovechando su superioridad material, un ejército capaz de competir militar y no solo políticamente con Franco.

El modelo fue el Ejército Rojo creado por Trotski en la guerra civil rusa, recuperando oficiales zaristas y entregándoles la dirección militar de las operaciones, pero controlados férreamente por sus comisarios políticos. En España, a la cabeza del comisariado estaba Álvarez del Vayo, agente soviético que en los años seten-

---

[9] Juan García Oliver, *op. cit.*

ta del siglo XX fundó la organización terrorista FRAP (Frente Revolucionario Antifascista y Patriota), en la que, como veremos, anduvo Javier, hijo de Manuel y padre de Pablo Iglesias. En 1937, Stalin creía que, bajo su dirección, el Ejército Popular de la República podía servirle en su juego de salvar la URSS pactando con Inglaterra y Francia o con los nazis, según le conviniera. No renunció a ganar la guerra, como se ha dicho. Simplemente, cuanto más fuerte fuera su bando, y más cerca de ganar, mejor servía a sus propósitos.

El gran obstáculo era la condición minoritaria de los comunistas soviéticos dentro del bando republicano, frente a la CNT-FAI, el POUM, el PSOE mayoritario y los republicanos que no se habían pasado a Franco. Entonces se presentó como el partido de orden dentro y fuera del Ejército, acabando con la delincuencia común que aterraba desde julio del 36 a las clases medias de la zona republicana. Apuesta inteligente: imponer un orden legal revolucionario, que marcara a la población unas reglas claras a las que atenerse.

La purga empezó por las Brigadas Internacionales, en las que su jefe, el comunista francés André Marty, dijo que «no habría matado mucho más de 10.000, que eran pura escoria», uno de cada ocho, aproximadamente. En el nuevo Ejército Popular de la República, se ensalzaba, al aparatoso estilo de Moscú, a los militares de carrera obedientes al PCE, como Miaja y luego Rojo, y se forjó la legalidad de lo que el PCE llamó «democracia de nuevo tipo», que, junto a la dependencia buscada del armamento soviético, fueron las piezas esenciales de una estructura de poder más racional pero puramente estalinista.

Ahí es donde empieza la carrera de Manuel Iglesias: en la auditoría del Ejército del Centro prepara oposiciones al concurso de auditores de guerra de campaña que convoca el Ministerio de la Guerra. Los requisitos básicos eran el título de Derecho y el aval de un partido político, garante de su adhesión al Frente Popular, del que ya quedaba poco. El examen, según García López, consistía en la «redacción de un informe fiscal o de una sentencia de tribunal de guerra»[10]. Fue admitido con otros cincuenta y nueve aspirantes, en el concurso que se celebró en Valencia aprobaron los sesenta, y fueron nombrados automáticamente tenientes de campaña. Aprovechando la cercanía de Valencia, Manuel se presentó también a los exámenes de la Escuela Popular de Guerra, en Paterna. Pero una vez en el Cuerpo Jurídico Militar, aparcó su ardor guerrero y abandonó la Escuela.

Su primer destino fue el de secretario relator-instructor del Tribunal Permanente del VI Cuerpo de Ejército, sito en El Pardo y luego en Hoyo de Manzanares. Y en marzo de 1938, pasó con el mismo destino a Úbeda, al IX Cuerpo de Ejército al mando de Francisco Menoyo. Allí se produjo una circunstancia turbia y curiosa: el presidente del tribunal fue destituido por presuntas simpatías derechistas y Manuel Iglesias Ramírez lo sustituyó.

Fuera por la forma de llegar al cargo, que apunta a delación interna, o por evidente incapacidad, hubo una inspección poco después de tomar posesión Iglesias, y el informe fue devastador: «Carece de las dotes necesarias para desempeñar con el prestigio necesario el cargo de auditor presidente»; y sus sentencias «adolecen no solo del más elemental contenido jurídico, sino también de aquella indispensable formación mínima que sirven para caracterizarlas»[11]. Tras poner como ejemplo la condena a muerte del soldado Eloy Vela, pide que sea devuelto al escalón inferior que antes ocupaba. Así fue, pero por poco tiempo. Mostrando la habilidad para nadar en aguas revueltas que caracterizará su carrera en la administración, muy pronto Iglesias estaba de vuelta a la Presidencia del Tribunal, sin un informe que revocase el anterior.

García López, que muestra tanta minuciosidad en la búsqueda de datos como empeño en matizar los más sórdidos de su biografiado, dice que el informe del inspector «termina admitiendo que Iglesias Ramírez había hecho funcionar de nuevo al tribunal que, hasta su llegada, estaba en situación de "lamentable colapso"». Pero más que «admitir», término positivo, sería negativo, creo yo,

[10] Alfonso García López, *Algunos abuelos de la democracia, op. cit.*, p. 112.
[11] *Ibid.*, p. 114.

unir a la incompetencia técnica la velocidad que imponía el mando político, con rápidas sentencias de nulo rigor jurídico.

En once meses, del 1 de mayo de 1938 al 28 de marzo de 1939, el tribunal presidido por Iglesias tuvo más de 1.000 actuaciones judiciales y 567 causas, de ellas 306 por deserción, 7 por muertes y otros delitos. Las condenas a muerte fueron, según García López, las que dice Iglesias en el juicio al terminar la guerra. La fuente es harto dudosa. Cuesta admitir que de 306 casos de deserción solo se condenara a muerte a una docena, incluso aplicando solo la legalidad y buscando toda clase de atenuantes.

Pero lo más interesante de la estancia en Úbeda de Iglesias fue su rápida y astuta adaptación a la vida social de la ciudad. Allí escribió artículos en verso y prosa en el periódico local *Vida Nueva*; allí cultivó relaciones con los martirizados sectores clericales y los hostiles al Frente Popular; allí jugó, desde un puesto que infundía terror, a todas las cartas.

Si como poeta había editado en 1932 el breve opúsculo *Vértice. Poemas del trabajo*, inencontrable hasta para el avispado notario García López, como prosista dejó amarga memoria en la revista citada, en la que debutó con un artículo dedicado «Al coronel Menoyo, tan buen amigo como jefe». El regalo era una mezcla de cursilería semianalfabeta y sectarismo atroz.

Joya lírica: «En esta casa donde escribo, filigrana de piedra parda como el sayal austero de ruda estameña que el de Asís pateara por el mundo». De donde se deduce, sin pretenderlo el indocto vate, que San Francisco tenía accesos de furor y pisoteaba su hábito allá por donde iba.

Otra joya en la que el raquitismo gramatical es peana de la inquina política: «... siguen llamándose aristócratas —es decir, los mejores—, la mejor clase de la anti-España —¿os acordáis de Ramiro de Maeztu? Mueve a risa si no fuera tan trágico—, quizá sí, pero de la de mi España, no»[12].

---

12 Alfonso García López cita estos y otros fragmentos referidos al número 369 de la revista *Vida Nueva*, consultada en el Instituto de Estudios Giennenses.

Trágica es la sintaxis del juntaletras, tal vez colectivizada y por ello indiferente a la concordancia del plural y el singular. Siniestra, la risa que dice que le produce Maeztu, gran figura de la Generación del 98, de origen humildísimo, autodidacta, y en cuya obra, en inglés y español, al hablar de los mejores se refiere, como tantos entonces, a la «aristocracia del espíritu». Y más criminal que risible que, casi anciano, fuera secuestrado y asesinado en la cárcel por milicianos como los del «Regimiento Nelken».

Claro que no es de extrañar tal falta de humanidad en quien perpetra, en la misma revista, crímenes de lesa lírica como estos versos a la Giralda:

Giralda, ¡vente conmigo!,
vente conmigo a mi casa
y tírate de la grupa
gótica de esa potranca.

¡«Grupa gótica», o sea, lo curvo en punta! Y así sigue, tropezando con las imágenes y poniendo su cursilería al servicio de la ignorancia. Más que de un Marinetti en moto, la joyita parece la sura de un islamista antes de volar los budas de Bamiyán.

El golpe de Besteiro, Casado... y Manuel Iglesias

En marzo de 1939 se produce en Madrid el llamado golpe de Casado, coronel republicano que ofreció el liderazgo del movimiento al líder socialista Julián Besteiro y cuya herramienta decisiva para doblegar a Negrín y los comunistas fue el IV Cuerpo de Ejército del anarquista Cipriano Mera. Es decir, que todas las fuerzas del bando republicano, salvo los comunistas, preferían rendirse a Franco antes que continuar una guerra en la que miles de muertos más solo podían servir a los intereses de Stalin, que buscaba prolongarla mientras negociaba con Hitler y las democracias la posición más favorable para la URSS, que acabó siendo, pocos meses después, el pacto nazi-soviético. Lo hemos contado ya.

Manuel Iglesias Ramírez sería uno de los muchos que, con responsabilidades graves en el bando republicano (nada menos que presidente de un tribunal militar), vieron la guerra perdida y creyeron que una rápida rendición podía facilitar el perdón de Franco —que desde el principio había exigido la rendición incondicional— o condenas más leves.

Su nieto, Pablo Iglesias Turrión, es uno de los políticos más empeñados en reivindicar un bando de la Guerra Civil y deslegitimar la Transición, con la azada cainita de la Ley de Memoria Histórica. E historiadores de su cuerda atacan ahora el alzamiento de Besteiro, Casado… y también de su abuelo Manuel, uno de tantos que, ante la inminente derrota, trataron de salvarse como fuera.

La rendición de Manuel Iglesias y sus juicios por crímenes de guerra

Iglesias Ramírez estaba en la misma situación que otros que veían perdida la guerra y arrostraban un ineludible juicio por sus responsabilidades en ella —dos veces presidente de un tribunal militar que entendió de cientos de casos y que fue según Francisco Espinosa Maestre en su libro *Masacre. La represión franquista en Villafranca de los Barros (1936-1945)*, «presidente del Tribunal Permanente del IX Cuerpo de Ejército desde marzo de 1938. En este último cargo intervino en unas 650 causas y dictó nueve sentencias de muerte»[13]—. Por eso, trató de ayudar a los partidarios de Franco en los últimos días de combates, para evitar inútiles derramamientos de sangre y, de paso, favorecerse a sí mismo en el momento de rendición de cuentas. Fue uno de los que se adelantaron a entregar Úbeda a los franquistas de dentro, cuando las tropas estaban a las puertas.

Asistió solo a uno de los juicios contra él, pero la sentencia fue de condena a muerte. El juez instructor dio por hechos, y así

[13] Francisco Espinosa Maestre: *Masacre. La represión franquista en Villafranca de los Barros (1936-1945)*. Aconcagua Libros, Sevilla, 2011, p. 217.

fueron remitidos al tribunal, estos datos de Manuel Iglesias Ramírez:

—Gran propagandista del Partido Comunista para el que hizo gran labor en las elecciones de 1936... Como colaborador de Margarita Nelken participó en mítines y conferencias en Extremadura y Andalucía.

—Participó en el traslado a Badajoz de los guardias civiles presos de Villafranca de los Barros, a principios de agosto de 1936.

—Trasladó 90 fusiles de Madrid a Villafranca para armar a los milicianos de su pueblo.

—Participó con las milicias del Frente Popular en el enfrentamiento con las tropas de Franco en la localidad de Los Santos de Maimona, y ante el resultado adverso, retornó a Madrid en un coche que tenía preparado en Villafranca.

—Respondió de forma evasiva y altanera a los familiares del marqués de San Fernando cuando estos recurrieron a él para saber su paradero de la siguiente forma: «ya sabéis que han sido fusilados en la pradera de San Isidro, y que, por tanto, no volváis a molestarme».

—Se le considera amigo del comisario político de la 78.ª Brigada Mixta Octavio Luis Alba, quien en los primeros días del Movimiento detuvo en Madrid a militares derechistas y se sospecha que en esa tarea pudo ayudarle el encartado.

—Admite haber redactado y firmado el documento en que proclama su ferviente militancia comunista.

—Su actuación como auditor en los tribunales militares de los VI y IX Cuerpos de Ejército, como secretario y presidente, con el grado final de capitán. En el último destino intervino en más de 650 causas, de ellas nueve con sentencias de pena de muerte.

—El incidente con el soldado Sebastián Bautista de la Torre, que finalizó con su traslado a primera línea de fuego, vigilado, sin armamento y sin derecho a destino.

—Su ayuda a personas de derechas en la localidad de Úbeda.

—Se incluyen los testimonios favorables al procesado procedentes de la Guardia Civil y FET de Madrid, en los que se le considera «persona de buena conducta», incluso, en el escrito enviado por Falange, se le juzga «afecto a nuestro glorioso Movimiento nacional, que durante la guerra ha favorecido cuanto ha podido, a personas afectas al Movimiento cuando sufrían persecuciones».

—Se admite como prueba documental el certificado de la celebración de su matrimonio canónico en Madrid, en enero de 1938.[14]

Los datos recopilados por el juez de instrucción, incluidos los que favorecían al acusado, como la ayuda a personas de derechas al final de la guerra, no daban mucho margen al tribunal, cuyo fiscal pidió y obtuvo la pena de muerte «por rebelión militar». Es un cargo generalizado y absurdo, establecido un año antes de terminar la guerra por Serrano Suñer, en el que se subsumen todos los demás cargos delictivos y que convierte en ilógica y arbitraria cualquier pena, al margen de hechos indiscutibles, como los asesinatos, y también que los juicios militares, en ambos bandos, desde comienzos de 1937, tenían más garantías que la justicia «popular».

Testimonios favorables a Iglesias Ramírez

Empecemos por el auto del juez instructor, que recoge el testimonio favorable a Iglesias de la Falange de Madrid, radicalmente opuesto al de la Falange de Villafranca de los Barros, que sin duda lo conocía mejor. García López lo atribuye al amparo que durante el juicio y en el indulto de Franco, que conmutó la pena capital por cadena perpetua y luego redujo la pena a solo cuatro años de cárcel, le dispensa un grupo de poderosísimos líderes falangistas con los que coincidió en la Universidad de Sevilla: Polaino, Ezequiel Puig Maestro-Amado y Pedro Gamero del Castillo, ministro de Franco y el que le llevó la carta pidiendo el indulto con imperial y rastrera adulación.

Con notable ingenuidad, dice García López que es absurdo dudar de los testimonios favorables de los jerarcas falangistas, que además acogieron a Iglesias en el Ministerio de Trabajo, alcázar

[14] Resumen de García López: *Algunos abuelos de la democracia*, *op. cit.*, pp. 151-152.

azul mahón del Movimiento, porque habrían corrido un grave riesgo si se demostraran falsos. ¿Y quién iba a poner en peligro a un ministro de Franco o a un procurador en Cortes? ¿La Falange de un pueblo de Badajoz, que les debía jerárquica obediencia?

Lo que abona cualquier especulación maliciosa es el argumento que repiten una y otra vez sus abogados —el de su juicio fue Alfonso García Valdecasas, de acendrada estirpe falangista—, según el cual, amén de ayudar a católicos perseguidos, Iglesias apoyó siempre al Movimiento y llegó a esconder en su casa a un agente del SIPM, servicio de espionaje de Franco. Esto, ante cualquier tribunal como el que él presidió, hubiese supuesto la pena de muerte.

Sin embargo, eso declaró Manuel Ángel Carnero Quesada, agente del SIPM y camisa vieja de Falange, que atestiguó en favor de Iglesias Ramírez diciendo que lo tuvo escondido cuatro meses en su casa, desde diciembre de 1937. Y algo más arriesgado pero menos creíble: que se ofreció a pasarle al bando nacional si iba destinado en la zona de El Pardo (su área de acción, porque el juzgado militar estaba en Hoyo de Manzanares). Y lo más importante: que Manuel Iglesias «deseaba el triunfo de la Revolución Nacional Sindicalista, única forma de dar a España el pan y la justicia». Esos tres rasgos no definen a una persona caritativa, sino a un agente doble: tras declarar su afinidad ideológica con la Falange, habría escondido al espía de Franco y ofrecido pasarlo al otro bando, para lo que necesitaría enlaces y costumbre.

¿Era, pues, Manuel Iglesias agente o simpatizante franquista ya en diciembre de 1937, cuando la guerra estaba lejos de parecer ganada por los nacionales, o se trata de un falso testimonio que, sorprendentemente, no cuestiona el tribunal? Y no es el único que suscita esas mismas dudas.

El secretario provincial de Investigación de Madrid de Falange, ya FET y de las JONS, envió una carta al juez instructor en la que afirma:

> El informado está considerado adicto al glorioso Movimiento nacional y durante la guerra ha favorecido en cuanto ha podido a

> las personas adictas a nuestro Movimiento que sufrían persecuciones... Siempre se ha mostrado como un entusiasta por el triunfo de las tropas nacionales.[15]

García López achaca esta recomendación a las buenas relaciones de la esposa de Iglesias, políticas y religiosas, pero no aporta más datos, salvo que algunos testimonios respondían a cartas de Dolores Peláez. Más decisivo es el testimonio de los líderes falangistas que Manuel trató en la Universidad de Sevilla, y que no solo lo avalan como aliado de su causa, sino que lograrán en apenas cuatro años abrirle la cárcel, buscarle trabajo y colocarle en el cogollito del régimen como funcionario y propagandista.

Uno de los más importantes, porque hubo varios, fue Ezequiel Puig Maestro-Amado, líder de la Falange sevillana y con una larguísima carrera política como concejal de Madrid y procurador en Cortes. En telegrama al juez instructor declara que: «durante la convivencia que tuvieron le hizo marcadísimos favores a él y a otras personas durante su cargo de secretario en el Tribunal del VI Cuerpo de Ejército».

La deuda que Puig tenía con Iglesias era muy grande: lo cogió de chófer siendo presidente del tribunal y luego lo hizo secretario-relator, aunque era doctor en Exactas, evitándole el peligro al que sus antecedentes le abocaban. Tal vez por eso, en su Declaración Firmada de 24 de abril de 1939, Puig describe a Manuel Iglesias como una suerte de quintacolumnista temerario: «En los sumarios que instruyó, de los que yo tuve noticia, trató de favorecer, en lo posible, y algunas veces en lo imposible, a todos los procesados de tendencia favorable a nuestro glorioso Movimiento». Y se atraía así «la censura de los comisarios políticos, de los que yo fui testigo, que decían: castiga más a los antifascistas que a los fascistas»[16].

Pero entre esos comisarios cita, sorprendentemente, a Ángel Peinado Leal, hombre clave en el alzamiento de Besteiro y Casado contra Negrín y los comunistas. No sabemos si es un hecho cierto,

---

15 Alfonso García López, *Algunos abuelos de la democracia, op. cit.*, pp. 142-143.

16 *Ibid.*, pp. 143-144.

aunque magnificado, o la prueba de que en la declaración bastaba la firma, y de lo que se trataba era de evitar la pena de muerte o buscar su conmutación, que Franco concedió.

El trágico caso de Ángel Peinado Leal

Ángel Peinado era en 1939 un socialista anticomunista y contrario a Negrín. Dependía del gobernador de Madrid, Gómez Osorio, socialista, que le había encomendado una misión esencial: custodiar la imprenta del *Diario Oficial*, que publicaba los nombramientos civiles y militares. Y ya dijimos que tanto Casado y Besteiro como Negrín y los suyos estaban al tanto de las intenciones de los otros, porque todos habían contactado a los jefes militares para sumarlos a su bando o disuadirlos de pasarse al otro.

En esa indecisión, el valor de las conductas individuales fue crucial. Ante el peligro de muerte, se impuso el miedo o decidieron las convicciones más íntimas. Y no es verosímil que Peinado, que se jugó la vida, criticase a Iglesias porque su tribunal favorecía a los azules más que a los rojos. La ventaja que tenía Puig Maestro-Amado en su testimonio es que Peinado ya estaba muerto.

Son muchas las cartas de la esposa de Manuel Iglesias a conocidos de su marido, que luego declaran en su favor. En general, se refieren a los últimos días de Úbeda bajo los republicanos, con los nacionales a las puertas, cuando Iglesias Ramírez se ofreció a los franquistas para evitar represalias de última hora por parte de extremistas. Es el mismo argumento de Casado ante Franco para negociar lo que Franco ya había dicho que no negociaría. Los datos reales de Madrid no muestran afán de venganza, sino de huida o de confraternización, explícita en los soldados y todavía más en los civiles.

Testimonios contrarios a Iglesias

El tribunal no creyó en los testimonios exculpatorios, aunque están incorporados al auto del juez de instrucción, y se atuvo a lo declarado contra Iglesias. El jefe de la Falange de Úbeda, en la clandestinidad durante la guerra, le acusó de participar en el asesinato del marqués de San Fernando y su cuñado y desmontó la supuesta actividad de Iglesias para impedir represalias por lo que entendía falta de colaboración para identificar a los que se reunieron para «hacer un escarmiento entre las personas de derechas, y aunque Iglesias se opuso, sabe muy bien los nombres de las personas que asistieron a esa reunión»[17]. Es decir, que no colaboró en la resolución de lo que pudo ser una tragedia.

También Francisco Romero Pereira, delegado local de Información e Investigación de Falange, le incriminó en los dos asesinatos citados. Y Rafael Contreras de la Paz, que hizo carrera como fiscal y juez en Linares, donde fundó el Museo Arqueológico, le implicó en los «paseos» de militares de derechas en los días posteriores al 18 de julio, cuando Iglesias estaba todavía bajo el ala de Margarita Nelken. El testimonio de Sebastián Bautista de la Torre, basado en conversaciones oídas a Iglesias y su amigo el comisario político Octavio Alba acerca de aquellas «sacas» de militares, le hizo creer que ambos «compartían un secreto tenebroso». Otro abogado y camisa vieja de Falange, Francisco Navalón, que estuvo a sus órdenes en el tribunal, le acusó de los mismos asesinatos de militares, y el Ayuntamiento de Úbeda: por «informaciones recogidas (...) en unión de un amigo suyo, se dedicó a la denuncia de elementos militares de filiación derechista»[18].

Pero probablemente el testimonio más negativo y el que quizás arroja más luz sobre la verdadera personalidad de Manuel Iglesias, antes y después de la guerra, es el de Dionisio de la Torre, que lo conoció cuando entró en la Delegación de Asistencia Social del Ministerio de Trabajo como secretario de una institución de beneficencia, que —para García López, y es verosímil— tuvo que ser el incautado Colegio de las Hermanas de San Vicente de Paúl.

Iglesias no había hecho oposición ni tenía méritos para el cargo. ¿Cómo lo consiguió? Según Dionisio de la Torre, se declaró

[17] Alfonso García López, *Algunos abuelos de la democracia, op. cit.*, p. 137.
[18] *Ibid.*, p. 138.

«comunista, y había sido encarcelado por haber hecho propaganda de ese partido, habiendo actuado en mítines y periódicos de forma activa, sufriendo persecuciones (...) que había pertenecido a la FUE de Sevilla (...) y llenaba una página de papel describiendo toda su actividad revolucionaria, siendo considerado uno de los más izquierdistas de la Delegación»[19].

¿Y qué dijo el acusado Iglesias Ramírez? Admitió que era cierto el documento en que presumía de ser comunista, pero adujo que lo escribió porque el director de esa institución también lo era y lo vio necesario para obtener el empleo. Vamos, que acomodó sus ideas políticas a sus intereses.

Para entender el comportamiento de Iglesias Ramírez y la impostura del nieto al presentarlo como héroe contra la Dictadura, este episodio dice mucho más que los argumentos comprometidos y excusables del final de la guerra. No tenía necesidad de declararse comunista... salvo por el sueldo. Ya no era el socialista moderado de Besteiro, sino el comunista de Nelken. ¿Y por qué no cuidar a algunos franquistas, por si daba la vuelta la tortilla? Eso hizo. Le puso tantas velas a Dios que acabó confundiendo al Diablo.

La carta de clemencia a Franco

Eso, si, como Iglesias Turrión, se toma a Franco por Satanás. Es chocante que repetidamente diga que fue uno de los mayores asesinos del siglo XX, cuando al lado de los líderes comunistas —Lenin, Stalin, Mao— es muy poca cosa. Y, sobre todo, cuando conmutó la sentencia de muerte de su abuelo y bajo su régimen pudo prosperar, con toda la familia, gracias a la protección de los más duros del régimen, sus buenos amigos falangistas.

Cabe decir que, si la sentencia fue fruto de los franquistas «de abajo», su salvación fue obra de los franquistas «de arriba», que consiguieron que le llegara a Franco, entregada por su ministro

---

19 *Ibid.*, p. 139.

Gamero del Castillo, la carta de petición de clemencia que le escribió Manuel Iglesias, el abuelo heroico. Esta es la transcripción que hace García López de algunas de sus frases:

> 1939, Año de la Victoria, por Dios, por España y por su Caudillo Franco.
>
> Serenísimo señor y Príncipe de Santiago (...) quien como V. E. está por encima de códigos y leyes (...) genuino y glorioso salvador de nuestro país (...) volviendo por las viejas tradiciones gloriosas (...) en su corazón magnánimo de heredero insigne de las glorias de aquellos reyes y teólogos de nuestro Siglo de Oro (...).
>
> Quiero colaborar con mi pobre persona en su Obra Eterna; no quiero morir por una causa antiespañola y, por ende, anticristiana, necesito, como Raimundo Lulio, lavar en el martirio por una causa santa y justa el delito de una juventud a la que se engañó miserablemente en la Universidad de Sevilla. (...) morir por una causa bella es alegre y digno, la vida es un acto de servicio y la vida religiosa es milicia, dijo nuestro San Ignacio, militar y español como V. E. (...) pero morir por algo tan torpe y miserable como fue la causa roja es una doble muerte, ineficaz y estéril. (...) engañado por esa serie de mercachifles, que, al servicio de sociedades secretas, forjaban nuestras almas prostituidas universidades.[20]

García López elogia la catarata de almíbar, tan cursi como toda la obra, forzada o libre, de su autor pero es absurda la referencia como «centro corruptor» de la Universidad de Sevilla. Con él estaban los que lo malearon y también los que, contra sus maestros, se hicieron falangistas y lo salvaron. Asimismo, exagera la rendición de Úbeda solo tres días antes del 1 de abril:

> ... la noche inolvidable y magnífica del 28 de marzo [entrada de las tropas franquistas en Úbeda, «entrada triunfal de los paladines que desempolvaron la Vieja Tizona de Mío Cid»] (...) hice entrega a los representantes de la Falange de Úbeda de esta ciudad y otros siete pueblos que la rodean, en evitación de que el monstruo, en su agonía, diese los últimos coletazos (...).

---

20 *Ibid.*, pp. 154-159.

> Ya había calado hondo el profundo sentido del imperio nuevo y, junto con otros jóvenes a los que convencí (...) rechazamos el pasaporte que visaba el país que nos traicionó en Trafalgar.
>
> (...) esta civilización occidental y romana, que, en su Hispanidad siempre grávida, de hombres e ideas, dará nuevos Trajanos, Sénecas y Adrianos y sostendrá Trentos y Niceas con sus teólogos, y hará una línea ascendente hasta el Imperio Azul, por Dios, con capitanes que, como V. E. puedan ceñir con honor la espada de Don Fernando o Don Carlos.[21]

Viene luego el largo trámite exculpatorio, los méritos, inventados o reales, en favor de la causa franquista durante la guerra, a los que, de no presentárnoslo repetidamente su nieto como ejemplo moral y víctima de la Dictadura, nada cabría reprochar, que todo excusa salvar la vida. Como Franco no iba a ponerse a comprobarlo, Iglesias presenta su trabajo en las Hermanas de San Vicente de Paúl, el que obtuvo declarándose comunista, por serlo el jefe que podía contratarle, como forma de proteger a las monjitas. Hay también infinitas referencias a sus «padres espirituales», que no evitaron que sirviera al «monstruo» hasta el 28 de marzo de 1939.

El caso es que Franco firmó la conmutación de la pena de muerte por la de cadena perpetua el 11 de noviembre de 1939, y que el 19 de diciembre de 1943 Manuel abandonó la cárcel y emprendió, pese a sus antecedentes y gracias al apoyo de las más altas jerarquías del régimen, una carrera larga y fructífera en la administración franquista, desde la que elogió, ya sin necesidad, en nada menos que catorce libros de propaganda, tanto el valor social de su legislación laboral, como el factor religioso para la vida sexual.

Antes, mediante los más diversos subterfugios, desde la estancia en la enfermería hasta el amor al patrimonio artístico de Úbeda, del que le nombraron administrador sin título para serlo, sus poderosos amigos le evitaron tener que ir a declarar en el juicio

---

[21] *Ibid.*, p. 155.

por el asesinato de Pedro Ceballos y su cuñado, donde debía carearse con las víctimas que habían denunciado su presunta participación en el crimen. Pero, insisto, ese es solo uno de los delitos que le atribuye el instructor y por los que el tribunal le condenó a muerte.

Muchos años después, en el libro citado de Francisco Espinosa Maestre *Masacre. La represión franquista en Villafranca de los Barros*[22], Manuel Iglesias dice: «En el juicio no se me dejó hablar ni alegar nada y cuando al final pronuncié la frase "si los hombres nos conociéramos mejor, nos odiaríamos menos", se me llamó "chulo" y se dio por terminado el Consejo». Pero el notario biógrafo ha escudriñado la sentencia y dice: «No consta en el acta del juicio que el encausado hiciera manifestación alguna cuando fue invitado a ello, salvo para ratificarse en lo declarado». Que era lo natural, ya que la línea de defensa de su abogado Alfonso García Valdecasas fue la «falta de pruebas sumariales», achaque típico de juicios de posguerra, donde priman las declaraciones de testigos.

Sin embargo, el de *chulo* es un término de Iglesias, que aparece en uno de los peores delitos que le atribuyen como presidente del tribunal militar: el incidente con el soldado Sebastián Bautista de la Torre, al que trasladó «a primera línea de fuego, vigilado, sin armamento y sin derecho a destino»[23], forma torva de condenarlo a muerte. Preguntado al respecto cuando le tocó ocupar el banquillo, Iglesias dijo que el soldado «se puso chulo», dudosa razón para esa pena. Tal vez, en la mixtificación de Manuel Iglesias años después, el inconsciente le hizo aflorar ese término, que no corresponde a las normas de esos tribunales ni a la importancia del abogado defensor y sus padrinos políticos, que, recuérdelo el nieto, declararon a su favor, le salvaron la vida, le ahorraron la cadena perpetua, le redujeron la pena a cuatro años y, ya en libertad, burlaron la ley para facilitar su reincorporación laboral y civil.

---

22 Francisco Espinosa Maestre, *op. cit.*

23 Alfonso García López, *Algunos abuelos de la democracia, op. cit.*, p. 138.

La carrera de Manuel Iglesias en el franquismo

García López cuenta que Manuel Iglesias pasó su primer año fuera de la cárcel, con su mujer y su hijo, en la Plaza Vieja, rebautizada Fernando Ceballos, lo que le recordaría al otro Ceballos, Pedro, de cuyo asesinato había sido acusado. No sabemos si el fantasma se le aparecería en las largas noches pacenses. Pero en 1944 lo vemos camino de Madrid y recurriendo a sus amigos para encontrar trabajo. Estaba en libertad vigilada y, al pedir el permiso para salir de Villafranca, tropezó con la negativa de la Policía, más severa que el cura que declara en su favor, aunque admite: «Han de verlo con natural desagrado los familiares de los caídos anteriormente». Comprensivo el mosén: Iglesias, uno de los acusados, evitó ir al juicio, se dio sospechoso carpetazo al caso y el asesinado marqués dejó a la marquesa viuda en situación de cruzarse con Manuel en la plaza con el apellido del difunto. Sí: el «desagrado» era «natural».

Pero lo que Villafranca negaba, Madrid lo corregía. La Subdirección General de Libertad Vigilada del Ministerio de Justicia dio consentimiento al traslado a Madrid el 11 de noviembre de 1944. Empezaba lo que su nieto Pablo ha llamado «el ojo vigilante de la Dictadura» sobre el abuelo heroico.

Instalado provisionalmente en la casa de una hermana, Manuel adujo que iba a «dedicarse a dar clase como abogado y licenciado en Historia y a verificar trabajos en el Instituto de Estudios Políticos, antiguo Palacio del Senado, con don Carlos Olleros [sic]». Carlos Ollero había sido compañero suyo en la Universidad de Sevilla, y pertenecía a la más docta institución del régimen franquista, junto a su protector Gamero del Castillo, Alfonso García Valdecasas —abogado en su juicio—, Areilza, Sánchez Mazas, Fueyo, Ramón Carande y otros… antes de Manuel Fraga. García López no ha encontrado documentación que acredite trabajos de Iglesias allí. De existir, serían menores: el IEP estaba muy por encima de su nivel intelectual. Tal vez fuera solo una recomendación, pero no la había entonces más ilustre.

La esposa de Manuel Iglesias, María Dolores Peláez Zapater, a la que conoció en la salutífera Rascafría, había nacido en 1920, hija de un interventor municipal, José Luis Peláez de Alarcón, y María Antonia Zapater Ramírez. Tenía tres hermanos: Fernando, Rosario y Pilar, las dos últimas con un papel muy relevante en la vida familiar. Tanto que Pablo Iglesias las llama «sus madres», aunque por edad serían «abuelas». Pilar se casó dos veces, una con un poeta canario abogado y masón, y otra con un médico gallego también republicano y alcalde de Lugo: al caer en manos nacionales, fue condenado a cadena perpetua, pero, como Manuel, salió en 1943 y se reincorporó a su profesión en el Instituto Cajal y como profesor de Histología a la Facultad de Medicina de Madrid. En 1948 ingresó en Mérida como inspector del Seguro Obligatorio de Enfermedad, una de las grandes instituciones del franquismo. Y llegó a ser jefe de Organización de los Centros Sanitarios de la Seguridad Social. Su hijo fue también médico y su nuera le dedicó un libro: *Para los que no vieron*[24].

Tanto Pilar como su hermana Rosario hicieron carrera en el más azul de los ministerios franquistas, el de Trabajo, como toda la dinastía Iglesias. Funcionarias de Administración Civil del Estado, recibieron la Medalla al Mérito en el Trabajo: Pilar en la categoría de plata; Rosario en la de bronce. También fueron distinguidas con el lazo de Dama de la Orden del Mérito Civil, otorgada por Franco a petición del subsecretario José Utrera Molina, luego último ministro del Movimiento, autor de *Sin cambiar de bandera*[25], fidelísimo al franquismo, y suegro del menos fiel Alberto Ruiz Gallardón.

En la propia invención de sí mismo que, años después, hizo Manuel Iglesias, dice que su puesto en el Ministerio de Trabajo, el más falangista de todos, lo consiguió gracias a una cuñada, se supone que Pilar, la mayor, que había ingresado en 1942 en el Servicio de Incorporación de Excombatientes al Trabajo. Pero no es demasiado creíble que si la flor y nata del franquismo le había

[24] Elvira M. Melián Pérez: *Para los que no vieron*. Edición de Castro, Sada (A Coruña), 2006.

[25] José Utrera Molina: *Sin cambiar de bandera*. Planeta, Barcelona, 1989. Edición revisada y aumentada en Planeta, Barcelona, 2008.

ayudado a evitar el paredón, la cadena perpetua, la libertad vigilada y garantizó por escrito que trabajaría en el *think tank* más importante del régimen, lo fueran a dejar en el paro. Y no fue solo un trabajo para dar de comer a la familia. Manuel fue uno de los grandes ideólogos del ministerio, hasta el punto de que su primer libro de éxito lleva un prólogo del ministro Girón de Velasco, que acabó siendo líder del búnker franquista en la Transición y un duro obstáculo para la democracia.

Manuel Iglesias y sus libros de defensa del franquismo y la castidad

Era y es difícil suponer que estaba bajo el «ojo vigilante de la Dictadura» alguien como Manuel Iglesias, que la elogiaba sin tasa y que era un propagandista moral ultracatólico, empeñado en salvar almas tras haber salvado los cuerpos de los llamados «productores» con el Fuero del Trabajo.

Antes de empezar su vida como escritor político y de costumbres, Manuel tuvo que perpetrar otro engaño monumental, o le facilitaron que lo perpetrara sus amigos de siempre. En 1951 pidió su incorporación al Colegio de Abogados de Madrid, declarando «a los efectos del artículo 3 de los Estatutos del ilustre Colegio de Abogados de Madrid, que ni está ni ha estado nunca procesado por delito alguno».

Pero, como siempre pasa con este heroico antifranquista, una mentira demostrable se convierte en verdad oficial. Aquí, por esta nota del jefe del Registro de Penados y Rebeldes, de la Dirección General de Prisiones del Ministerio de Justicia: «Consultadas las notas que obran en este registro, no aparece ninguna que haga referencia a Manuel Iglesias Ramírez».

O habían destruido los antecedentes penales de Iglesias, algo casi imposible, o sus amigos falangistas forzaron a prevaricar al funcionario. Como recuerda García López, todavía estaba Manuel Iglesias cumpliendo, en supuesta libertad vigilada, los veinte años de condena a que se había reducido la cadena perpetua, tras conmutar Franco la pena capital. Pero esa pena tenía las accesorias de inhabilitación absoluta e interdicción civil. ¿Cómo es posible que el Colegio de Abogados lo aprobara a la primera?

En la trayectoria de Iglesias Ramírez siempre aparece un ángel de la guarda que le evita cualquier caída o tropezón. ¿Basta para explicarlo la protectora amistad de sus compañeros falangistas en la Universidad de Sevilla y los curas que cultivasen los Iglesias-Peláez? ¿O realmente tenía Iglesias Ramírez algún tipo de relación profunda y secreta con el régimen? No entro en el terreno especulativo, pero quizás no hay un solo caso en España de persona con tales antecedentes y tan favorecida objetivamente por sus supuestos enemigos y «vigilantes» políticos. Ni uno.

Ya abogado e instalado en el Ministerio de Trabajo, del que luego pasa al Seguro Obligatorio de Enfermedad, Iglesias desarrolla una tarea de propagandista del régimen de Franco, primero en el área laboral y luego en la moral. Ambas situadas, como diría su nieto, entre la derecha extrema y la extrema derecha.

Su primer libro importante es la *Enciclopedia laboral para el trabajador español. Cartilla de los derechos y deberes del trabajador español en el nuevo régimen*, publicado en 1952 junto a Hernando Calleja García, coartada perfecta, porque era falangista y caballero mutilado, con prólogo del mismísimo ministro Girón de Velasco. Y en él dice:

> España, en orden a la política social, era uno de los países más atrasados del mundo; en un espacio de tiempo increíblemente corto, se ha colocado a la cabeza de los más progresivos y avanzados, todo ello bajo la égida de su sentido cristiano y nacionalsindicalista.

Esa línea mantiene en su continuación bibliográfica, *Empresarios y trabajadores. Derecho usual del trabajo,* también con Calleja García:

> El trabajador no es hoy una mercancía (...). Por eso, insistimos en que la transformación producida ha supuesto para él una conquista no solo en el mundo de los valores económicos, sino tam-

bién en el de los valores espirituales. Lo conseguido en materia social en la nueva España es tan copioso que nos va a ser harto difícil (...) hasta la simple enumeración.

En cuanto a la democracia en sí, le parecía tan aberrante como a Franco o más. En *La moderna democracia social*[26] dice:

> ¿Puede una democracia que pretende ser cristiana considerar el mandato que procede de abajo, por medio de las libres (siempre muy relativas) elecciones, como una derivación desde abajo del poder y de la autoridad? No; cualquiera que sea el valor y la importancia que se atribuyan al voto popular, no puede considerarlo como fuente e investidura de autoridad. (...) La democracia moderna ha negado el principio del poder que procede de Dios.

Aunque tanto su biógrafo García López, como Leyre Iglesias, espeleóloga de su bibliografía, lo valoran como culto y buen escritor, yo creo que el abuelo Iglesias es, como el hijo y el nieto, de nula sustancia intelectual. Por ejemplo, aquí se remonta a una idea ridículamente medieval de la legitimidad política, criticada tres siglos antes y finísimamente por esos teólogos del Siglo de Oro a los que se refiere en su carta de ensalzamiento y clemencia a Franco.

Iglesias no parece conocer la Escuela de Salamanca, ni la obra de Balmes, ni la teoría política democristiana de la Italia de De Gasperi, ni la de Adenauer en Alemania. Tampoco el grupo de la revista *Ordo*, de Ludwig Erhard, el ministro del «milagro económico» alemán, que bebía de dos fuentes católicas: la Escuela de Salamanca y la de Viena. Las mismas que en esa época inspiraron a través de Ullastres, Mariano Rubio y otros miembros del Opus Dei, que sí conocían a Mariana y Balmes, el gran cambio económico de 1959, precisamente contra la línea falangista del Fuero del Trabajo, copiado de la *Carta del Lavoro* de Mussolini, que tantísimo elogia y bendice Manuel Iglesias.

---

26 Manuel Iglesias Ramírez: *La moderna democracia social.* Dux, Barcelona, 1953.

En los sesenta del siglo XX la línea ideológica del régimen bascula del falangismo al opusdeísmo, a defender la propiedad, el comercio y la familia por encima del estatalismo. Acababa la hegemonía ideológica falangista, católica por tradición española pero, en cambio, moralmente era más laxa o «liberal» que la de los «meapilas» del Opus o la ACNP, cultos, pero vigías del sexo y almuédanos de costumbres.

Curiosamente Iglesias era, en ese aspecto, no ya tridentino, sino morbosamente carca. En sus libros de los cincuenta, se centra en el aborto, claro está, pero también en el adulterio, que aun si los dos esposos lo aceptasen, debería ser perseguido, afectando incluso a la condición legal de los «hijos del pecado». Habría que...

> ... definir mejor el delito de adulterio (...) sancionarlo aun en el caso de perpetrarse con el consentimiento de los dos consortes (...) e incluir en el capítulo de sanciones a los cómplices. (...) Singularmente, debería sentarse la presunción, contraria a la hoy establecida, de que cuando la mujer casada se insemina con esperma de un extraño, el hijo debe ser tenido por adulterino.[27]

> El Estado mantuvo durante mucho tiempo, como un dique contra la desvergüenza de las costumbres, la indisolubilidad conyugal enseñada y prescrita por la Iglesia, pero, desgraciadamente, durante la Segunda República española, quedó autorizado el divorcio momentáneamente. (...) Para asegurar y cimentar bien el matrimonio (...) es preciso recordar con toda exactitud las enseñanzas del Catecismo, en el mandamiento de Dios, tan necesario como desconocido y menospreciado: «No fornicarás». (...) Va contra la castidad, y es por tanto mortalmente pecaminoso, el empleo o dilapidación de las fuerzas genitales fuera del matrimonio y de la forma permitida. Así pues, es pecado mortal no solo el adulterio o la fornicación, sino también cualquier forma de uso antinatural como, por ejemplo, el «pecado secreto» u onanismo. Además, lo es toda pasión sexual voluntaria fuera del matrimonio. Se llama «pasión mala».

---

[27] Manuel Iglesias Ramírez: *Aborto, eutanasia y fecundación artificial*. Dux, Barcelona, 1954.

¿Leería el nieto esta valoración del abuelo sobre el papel del macho? ¿O se limita a aplicarla?

> El trabajo del macho en el mundo consiste, según dicen, en dominar, y por esta misma dominación atraer a la hembra. Esta doctrina encierra indiscutiblemente un elemento de verdad, elemento que puede ser causa de grave equivocación para aquel que se deja guiar exclusivamente por ella en materia tan compleja como el arte de amar (...). Hay veces en que nos quieren hacer creer que la repugnancia que siente la mujer a cuanto significa la fuerza y la dominación en el amor es una exigencia revolucionaria y nueva de la «mujer moderna». Paréceme inútil decir que dicha teoría demuestra una ignorancia absoluta (...). La mujer siente admiración por la fuerza del macho y anhela a veces que se la obligue a hacer aquello que en realidad desea, pero se rebela contra la presión de la fuerza masculina cuando su corazón no ansía aún ser dominado o cuando ha dejado de desear dicha dominación.[28]

En 1969, contra el espíritu de libertinaje del Mayo del 68, Manuel Iglesias publica su libro más severo: *Problemas sexuales y conyugales. El gran libro de la vida sexual.* Sobre la homosexualidad masculina, dice:

> Existen varios grados de homosexualidad. La pasividad, la actividad y la homosexualidad ocasional no deben ser consideradas de la misma manera. Tenemos que modificar la orientación cualitativa de un instinto; podremos hacerlo de dos maneras: con medicaciones o con tratamientos psíquicos (...). El tratamiento más apropiado al caso será la terapéutica psíquica (...). No obstante, ese tratamiento psíquico solo podrá ser verdaderamente eficaz si el paciente se presta a él y desea curarse. Ahora bien, (...) será difícil hacer que vuelva de su error. Existen muchos homosexuales para los cuales su enfermedad no solo les parece original, sino que la soportan bien y además la aceptan con serenidad. (...) Se puede admitir que, en ciertas condiciones precisas que se determinarán en

---

[28] Manuel Iglesias Ramírez: *Problemas conyugales o vida y estado matrimonial.* Dux, Barcelona, 1953.

> cada caso, por el casamiento un homosexual, tal vez, si sinceramente desea corregirse, o mejor dicho curarse, llegará a erecciones de carácter heterosexual y poco a poco dejará de sentir la atracción homosexual.

Y sobre la homosexualidad femenina, aclara, matiza y también condena:

> La relación con otras mujeres puede establecerse por imitación, por contagio, por ligereza y *snobismo* y también, con harta frecuencia, por razones utilitarias o por fijación de la sensualidad en etapas infantiles. (...) Es hecho incontestable que la mujer heterosexual, la pueril, la histérica sensualmente insatisfecha, tienden todas, generalmente, a asumir en el amor homosexual el papel pasivo, en tanto que la lesbiana genuina, de carácter sexual invertido, toma la forma activa de seductora.

La agitada vida social de Iglesias en el franquismo

Alguien podría pensar que Iglesias Ramírez, censor de costumbres, renunció a la vida social que en la posguerra había vuelto a las *Pequeñeces* del Padre Coloma, novela y luego película que, en la frívola aristócrata Albornoz, magistralmente interpretada por Aurora Bautista, satirizaba la molicie de las clases altas. Todo lo contrario: la durísima actividad de resistencia al franquismo de Manuel Iglesias se ocultaba astutamente en las páginas de Sociedad del *ABC*. Allí ha encontrado el notario espeleólogo García López pruebas de cómo el Ojo de la Dictadura no perdía de vista al heroico abuelo Iglesias. Bien a la vista estaba. Pero Manuel debió recordar *La carta robada* de Poe, una prueba que el criminal esconde al sabueso policía ni más ni menos que dejándola donde menos escondida podía esperar: en la mesita del recibidor. O sea, en el *ABC*.

La familia Iglesias era numerosa, como gustaba al régimen. Manuel y Dolores tuvieron siete hijos; todos con carrera. El primero y el último (si no lo recurre a algún juez el padre del líder de

Podemos), inspectores de Trabajo; Alberto, geólogo; Santiago, médico; Marta, maestra; Paloma, funcionaria del Cuerpo Auxiliar de la Administración Civil del Estado; y Gloria. A los siete pudo dar estudios y los siete disfrutaron de las excelentes relaciones sociales de Manuel, que se amigó y emparentó con las mejores familias.

Así, Ezequiel Puig Maestro-Amado, su valedor falangista y eterno procurador en las Cortes franquistas, fue testigo en la boda de Paloma con Jaime Arias, en la iglesia de los jesuitas de San Francisco de Borja. Allí también se casó Marta, con Diego Martínez Millán; y entre los testigos estaban el conde de Junchay y Urbano Orad de la Torre, de la aristocracia militar republicana reinsertada en el régimen —como Rafael Ardid, cuyo hijo se casó con Mariola, la segunda de las nietas de Franco—. Carlos Bendito Mostazo, del diario *Arriba*, fue testigo en esa boda y padrino en la de otro hijo. Santiago se casó en El Paular con María Cruz Francés Sanz, y entre los testigos destaca Manuel Vázquez-Prada Blanco, camisa vieja de Falange y uno de los periodistas más poderosos del régimen: jefe de Prensa de Raimundo Fernández-Cuesta y de Arrese, ministros del Movimiento, y que además de procurador en Cortes era jefe de los servicios informativos del Ministerio de Trabajo donde prosperaba Manuel Iglesias Ramírez.

El oculto antifranquista no solo aprovechaba la amistad falangista; a veces, tenía que corresponder. Y fue testigo de la boda en San Francisco el Grande del hijo de Carlos Bendito Mostazo, Fernando, con Amelia Cañil, que fue concejal del PP en Rascafría, solar primero de los Iglesias Peláez.

Los asesinatos de los aristócratas de Villafranca de los Barros se iban olvidando, pero, en su política de resistencia a los vencedores de la guerra, Manuel era implacable. Siempre oculto en las páginas de Sociedad de *ABC*, aparece como testigo de la boda en la iglesia del Cristo de la Salud de su paisana Carmen Pinilla Iglesias, nacida en Villafranca y perteneciente a la familia Sánchez-Arjona, con Juan Egaña Pidal, marqués de Egaña. Con ellos, los ganaderos y rejoneadores Moreno Pidal, Gregorio y Manuel, el marqués de

Mont-Roig, Jaime Castillo Ferratges, y otro destacado miembro de una rica familia de Villafranca de los Barros, Juan Díaz Ambrona, que proveyó de un buen ministro de Educación a la UCD. Vamos, el maquis.

Tampoco descuidaba la oposición tolerada: así aparece entre los socios del Centro de Enseñanza e Investigación, promovido por el inquieto José «Pepín» Vidal-Beneyto, junto a Areilza. Guillermo Luca de Tena, Amando de Miguel, José Jiménez Blanco, Luis González Seara, Miguel Boyer, José Luis Sampedro, José María Ruiz Gallardón y otros de línea monárquica, liberal, democristiana, socialfalangista o socialdemócrata.

La militancia en el PSOE de Manuel Iglesias

Algo especialmente raro, entre lo mucho sorprendente del poliédrico Manuel Iglesias, es que, en 1946, al tiempo que empezaba su carrera en el sector funcionarial más reciamente franquista, ingresara en el PSOE, según los archivos de la Fundación Pablo Iglesias, pero está sin cargo alguno casi veinte años, hasta que en 1965 entra como miembro en la Comisión Permanente de Interior. No consta actividad en ella y nunca fue detenido como Nicolás Redondo Urbieta o Miguel Boyer, miembros de un partido que no pintó nada en el antifranquismo. «El Partido» era el PCE. Y de él surgen, a final de los sesenta, facciones estalinistas como las del PTE, GRAPO o FRAP.

Sin embargo, cuando en el Congreso de Suresnes de 1974 el PSOE se dividió entre el del «interior», cuyo líder era Redondo Urbieta, que cedió su primacía a un joven sevillano llamado Felipe González, y el del «exterior», el de los viejos masones de Toulouse al mando de Rodolfo Llopis, más anticomunista, Manuel Iglesias se quedó o se fue del PSOE, según el relato de la facción que elijamos. Y si en la época dura del franquismo anduvo oculto en el PSOE mientras publicaba libros de propaganda entusiástica del régimen, ahora da todavía más volteretas. En 1977, como veremos, está en el PSOE histórico, aliado con los falangistas de

Cantarero del Castillo, y un socialdemócrata llamado García López, al que se creía hechura de los Estados Unidos. Aunque en realidad, el elegido por Washington y Berlín para evitar la hegemonía comunista en la izquierda era González, al que ya en Suresnes protegían los servicios de inteligencia de Franco del coronel San Martín[29].

Los que vivimos el antifranquismo sabemos que, contra la Dictadura, el PSOE, sencillamente, no existió. El 99 por ciento (no es metáfora) de sus miembros se afiliaron tras la muerte de Franco. En cuanto a los socialistas «históricos», barridos en las urnas en 1977, algunos (Ramón Rubial) recalaron en el PSOE de González. Pero los de Toulouse, sin duda más respetables que los arribistas de Sevilla, nada significaron en el antifranquismo y menos todavía en la democracia. Convertirlos ahora en no se sabe qué heroica resistencia es una de tantas trolas que, no por machaconamente repetidas, se convierten en verdaderas.

En 1977 llegó la democracia, es decir, la dictadura franquista camuflada según Pablo Iglesias, y su heroico abuelo se presentó candidato por Badajoz en una Alianza Socialista compuesta por el PSOE (histórico), el partido del bullicioso falangista Cantarero del Castillo, y otro de ideas socialdemócratas presidido por el oscuro, aunque solvente, García López, supuesto hombre de la embajada americana según la prensa de la época. Pero esta ya era entonces comunista o socialista y de escasa fiabilidad.

El fracaso en las urnas fue total. Absolutamente todos los grupos y grupitos, cuajados de confidentes policiales, que habían hecho —o posado— de oposición a la dictadura de Franco, desaparecieron como por ensalmo. Nadie quería la Dictadura, pero tampoco al antifranquismo. Los que en la derecha se zambulleron en UCD se salvaron, el tiempo que duró. El PSOE acogió más tarde los restos del comunismo, porque en su primera legislatura como izquierda hegemónica se dedicó a deglutir otros partidos socialistas, como el PSP de Tierno Galván y la Federación de Par-

---

[29] *Vid.* José Ignacio San Martín: *Servicio Especial. A las órdenes de Carrero Blanco (de Castellana a El Aaiún).* Planeta, Barcelona, 1983.

tidos Socialistas, de Enrique Barón, orillando al PSA del sevillano Rojas Marcos.

Antes de que Manuel Iglesias optase al escaño de diputado, su hijo menor Javier fue detenido como miembro del Comité Pro-FRAP, fundado por Álvarez del Vayo, vieja figura estalinista en la Guerra Civil. Veremos en detalle su participación en él y los horrendos crímenes cometidos por esa curiosa banda terrorista que, de creer a Javier y Pablo Iglesias, no estaba formada por terroristas. Si eran de su dinastía, claro. Pero el pasado del padre en la banda terrorista FRAP y su afán en ocultarlo, tras los ropones de los tribunales de justicia, merece capítulo aparte.

¿Cuál fue la relación de Pablo Iglesias con su abuelo? Teniendo en cuenta que Pablo nace en 1978 y Manuel muere en 1986, corta. Menos de ocho años. Tampoco sabemos qué relación tenían Javier, padre de Pablo, y Manuel, tan poliédrico, bipolar o franquista-socialista, candidato electoral por un grupo socialdemócrata a las elecciones de la democracia cuando su hijo había dejado el FRAP, pero no el culto a Stalin. Tal vez iban por él esas frases que, con toda lógica, pero quizás no exactitud, se recuerdan al nieto:

> Se me nubla la vista cuando veo a tantos jóvenes y no jóvenes arrogantes y en posesión de la verdad, su verdad, de ambiciones personales. (...) Ha vuelto a surgir el mito de Eróstrato. Este incendió el templo de Diana para pasar a la historia; en este momento de España, los advenedizos matan a su madre para salir en los periódicos y ser jefecillos de facciones. Hay mucho impudor y desvergüenza.[30]

Es tan implacable el borrado de antecedentes familiares en la biografía oficial de Pablo Iglesias Turrión que no sabemos, después de las confesiones de Iglesias en los inicios de Podemos, si hay, por ejemplo, cartas del abuelo Manuel al hijo Javier, del padre Javier al hijo Pablo, del abuelo al nieto y hasta del nieto al abuelo.

---

[30] Alfonso García López, *Algunos abuelos de la democracia, op. cit.*, pp. 184 y 186.

Sin embargo, lo mismo que el empeño en blanquear los antecedentes del abuelo nos ha permitido, gracias a la formidable investigación del notario García López, conocer muchas cosas del abuelo heroico inventado por el nieto, el empeño irracional pero típicamente comunista de Pablo Iglesias en inventarse una genealogía heroica nos obliga a acercarnos a la etapa estalinista de su padre Javier, que le llevó al PCE (m-l) y a la banda terrorista FRAP.

5
Iglesias, su padre y el terrorismo del FRAP

El 26 de mayo de 2020, tuvo lugar en el Congreso de los Diputados la sesión plenaria más importante que, desde el punto de vista ideológico y político, se ha celebrado desde la llegada de Podemos y el comunismo a las instituciones. La pregunta de la entonces portavoz del PP, Cayetana Álvarez de Toledo, al «vicepresidente segundo del Gobierno y ministro de Derechos Sociales y Agenda 2030» pretendía «que explique cómo van a influir en la acción de Gobierno los acuerdos políticos con el nacionalismo radical». Y la razón era que, pocos días antes, el Gobierno había firmado con Bildu, escaparate filial de ETA, la derogación de la reforma laboral del PP, ante la estupefacción del propio PSOE.

Iglesias, con el *tonito* chulesco que le reprochaba la canaria Ana Oramas, no pudo resistir su afición al desprecio a las mujeres de derechas, cuyo origen está en la propia revolución bolchevique, cuando el *Pravda* de Lenin glosaba el «honor» que se hacía a las «burguesas» de Petrogrado al forzarlas a fregar el suelo de los cuarteles y ser violadas por los heroicos comisarios[1]. La relación del Ejército Rojo con las mujeres, en paz y en guerra, se resume en una palabra: violación. Y sin objeciones de Kollontai y demás feministas rojas. O sea, como ahora.

El podemita, con esa cara de donjuán desportillado que pone al hablar con mujeres notables, mezcla de prepotencia se-

---

[1] *Vid.* Federico Jiménez Losantos: *Memoria del comunismo, op. cit.*

xual y mendicidad estética, insistía una y otra vez en llamar a la portavoz del PP «señora marquesa», bajo la mirada complaciente de la presidenta de las Cortes, que protagonizó esa tarde uno de los hechos más bochornosos de la historia del Parlamento español. Y al llegar al final de su réplica, Álvarez de Toledo le dijo esto:

> Y una cosa más ya para acabar. Vamos a hablar de esto de la aristocracia. Ha hecho usted referencia a mi título de marquesa, la clase social, la aristocracia, una y otra vez, en definitiva, ¿no? Como usted muy bien sabe, los hijos no somos responsables de nuestros padres, ni siquiera los padres somos del todo responsables de lo que vayan a ser nuestros hijos. Por eso se lo voy a decir por primera y última vez: usted es el hijo de un terrorista. A esa aristocracia pertenece usted, a la del crimen político.
>
> Muchas gracias.

Pero lo que fue o debería haber sido una aplastante derrota personal y política de Iglesias, la peor en sede parlamentaria, acabó, como veremos, en susto y claudicación del PP y sus medios afines, que se echaron a temblar ante una alusión personal e ideológica a alguien que lleva toda su vida aludiendo y condenando a todos los dirigentes, partidos, militantes o votantes de derechas por su real o supuesta filiación política franquista. Por primera vez le ponían el espejo delante y, acostumbrado a dar golpes y no recibirlos, acabó manoteando en el vacío y amenazando a la portavoz del PP con una denuncia de su padre ante los tribunales.

Al día siguiente no se hablaba de otra cosa que de la frase de la portavoz del PP, y amén de la ritual catarata de injurias de la izquierda, destacaba la estupidez, el eterno *maricomplejinismo* de la derecha, que, en declaraciones y columnas de opinión, lamentaba «haber desviado la atención» de la censura al ministro Marlaska. Como si fuera costumbre del Gobierno Sánchez destituir a los ministros por las críticas de la oposición y como si no fuera esencial recordar el carácter comunista y totalitario de Podemos y su condición de vástago de la izquierda opuesta a la Transición democrática.

Porque lo que denunció Álvarez de Toledo no era solo, y al final —por la insistencia insultante de un Iglesias que presume de ancestros y critica a los de otros—, que el padre de los Iglesias ostenta la mancha de haber sido parte de una asociación terrorista que buscó impedir la llegada pacífica de la democracia. Lo esencial, que en vano se buscará en la prensa del día siguiente, es que Podemos y el Gobierno que lo acoge continúan la línea política del FRAP, no la del PCE de la Transición. La derecha y sus medios afines desconocen la historia del comunismo en España y, por tanto, de la democracia que defienden. Y es que, como veremos, Iglesias es hijo político, no solo biológico, de los comunistas que trataron de impedir, a tiro limpio y a navajazo sucio, la política de reconciliación nacional del PCE, el pacto con el franquismo, cuyo fruto feliz fue el régimen constitucional de 1978.

Vale la pena recuperar la integridad de ese debate sobre la vuelta del comunismo a España, sin precedentes en las Cortes por su profundidad ideológica, y al que el colofón, en legítima defensa, de la portavoz del PP no restó nada ideológicamente, sino que, psicológicamente, lo remató todo.

Tres meses después, en los calores de agosto y plenas vacaciones políticas, el PP destituyó a Cayetana Álvarez de Toledo como portavoz parlamentaria. Según contó ella misma a las puertas del Congreso, las razones que le dio Casado fueron tres: que su idea de la libertad no era compatible con su autoridad (por una entrevista la víspera en *El País*); que estaba en contra de pactar, además de los Presupuestos, la renovación del CGPJ, es decir, del órgano que asegura la politización de la Justicia (algo que ella corroboró porque, dijo, «una Justicia independiente, donde los jueces elijan a los jueces, es el último dique de contención para la liquidación del régimen constitucional»); y que, para Casado, la «batalla cultural» no debía estar entre las prioridades del partido; de ahí que el PP no respaldase el recurso ante el Tribunal Constitucional que en defensa de su derecho a decir la verdad anunció Álvarez de Toledo, lo que ratificó en su discurso de despedida en la puerta de las Cortes.

El momento clave de esa batalla de las ideas fue este debate, tras el cual varios dirigentes del PP y buena parte de los medios anejos atacaron ferozmente a su portavoz, con el presidente gallego a la cabeza: «No se pueden perder los papeles», dijo Feijóo, que según él es lo que le pasó a Álvarez de Toledo, la única que, como se verá, llevó «papeles» al debate con Iglesias. La depuración de Cayetana fue la prueba de la aplastante hegemonía ideológica de la izquierda, aceptada por la derecha, y el mayor éxito de los comunistas: que nadie pueda recordar su pasado, ni siquiera en el Parlamento, sin sufrir las consecuencias. Vale la pena, pues, repasar el que quizá fuera el último discurso en las Cortes de la figura política más brillante de la derecha liberal española. Y la última vez en que el mayor partido de la derecha fue capaz de recordar sus crímenes al comunismo.

Diario de Sesiones del Congreso de los Diputados Pleno y Diputación Permanente. Núm. 24. 27 de mayo de 2020, p. 40 —del Grupo Parlamentario Popular en el Congreso, al vicepresidente segundo del Gobierno y ministro de Derechos Sociales y Agenda 2030 para que explique cómo van a influir en la acción de Gobierno los acuerdos políticos con el nacionalismo radical. (Número de expediente 172/000033).

La señora presidenta: Interpelación urgente del Grupo Parlamentario Popular en el Congreso al vicepresidente segundo del Gobierno y ministro de Derechos Sociales y Agenda 2030 para que explique cómo van a influir en la acción de gobierno los acuerdos políticos con el nacionalismo radical.

Para su defensa tiene la palabra la señora Álvarez de Toledo Peralta-Ramos.

La señora Álvarez de Toledo Peralta-Ramos: Gracias, señora presidenta.

Señor vicepresidente segundo, *pacta sunt servanda*. Efectivamente, lo pactado obliga, y el primer pacto que nos obliga a todos, y a usted en particular por la responsabilidad que ostenta, es el pacto constitucional, el ejemplar acuerdo democrático cuyo artículo 2 establece que la soberanía reside en el conjunto del pueblo español. A usted ese pacto le gusta poco; ahora se pasea con una Constitución en la mano, recitando artículos como un predicador, pero no, usted no es un converso, es un impostor.

Vamos a los hechos. Primero, los más recientes. El pasado jueves usted se erigió en doble portavoz de los máximos agresores de la democracia española. Por un lado, salió raudo y desafiante en defensa del acuerdo suscrito en esta Cámara con Bildu para liquidar la reforma laboral. Por otro, volvió a arremeter contra la justicia y defendió el indulto para dos condenados por sedición. Es decir, en el mismo día usted promovió un doble indulto: el indulto judicial del nacionalismo golpista y el definitivo indulto moral y político del nacionalismo filoetarra. En realidad, señor vicepresidente segundo, más que el indulto a los Jordis o a los Oteguis lo que usted debería solicitar es su propio indulto.

Vamos a la hemeroteca. Es su cruz, lo sé, y eso que de momento ni siquiera voy a citar sus vínculos con la dictadura venezolana. Analicemos su relación con la democracia española, así podremos comprobar —también usted— hasta qué punto la superioridad moral que exhibe frente a mi partido y a otros es puramente irrisoria; la suya, en realidad, es una inferioridad moral. Esta mañana clamaba usted: nos jugamos la democracia. Sí, pero por usted; usted es el que ha jugado y sigue jugando contra la democracia.

Primero, el terrorismo. Usted tiene una larga relación de intimidante a democrática con el inframundo de ETA: conferencias, entrevistas, tuits y charlas. A usted el terrorismo nunca le ha causado la repugnancia que causa a un demócrata, de izquierdas o derechas. *(Aplausos.)* Al revés, usted ha manifestado siempre una insólita condescendencia con la violencia. Algunos ejemplos. Año 2008, su tesis doctoral. Ahí escribió que la *kale borroka*, esto que volvemos a ver en Navarra —ataques a sedes de partidos, cajeros quemados, disturbios—, es «una gimnasia, un entrenamiento». ¿Para qué exactamente, señor vicepresidente? No lo sabemos.

Año 2011, en Twitter, aquí ya se erige usted en abogado defensor del terrorista Otegui: «¡Qué escándalo que se le condene a diez años de cárcel!», decía. Unos años después celebraba eufórico su liberación: «Una buena noticia para los demócratas porque nadie debería ir a la cárcel por sus ideas». ¿Por sus ideas, señor vicepresidente? Si en España se condenaran las ideas, usted estaría en la cárcel. Esto se lo he explicado varias veces al diputado Rufián, que está en proceso de entenderlo.

Pero sigamos. Año 2013 en la televisión, su medio predilecto: «Cualquier demócrata debería preguntarse —decía— si no sería razonable que los presos de ETA no deberían ir saliendo de las cárceles». Lo más chocante de la frase es el uso de la palabra *demócrata*. ¿Para ser un demócrata hay que desear la libertad del terrorista? Entonces, los que pedimos simplemente justicia, un castigo proporcional al crimen, ¿qué somos? ¡Ah! Fascistas; eso.

Con estas ideas tan avanzadas se ganó usted un merecido prestigio en el civilizado ambiente de las *herriko tabernas*. Allí le invitaban y allí comparecía. Esto es lo que dijo usted una tarde en Navarra: «Por mucho procedimiento democrático que haya en España, hay determinados derechos que no se pueden ejercer en el marco de la legalidad. Quien primero se dio cuenta de ello fueron la izquierda vasca y ETA». Lo elaboró un poquito más en el Ritz: «Si me preguntaran en el Parlamento Europeo por ETA —dijo— diría que ha causado mucho dolor, pero que tiene una explicación política». En esa sucia adversativa está la clave de su posición. Usted considera que el asesinato político es un derecho derivado del derecho de autodeterminación, y por eso en aquella misma taberna navarra se ofreció usted para una misión especial: «Me gustaría —dijo— que me dejarais ser como vuestro embajador». En eso exactamente se ha convertido usted, señor Iglesias, en embajador de ETA-Batasuna en el Gobierno de España, en el burro de Troya de la democracia *(aplausos)*; en el burro de Troya de la democracia y también, tras el último pacto con Bildu, en la principal amenaza para los más vulnerables.

Dirá usted, «pero Bildu es un partido legal». Sí, pero no es un partido democrático; es un partido que justifica el asesinato, un partido racista que rinde homenaje a terroristas que han matado en nombre de un proyecto totalitario, un partido que ni siquiera condena el ataque al domicilio de la señora Mendía el mismo día en que el Partido Socialista se exhibe con ellos. Señorías del PSOE, mediten, por favor, mediten. Y, señorías del PNV, prepárense: Durango, Galdácano, Rentería, la próxima parada es el Gobierno vasco, y de ahí a Cataluña, a repetir la operación, ahora con Esquerra.

Señor vicepresidente segundo, usted dice: «Yo defiendo el derecho de autodeterminación», y yo le contesto dos cosas: no existe el derecho a exigir un derecho que no existe y menos aún a imponerlo; y segundo, no es verdad que usted defienda un derecho anulado, lo que usted defiende es la anulación de los derechos vigentes. El presunto derecho de autodeterminación es una agresión, una agresión a la igualdad de los españoles con la que a usted se le llena la boca.

Hoy ha acusado a mi partido de alentar una insubordinación. ¡Usted hablando de insubordinación! ¡El gran valedor de los golpistas de octubre de 2017! ¡Es que es risible! ¿No se da cuenta de que es risible? Su calificación de aquel golpe a la democracia como una manifestación política legítima, sus críticas contra la ejemplar actuación de la Policía y la Guardia Civil frente al golpe —por cierto, ahí estaba el coronel Pérez de los Cobos, purgado ahora en una operación propia de una dictadura—, sus visitas, dos, al ya condenado Junqueras en la cárcel para intentar pactar los Presupuestos y para impulsar la mesa de negociación, sus presiones al Tribunal Supremo anticipando, juez y parte, que no fue rebelión, sus críticas a la Justicia española frente a los tribunales europeos, este documento del 11 de mayo en el que con Bildu, Esquerra y otros reclaman excarcelaciones, con la excusa del COVID y el estado de alarma, instrumento para sacar a terroristas y golpistas de la cárcel y meterle a usted en el CNI.

Y, por último, lo de ayer, el voto de Podemos a favor de la comparecencia del prófugo Puigdemont en la Comisión de Reconstrucción, en calidad de experto europeo. *(Aplausos.)* En fin. ¡El escudo social con Puigdemont! *(Aplausos.)* Realmente no cabe mayor ofensa a las 28.000 víctimas de la pandemia y al conjunto de los españoles. Señor vicepresidente segundo, usted tiene un plan, es verdad, es un plan como he dicho contra la democracia, contra la democracia en sentido recto, porque violenta los derechos de los españoles, y contra la democracia también como la entiende usted. Usted dice: más Estado. ¡Falso! Usted apadrina a los que buscan la destrucción del Estado. Esa es su paradoja. Quiere levantar un régimen autoritario de izquierdas a la vez que erosiona la base de esa misma autoridad, y esta es su mentira: sin Estado no puede haber Estado social ni escudo ni pensiones ni nada. En realidad, señor vicepresidente segundo, todo su corpus doctrinal, si es que lo podemos llamar así, es contrario a la razón democrática y a la razón sin más.

Otra vez la hemeroteca. Usted ha dicho, no de adolescente universitario, rebelde y tal, ya casi cuarentón, cosas como las siguientes: «Pido disculpas por no romper la cara a todos los fachas con los que discuto en la tele. Quizá cuando acabemos esta charla en vez de mariconadas del teatro, nos vamos de cacería a Segovia a aplicar la justicia proletaria». (...) «Me gusta que movilice al Ejército para decirle a los mercados ¡cuidado que las pistolas ahora las tengo yo!». Otra: «El astuto Mao Tse Tung decía que el poder nace de la boca de los fusiles y así sigue siendo». Lo de «astuto» es formidable tratándose del mayor asesino de la historia. ¿Y esa obsesión con las armas de dónde le sale? Aquí otra vez «estamos construyendo ese contrapoder social que hace que a un joven si hace una pintada, si tira un cóctel molotov o incluso si saca una pistola, le proteja una parte de la sociedad». El siguiente se lo vamos a dedicar a la ministra de Igualdad: «Uno puede afrontar las elecciones de una manera masculina, por cojones. Le decimos al poder: aquí estamos yo y mis pelotas frente a ti». ¡Muy bonito!

El último es definitivo: «La democracia es incompatible —dice— con el monopolio de la fuerza por parte del Estado». Está diciendo que la violencia contra el Estado o entre particulares es legítima. Usted, señor vicepresidente segundo, legitima la violencia, incluso a veces la práctica, como el escrache a Rosa Díez en la Complutense, el jarabe democrático para dirigentes del PP, su apoyo a Rodrigo Lanza, aquel que mató a un hombre por llevar tirantes con la bandera de España, y ya la semana pasada sus amenazas a la presidenta Ayuso y al señor Abascal. Como el señor Torra, usted pretende ahora mantener un pie en las instituciones y el otro en los escuadrones.

Pensará, supongo, que es más fácil hacer la revolución desde el poder, desde luego más cómodo seguro que es. Quiero decirle que no hay en ningún Gobierno de Europa un dirigente del que pueda citarse semejante arsenal de expresiones y hechos contra los valores de la Europa democrática, pacífica, moderna y civilizada. ¿Varoufakis español? Ojalá. Usted es una anomalía europea, sus posiciones son de una marginalidad radical, y no solo por comunista. Como comunista ciertamente debería usted pedir perdón por los millones de muertos que hermanan a sus ideas con el nazismo. Sus posiciones son marginales sobre todo por su vinculación con la violencia: liquidar la Transición, que es un monumento a la reconciliación y la obra política más importante de nuestra historia; acabar con la Constitución, que es la paz civil española, el marco que nos permite vivir juntos a los distintos. Nada de eso puede hacerse contra la otra mitad de España por vías democráticas y pacíficas. Usted solo podría imponer su proyecto por la fuerza o en circunstancias muy particulares, y lo sabe.

Lo reconoció en 2013: «Cuando hay elecciones —dijo— en condiciones de normalidad, los comunistas nunca ganan. Los comunistas han tenido éxito en momentos de excepcionalidad, de crisis». Eso es. Usted está aprovechando la pandemia, la tragedia española para hacer avanzar su proyecto que, en definitiva, no es otro que el fracaso de la España constitucional, la más justa y fértil de la historia. Por eso yo no debería dirigirme tanto a usted hoy como a los socialistas, es verdad, quizá no a la tercera fila —hoy primeras filas—. ¿Qué puedo decirle yo a la señora Lastra, la infeliz firmante del pacto con Bildu? ¿O al señor Simancas, que aceptó la humillación de tener que culpar de dicho pacto al PP? Pero sí a la bancada y sobre todo a los votantes.

Hay, es verdad, una España atávica, cuartelaria, autoritaria, una España bravía y sanguinolenta, una España que se regodea en el racismo, el conflicto, el odio y la violencia. Esa España ha tenido además su proyección en América Latina, en la figura del caudillo, militarista, pendenciero, incluso un punto ridículo, si las consecuencias no fueran dramáticas: un Chávez, un Maduro, usted me entiende. El señor vicepresidente segundo enlaza perfectamente con esa tradición, es la versión contemporánea del caudillo iberoamericano que tantos prejuicios enciende en el mundo anglosajón, y que tantos estragos ha causado cíclicamente a la libertad y al bienestar de los españoles de ambos hemisferios.

En 1978 la tercera España enterró sus dos peores versiones, y una España nueva, tolerante, abierta y luminosa se puso en pie. Esa España es la que los socialistas deberían cuidar y promover, junto a esa inmensa mayoría de españoles que defiende la libertad, la igualdad y, sí, la fraternidad. Y por eso a modo de estímulo, ya para acabar —y a ver si me atienden— citaré unas palabras de la autoridad competente. El hoy presidente del Gobierno dijo en 2015: «Pablo Iglesias ha hecho de la mentira su forma de hacer política, miente más que habla». Estoy segura, señor vicepresidente, de que no le molestará la cita, pensará que, viniendo de Pedro Sánchez Pérez-Castejón, es un elogio. También en esto es usted el número dos.

Muchas gracias. *(Prolongados aplausos de las señoras y los señores diputados del Grupo Parlamentario Popular en el Congreso.)*

La señora PRESIDENTA: Gracias, señora Álvarez de Toledo. *(Pausa. Una trabajadora del servicio de limpieza procede a desinfectar la tribuna de oradores.)* Muchas gracias. A continuación, tiene la palabra, en nombre del Gobierno, el señor vicepresidente segundo del Gobierno y ministro de Derechos Sociales y Agenda 2030.

El señor VICEPRESIDENTE SEGUNDO DEL GOBIERNO Y MINISTRO DE DERECHOS SOCIALES Y AGENDA 2030 (Pablo Iglesias Turrión): Gracias, señora presidenta.

Gracias, señora Álvarez de Toledo. Hace tiempo me escribía usted un tuit en el que me decía: «de marquesa a marqués, te pasaste». Hoy me ha llamado burro de Troya. Mucho más digno es ser burro de Troya que ser marqués, señora Álvarez de Toledo. Fíjese, hoy usted ha perdido una oportunidad, porque hubiéramos podido tener aquí un debate ideológico interesante, porque es verdad que usted y yo representamos cosas muy distintas. No hacía falta recurrir a la mentira. Creo que, cuando usted recurre a la mentira, revela básicamente sus complejos y sus inseguridades, y créame que podríamos tener un debate sin la necesidad de insultar y sin la necesidad de mentir.

Celebro y me enorgullece que haya leído usted mi tesis doctoral. Quien hablaba de gimnasia revolucionaria era un ministro, un ministro muy atípico —eso se lo concedo—, García Oliver. Siga usted leyendo, que seguramente podremos seguir debatiendo. Me llama la atención que usted saque tanto pecho de la Constitución española al tiempo que insulta a los comunistas, porque quizá a usted se le olvide que el partido que usted representa aquí fue fundado por ministros de la dictadura franquista, muchos de los cuales y buena parte de ese partido se opusieron a la Constitución del 78.

Aunque a usted le duela, señora marquesa, el Partido Comunista de España forma parte del ADN de nuestra democracia y de nuestra Constitución y ustedes solamente un poquito. Que ustedes vengan hoy aquí a hablar de ETA en medio de una pandemia, señora marquesa, creo que revela hasta qué punto están ustedes alejados de los problemas reales de la gente y de lo que debería ser el papel de una oposición —de derechas sí, pero sensata— a la hora de colaborar con el Gobierno para hacer frente a una emergencia sanitaria de implicaciones económicas y sociales muy amplias. Y aunque también nos tengan acostumbrados a las paradojas, no deja de ser llamativo que venga usted aquí a hablar de nacionalismo radical al tiempo que gobiernan con VOX y al tiempo que alientan a la gente a manifestarse contra el estado de alarma, utilizando la bandera de todos, para acusar después a los demás de nacionalismo radical.

Fíjese, usar la bandera constitucional para agredir al que piensa diferente es usarla para dividir y para agitar el odio, señora marquesa. Mientras la sociedad está haciendo un enorme esfuerzo por superar un momento tan difícil, mientras los sanitarios se dejan la piel en primera línea luchando contra el virus, ustedes se han dedicado básicamente a poner zancadillas y a alentar a la gente, junto a la ultraderecha, a burlar el estado de alarma poniendo en riesgo lo que ha conseguido la gente en este país haciendo un enorme esfuerzo y los profesionales sanitarios.

Insultan ustedes la bandera cuando la identifican con ustedes y con sus socios ultras. No sé si recuerda usted un mitin de la CDU en Alemania donde a Angela Merkel —que se supone que es su referencia en este país— le entregan una bandera de Alemania e inmediatamente la devuelve diciendo que ningún partido alemán se puede permitir apropiarse de la bandera que es de todos. Y en realidad, de lo que ha hecho usted aquí creo que se deriva un debate muy interesante, señora marquesa, y es el significado de ser español y de defender España.

Dije en las últimas semanas que la prioridad principal de este Gobierno tenía que ser derrotar al virus. Todavía no lo hemos derrotado, pero es verdad que el esfuerzo de la ciudadanía y de los profesionales sanitarios nos ha llevado a estar más cerca y quizá toque en este momento hacer algunas reflexiones políticas, no solamente sobre el tipo de oposición que ustedes hacen, sino sobre algunas lecciones que está dejando encima de la mesa esta pandemia a propósito de lo que significa defender España. ¿Qué es para ustedes defender España, señorías? Defender España no es agitar una bandera muy grande para agredir a los demás; defender España es defender la sanidad pública. Ha resultado muy revelador ver en las calles frente a los ultras a algunas personas con los uniformes sanitarios.

Los uniformes sanitarios, señoría —aunque les duela porque ustedes hicieron mucho daño a la sanidad pública de este país—, son hoy la mejor expresión de patriotismo por encima de cualquier bandera. *(Aplausos.)* Yo no les voy a exigir que pidan perdón por el daño que hicieron a la sanidad pública, pero mi obligación como Gobierno es tenderles la mano para reconstruirla. Porque reconstruir la sanidad pública es, señorías, defender España.

Defender España es defender la educación pública. La educación pública es ese conjunto de dispositivos que sirven para que si un niño no tiene recursos culturales ni económicos en su casa, pueda tener las mismas oportunidades que el niño que sí los tiene. Defender la educación pública es mejorar el sistema de becas, como ha hecho este humilde Gobierno hace poco, para evitar que algunos estudiantes tengan que dejar de serlo por no poder pagar las tasas. Yo no les voy a pedir, señora marquesa, que pidan perdón por el daño que hicieron a la educación pública de este país, pero mi obligación es tenderles la mano para que arrimen el hombro en la reconstrucción de la educación pública, porque eso es defender España.

Defender a España, señorías, es defender el derecho constitucional a la vivienda. La Constitución no es un ladrillo para arrojar al adversario. La Constitución tiene artículos y quien se burla permanentemente de los artículos sociales de la Constitución española se burla de España y de la propia Constitución. Les tenderemos la mano, señoría, aunque nos insulten, aunque nos agredan. Y tenderemos la mano a todas las instituciones para cumplir la Constitución y garantizar el derecho a la vivienda, porque garantizar el derecho a la vivienda, señorías, es defender España.

Defender España es defender a los trabajadores y a las trabajadoras, y sé que a ustedes les molesta enormemente la política de este Gobierno para defender a los trabajadores y también a las empresas.

Entiendo perfectamente que ustedes defiendan la reforma laboral de ustedes, la de la señora Fátima Báñez, que, ¿saben dónde ha acabado a través de una puerta giratoria? En la CEOE, ¡qué vergüenza, señorías, qué vergüenza! *(Rumores. Protestas.)* Nosotros podemos estar orgullosos de tener una ministra de Trabajo que no solo representa a los trabajadores, sino que no impone una reforma laboral sin diálogo social, que negocia con los empresarios la subida del salario mínimo, que negocia la prolongación de los ERTE. Entiendo que ustedes defiendan a los suyos y las puertas giratorias que les siguen haciendo terminar en consejos de administración, porque eso es defender la corrupción que ustedes representan. *(Rumores.)* A pesar de que sean corruptos, a pesar de que ustedes sean un partido fundado por ministros de una dictadura, a pesar de que se estén alejando ustedes de la Constitución, a pesar de sus mentiras, a pesar de la inmundicia que representa que vayan de la mano con la ultraderecha, les vamos a seguir tendiendo la mano, porque eso es defender España. *(Aplausos. Protestas.)*

La señora PRESIDENTA: ¡Silencio, por favor!

El señor VICEPRESIDENTE SEGUNDO Y MINISTRO DE DERECHOS SOCIALES Y AGENDA 2030 (Iglesias Turrión):

Defender España, señorías, no es agitar ninguna bandera, es defender la justicia fiscal, lo dice la Constitución. Es defender que haya una reforma fiscal en este país para que nos acerquemos a esos siete puntos que nos separan de los países de nuestro entorno. ¿Saben lo que es atacar a la patria y atacar a España? Hacer amnistías fiscales, como las que ustedes hicieron, y defender a los defraudadores, como lo que ustedes hicieron. No soy ingenuo y sé que ustedes son y representan los intereses de los patriotas que no les gusta pagar impuestos aquí. *(Rumores. Protestas.)* Sí, mucha banderita, pero después, las cuentas en Suiza…

La señora PRESIDENTA: Silencio, por favor. *(El señor Mateu Istúriz pronuncia palabras que no se perciben).* Señor Mateu, por favor.

El señor VICEPRESIDENTE SEGUNDO Y MINISTRO DE DERECHOS SOCIALES Y AGENDA 2030 (Iglesias Turrión):

A pesar de que sean ustedes un partido con innumerables presos por delincuentes, nosotros les vamos a seguir tendiendo la mano, señoría. Defender España, señorías, es defender un sistema de atención a la dependencia digno y reconocer que los recortes de más de 5.000 millones que ustedes provocaron han hecho que la dependencia en nuestro país esté en una situación alarmante. No les vamos a pedir que pidan perdón, que deberían, les vamos a pedir que arrimen el hombro para reconstruir un sistema de cuidados público, porque eso es defender España. Defender España, señorías, no es solamente agitar una bandera; por cierto, tengan ustedes cuidado porque se ven últimamente entre sus dirigentes políticos muchas banderas de la sociedad ornitológica, esa bandera con el pollo ibérico, que revela un subconsciente que sigue existiendo dentro de ustedes. Sean ustedes prudentes en eso también.

Defender España es defender la soberanía industrial, nunca más debe ocurrir en este país que no tengamos una industria preparada para fabricar respiradores o equipos de protección individual. Dejen ustedes de defender deslocalizaciones que han colocado la soberanía de la patria en una situación de vulnerabilidad. No les vamos a exigir que pidan perdón, pero les vamos a tender la mano para que arrimen el hombro por el interés general. Señorías, ustedes esta mañana han puesto en valor a un viejo guardia civil *(rumores)* que desobedeció una orden, por lo que parece que están ustedes sugiriendo que las Fuerzas y Cuerpos de Seguridad deberían atender a lo que ustedes les dicen… *(Protestas.)*

La señora PRESIDENTA: Señorías, por favor.

El señor VICEPRESIDENTE SEGUNDO Y MINISTRO DE DERECHOS SOCIALES Y AGENDA 2030 (Iglesias Turrión):

… a sus órdenes. Les pido que sean prudentes, que están ustedes pisando un terreno enormemente peligroso no solo para su futuro, sino para el futuro de nuestro país. Les digo una cosa más —y con esto termino—, ni ustedes ni sus socios ultras nos van a dar a nosotros ni media lección de lo que significa ser patriota, de lo que significa ser español y de lo que significa defender España. *(Aplausos.)*

La señora PRESIDENTA: Muchas gracias, señor vicepresidente segundo del Gobierno. *(Pausa. Una trabajadora del servicio de limpieza procede a desinfectar la tribuna de oradores.)* Muchas gracias, señora García. Tiene la palabra la señora Álvarez de Toledo Peralta-Ramos.

La señora Álvarez de Toledo Peralta-Ramos: Gracias, señora presidenta. ¿Cómo era aquello, señor vicepresidente, del himno de España: «cutre pachanga fachosa»? Defender a España. ¡Venga, vamos a defender a España! Los comunistas, efectivamente, fueron útiles cuando, a diferencia de ustedes, dejaron de ser comunistas. Luego vamos a hablar de su veneración y apego a los comunistas. El otro día, en homenaje a Julio Anguita, que en paz descanse, escribió usted: «Se nos va nuestro mejor referente político. ¡Hasta siempre!». Pero es que unos años antes usted en un acto se quejaba de que «mucha gente quiere resucitar a Anguita, que es como el cadáver del Cid a caballo», y le deseaba que se fuera literalmente —y perdónenme, señorías, la expresión— «a la mierda». Este es su apego a los referentes comunistas y al comunismo: su hipocresía radical.

Hablemos ahora de los padres de la Constitución. Sí, tenemos varios. Usted ha citado a Fraga, a la dictadura. ¿Usted me va a hablar de dictaduras?, ¿el discípulo de los ayatolás de Irán, el prohijado de Hugo Chávez y Nicolás Maduro? *(Aplausos.)* Es que a mí no me tienen que contar, a mí y a muchos de esta Cámara no nos tienen que contar los resultados de esas políticas en Venezuela. Yo lo he visto con mis propios ojos: hambre, represión, violaciones, miseria. Solo desde una infinita condescendencia con la violencia y solo desde un racismo visceral —se lo diré— se puede mantener respecto a la dictadura venezolana la actitud que mantiene usted. Y una cosa más. Solo cuando su padre político Nicolás Maduro sea capaz de hacer una Constitución como la que hizo Manuel Fraga podrá usted venir aquí a decir algo al respecto. *(Aplausos.)*

Ahora, esto de defender España, la sanidad pública, la educación, todo eso, se ha puesto muy campanudo usted. ¿No? Hablemos de eso: escudo social, dice; protección de los débiles, afirma. Vamos a ver, le voy a contar una cosa, se lo voy a decir suavemente para que no duela mucho: la prima de riesgo española lleva su nombre; Pablo Iglesias Turrión es la prima de riesgo española: espantajo de los inversores, argumento irrefutable de los recelos europeos, sus posiciones hacen imposible un rescate en condiciones razonables, asumibles, que no supongan un brutal quebranto a los más débiles de este país. Sus posiciones destruyen empleo, sus frases amenazan las pensiones, los sueldos de los funcionarios, alejan la recuperación.

A usted eso, claro, puede que le importe poco —el comunismo al final es el reparto de la miseria y todas estas cosas— pero es que al conjunto de los españoles sí. Cuando a usted los vulnerables y los débiles le escuchan, tiemblan; pero no tiemblan de veneración, como le gustaría a usted, que temblaran de veneración, tiemblan de pánico. Tercero, yo hice un llamamiento a los socialistas, pero después de escucharle creo que hay que hacer un llamamiento al conjunto de los españoles. Yo les pido a los españoles que recuerden los famosos versos de Gil de Biedma: «De todas las historias de la Historia / la más triste sin duda es la de España, / porque termina mal». Pero yo sobre todo les pido que recuerden la segunda parte, allí donde asoma la esperanza, dice: «Y a menudo he pensado en otra historia / distinta y menos triste; en otra España, / en donde ya no cuenten los demonios. / Pido que España expulse a esos demonios. / Que sea el hombre el dueño de su historia».

Efectivamente, expulsemos a esos demonios, seamos dueños de nuestra historia. Huyan, españoles, de la sumisión, también de la trampa del asistencialismo que usted reparte, de esa gran mentira gubernamental que usted encarna que se resume en más Estado y que lo paguen otros, que lo pague Europa. España se va a recuperar, sí; habrá que pedir ayuda, desde luego, pero solo para levantarnos, no para mantenernos en pie siquiera, y desde luego, no para mantenernos de rodillas, como pretende el vicepresidente segundo.

Podemos, ustedes, son en realidad No-Podemos. Una forma de abdicación política y social. España no está condenada a repetir sus errores históricos, no está condenada a la marginalidad y al enfrentamiento. La España constitucional es reconciliación, algo que usted no entiende. Y también es responsabilidad, algo que usted tampoco entiende. Y esfuerzo y capacidad de ser modelo. Como la Transición, sí, y para eso no necesitamos a caudillitos carismáticos que nos tutelen y nos traten como menores de edad. Me ratifico en que usted realmente es el pesimismo y la caspa.

Y una cosa más ya para acabar. Vamos a hablar de esto de la aristocracia. Ha hecho usted referencia a mi título de marquesa, la clase social, la aristocracia, una y otra vez, en definitiva, ¿no? Como usted muy bien sabe, los hijos no somos responsables de nuestros padres, ni siquiera los padres somos del todo responsables de lo que vayan a ser nuestros hijos. Por eso se lo voy a decir por primera y última vez: usted es el hijo de un terrorista. A esa aristocracia pertenece usted, a la del crimen político.

Muchas gracias. *(Aplausos de las señoras y señores diputados del Grupo Parlamentario Popular en el Congreso.)*

La señora PRESIDENTA: Muchas gracias, señora Álvarez de Toledo. Señor vicepresidente segundo del Gobierno y ministro de Derechos Sociales y Agenda 2030.

El señor VICEPRESIDENTE SEGUNDO Y MINISTRO DE DERECHOS SOCIALES Y AGENDA 2030 (Iglesias Turrión): Gracias, señora presidenta.

Señora marquesa, si piensa usted que llamando terrorista a mi padre me va a provocar y va a conseguir que pierda la compostura, se equivoca. Usted acaba de cometer un delito aquí, en esta tribuna, y solo alguien con títulos nobiliarios es capaz de creerse con la impunidad de poder llamar terrorista a alguien y que le salga gratis. Por tanto, invitaré a mi señor padre a que ejerza las acciones oportunas.

Señoría, Manuel Fraga hizo un camino. Manuel Fraga era un franquista y responsable de algunas sentencias de muerte que se firmaron en este país. Pero Manuel Fraga hizo un camino, logró fundar un partido con ministros de la dictadura que se convirtió en uno de los partidos más importantes de la democracia española. Fíjese que no soy sospechoso yo de ninguna admiración por esta figura, pero entiendo la importancia política de que los ministros de una dictadura se reconvirtieran en demócratas. Eso forma también parte del ADN de nuestro sistema y hay que decirlo abiertamente.

Tengo la sensación de que ustedes están haciendo el camino inverso. La escucho a usted, señora marquesa, miro al señor Iván Espinosa de los Monteros y veo a un centrista democristiano al lado del discurso de usted. Pero esto no es algo que tenga que ver solamente con su personalidad y con su estilo personal. Esto es una decisión política de partido. Ustedes han decidido colocarse en la ultraderecha. El responsable es usted, señor Casado, porque las diferentes piezas que usted mueve para que salgan aquí son su responsabilidad política. Y yo sé, Pablo, que tú no piensas así. *(Risas.)* Tú no eres un ultraderechista. Entiendo que alguien te ha convencido de que es la estrategia más beneficiosa para tu partido ocupar posiciones de extrema derecha.

Te pediría que lo consultaras con la almohada, que lo reflexiones, porque hacer el camino inverso al que hizo Manuel Fraga, volver a las posiciones que os dieron origen —insisto— no solamente puede ser muy perjudicial para vuestro futuro, puede serlo también para nuestro país. Vamos a seguir gobernando, y haremos algunas cosas bien y haremos algunas cosas mal, pero me preocupa enormemente que el principal partido de la oposición, que la derecha en este país, haya decidido situarse en la provocación, en la mentira, en la falta de respeto y en posiciones de ultraderecha. Nos tendrán enfrente, no solamente no les tenemos ningún miedo, a pesar de sus amenazas, sino que la ciudadanía de nuestro país les situará en el lugar de la historia que les corresponde. Muchas gracias. *(Aplausos.)*

La señora PRESIDENTA: Gracias, señor vicepresidente segundo del Gobierno. Señora Álvarez de Toledo, quiero pedirle si quiere retirar, por favor, del Diario de Sesiones la expresión «su padre es un terrorista», refiriéndose al señor vicepresidente segundo del Gobierno.

La señora ÁLVAREZ DE TOLEDO PERALTA-RAMOS: No. Su padre, como bien reconoce el señor Iglesias en este artículo *(muestra una fotocopia)*, era militante del FRAP. Gracias.

La señora PRESIDENTA: Lo retiraremos del Diario de Sesiones. Muchísimas gracias. *(Protestas.)*

La señora ÁLVAREZ DE TOLEDO PERALTA-RAMOS: ¿Cómo? No. ¿Por qué? *(El señor vicepresidente, Gil Lázaro:* ¿Por qué? ¿Es censura?)

> La señora PRESIDENTA: Continuamos con el punto correspondiente… *(Protestas.)* Señorías, por favor. *(Continúan las protestas.)* Continuamos con el punto correspondiente a la convalidación o derogación del Real Decreto-ley 18/2020… *(Fuertes protestas.)* ¡Señorías, por favor! Señorías, ruego silencio, por favor. Ruego silencio. *(La señora Álvarez de Toledo Peralta-Ramos pide la palabra. Continúan las protestas.)* Continuamos con el punto correspondiente a la convalidación o derogación del Real Decreto-ley 18/2020, de 12 de mayo, de medidas sociales en defensa del empleo. *(Continúan las protestas.)* Señorías, por favor. *(El señor vicepresidente, Gil Lázaro:* Sí se puede descalificar*…).* Señor vicepresidente, por favor, desde la Mesa le ruego que ejerza su cargo institucional. *(Continúan las protestas.)*

Repasemos, en sentido inverso, los atropellos perpetrados en esa sesión parlamentaria que, recordemos, era una pregunta sobre el pacto del Gobierno y Bildu para abolir la reforma laboral de Fátima Báñez en el Gobierno del PP.

Cuando la presidenta de las Cortes le pide a Cayetana que elimine la frase «su padre es un terrorista», no se atiene a lo dicho por ella, «usted es el hijo de un terrorista», en respuesta a las continuas alusiones insultantes a la portavoz y a su partido —«inmundicia», «innumerables delincuentes»— amparadas por la presidenta. Sobre sectaria, Batet demuestra carecer de una capacidad muy necesaria cuando se preside el llamado Templo de la Palabra, que es conceder algún tiempo a la lectura antes de hablar. Y Álvarez de Toledo exhibió a pocos centímetros de su nariz la fotocopia de un artículo de Pablo Iglesias en el que califica a su padre de militante del FRAP, organización reconocida oficialmente como terrorista y cuyo fin declarado era impedir por la fuerza la Transición pacífica a la democracia.

¿Por qué no quiso leer Batet ese artículo cuya copia le ofrecía la portavoz popular? Basta una somera lectura del mismo para comprobar que lo que le acababan de decir a Iglesias era lo mismo de lo que él había presumido por escrito, aunque, al parecer, sus elogios, en boca de otros, son delitos.

Esto es lo que el autor dice sobre la militancia de su padre en el FRAP en su artículo de homenaje a Santiago Carrillo recordando una entrevista que le hizo en *La Tuerka*[2]:

> La entrevista me sirvió para reafirmarme en que no estaba de acuerdo con él en muchas cosas, pero también me hizo admirarle. Créanme si les digo que siendo hijo de un militante del FRAP y habiendo militado donde milité, tiene su mérito admirar a Carrillo. Frente a Santiago descubrí que estaba ante el secretario general que condenó irremediablemente a la mediocridad a todos los secretarios generales que llegaron después. Nadie estuvo a su nivel.

La fechoría de la presidenta de las Cortes

El artículo cuya fotocopia enarboló la portavoz del PP y al que la presidenta se negó a echar siquiera un vistazo, como era su obligación, para comprobar si era cierta la frase «hijo de un militante del FRAP» —marcada para su fácil lectura con un fosforito amarillo—, prueba, en primer lugar, que la verdad estorba y está vetada nada menos que en la sede de la soberanía nacional y por la propia presidenta de las Cortes. A la portavoz del principal partido de la oposición se le pide que retire una expresión derivada de un documento inapelable: Iglesias dice ser «hijo de un militante del FRAP», y como el FRAP es una organización terrorista según registra el Ministerio del Interior, se puede y se debe llamar así a todos y cada uno de sus militantes. ¿Por qué lo impide Batet?

Por una razón de fondo: el PSOE concede a los terroristas un triunfo moral atroz: que sus víctimas, en este caso, las asesinadas por el FRAP, no puedan llamar asesinos o terroristas a sus verdugos. El Gobierno y la Presidencia de las Cortes, como sucede a diario en TV3, esa matriz imaginaria del nacionalismo catalán en que se inserta Batet, defienden —como en los años de la Transición, cuando la izquierda propugnaba la ruptura y no la reforma

---

[2] Pablo Iglesias Turrión: «El último secretario general», artículo publicado en *Público* el 18 de septiembre de 2012.

pacífica del régimen— que nadie que matara durante el franquismo y fuera de izquierdas —si era de derechas, era indudablemente criminal— podía considerarse asesino o terrorista, sino «militante antifranquista», más o menos heroico. Y eso valía para la ETA, el FRAP o el ocultado terrorismo catalán. Con el Gobierno PSOE-Podemos se vuelve a esa época.

Lo que Batet le niega en última instancia a la portavoz del primer partido de la oposición, sin que sus líderes vean la importancia del hecho, es que las víctimas del terrorismo puedan llamar terroristas a sus verdugos. No basta sentarlos en las Cortes legalizando al escaparate electoral de la ETA, fechoría del Constitucional anunciada e inducida por Zapatero en sus tratos con la banda. Además, hay que humillar a las víctimas impidiendo que la palabra *terrorista* sea infamante. Y como es imposible que no lo sea, se prohíbe, se manda borrar. Es lo que hace Batet.

Ahora la llaman «cultura de la cancelación», pero, en realidad, es una vuelta a los juicios de Moscú de 1937, cuando Stalin era el primer «antifa». Los términos usados en el tribunal por fiscales, abogados y acusados eran los que dictaba el Partido («sabotaje», «contrarrevolución», «conspiración») y también eran la única referencia permitida por el tribunal a los hechos juzgados, que, bajo esa semántica adversa, daba por condenados a los acusados. Podían hacer alardes de arrepentimiento, para salvar a sus familias o lograr una rebaja en las condenas, previamente dictadas por el Partido en sus medios de comunicación. Pero desde el momento en que aceptaban los términos, cargados de ideología, de la acusación, la defensa era inútil.

Sin embargo, en ese artículo que escribe el Iglesias anterior a Podemos, cuando pasa de asesor rebotado de Izquierda Unida a consultor de Beiras, hay frases muy reveladoras sobre lo que siempre ha sido y él se considera: un comunista inveterado, es decir, un totalitario irreductible. Está preparando «la Syriza galega», el tinglado electoral de Beiras y Díaz, pero dice que la noticia de la muerte de Carrillo «me llega en una reunión de comunistas». O sea, que el galleguismo, la apertura a diversos movimientos sociales, ese ensayo de lo que luego fue Podemos en toda España, no es más que una táctica de los comunistas —los que están allí, del PCE-IU o BNG, lo son— para pescar en el río revuelto de los «indignados»... que no son comunistas. Vamos, una estafa; una táctica típica desde Stalin para pescar pardillos.

A Iglesias le encandila la mitología leninista, incluso burocrática. Por eso habla de «la dignidad de ser secretario general», a la que íntimamente aspira. ¿También la dignidad de Stalin, Breznev, Andropov, el jefe del KGB, el «Carnicero de Budapest» y Kruschev? ¿Y la de Pol Pot, asesino de un tercio de los camboyanos; la de Erich Honecker, que disparaba por la espalda a los alemanes «democráticos» que huían al Oeste y tenía a 5 millones —sobre 17 de población— informando a la Stasi? ¿La dignidad de Enver Hoxha, Ceaucescu, Deng Xiaoping, Kim Il Sung? Tras solo dos horas con Carrillo se identifica con ese «comunista de derechas», que siempre será «uno de los nuestros». Para Iglesias, ser comunista es un hecho ontológico, tirando a metafísico. No un estar en el Partido sino un ser, propio del militante y al margen de las circunstancias, llámense Gulag, Laogai, Holodomor, hambrunas chinas con 60 millones de muertos, genocidio camboyano... o crímenes de Chávez.

Iglesias se identifica con el poder comunista que Carrillo representa, el que tuvo —y años después ha heredado él—, y el que Carrillo le cuenta. Se emociona, dice, con el responsable de Paracuellos cuando este le endilga todas las trolas sobre la Junta de Defensa y la guerra, que en mil variantes, todas falsas, viene contando desde que volvió a España gracias al pacto con Juan Carlos I que recojo en *Memoria del comunismo*. Por cierto, que al salir de España de mala manera ese rey, Iglesias no recordó su buen trato a Carrillo. Arremetió contra él porque representaba lo que quiere destruir y lo que más se aplaudió a Carrillo: su aportación a la Transición y a la democracia.

En el fondo, Iglesias es, como Carrillo, una maquinita de mentir. Lo ridículo es que elogie el llanto del secretario general, por el apoyo de Wenceslao Carrillo a lo que Iglesias (y su padre Javier, el militante del FRAP) llaman «la traición de Casado», sin recordar que fue también la traición del abuelo Manuel, antes de humillarse ante Franco. Lo que temía Carrillo en 1939 es que, con la excusa del padre, lo echaran del cargo que logró traicionando al padre político, el PSOE, poniendo las JSU al servicio de Stalin. La carta contra su padre solo prueba su terror... a Moscú. Eso, claro, no se lo pregunta «uno de los nuestros» a «otro» con tantas ganas de foco. Entre el oportunista jubilado y el aspirante, brilla la emulación comunista.

La ignorancia de Iglesias sobre la democracia española

El centro del debate era, insisto, el pacto del Gobierno con Bildu para derogar la reforma laboral del PP, que recuperó tres millones de empleos de los cinco millones de parados que dejó Zapatero en 2011. Pero ni una sola vez se refiere a él Iglesias. Ambula por los cerros de Siberia, a falta de los de Úbeda, que no tiene cerros. La portavoz del PP, convencida de que esa iba a ser su táctica, aprovecha para retratarlo como íntimo aliado y admirador de la ETA y como el principal abogado del golpismo catalán. Y añade frases que no dejan dudas sobre su violenta condición totalitaria. Iglesias sale por peteneras, como le conviene, y acusa al PP de una serie de mentiras en las que el sectarismo no disimula una atroz ignorancia.

Resulta chocante que un enemigo del «candado del 78», cuyo norte político es destruir el régimen constitucional nacido de la Transición —es decir, del pacto entre franquistas y comunistas—, explique el «ADN de la democracia» como algo debido al PCE. Como le recuerda luego Álvarez de Toledo, Podemos no representa al PCE de Carrillo del 77, ni al de Anguita, al que Iglesias elogia después de insultarlo. Es su negación. De quien se identifica con cualquier secretario general de cualquier PC no cabe esperar sutileza ni coherencia. Pero sí un poco de información: Fraga nunca firmó «muchas» ni pocas sentencias de muerte en el franquismo, y fue uno de los siete padres de una Constitución que ya quisieran en Venezuela, patria real de Iglesias.

Repasemos lo que ignora el maestro ciruela de la democracia: cuatro de los redactores de la Constitución eran de derechas, pero no todos provenían del franquismo y ninguno tenía en su haber una masacre como la de Paracuellos. De la UCD fundada por

Suárez, exsecretario general del Movimiento, el partido único del franquismo —cargo al que nunca quiso ni pudo llegar Fraga por aperturista—, había tres: el primero, Gabriel Cisneros, a quien ETA —origen del partido de su admirado Otegui— quiso secuestrar en la puerta de las Cortes y, al no lograrlo, tiroteó en el suelo, dejándole graves secuelas de por vida; el segundo, José Pedro Pérez-Llorca; el tercero, Miguel Herrero y Rodríguez de Miñón. Ninguno tuvo altos cargos en el franquismo. Fraga, que al parecer es el único que le suena a este indigente en historia de España, sí: ministro de Información y Turismo, con Franco, y del Interior durante la Transición. Pero con el fin que rechazaban los héroes de Iglesias, etarras y fraperos: una democracia homologable con las del Mercado Común, precedente de la Unión Europea.

Entre los siete ponentes o padres de la Constitución solo hubo un comunista, Jordi Solé Tura, del PSUC, en sus inicios nada nacionalista y que evolucionó hacia la tribu y la irrelevancia. Otro, Miquel Roca Junyent, era nacionalista catalán, del partido de Pujol, y fue la prueba de la voluntad de negociar la Carta Magna con el separatismo, sobre todo el vasco. El intento de secuestro de Cisneros obedeció a la propaganda que hizo contra él el PNV por oponerse a los «derechos históricos» y privilegios del País Vasco. Y ahí estaba la ETA, ayudando al PNV, representado por Roca. Eso explica el engendro conceptual de «nacionalidades y regiones», que contó con el apoyo de la izquierda y la medrosidad de la derecha, sobre todo de Herrero de Miñón de UCD, con una teoría de los «derechos históricos» que era la del PNV: estar en España solo mediante un pacto con la Corona.

Herrero de Miñón o la claudicación historicista

De esposa nacionalista vasca, y buenas lecturas conservadoras —su libro *Ideas para moderados*[3] publicado en la Transición era, al me-

[3] Miguel Herrero y Rodríguez de Miñón: *Ideas para moderados*. Unión Editorial, Madrid, 1982.

nos, original, quiero decir escrito por él—, era un tipo brillante y algo ido. Lo traté bastante tras la primera dimisión de Fraga, cuando ocupó la presidencia de Alianza Popular durante cuatro meses en los que solo recuerdo que fue con su señora a ver al Papa. Debía convocar un Congreso para la elección definitiva de presidente de AP. El único democrático hasta el de Casado convocado por la derecha. Era el candidato favorito y llevaba de segundo en la lista a Aznar. Enfrente tenía al bullicioso andaluz Hernández Mancha, hombre agradable y débil que en el año que estuvo al frente de AP convocó una moción de censura contra González, que fracasó, y Aznar lo devoró.

En aquel Congreso todo dependía de la habilidad del convocante Herrero, gran parlamentario como demostró en la expropiación de Rumasa, pero mal estratega. Aunque Fraga decía que estaba loco y que entraba en su casa por la ventana, era el favorito, pero a última hora Gallardón se pasó a Mancha y Herrero perdió. Desde entonces, ha sido el abogado bien pagado del PNV y, cuando Aznar sucedió a Mancha y refundó el PP, milita como aliado del PSOE y los nacionalistas. Yo lo veo como un carlista excéntrico que, por vanidad herida, acabó vendiendo su talento a los enemigos de la nación española, en la que no creía, de ahí la Disposición Transitoria que enfeuda Navarra al País Vasco. Los «derechos históricos» reescriben la historia de España en clave antiliberal, aunque el fuerismo navarro lo ocultó entonces.

Cito esto para recordar la complejidad del proceso constitucional y de la propia organización política de la derecha, cosas de las que Iglesias no sabe nada, por más que, a fuer de comunista, presuma de saberlo todo. Solo hubo en la Ponencia Constitucional un socialista, Gregorio Peces-Barba, abogado penalista, defensor del padre de Iglesias en 1973 en un juicio que no llegó a celebrarse. Pero Peces-Barba desertó penosamente de la defensa de los acusados del FRAP de 1975 porque él, el PSOE y el PCE —también desertó Manuela Carmena— los veían, y calumniaban, como incontrolados, si no controlados por la policía, de una extrema izquierda hiperlegitimada cuyo terrorismo solo favorecía a los «duros» del régimen. Algo que, salvo la calumnia —que dura aún hoy— de ser monigotes de la policía, era verdad.

A Gregorio Peces-Barba se le llamaba despectivamente «vaticanista», por su origen democristiano, y era yermo en Derecho Constitucional. El que debió participar por el PSOE —de hecho hizo un proyecto para el caso de ruptura— era Jorge de Esteban, que junto a otros fue consultado por Peces-Barba. Más autoridad académica tenía Enrique Tierno Galván, pero venía del PSP, cuyas deudas electorales facilitaron su absorción por el PSOE, y le odiaban tanto Felipe González como Alfonso Guerra. En tiempos de menos urgencia, hubiera sido mejor que los partidos designaran expertos y revisaran el texto final. Se optó por que fueran diputados —los siete lo eran— y al final fueron dos legos —Alfonso Guerra, segundo de González, y Fernando Abril, segundo de Suárez— los que remataron a trompicones la llamada Constitución de todos. Y salvo de la ETA, ERC y PNV, que al final se abstuvo, realmente lo fue.

Más sobre la ignorancia histórica de Iglesias

El desconocimiento, hijo del desprecio, de nuestra Constitución que exhibe todo un vicepresidente del Gobierno, jefe de uno de los partidos que lo forman, explica bien la gravedad de la situación política española. No es que los que juraron defender la ley pretendan subvertirla; es que, si quisieran defenderla, tampoco sabrían cómo. A ese extremo hemos llegado.

Iglesias parece haber usado contra el PP los mismos apuntes que dictaría Irene Montero para el discurso de la moción de censura presentado por Podemos con Iglesias como candidato a la Presidencia. En latiguillos como los de la desprotección programada de los débiles —debilitados por Zapatero—, las privatizaciones, las puertas giratorias o la utilización de la bandera contra los demás —cuando son los demás, socios de Podemos, los que la queman—, no falta un lugar común que exceda en su elaboración el nivel de EGB. No es penoso por mentiroso, es, intelectualmente hablando, solamente penoso.

A veces, a Iglesias le aflora esa emoción que le hizo alegrarse en público cuando le patearon la cabeza en el suelo a un policía (hoy tiene a casi dos docenas cuidando de la seguridad de su chaletón y su dinastía). Lo dijo en su programa *La Tuerka* en 2012: «Hemos visto cómo algunos manifestantes le rodeaban y efectivamente agredían a un policía. Sé que esa imagen se ha utilizado para criminalizar a los manifestantes. Pero tengo que reconocer que me ha emocionado»[4]. O cuando dijo en Twitter, el 15 de noviembre de 2012, que «la policía no protege a la gente, son matones al servicio de los ricos»[5]. O cuando defendía a «Alfon», detenido con una olla de metralla para la policía que defendía el Congreso. Pero aún le retrata mejor la referencia a «un viejo guardia civil», como llama a Pérez de los Cobos, máxima autoridad frente al golpe separatista catalán y purgado por no obedecer las órdenes del ministro Marlaska.

Iglesias tiene de jefe de Gabinete a un JEMAD, Julio Rodríguez, de más edad que Pérez de los Cobos, pero le sale el odio, no de clase, porque es un niño de clase media, sino de quinqui ideológico: «un viejo...». Cierto que la última actividad conocida del ex-JEMAD, mientras tenía lugar esa sesión parlamentaria, fue impedir que Lilith Verstrynge, hija del número dos de Fraga y última «asesora» favorita de Iglesias, fuera fotografiada en el patio de las Cortes, corriendo el general a apartarla del soviet asesor. Aunque *La Celestina* sea una de las obras maestras de la literatura mundial, pasar de jefe de los ejércitos a censor de escotes o tapafotos de la penúltima asesora íntima de Pablo Iglesias me parece un homenaje excesivo.

Pero hay bellaquerías que solo la costumbre de la derecha de dejarse arrastrar permite que la izquierda las disfrute una y otra vez. Ya hemos visto lo del «poquito» que debe la Constitución a la derecha: cuatro de siete ponentes (3 de UCD, 1 de AP) por uno de los comunistas y otro del PSOE, además de Roca. Y sin embargo, Irene, Pablo o el Monedero de turno aseguran que «buena parte» del PP votó contra la Constitución. Tanto UCD como AP pidieron el voto favorable a la Constitución que ellos habían redactado.

---

4 *https://www.youtube.com/watch?v=7tGaavMrBJM*

5 *https://twitter.com/pabloiglesias/status/269031905356304385?lang=es*

En ninguno de los dos partidos hubo sectores que pidieran el «no». En la extrema derecha, solo Fuerza Nueva, que desapareció del Parlamento. En la izquierda, aparte del FRAP —del que en tantos sentidos viene Iglesias—, el GRAPO y algún grupito eme-ele, solo esa ETA que, como recuerda Álvarez de Toledo, tanto ha elogiado siempre el vicepresidente segundo, pidió el «no». Es preciso tener una ignorancia ciclópea, una mala fe satánica o una estupidez adánica que le permita disfrutar al mismo tiempo de lo que ignora y lo que tergiversa, para mantener semejante colección de trolas como si fueran verdades probadas.

A veces, la condición de saltimbanqui intelectual, adobada por el machismo más sórdido, desemboca en situaciones como la que protagoniza Iglesias al hablar de la «gimnasia revolucionaria», que efectivamente usó, no inventó, García Oliver, líder sindical y terrorista de la CNT-FAI que llegó a ministro de Justicia, como ya vimos. La pregunta de Álvarez de Toledo es retórica e imprecatoria; achaca a Iglesias lo mismo que pretendía Oliver: no dejar nunca de practicar la violencia, no desentrenarse en el delito. Por eso le recuerda al podemita el escrache que dirigió contra Rosa Díez en la Complutense; pudo recordar el de Sáenz de Santamaría, cuyo bebé debió soportar el ruidoso «jarabe democrático» que recetaba el doctor Iglesias que ahora tiene su mansión y su familia en silencio con una veintena de policías. Y por cierto, y a propósito de doctores: que un pelanas de «la Complu», al que doctoró Monedero y nunca hizo oposiciones, le diga «siga leyendo» a una doctora por Oxford cuya tesis, publicada en inglés, dirigió John Elliott resulta bastante ridículo.

Pero probablemente el alarde de más supina ignorancia histórica, ni siquiera superada por el sectarismo más soez, es cuando —en ese estilo de perdonavidas que llevó a Oramas a espetarle «¡ese tonito, ese tonito!»—, en lo que acaso cree una elaborada imaginería dialéctica, advierte: «Tengan ustedes cuidado porque se ven últimamente entre sus dirigentes políticos muchas banderas de la sociedad ornitológica, esa bandera con el pollo ibérico, que revela un subconsciente que sigue existiendo dentro de ustedes».

Supongo que este heredero del *Bobo Solemne*, que Rajoy impuso a Zapatero, se refiere al escudo con el Águila de San Juan que viene de los Reyes Católicos y —así anda de saberes constitucionales— bajo el que se publicó precisamente la Constitución de 1978. Hablar de «sociedad ornitológica» y de «pollo ibérico» a propósito de ese símbolo con tanta y tan gloriosa historia del país donde nació y al que odia es un chiste para acompañar las jotas de Echenique, una zafia exhibición de ignorancia, una autocomplaciente flatulencia, una mamarrachada, natural en su autor. Que sirve de peana a otra trola: que hay dirigentes del PP exhibiendo la bandera con el Águila de San Juan. Nunca se atreverían, pobrecitos.

Lo que abunda son cabecillas de Podemos exhibiendo, junto a la bandera comunista del Gulag y el retrato de Lenin, la bandera tricolor, chapuza estética popularizada por Lerroux, que quería añadir el supuesto color de Castilla —morado— a los de Aragón —rojo y amarillo—, ignorando que el color de la Corona de Castilla es el rojo. Y que la Primera República, única declarada legalmente por las Cortes, tuvo como bandera la tradicional española desde Carlos III: roja y gualda. La que exhiben los podemitas es la de la Segunda República, pero en clave de Frente Popular y Guerra Civil. No quieren un régimen distinto del monárquico constitucional; quieren cambiar el régimen para destruir el secular Estado español en favor de un hato de repúblicas totalitarias, seminazis o comunistas. Una república española tendría, como primer objeto, la defensa armada de la nación, su unidad, su integridad territorial y la igualdad de sus ciudadanos. O sea, la aplicación de la Constitución que ya existe, aunque no siempre se aplique, en el territorio que ya tenemos y en la Europa donde ya estamos.

Nunca hubo proyecto político en España con menos voluntad creadora y más afán destructor que el de Podemos. Nunca unos caraduras acudieron tanto a la ley para usarla como herramienta liberticida. Porque conviene recordar que el Parlamento, la Casa de las Leyes, debe ser objeto de protección, no de persecución. Y menos, cuando se defiende la Verdad.

El tramposo recurso a la Justicia de los Iglesias

Ese fue el debate que, al día siguiente, se instaló en los medios. Álvarez de Toledo se explicó en una entrevista en *ABC* diciendo que iría al tribunal para defender «su derecho a decir la verdad» en el Parlamento. Más tarde supimos que Teodoro García Egea y Pablo Casado le dijeron, el primero, que el partido no pagaría el recurso, para disuadirla de presentarlo, y el segundo, que era mejor «pasar página». Lo típico del PP oficial: dice que está a favor de las víctimas del terrorismo, pero suelta a Bolinaga como hizo Rajoy, o calcula que las víctimas del FRAP son víctimas... pero menos. Pasemos página. ¿La Verdad, la Historia? Negociados cedidos a la izquierda, a perpetuidad.

Que, por supuesto, lo aprovecha de inmediato. El 28 de mayo, Javier Iglesias, el «padre militante del FRAP» del que presumía Pablo, apareció en *Público* dejando por embustero a su hijo, al negar, gemebundo, haber sido nunca del FRAP. La entrevista de Alejandro Torrús, ejemplarmente soviética, habría encantado a Münzenberg: sentimentalismo al presentar al personaje y asentimiento a lo que dice y a lo que no dice, mintiendo con una mezcla de ignorancia y sectarismo típicamente podemita. Vale la pena rescatar los párrafos esenciales, que vienen a respaldar lo fundamental: que, como avanzó su vástago, iba a recurrir a los tribunales para defender su honor.

El titular es de orden franciscano: «Todo mi pasado terrorista se reduce a haber repartido tres panfletos del Primero de Mayo». O sea, que mentía su hijo al decir en repetidas ocasiones que su padre era del FRAP, organización terrorista. La introducción es un prodigio de desinformación:

> Francisco Javier Iglesias prefiere que le llamen Javier. Así lo han llamado toda la vida, aunque también es cierto que últimamente se le define más como «el padre de Pablo Iglesias», vicepresidente segundo del Gobierno. (...) Javier Iglesias, muy a su pesar, se ha convertido estos días en noticia. La diputada del Partido Popular Cayetana Álvarez de Toledo le acusó el miércoles de ser un «terro-

rista». Mejor dicho, acusó a Pablo Iglesias de ser «hijo de terrorista». La explicación que dio después la diputada conservadora es que Iglesias (padre) había militado en el Frente Revolucionario Antifascista Patriótico. Sin embargo, ni el FRAP surgió como una organización terrorista ni Javier Iglesias participó en ninguna suerte de ataque violento. De hecho, cuando el Frente dio el paso definitivo hacia la lucha armada como respuesta a la violencia de la dictadura, Javier Iglesias ya no estaba por allí.

En esta entrevista con *Público*, el luchador antifranquista repasa su militancia, contextualiza el período en que una generación joven, nacida en dictadura, decidió dar un paso adelante y plantar cara a Franco. Les costó mucha sangre y muchas lágrimas. Si bien es cierto que el dictador murió en la cama, también lo es que durante cuarenta años siempre hubo organizaciones antifascistas que mantuvieron el pulso a la dictadura. «No es mi intención atacar a nadie. Solo quiero dignificar la memoria de mi generación», avanza. Horas antes de esta entrevista, Javier Iglesias había anunciado su voluntad de acudir a los tribunales.

El periodista de *Público* abreva en las mismas fuentes de ignorancia y malevolencia que Pablo Iglesias y ese padre que disfrutó hasta los trece años. Si el «luchador antifranquista» Javier Iglesias —que heredó de Manuel, su no menos heroico padre, la nómina del ministerio falangista por excelencia, el de Trabajo— se limitó a repartir «tres panfletos del Primero de Mayo», no es de extrañar que Franco muriera en la cama, con respaldo social masivo, el que no tenía esa generación que Javier Iglesias pretende ahora «dignificar». Miente tal vez sin saberlo el publicista, y miente muy a sabiendas el papá de la criatura que le llama, y no una vez sino muchas, «militante del FRAP».

No solo el FRAP siempre fue terrorista sino que lo fueron todos los elementos que confluyeron en el PCE (m-l), jóvenes y viejos, como luego veremos. Su primer asesinato, el de un policía a cuchilladas, junto a una veintena de heridos más —dos de ellos muy graves—, se comete ese Primero de Mayo de 1973 al que convocaba Javier Iglesias con sus panfletos. Tan preparada estaba la violencia frapera que varios médicos y enfermeras del PCE (m-l) tenían listos ambulatorios de urgencia para atender a los heridos del FRAP, no de la policía. Y ese Primero de Mayo la consigna coreada era: «¡Frente Popular! ¡FRAP!», no «¡Comité pro-FRAP!». En realidad, el FRAP era el PCE (m-l) y todas sus organizaciones satélites, como la FUDE y el Comité pro-FRAP que cita Iglesias, eran el Partido, sin más. Entre el dizque Comité Pro y el FRAP no hubo incorporación alguna en los dos años que duró la ficción. Si se buscan diferencias, por citar algo que también quiere prohibir Pablo Iglesias, es la que hay entre un toro bravo de cuatro o cinco años: es el mismo toro, con un año más. El mismo instinto, pero mayor.

El publicista del diario creado por el multimillonario comunista y separatista Jaume Roures, gran padrino de Pablo Iglesias, dice que «el FRAP no surgió como una organización terrorista», aunque desconoce hasta su nombre oficial: Frente Revolucionario Antifascista y Patriótico o Patriota, que de las dos formas aparece en la propaganda de la época. Lo que más le gustaba del nombre a Álvarez del Vayo era que FRAP sonaba a *frapper*, «golpear» en francés. Según el periodista de *Público*, cuando «dio el paso definitivo a la lucha armada como respuesta a la violencia de la dictadura, Javier Iglesias ya no estaba por allí». Además de justificar el terrorismo como lo único que podía hacerse contra la dictadura, eso es falso semántica e ideológicamente. La diferencia del PCE y los *chinos* del FRAP era el Pacto por la Libertad, que suponía renunciar a la violencia y a imponer, volviendo a la Guerra Civil, la dictadura del proletariado. Y donde se nota que el publicista anda de historia tan mal como de gramática es en la expresión «por allí».

Se nota que ni vivió ni sabe nada de la clandestinidad y, menos aún, de la pertenencia a un grupo como el FRAP —no solo armado sino que tenía un fusil ametrallador en su logotipo—, en el que no se podía estar «por allí». En el antifranquismo real, militante, estabas o no estabas, eras o no eras. La condición paseante («por») que otorga el periodista al heroico «luchador antifranquista» Javier Iglesias, no la permitía la legalidad franquista ni las reglas de la clandestinidad. Estabas o no estabas en el PCE, o en el PCE (m-l). La diferencia es que el PCE ya no quería matar; los fraperos, sí.

Azaña y el Gobierno de 1933, que pierde las elecciones y se lanza al golpe de Estado. De izda. a dcha.: Franchy Roca, Domingo Sanjuán, Largo Caballero, Companys, Barnés Salinas, Viñuales Pardo, Azaña, De los Ríos, Albornoz, Casares Quiroga y Prieto.

Carrillo, ya al servicio de Stalin, agarrando a Largo Caballero, «el Lenin español». A su lado, Araquistáin y José Díaz.

Santiago Carrillo, jefe de las Juventudes Socialistas Unificadas y responsable del Terror Rojo en Madrid. Manifestación en Madrid el 1 de mayo de 1936.

Stalin, flanqueado por Maksim Litvinov y Kliment Voroshilov, en la Puerta de Alcalá en 1937. Solo ese año, Stalin asesinó a más 700.000 personas.

Juan Negrín, Manuel Azaña, el general Miaja y el Campesino (de izda. a dcha.) pasan revista a las tropas republicanas en Alcalá de Henares, en noviembre de 1937.

Largo Caballero (centro) y Álvarez del Vayo (izda.), disfrazados de milicianos. La legalidad republicana en que no creían daba paso al Terror Rojo.

Alberti en el frente. Con María Teresa León y Margarita Nelken, figuras del Terror Rojo.

La Pasionaria. Partidaria de la «resistencia a toda costa», pero que apoyó el pacto Hitler-Stalin cinco meses después y la invasión de Polonia.

Segismundo Casado, jefe técnico del alzamiento contra Negrín, en Unión Radio el 5 de marzo de 1939.

Cipriano Mera, el anarquista que decidió la batalla.

El gran discurso anticomunista de Julián Besteiro, hoy ocultado.

EL FRONT NACIONAL DE CATALUNYA

NO A LA RECONCILIACION NACIONAL

SI A LA LUCHA ARMADA

"La política de "reconciliación nacional" constituye objetivamente un gran revés a la clase obrera catalana, a las clases populares. Con el objetivo de conseguir unos "pactos" entre la derecha procedente del franquismo, la derecha democratizante y la izquierda, se ha supeditado, se ha negociado, aunque nada más haya sido tácticamente, el grado de movilización popular. Y en estos últimos meses, además, se ha condenado la lucha armada como arma política contra el franquismo. En definitiva, los sectores que postulan la "reconciliación nacional" y los que caen dentro de órbita, utilizan un lenguaje de lucha activa que se ha convertido en pura charlatanería, porque en la práctica llevan a cabo una actividad expectante y de negociación "por arriba"; confiando que el régimen, es decir, la burguesía monopolista española, nos regalará a los catalanes, las libertades nacionales y democráticas.

... Es necesario apoyar la lucha armada ya sea haciéndola directamente o bien por medio de un trabajo de aceptación y de explicación de esta forma de combate, como hacemos ahora nosotros con este texto".

(EXTRACTOS DE UN TEXTO DIFUNDIDO POR EL "FRONT NACIONAL DE CATALUÑA" EL PASADO 27 DE SEPTIEMBRE.)

El terrorismo del FRAP y sus aliados contra la reconciliación nacional.

FRONT

Nº 7 - FEBRERO-MARZO 1.973 10 PESETAS.

ORGANO DE EXPRESION DEL COMITE PRO-FRENTE REVOLUCIONARIO ANTIFASCISTA Y PATRIOTA (FRAP) DE CATALUÑA.

F.R.A.P.

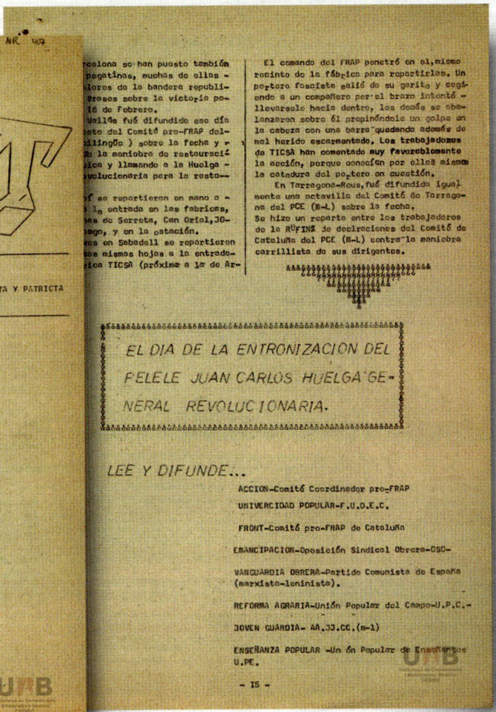

...rcelona se han puesto también ... pegatinas, muchas de ellas - ...lores de la bandera republi- ...resos sobre la victoria po- ...16 de Febrero.
...Vallès fué difundido ese día ...sto del Comité pro-FRAP del- ...ilingüe) sobre la fecha y - ...o la maniobra de restauraci- ...ica y llamando a la Huelga - ...volucionaria para la resta--

...í se repartieron en mano a - ... la entrada en las fabricas, ...es de Serrata, Can Oriol, Jo- ...ago, y en la estación.
...es en Sabadell se repartieron ...as mismas hojas a la entrada- ...ica TICSA (próxima a la de Ar-

El comando del FRAP penetró en el, mismo recinto de la fábrica para repartirlas. Un portero fascista salió de su garita y cogiendo a un compañero por el brazo intentó - llevarselo hacia dentro, los demás se abalanzaron sobre él propinándole un golpe en la cabeza con una barra quedando además de mal herido escarmentado. Los trabajadores de TICSA han comentado muy favorablemente la acción, porque conocían por ellos mismos la catadura del portero en cuestión.

En Tarragona-Reus, fué difundida igualmente una octavilla del Comité de Tarragona del PCE (M-L) sobre la fecha.
Se hizo un reparto entre los trabajadores de la RUFINA de declaraciones del Comité de Cataluña del PCE (M-L) contra la maniobra carrillista de sus dirigentes.

EL DIA DE LA ENTRONIZACION DEL PELELE JUAN CARLOS HUELGA GENERAL REVOLUCIONARIA.

LEE Y DIFUNDE...

ACCION-Comité Coordinador pro-FRAP

UNIVERCIDAD POPULAR-F.U.D.E.C.

FRONT-Comité pro-FRAP de Cataluña

EMANCIPACION-Oposición Sindical Obrera-OSO-

VANGUARDIA OBRERA-Partido Comunista de España (marxista-leninista).

REFORMA AGRARIA-Unión Popular del Campo-U.P.C.-

JOVEN GUARDIA- AA.JJ.CC.(m-l)

ENSEÑANZA POPULAR -Unión Popular de Enseñantes U.PE.

- 15 -

En 1973, el FRAP ya preparaba actos contra la coronación de Juan Carlos I (1975), al que llamaban «pelele».

Del Vayo murió siendo presidente del FRAP —según decía, le gustaba este nombre porque resonaba al francés *frapper,* que significa «golpear»— y, sin embargo, fue rehabilitado junto con Negrín por el PSOE de Zapatero.

Portada de *Cambio 16* sobre el terrorismo del FRAP.

El libro más leído de la época sobre ese sector, *Qué son las organizaciones marxista-leninistas,* de Carlos Trías, eliminó al PCE (m-l).

Pablo Iglesias con Rafael Correa, cliente de CEPS, condenado por corrupción y prófugo de la Justicia en octubre de 2020.

Pablo Iglesias con Piedad Córdoba, supuesta mediadora de las FARC.

Pablo Iglesias, con Evo Morales, hoy perseguido por pedofilia. Errejón agradeció a Iglesias su «voluntad bolchevique» en su tesis sobre Bolivia.

Irán, aliado de Chávez y Maduro, comenzó a patrocinar a Pablo Iglesias en HispanTV.

Nicolás Maduro, hombre criado en Cuba y devoto de Sai Baba,
como el sanguinario Idi Amín Dada.

Hugo Chávez, admirado y llorado por los que desde CEPS formaron Podemos,
convirtió la democracia venezolana en una sanguinaria dictadura.

Represión y bloqueo de ayuda sanitaria, dos constantes del comunismo desde siempre.

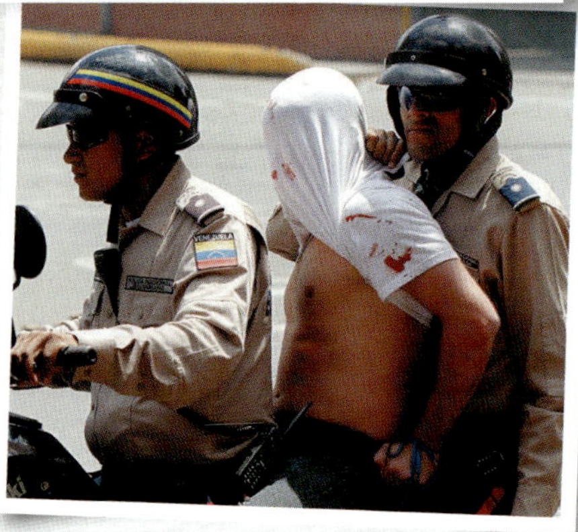

Apaleados, detenidos, secuestrados y torturados en Venezuela, algunas consecuencias del régimen que alaba Podemos.

Coche de la Guardia Civil, asaltado y destrozado por los «pacíficos manifestantes» del 1 de Octubre. Soraya Sáenz de Santamaría no quiso emitir los vídeos en los que se demostró toda la violencia de los golpistas.

El Rey, en su discurso del 3 de octubre contra el golpe en Cataluña. Podemos lo criticó. Cinco días después, un millón de barceloneses salieron a la calle con banderas de España.

Iglesias cuando era el «escollo» para formar un «gobierno de progreso».

El nacimiento de Falconetti, el presidente del Falcon.

El abrazo después del insomnio.

Iglesias intercambia fluidos con Domènech. El amor duró poco.

Vicepresidente y ministra,
los «marqueses de Galapagar».

Primera Pareja Presidencial de Podemos:
Tania Sánchez, depurada con Errejón, su
número 2, observada por los ya
«marqueses de Galapagar».

Friso de infectadas en la manifestación del 8-M desaconsejada por once informes de Seguridad.

Los nietos de Franco sacan su cadáver de Cuelgamuros.

El helicóptero del Gobierno que se lo llevó a Mingorrubio, en un gran alarde televisivo, como si Sánchez le ganara la guerra civil… a Besteiro. Todos los derechos cívicos de la familia Franco fueron atropellados por el tribunal de lo «tendencioso administrativo».

PROLETARIAS DEL
MUNDO, UNÍOS

SOLA Y
BORRACHA
QUIERO LLEGAR
A
CASA

APRENDE DEL COVID19
Y ÚNETE
CONTRA LA PLAGA

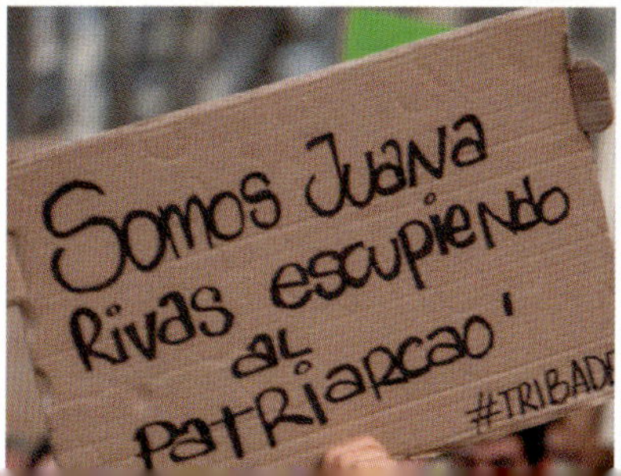
Somos Juana
Rivas escupiendo
al
patriarcao'
#TRIBADE

TE
DIRÍA
QUE
ERES UN
COÑAZO
PERO
TE
FALTA
CALI-
DEZ Y
PROFUN-
DIDAD
Estimúlame el
CLITORIS
pero no me
toques el
COÑO
8M

LA COPA
MENSTRUAL
EN LA BOCA
DE
ABASCAL

Congreso del Partido Comunista Chino. El régimen de Xi Jinping ocultó el virus e hizo desaparecer a los que lo contaron.

Disidentes chinos que sí alertaron al mundo de la pandemia: Fang Bin, Chen Qiushi, la doctora Ai Fen, el doctor Li Wenliang y Ren Zhiqiang.

Por supuesto, de lo que anuncia el periódico digital —que es el relato de lo que realmente hizo Javier Iglesias contra el franquismo— no hay una sola línea. Ni una.

Lo que resulta siniestro a los que vivimos aquellos años es ver, medio siglo después, a estos blanqueadores del crimen, viejales o chiquilicuatres presentando el terrorismo con el eufemismo —terrorista— de «lucha armada». El crimen no era la única manera de «plantar cara» a la dictadura. De los pocos antifranquistas que había, la gran mayoría estaba, estábamos, contra el terrorismo. El FRAP, el GRAPO y la ETA eran la excepción incluso entre los maoístas PTE, ORT u OCE (Bandera Roja). Los terroristas del FRAP nunca hicieron nada para derribar ninguna dictadura. Querían imponer la suya, la comunista, cuyo modelo era la de Mao y, luego, la de Hoxha en Albania.

Los grupos maoístas nacieron, y lo explicaron exhaustivamente, para impedir que del franquismo se pudiera salir de manera pacífica con un apaño institucional o con una «democracia burguesa», que sería aún más engañosa. Si de ellos hubiera dependido, no habría sido posible la Transición. De hecho, nacieron para impedirla. Al final, el antifranquismo no terrorista —básicamente el PCE— pactó con los franquistas; y la democracia pudo llegar de forma pacífica. Pero el PCE (m-l)/FRAP hizo cuanto pudo para impedirlo.

En la demanda de Javier Iglesias contra Álvarez de Toledo, la abogada pone a pie de página que el FRAP «luchó por la democracia». No habrá repasado la lista de víctimas de sus crímenes o confiará en que al juez no se le ocurra asomarse a los datos del Ministerio del Interior. De esas mentiras se alimenta el totalitarismo comunista. Y la mayor de todas es que los antifranquistas eran —éramos— demócratas. Si tanto ha calado entre los ignorantes de nuestra historia es porque es bonita y barata, aunque falsa. Un abogado cree que basta una nota a pie de página para consignarlo.

¿Sabrá algo más el juez del caso? Apenas hay libros con la historia de aquellos grupos comunistas y terroristas como el FRAP. «¡Ha pasado tanto tiempo! ¡Para qué hurgar más!», se nos dice. Pues por decoro intelectual y porque la herida del comunismo sigue abierta y hay que hurgar en ella para sanarla. La vuelta del comunismo en

España y otros países y en ámbitos tan decisivos de la vida cotidiana como el de la Ley, es fruto de esa pereza intelectual. Solo conociendo a fondo su historia valoraremos en sus justos términos las peripecias de estos golfos de la política y la fábula, a la que llaman memoria. Veamos, pues, la verdadera y sórdida historia del FRAP.

El FRAP, los partidos eme-ele de los sesenta y la sombra de Stalin

En el movimiento comunista internacional, dirigido por Moscú, se produjo un verdadero terremoto cuando Kruschev, en el Informe Secreto al XX Congreso del PCUS —el primero celebrado tras la muerte de Stalin—, filtrado pronto a Occidente, reveló y condenó los crímenes de Stalin contra sus propios camaradas. Ojo: no condenó o criticó que Stalin matara a muchos millones de rusos, sino a varios millones de comunistas. Pase lo de matar a Trotski, pero ¿qué necesidad había de liquidar a todo el vetusto politburó leninista? En el fondo, lo que instauró Kruschev y se mantiene hasta Putin es el derecho del dirigente comunista, digamos *Cualquierchev*, a morir en la cama rodeado del afecto familiar y de las riquezas y comodidades obtenidas tras largos años de sacrificio por el proletariado mundial y de abnegados servicios al Partido y al Estado. Vamos, que en el PCUS se pasó del paredón al derecho a la jubilación.

El problema del Informe Kruschev es que introducía una excepción mortal dentro del totalitarismo. Se empieza perdonando a los que rompen la disciplina (por definición, siempre acertada) del Comité Central y se termina publicando a Solzhenitsyn, como hizo Kruschev con *Un día en la vida de Iván Denísovich*[6]. Contra esa excepción «humanista» se rebelaron filósofos y militantes, y de los PC de todo el mundo nacieron los partidos eme-ele, por marxistas-leninistas, que reivindicaban, en el fondo, el derecho al geno-

---

[6] Alexandr Solzhenitsyn: *Un día en la vida de Iván Denísovich*. Tusquets, Barcelona, 2008.

cidio, sin excepciones, dentro o fuera del Partido y del Estado leninista. Es un problema doctrinal, y, en cierto sentido, moral. La moral de unos asesinos, sin duda, pero por la que los comunistas eran capaces de matar y, llegado el caso, morir.

Cabría pensar que, tras medio siglo del primer Estado comunista, era también una obligación moral de los comunistas hacer un balance de los éxitos y fracasos de la URSS, modelo que desde Stalin se expandió a un tercio del globo terráqueo. Pero eso significa no entender la naturaleza real del marxismo-leninismo. Si el comunismo se somete al método de prueba y error, a la corrección de la limpia doctrina por la sucia realidad, ¿en qué se diferencia de las corruptas democracias liberales y capitalistas?

Desde los primeros años de la URSS se sabe que los comunistas perjudican más que favorecen a los pobres. En los años cincuenta del siglo XX, se sabía que un obrero vivía mejor en un país capitalista que en uno comunista, salvo que fuese del Partido. Un obrero en la España de los sesenta ya vivía mejor y con más esperanzas de mejora que un obrero en la URSS o la RDA. Eso se sabe, siempre, por los que huyen, pero no se puede reconocer porque supondría renunciar al ideal comunista. Ese ideal, mezcla de esperanza, fanatismo, resentimiento y criminalidad, se abandona o se asume como un todo. Y se defiende lo indefendible por la famosa «disciplina comunista». ¿Que Stalin es lo peor del comunismo? Pues ¡viva Stalin! ¿El Gulag genocida? ¡Viva el Gulag! Ese es el trasfondo de los partidos eme-ele de los años sesenta, con la excepción de los trotskistas, condenados tanto por Moscú como por Pekín. Añádase la retórica «antifascista», refugio de todos los canallas hasta hoy y cuyo escaparate, convenientemente manipulado, es la Guerra Civil española.

Javier Iglesias es autor de un libro titulado *Stalin en España. La gran excusa*[7], al que ya nos hemos referido, y cuyo norte es el mismo que ha llevado al lavado de cara del comunismo de Podemos: reescribir la historia de la Guerra Civil y del franquismo, en favor de los comunistas de Moscú y de Madrid y, como en los años del

[7] Javier Iglesias Peláez: *Stalin en España. La gran excusa, op. cit.*

FRAP, en contra de la reconciliación nacional, que es lo que fue la Transición y es el régimen constitucional de 1978.

El estribillo es el de siempre: Stalin ayudó a la República porque no lo hicieron las democracias y, además, fue el vencedor de Hitler. Como si no hubieran luchado contra Hitler Gran Bretaña y los Estados Unidos. Y como si la URSS no hubiera pactado antes con Hitler repartirse Europa, empezando por Polonia. Pero los hechos se borran de la memoria y el estruendo de la propaganda sigue sonando. ¿No defendieron la Pasionaria y todos los PC del mundo, empezando por el de la Francia invadida, el pacto germano-soviético contra las plutocracias occidentales? ¿A qué tantos melindres? O somos comunistas o no lo somos. ¿Lo somos? ¡Pues viva el Terror Rojo! En el fondo, ese es el sentido último del FRAP.

Hablemos de los comunistas que —al margen del tercio de los PC que rompen con la URSS y buscan su modelo en la China de Mao— cuajan como movimiento global a partir de la invasión de Praga en 1968 por los tanques de la URSS y, paradójicamente, en el Mayo Francés del 68, muy antisoviético, pero tan comunista que se desliza en pocos años hacia la violencia y el terrorismo. La más importante elaboración teórica del 68 es la francesa: el Movimiento 22 de Marzo y la Gauche Prolétarienne son sus referentes organizativos, aunque a España —entiéndase la universidad y sectores muy escogidos— llega más el estructuralismo de Althusser y el maoísmo de Macciocchi y *Tel Quel*. Ya he contado mi experiencia al respecto en *Barcelona, la ciudad que fue*[8]. Gabriel Albiac, alumno de Althusser, ha hecho la gran oración fúnebre del 68, aunque no entierre a Sartre, clave en la frívola maoización de la época. Peor es el caso de Godard, que en *La Chinoise* hace un extraordinario retrato del fanatismo autocomplaciente del 68… del que él no ha salido.

Hoy parecen más propios de Mayo del 68 la Internacional Situacionista, a la que de hecho vuelve Antonio Negri, referentes en la tesis universitaria de Pablo Iglesias; o el Baudrillard de «la sociedad del espectáculo», pero el post-68 no fue así: ni en España ni en los

---

[8] Federico Jiménez Losantos: *Barcelona. La ciudad que fue: la libertad y la cultura que el nacionalismo destruyó*. La Esfera de los Libros, Madrid, 2019.

países vecinos Italia y Alemania. El problema de fondo era la violencia; y en última instancia, el terrorismo.

Contra lo que pudiera parecer, tanto Moscú como Pekín alentaban el terrorismo en Occidente mientras se reprochaban mutuamente pactar con él. La URSS, tras la crisis de los misiles en Cuba, lleva una doble política: lucha legal y parlamentaria para llegar al poder en sus partidos comunistas, pero también terrorismo para llegar al poder por la violencia, al modo de la Cuba de Castro y el Che. Ese es el espejo exótico de los *fellow travelers* o «compañeros de viaje» del comunismo, sobre todo universitarios, que son agasajados y guiados en sus viajes de placer y compromiso político al Paraíso Rojo. Y de él salen dispuestos a matar.

Los prosoviéticos siguen la línea de la Trilateral, la mayor reunión en La Habana de grupos terroristas del mundo entero y último espectáculo del Che Guevara[9]. Moscú mantiene la Universidad Patrice Lumumba para la formación de cuadros políticos, como Lenin tuvo la Academia Frunze para militares, pero prefiere que los grupos terroristas y guerrilleros no lleven ese sello de origen, para parecer más independientes y legítimos. Todo es una inmensa impostura. Moscú apadrina lo mismo a una guerrilla americana que africana, a la ETA, el IRA o la Fracción del Ejército Rojo (Baader-Meinhof). Al final, blancos y negros, islamistas y teólogos de la liberación, la ETA (m) y la (pm) entrenan juntos en Argel o en el valle de la Bekáa, con la OLP de Arafat.

España, en los últimos años del franquismo, que son los posteriores a la Revolución cubana y al Mayo del 68, sufre a la vez el impulso liberal de Berkeley, Woodstock y, en parte, París —nada hizo tanto por la liberación en el ámbito sexual como la píldora anticonceptiva, la *pilule*— y el empuje a la acción violenta, desechando las formalidades de la democracia burguesa e imponiendo el socialismo sin enojosos trámites intermedios. Al final, lo que se decidía era ir a una democracia *suya* o a una dictadura *nuestra*. El FRAP —desde su origen maoísta, el PCE (m-l)— había elegido *su* dictadura.

---

[9] *Vid.* el capítulo «El buitre Fénix», en *Memoria del comunismo, op. cit.*

La verdadera historia del FRAP

Cuenta la leyenda, o sea, la Wikipedia, que el FRAP nació en un piso parisino de Arthur Miller, viejo amigo de Julio Álvarez del Vayo, uno de los más fieles servidores estalinistas en la Segunda República y la Guerra Civil. La base de esa información no es simple propaganda. La avalan dos ensayos de consideración: «La oposición revolucionaria al franquismo: el Partido Comunista de España (marxista-leninista) y el Frente Revolucionario Antifascista y Patriota», de Carlos Hermida Revillas[10], que tiende a lo encomiástico; y el más académico «El FRAP entra en escena (mayo de 1973)», de Francisco José Setién Martínez[11].

Esa es la wikileyenda. La historia real es mucho más complicada, sórdida y apasionante. La conocemos porque, en 2015, José Catalán Deus («Ricardo Acero», en la clandestinidad), uno de los dirigentes destacados del FRAP, emprendió la tarea ciclópea de contar el último medio siglo de la historia de España a través de las enrevesadas peripecias de los grupos prochinos en la España de los años sesenta del siglo XX. *La chispa y la pradera* es la primera serie de la crónica *Del FRAP a Podemos*[12], titulada así porque el hijo de un militante del FRAP, tan orgulloso de su origen que recuerda cómo su padre lo arrullaba con canciones como *Los monarco-fascistas* del trovador de la banda, puede llegar al poder. Los primeros once tomos, que componen la primera serie, son los más valiosos pero, en conjunto, se trata de un archivo incomparable e inagota-

---

[10] Carlos Hermida Revillas: «La oposición revolucionaria al franquismo: el Partido Comunista de España (marxista-leninista) y el Frente Revolucionario Antifascista y Patriota». Revista *Historia y Comunicación Social*, n.º 2, 1997. Dpto. de Historia de la Comunicación Social, Facultad de Ciencias de la Información.

[11] Francisco José Setién Martínez: «El FRAP entra en escena (mayo de 1973). Discursos, mensajes y opiniones en la prensa de la época». Revista *Historia y Comunicación Social*, n.º 4, 1999. Dpto. de Historia de la Comunicación Social, Facultad de Ciencias de la Información.

[12] José Catalán Deus: *Del FRAP a Podemos*. Muñoz Moya Editores, Sevilla, 2015.

ble. Ahí está mucho de lo que, como suelen decir en Podemos, «muchos quieren borrar». Los protagonistas, deberían.

José Catalán Deus hizo también en 2013 un documental con el mismo título, *La chispa y la pradera*, que se puede ver en Filmin, con testimonios directos de los jefes del FRAP aún vivos. Pero, achacosos o vivarachos, ninguno se arrepiente de nada y exhiben la buena conciencia blindada de la extrema izquierda de entonces y de ahora. Por supuesto, se saben responsables, pero lo niegan. Matilde Muñoz dice en el minuto 48: «No éramos terroristas; las acciones eran otra cosa, no tenían nada que ver». Veremos al repasar sus crímenes lo que pueden pensar las víctimas, a las que Catalán Deus solo hace una referencia al final, entre los títulos de crédito, que podía haberse ahorrado. De hecho, los asesinados por el FRAP van menguando. En la segunda serie se dedica a los tres fusilados del FRAP y a las tres víctimas, pero fueron cinco, probablemente seis. La mala conciencia de «Ricardo Acero», que hoy condena sin ambages el terror, limita con las matemáticas.

Esa mala conciencia —aunque haga alguna trampa grave, como en el primer asesinato del FRAP diciendo que fue casual— la tiene el cronista Catalán Deus, no así los viejos cabecillas del FRAP en su película. Para los terroristas de los setenta, y para los de siempre, las víctimas son solo ellos. Si los juzgan, condenan y ejecutan por matar a alguien por la espalda, son «asesinatos del fascismo», sin más. La única diferencia —si vamos a lo más grave, que es matar y ser condenado a muerte— entre la España de 1975 y Francia, es que allí, tras un juicio más civil y con más ropones, quizá con Jacques Vergès de abogado de sus viejos amigos, los acusados habrían sido igualmente condenados y ejecutados en la guillotina. La pena de muerte se abolió antes en España que en Francia.

Lo más llamativo es el silencio del documental sobre Benita Ganuza («Elena Ódena»), líder del PCE (m-l)/FRAP casi desde la creación del partido en 1964 hasta su muerte en 1985. Es como si en una historia del PCE no se mencionara a la Pasionaria. Pero los libros de José Catalán Deus prueban que «Elena Ódena» fue más importante en la corta historia del FRAP que Ibárruri en la del

PCE. ¿Por qué a su viudo, «Raúl Marco», jefe del PCE (m-l)/FRAP y custodio de sus escombros, muerto en octubre de 2020, no se le preguntó por la novelesca vida de su esposa, cuyas *Obras completas* en dos tomos *on line* (Ed. Vanguardia Obrera) prologó? ¿O sí se preguntó y contestó, pero con el compromiso de no hacer público ese testimonio hasta su muerte? En todo caso, la primera serie de libros de *Del FRAP a Podemos* ofrece un impresionante abanico de testimonios sobre el maoísmo español de los años setenta, oculto u olvidado hasta que Pablo y Javier Iglesias lo resucitaron.

La importancia del FRAP con respecto al PCE

Los Iglesias a veces, y sus propagandistas más avisados siempre, presentan al FRAP como una locura de juventud de cuatro chalados que pagaron con su vida su afán en acabar con el franquismo a la fuerza. Pero no fueron cuatro, sino muchos más, y estaban tan chalados como los etarras o los grapos que suceden al FRAP en el proyecto comunista y el terror. No, no eran pocos ni estaban locos; eran bastantes y algunos dispuestos a matar. Lo demostraron. Pero incluso a los que vivimos esa época y estuvimos en la militancia antifranquista, comunista pero pacífica, nos resulta difícil recordar el perfil cuantitativo y cualitativo del FRAP. Porque en Madrid tenían mucha fuerza y en Zaragoza, cuando yo estudié allí, ninguna. Sin embargo, el asesinato del cónsul francés tras la quema del consulado zaragozano sucedió en esos años y en el PCE se atribuyó al FRAP, condenándolo; lo recuerdo bien. La diferencia esencial en la universidad de los primeros años setenta era esa: matar o no matar, aceptar y ejercer el terrorismo o condenarlo de verdad. La censura de prensa y la misma clandestinidad nos obligaba a movernos en un terreno nebuloso, donde las habladurías suplían la desinformación. Ni sabíamos los que éramos ni quién era quién, menos aún en los grupúsculos que daban el «paso a la lucha armada», que empezaba en un atraco y podía acabar apuñalando a un municipal.

Por esa falta de datos sobre nuestra propia historia me interesó mucho el libro de Horacio Roldán Barbero publicado en 2011 y con la cortesía de la brevedad: *El maoísmo en España y el Tribunal de Orden Público (1964-1976)*[13].

Tres años antes había publicado otro típicamente académico: *Los GRAPO. Un estudio criminológico*[14], que no añade demasiado a lo que sabemos de esos hijos del FRAP, que, mal que les pese, fueron los GRAPO. Roldán Barbero incurre en los eufemismos habituales de la izquierda académica, y dice preferir el término «violencia política» al de «terrorismo», o sea, como los terroristas. Pero es honrado en el tratamiento del material y, en asunto tan sujeto a la palabrería, exhibe la fría, implacable elocuencia de los números.

Por ejemplo, para explicar la enorme fuerza —no eficacia— de los partidos eme-ele o «prochinos» en la lucha callejera del final del franquismo, da las cifras de condenados por el TOP (Tribunal de Orden Público) en los años clave del FRAP, de 1972 a 1975, con 1973 como año central. Es el año de su primer asesinato y en el que, recordemos, Javier Iglesias Peláez, padre de Pablo Iglesias, va a la cárcel por tirar propaganda llamando a la violentísima manifestación del Primero de Mayo en la que se produjo el asesinato a puñaladas de un policía y decenas de heridos, dos de ellos graves, todos por arma blanca.

La Ley de Memoria Histórica ha borrado muchas cosas, pero no todas: estas son las condenas del TOP a los presos políticos de todos los partidos en los años de auge del maoísmo en España[15]:

1973: Comunistas (PCE), 55; Maoístas, 72; ETA, 31; CC.OO., 18.
1974: Comunistas, 41; Maoístas, 94; ETA, 26; CC.OO., 29.
1975: Comunistas, 38; Maoístas, 81; ETA, 29; CC.OO., 19.

---

[13] Horacio Roldán Barbero: *El maoísmo en España y el Tribunal de Orden Público (1964-1976)*. Universidad de Córdoba (UCO Press), Córdoba, 2011.

[14] Horacio Roldán Barbero: *Los GRAPO. Un estudio criminológico*. Ed. Comares, Granada, 2008.

[15] Horacio Roldán Barbero: *El maoísmo en España…*, *op. cit.*, p. 100.

La primacía del FRAP entre los grupos maoístas es absoluta:

1973: FRAP, 38; PCE (i), 17; MCE, 6; OMLE/PCE (r)/GRAPO, 5.
1974: FRAP, 49; PCE (i), 20; MCE, 11; OMLE/PCE(r)/GRAPO, 7.
1975: FRAP, 36; PCE (i), 18; MCE, 14; OMLE/PCE(r)/GRAPO, 5.

A partir de la muerte de Franco en 1975, hay una tolerancia de hecho con el PCE por su política de reconciliación nacional, que propugna el pacto con los sectores aperturistas del franquismo y que era la razón esencial de las escisiones maoístas, que negaban un cambio de régimen que no fuera violento y para imponer el socialismo. En 1975 se produce también la sucesión *de facto* del FRAP por los GRAPO, cuyos primeros asesinatos a los tres días del fusilamiento de tres terroristas del FRAP y dos de ETA, la OMLE (Organización Marxista Leninista de España), convertida en PCE (reconstituido), tardará tanto en reivindicar que, al principio, se atribuyeron al FRAP.

Pero lo interesante es comprobar, a través de la actividad del TOP, que los maoístas fueron en los últimos años del franquismo los más activos, pese a tener una organización mucho peor que los «revisionistas» del PCE, y que el régimen, aun cuando tardó algo en valorar la capacidad de acción de los grupos maoístas, desarrolla, desde el primer asesinato del FRAP en 1973 (año en que Iglesias Peláez ya participa en su actividad clandestina), una tarea seria de identificación y represión, no solo, aunque sobre todo, del FRAP.

Roldán Barbero nos proporciona un dato arqueológico precioso[16]: el primer signo de actividad maoísta en España que detecta la policía es de comienzos de 1964: unas hojas de propaganda firmadas «La Chispa», uno de los tres grupos prochinos españoles que formarán el PCE (m-l) y el más importante, porque a él pertenecen los líderes: Benita Ganuza y su primer marido, y luego, hasta el final, Benita y su segundo esposo.

[16] *Ibid.*, p. 101.

«Helena» y sus dos maridos o la Troya del PCE (m-l)

Los grupos La Chispa —cuyos primeros panfletos detecta la Policía franquista en 1964—, MOR (Mundo Obrero Revolucionario) y Proletario son las piezas que formaron el PCE (m-l), FER, Comité pro-FRAP y FRAP, nombres sucesivos de la misma organización, aunque subsistan rescoldos del origen. A ellos se unirá el grupo de Caracas de Paulino García Moya, primer y efímero presidente del PCE (m-l) y padre de Ramón García Cotarelo. Este, que anduvo en el PCE (m-l) y el FRAP, y acabó en la cárcel con su padre, al que no trataba, tuvo que convivir con la calumnia miserable de que su madre, que tenía una chocolatería en San Bernardo, era amante y confidente del comisario Conesa. Aquella maldad vengaba su belleza y demuestra el trabajo sucio del PCE contra los grupos a su izquierda. La patraña, que recuerda a la clásica de «la Dolores» de Calatayud, fue frívolamente difundida por Pablo Lizcano en *La generación del 56*[17] y malévolamente por Gregorio Morán en *Miseria y grandeza del Partido Comunista de España (1939-1985)*[18].

Coincidí con Cotarelo en *La Linterna* de la COPE, cuando la dirigía Luis Herrero, y de él recuerdo una cara de niño espantado y una propensión al exhibicionismo ideológico tarambana, que le ha llevado a militar en la Brigada Internacional del separatismo catalán, lo más clasista, xenófobo y racista de Europa, junto al separatismo vasco. Antes de eso, Cotarelo dirigió en la Universidad Complutense el primer trabajo académico de referencia sobre el FRAP, la tesis de Consuelo Laiz[19], y luego, se convirtió en mentor de Juan Carlos Monedero, que a su vez fue después el mentor de Pablo Iglesias e Íñigo Errejón y uno de los fundadores de Pode-

---

[17] Pablo Lizcano: *La generación del 56: la universidad contra Franco.* Saber y Comunicación, Madrid, 2006.

[18] Gregorio Morán: *Miseria y grandeza del Partido Comunista de España (1939-1985).* Planeta, Barcelona, 1986.

[19] Consuelo Laiz Castro: *La izquierda radical en España durante la transición a la democracia.* UCM. Facultad de Ciencias Políticas y Sociología. Dpto. de Ciencia Política y de la Administración II, Madrid, 1993.

mos. También ha sido el presunto receptor del dinero negro de Caracas, intermediario de Neurona y otras hazañas financieras. En ninguna, que yo sepa, ha tenido parte alguna aquel niño espantado llamado Cotarelo.

Pero volvamos al belén del FRAP, que es el PCE (m-l). Aunque, de los tres fundadores, La Chispa será el que se impondrá, el grupo más interesante es Proletario, llamado así por el panfleto del grupo, impreso en París. Su modelo era la revista *Révolution* de uno de los personajes más siniestros y ligado a más grupos terroristas del siglo XX: Jacques Vergès, «el abogado del terror», al que Barbet Schroeder dedicó un notable documental con ese título en 2007, aunque desconocía la relación del abogado de Klaus Barbie, «Carlos» y otros asesinos de masas con las lejanas raíces del FRAP.

La figura más importante de Proletario y redactor como «Martín Valdés» de sus piezas clave era Antonio López Campillo, gran personaje a quien conocí y traté mucho, ya vacunado del comunismo y convertido en socialdemócrata doliente, en el Grupo 16 (sus artículos en *Cambio 16* y *Diario 16* están en *La caída de la casa Lenin*[20]) y sobre todo como colaborador mío en la COPE ya en el siglo XXI, como gran divulgador científico, hasta que perdió la cabeza. Murió el 7 de mayo de 2019. Pero a López Campillo lo echaron por trotskista, término, con el de «anarquista» y «titoísta», que se usaba contra los que no veían el bien en la URSS de Kruschev. Lo sustituirá como teórico principal Lorenzo Peña, también de Proletario, y «número 3» del PCE (m-l)/FRAP.

El contacto de Proletario con La Chispa lo hizo un tal «Manolo» con Lorenzo Peña. Y tal vez fue Jacques Vergès, agente chino desde 1962 tras serlo de la URSS desde 1945, y abanderado del tránsito del comunismo al islamismo —como Roger Garaudy y su cliente «Carlos», que lo expone en *L'Islam révolutionnaire*[21]—, el que puso en contacto a los creadores del PCE (m-l) con Jacques

[20] Antonio López Campillo: *La caída de la casa Lenin*. Ed. Madre Tierra, Madrid, 1992.

[21] Illich Ramírez Sánchez, «Carlos»: *L'Islam révolutionnaire*. Editions du Rocher, Mónaco, 2003.

Grippa, el hombre que provocó la escisión del PC belga y se llevó la mitad al nuevo partido, convertido en el más importante del maoísmo europeo. Grippa repartía el dinero de Pekín, pagó el congreso fundacional del PCE (m-l) y su importancia en los grupos «maoístas» españoles se demuestra en que los tres más importantes: el PCE (m-l)/FRAP, el PCE (i) —luego PTE— y la OMLE —luego PCE (r)/GRAPO—, se fundaron en Bélgica. Ni París, ni Roma: en Bruselas... gracias a Pekín.

La base de Proletario eran jóvenes falangistas de izquierdas, de la leva que dos curas, el padre Gamo y el padre Llanos, hicieron en Moratalaz y en el Pozo del Tío Raimundo. El jefe era ese tal «Manolo», que convenció a los maoístas de La Chispa de dirigir un numeroso grupo «dispuesto a todo». Su segundo era Crespo, alias «Pepe», otro *echao p'alante*, que fue el iniciador de la «lucha armada» que preconizaban todos los partidos eme-ele, aunque fuera en los términos esperpénticos que más tarde veremos.

Pero vayamos al lío, o sea, al trío fundador del FRAP. Al principio, fue solo un matrimonio acomodado que vivía en Ginebra, formado por Benita Ganuza Muñoz, «Clara», y Marcelino Fernández Movillano, «Suré», ambos del PCE, él mayor que ella, con una hija biológica y otra adoptada. Los dos crearon la Oposición Revolucionaria Comunista y editaban el panfleto *La Chispa*, en recuerdo del *Iskra* («chispa» en ruso), fundado y editado, precisamente en Ginebra, por Lenin, que vivió exiliado allí muchos años.

Un día, Benita cambió su alias «Clara» por el de «Helena Ódena»; el apellido era por Paulina «Lina» Ódena García, joven comunista que se suicidó antes de que la detuvieran los falangistas y fue un mito de la Guerra Civil; el nombre, por Helena, cuya legendaria belleza provocó la guerra de Troya. Y exactamente eso pasó con La Chispa y después con el PCE (m-l)/FRAP.

Un día, a la cómoda casa de los Movillano-Ganuza llegó un joven obrero del barrio de Ventas, Julio Manuel Fernández López, que con el alias de «Raúl Marco» llegaría a ser el dirigente-consorte del PCE (ml)/FRAP durante medio siglo. Helena dejó a su Menelao, o sea, Marcelino, por su Paris, o sea, Julio, al que llevaba bastantes años, casi tantos como Marcelino a ella. Al principio, el lío fue a espaldas del marido, y durante algún tiempo vivían todos juntos y trabajaban por la revolución. Luego, la realidad se impuso, y lo que parecía pacto de camaradas se convirtió en guerra de celos y lucha de poder. Según Ángel Campillo —no López—, líder de Mundo Obrero Revolucionario (MOR), el tercer grupo que se unió a Proletario y La Chispa para formar el PCE (m-l)—, Marcelino y Benita ya habían roto en 1962, pero ella no formalizó su ruptura y su unión personal y política con Julio hasta la tormentosa constitución del partido en 1964.

Allí fue Troya, porque se enfrentaron abiertamente los dos maridos de Elena, que se quitó la H y ganó la guerra. Salvo los veinte años de diferencia que se llevaban Marcelino y Julio, los dos se parecían mucho en lo celoso, porque, aunque intelectualmente limitada, Elena tenía un magnetismo, un saber estar y una confianza en sí misma apabullantes.

En su primer matrimonio era el atildado Marcelino «Suré», al que sus enemigos acusaban de hacerse la manicura, el que llevaba las relaciones con China. Así que Julio «Raúl», con su complejo de inferioridad a cuestas, presumía de haber sido guardaespaldas de Ben Barka en Argelia. Elena preparaba los discursos, pero Julio no le dejó leerlos ni ocupar el primer plano. Era absurdo, porque todos, sin excepción, dicen que la que mandaba en el PCE (m-l) era ella. Pero por esos equilibrios en las parejas de poder, ella aceptó quedarse en la sombra y conservarlo a él. Hay un momento de película en esa historia: en 1964, Elena y Suré van a Pekín a contar sus planes de crear, al fin, el partido maoísta español y a pedir fondos. Y a la vuelta, Elena y Raúl van a Argel a lo mismo por lo mismo. De no mediar los celos, Truffaut habría podido rodar *Jules, Jim et Hélene.*

Pero mediaron. Suré quiso denunciar en el congreso fundacional del partido —en las zahúrdas del Teatro Alhambra de París, no en el wikipiso de Arthur Miller— la cara oculta de su exesposa... como espía británica. Pero no le dejaron hablar. Julio mantuvo secuestrado a su predecesor marital y a su grupo en el teatro durante el congreso, para evitar, dijeron, que los denunciasen a la policía. Suré nunca perdonó la afrenta, y sus seguidores, no él, acabaron en la OMLE (Organización Marxista Leninista de España) de Manuel Pérez Martínez, «Camarada Arenas», que tras pasar por el PCE (m-l) y la OMLE creó en 1975 los GRAPO para vengar a los fusilados del FRAP. A su pesar, el GRAPO fue el sucesor de «La banda de la Benita», como, según ha recordado Pío Moa, llamaban despectivamente al FRAP.

Las raíces terroristas del FRAP

Para entender el carácter terrorista del FRAP hay que desechar la propaganda de que la oposición al franquismo era básicamente pacífica y quería instaurar en España una democracia de tipo occidental. Solo el PCE, a mitad de la dictadura y por la evolución soviética hacia la «coexistencia pacífica» con Occidente, adoptó la política de «reconciliación nacional», la fórmula del PCI italiano de llegar al poder por medios pacíficos y, lo más importante, sin desmontar el sistema democrático como habían hecho las «democracias populares», satélites de la URSS, y antes, la «democracia de nuevo tipo», como llamaron los comunistas a la Segunda República desde 1936.

Pero eso suponía darle póstumamente la razón a Casado y Besteiro, pactar con el franquismo o sus herederos, cancelar el odio eterno al bando nacional y desechar la idea de que el republicano podía ganar la guerra que perdió en 1939. Todos los grupos que nacen a la izquierda del PCE en los sesenta parten del rechazo a la política del PCE de la reconciliación nacional —lo que luego fue la Transición— y propugnan volver a las armas para derrotar militar y políticamente al franquismo. El maoísmo fue la percha ideológica que permitía buscar financiación. La base era el rechazo violento, radical a una nación en que cupieran franquistas y antifranquistas.

Nadie que viviera en España y recordara el final de la guerra podía ver factible la vuelta a las armas, pero grupos de exiliados con cargos militares y políticos en el bando derrotado pasaban el tiempo en esas batallas de humo. Ninguno tenía la menor base social en España, por la eficacia represiva del régimen y porque tras la invasión del valle de Arán en 1944 por el PCE y el fracaso de los maquis o guerrillas —que acabó liquidando a la fuerza el propio PCE acusándolas, como el régimen, de «bandolerismo»—, se impuso la táctica, sugerida o impuesta por el propio Stalin, de «entrar» en las instituciones franquistas, a ver si así se hundía el régimen. Y se empezó por el Sindicato Vertical, donde prosperaron las «Comisiones Obreras».

Sin embargo, frente a esa juiciosa idea de Stalin adoptada por el PCE, se produjo en el exilio español un movimiento contrario, tendente a reverdecer laureles militares ya marchitos, y que desembocó en el FRAP.

En 1959, con el triunfo de Fidel Castro en Cuba, se abre el primer banderín de enganche para iniciar una guerrilla en España. Su jefe era el teniente coronel del Ejército de la República Alberto Bayo, cuyo intento de reconquista de Mallorca por la «armada catalana» (con más banderas catalanas que fusiles, como se burla Azaña en sus *Memorias*) fue un estrepitoso fracaso militar. Pero rescatado por el PCE y la URSS, como Ciutat y otros, para la guerrilla cubana y luego para el ejército y los servicios secretos de Castro, creyó tener una base para el sueño totalitario de la época: otra «Sierra Maestra», pero en España.

Para no comprometer al castrismo, Bayo actuaba en Caracas, aunque fechó en La Habana el nacimiento de la UCE, la Unión Cívica (o de Combatientes) Española. Catalán Deus la ve como antecedente histórico del FRAP. Yo creo que es uno de los tres con ambición militar-terrorista: el FELN de Álvarez del Vayo, el Movimiento Por la Tercera República y una UCE ya sin Bayo, que, tras llamar a las armas en las radios de Caracas, se volvió al PCE.

El Movimiento Por la Tercera República (MPTR) tiene su base en Argelia, que acaba de lograr su independencia y será pieza importante en la política exterior soviética de abrirse al Atlántico, desestabilizando desde el Sahara a dos países aliados de los Estados Unidos: España y Marruecos. Sus militares son más prestigiosos que los de la UCE de Bayo: Juan Perea y Vicente López Tovar, tenientes generales en la guerra y en la invasión de Arán. El escaparate político del MPTR es la UCE creada en 1959 por José del Barrio (ex-PSUC y Acción Socialista) y Constantino Álvarez.

¿Por qué fue el FRAP y no otro partido maoísta el único que se lanzó al terrorismo, llamado «lucha armada»? A mi juicio, una razón es que el FRAP fue el que acogió a esa especie de Ejército Fantasma digno de las novelas de Kadaré, momificado por Hemingway y tantos otros propagandistas de la Komintern, que en los años sesenta estaba compuesto por generales-comisarios y comisarios-generales y cuyo máximo representante era Álvarez del Vayo.

Una parte, la más politizada y estalinista, de ese ejército que en marzo de 1939 se había desbandado cuando todavía tenía 700.000 hombres armados y un tercio del territorio nacional, seguía negándose a reconocer la derrota militar no solo ante Franco —el PCE lo había hecho en 1949, diez años después de terminar la guerra, cuando disolvió los maquis a instancias de Moscú— sino ante los demás partidos del Frente Popular tras la guerra de los ocho días de marzo de 1939 en Madrid.

Aquellos jubilados con pensión del SERE —dinero robado a los españoles por Negrín— o de la JARE —dinero robado a Negrín por Prieto— alentaban fantasías de coñac en cafés convertidos en cuartos de banderas. Y nada lo refleja mejor que la declaración de guerra al régimen franquista del MPTR, cuyo brazo armado era el ERE (Ejército Republicano Español), y que recoge Catalán Deus en el tomo I de su magna enciclopedia frapera.

Tras anunciar que «empezará en el tiempo más breve posible el período de la guerra activa, implacable y permanente por la liberación de los pueblos de España» cuya meta es «una República Federal, Democrática y Socialista, sin admitir paliativos ni medias medidas de ninguna índole», declara conscriptos para su ejército a «todos los españoles que la edad varíe entre los 18 y 55 años no importan el sexo, estado, profesión y domicilio, deben considerarse movilizados» (...) «siguen bajo el código de las leyes penales republicanas en vigor en enero de 1939 y específicamente sobre represión y espionaje, alta traición, desmoralización y siempre y en todo caso dentro del código de justicia militar».

Era enero de 1964. ¡Aún podía haberse reenganchado el abuelo juez de Pablo Iglesias! Pero combatir al emboscado era la prioridad del Consejo de Gobierno y Estado Mayor General: «Descubrir y exterminar los espías, los saboteadores, desmoralizadores y traidores que emboscados en las filas del pueblo en armas pretendan impedir nuestra gran misión histórica. Así los servicios mencionados han decidido de establecer con diligencia y rapidez las fichas de aquellos que al servicio de la dictadura fascista operan contra el pueblo, como igualmente las policías secretas, que en uniforme de guardias civiles, armada, fuerzas especiales contra guerrilleros; en los tribunales militares y civiles, las casas de arresto, prisiones, etc., etc., delitos por los que serán indubitablemente juzgados cuando llegue la hora» (sic, sic y resic).

Frente a lo cochambroso de la prosa, destaca la importancia de los grados militares de sus jefes cuando se reúnen en Toulouse en 1962: Juan Perea, coronel del Ejército del Este; José del Barrio, teniente coronel del XVIII Cuerpo de Ejército, y, sobre todo, Vicente López Tovar, sucesor de El Campesino en divisiones de choque (la 42.ª y la 46.ª) y que tras ser teniente coronel de la Resistencia francesa (cuando los comunistas pasaron de apoyar a Hitler a combatirlo) dirigió la invasión del valle de Arán. Ben Bella, presidente de Argelia entre 1963 y 1965, fue siempre el gran apoyo de este grupo. Al caer, se acabó el dinero.

Para empezar una guerra de verdad contra un ejército de verdad, como el de Franco, aunque había pasado más de un cuarto de siglo del final de la guerra y veinte años del desastre del valle de Arán, suele hacer falta dinero, siquiera para mantener los sueldos de los jefes y empezar a sondear el terreno, que ninguno pisaba desde 1939. Alguien les puso en contacto con los servicios secretos israelíes, o ellos se ofrecieron, para secuestrar a Léon Degrelle, el viejo jefe rexista y pronazi belga que vivía retirado en una finca llamada «La Carlina» en la sierra de Cazorla. El comando fracasa en su empeño, cinco son detenidos y se salva un tal José Luis Espinosa que para Catalán Deus es —o empieza a ser desde entonces— el gran confidente policial de esos turbulentos años.

Pero lo importante para la historia del PCE (m-l) y el FRAP es que su órgano oficial *Vanguardia Obrera*, cuando llega el consejo de guerra contra los frustrados secuestradores, los llama «patriotas republicanos» y proclama que el ERE «es un grupo revolucionario estrechamente ligado con nuestro partido, de carácter patriótico y antiimperialista». No sucederá lo mismo con el FELN, Frente Español de Liberación Nacional, que crea Álvarez del Vayo, seguramente con dinero chino, porque fue el primero en viajar a China, tres veces, y publicar dos libros de encendidos elogios, más incluso que los dedicados a la URSS en *La senda roja*[22], que ya es decir. El «hombre de acción» de Álvarez del Vayo es Andrés Ruiz Márquez, que tal vez para no desmerecer ante tanto general se bautiza Coronel Montenegro. Su enlace en Biarritz con Vayo era otro viejo socialista: Eustaquio Cañas, y el nombre más vistoso que consiguió Vayo para el FELN fue el de Eduardo Ortega y Gasset, hermano del filósofo y exfiscal general de la República.

La actividad armada consistía en poner bombas en buzones, al menos en esa primera etapa que fue también la última, y, por suerte, no hubo víctimas mortales. Sin embargo, en los pisos del grupo se encontraron tres pistolas, bombas de mano, tres maletas de propaganda del FELN y un aparato para provocar explosiones a distancia que no se llegó a emplear. Condenado a muerte e indultado por Franco, se unió al PCE en la cárcel tras coquetear con el FRAP y salió de prisión en la amnistía de 1977. Vayo lo dejó tirado y el FRAP nunca reivindicó al FELN, aun siendo criatura de su presidente.

Imposible era negarlo con el FER, Frente Español Revolucionario, creado por el PCE (m-l) y antecedente directo del FRAP, que dirigió el llamado «Pepe», en realidad Crespo, y cuya acción armada más relevante fue disparar en la pierna a una criada que se opuso al robo de un piso en Madrid, cuyo armario con candado no pudieron reventar. La criada debió de gritar tanto que huyeron sin acercarse al quiosco que iban a robar después. Luego, Crespo, sin duda un hombre de acción, pidió la pena de muerte contra Elena y

[22] Julio Álvarez del Vayo: *La senda roja*. Espasa Calpe, Madrid, 1928.

Raúl como responsables de la caída de un coche con propaganda apenas llegó a la frontera. No lo consiguió por poco, una sola abstención, y tal vez ahí habría acabado el FRAP, pero la pareja fue recobrando los cargos de dirección hasta conseguir el control total. Crespo, expulsado, siguió por su cuenta hasta que lo pilló la policía. Se cree que en el PCE (m-l)/FRAP la vida activa era de unos tres años. Excepto los jefes, a salvo en Ginebra.

Pero ¿quién era «Elena Ódena»?

Benigna Benita era hija de un hacendado navarro y una señora de Bilbao, que desaparece en la caída de la ciudad en 1937. Con trece años, es embarcada a Inglaterra con otros cuatro mil niños, en una operación de propaganda similar a la de los niños enviados, para su desgracia, a Moscú. Al terminar la guerra, nadie la reclama, así que el PCE gestiona su adopción por una familia que la cría como suya. Poco tiempo, porque enseguida la joven Benita se dedica al activismo juvenil dentro del PCE. En 1946 consigue un puesto de traductora de la Unesco en París. Conoce a su primer marido, Marcelino —trece años mayor, que participó en la Guerra Civil y en la fallida invasión del valle de Arán—, se casan, tienen una niña, adoptan otra, y cuando Benita consigue un puesto de traductora en la ONU —la OMS— en Ginebra, con un excelente sueldo, la familia se traslada allí.

Su vida es muy confortable. Viven en el mejor barrio de la ciudad, veranean en la Costa Azul y esquían en los Alpes. Elena es elegante y tiene un magnetismo especial, aunque su formación es escasa y superficial. Se interesa por muchas cosas, hasta el latín, pero el interés le dura poco. Todos los que la trataron en el tránsito marital, que es cuando empieza su carrera política, señalan que el aspecto más significativo de su carácter era la voluntad, o más bien la confianza absoluta en imponerla. Y que antes de cualquier reunión, donde resultaba apabullante, solía preparar a los más débiles o indecisos para asegurarse la mayoría en favor de sus tesis.

Por cierto que la descripción de Elena como líder de reuniones y asambleas, no de mítines o acciones violentas, es idéntica a la de Abimael Guzmán, líder de Sendero Luminoso, el partido maoísta más importante y letal del mundo después del chino. Eso sí, Elena tenía unos hermosos ojos azules de los que carecía el creador del Partido Comunista del Perú «por el luminoso sendero de Mariátegui». Pero el carácter frío y dogmático y el uso de sus dos respectivas parejas para llevar a cabo la tarea política diaria es casi idéntico.

El camino al poder absoluto de Elena Ódena y Raúl Marco, o sea, Benita y Julio, tuvo solo un momento de peligro serio: la citada denuncia de Crespo pidiendo su asesinato por la caída del aparato de propaganda en la frontera, en lugar y fecha que únicamente podía conocer la dirección de Ginebra. Parece que la clave fue una frase de un policía al detener el coche: «¡Hombre, os esperábamos la semana pasada!», de la cual deducen que hay un topo y que ese topo solo puede estar en la cúpula: técnicamente Raúl, pero políticamente Elena, que era el cerebro de la organización. Estuvo muy cerca su eliminación, que supongo habrían evitado llamando a la policía suiza, pero cabía también la posibilidad de adelantarse y atacar ellos. La historia posterior del partido y el FRAP, interior y exterior, demuestra que no dudaban ante cualquier tipo de violencia, del secuestro al asesinato.

Lo que los salva es la caída de Paulino García Moya, «Valera», el padre de Cotarelo, que, de una manera absurda —que también se interpretó como delación—, decidió viajar a España ante el desastre organizativo del Partido y la falta de información al respecto desde la dirección ginebrina. Es importante recordar que Elena no había pisado su país de nacimiento desde hacía treinta años. Pero los que llevaban menos tiempo fuera tenían la misma ceguera ante el cambio de la sociedad española, que es espectacular en todos los ámbitos; y acaso el factor más importante es el afán generalizado de enterrar la Guerra Civil. Lo compensaban viajando a China hasta tres veces al año, con todo pagado. Sin embargo, a la fuerza tropezaron con la guerra civil que Mao desata oficialmente con su artículo «¡Fuego sobre el Cuartel General!», precedido de una serie de astutos movimientos que pasan por la utilización de los jóvenes que vivían en la propia Ciudad Prohibida contra sus mayores y por la sustitución del Partido por el Ejército, en manos de su delfín Lin Piao, para asegurar tanto la irreversibilidad de su consolidación en el poder como el control de los jóvenes iconoclastas que, insensatos, lleguen a creerse libres de criticar a toda autoridad, como predica Mao, e incluir en la crítica al propio Mao.

En la década que dura la Revolución Cultural, son continuos los vaivenes políticos, casi siempre obra del propio Mao, que tras derribar a Liu Shaoqi y humillar a su bella y cosmopolita esposa, Wang Guangmei, ferozmente odiada por Jiang Qin, la esposa de Mao —«su perro», diría después— y «el club de las primeras esposas» de los dirigentes del PCCh, recurre a Chu Enlai y Deng Xiaoping para compensar los desastres económicos de una revolución, que lo fue para toda una generación, pero cuyo único fin era el de asegurar el poder omnímodo de Mao, cosa que logró hasta su muerte.

Algunos españoles como Mercedes Rosúa vivían en China, por lo general ocupados en tareas idiomáticas, y años después publicaron su testimonio. Lo que pocos podían es vivir la Revolución Cultural desde dentro, como sucedió con los enviados por Elena, su primer marido y luego el segundo: varias decenas, invitados por el Partido y que de pronto eran apresados por los Jóvenes Guardias Rojos. Solo hay un testimonio de esa experiencia: el de Julio Ferrer, «Alejandro», que recoge José Catalán Deus[23] y que en su caso le sirvió para abandonar el maoísmo y todo lo que se le acercase. Lo mismo sucede con Grippa, primer maoísta europeo y primer tesorero de los partidos eme-ele, belga como Simon Leys, que fue el pionero —junto al decano de la sinología francesa Lucien Bianco— en denunciar la impostura de la Revolución Cultural en su libro *Los trajes nuevos del presidente Mao*[24].

Sin embargo, aunque de esos viajes no pocos salen espantados o, al menos, vacilantes, el PCE (m-l) se mantuvo fiel a Mao. Elena

---

[23] José Catalán Deus, *op. cit.*, tomo I, pp. 233-235.

[24] Simon Leys: *Los trajes nuevos del presidente Mao. Crónica de la Revolución Cultural*. Tusquets, Barcelona, 1976.

y Raúl, como Abimael Guzmán, otro asiduo de China entonces, mantienen una defensa sin fisuras de la Revolución Cultural. La realidad los dejará en ridículo cuando, en 1973 —el mejor momento del Partido y el FRAP, y tras dos años de engatusamiento—, Mao establezca relaciones diplomáticas plenas con Franco. Entonces virarán hacia Albania, pero nunca harán una crítica seria a Mao, que tendría que ser autocrítica. Se cambió de padrino financiero, y punto.

La caída de Paulino García en 1966 se produce cuando Elena y Raúl están apartados de la cúpula del partido y pende sobre ellos la amenaza de ser asesinados, que se diluye poco a poco en el caso de Elena y que ella aprovechará para recuperar a Raúl y asumir todo el poder. A Paulino no lo delata nadie. Lo convence el padre Gamo, un «Mosén Intrépido» (Franco llamaba a Ruiz Giménez «Sor Intrépida») que, junto al padre Llanos, como ya dijimos, había catequizado en rojo al grupo Proletario, entre otros. Gamo le asegura a Valera, o sea, Paulino, que él le busca dos curas para pasar la frontera francesa y a partir de ahí podrá llevar a cabo su tarea: saber qué estaba pasando con Crespo y su apistolado FER y con el apostolado, también llamado proselitismo, que no lograba captar nuevos militantes, al revés. Por supuesto, Paulino pasó bien la frontera con los curas, llegó a Madrid y solo horas después estaba detenido por la policía, que seguía al intrépido mosén.

Fue una detención absurda y voluntaria, que propició la entronización del tándem Elena/Raúl al frente del partido y/o del FRAP durante veinte años. La fórmula de recuperación fue sencilla, casi como las de Deng por Mao: fue a buscarlos Ángel Campillo tras la caída de Paulino, al ver a Lorenzo Peña dedicado incansablemente a hacer papeles, pero incapaz de coordinar aquel rompecabezas. Se daba la circunstancia de que Peña —que, tras varios años en la cúpula, un día de 1972 simplemente desapareció— era el responsable, con Paco Sandoval «Matías», hijo del dirigente del PCE, de decidir el futuro de Elena y Raúl. Pero cuando Campillo le dijo que había que ir a verlos, lo aceptó. De ese modo se resolvió el vacío de liderazgo. La política era cosa distinta.

La obsesión permanente con el terrorismo

Leer los números de *Vanguardia Obrera* o la obra en dos tomos de Elena Ódena con prólogo de Raúl Marco es una penitencia adecuada para los que buscan alguna virtud, teórica o práctica, en el maoísmo frapero. No hay vuelo literario, como en Gramsci, Lenin, Trotski o Rosa Luxemburgo, y, dentro de España, en Castro Delgado, Gorkin, Víctor Alba y el grupo del POUM en general. Todo se reduce a consignas machaconamente repetidas y a valoraciones disparatadamente optimistas sobre sí mismos y su fuerza y asombrosamente pesimistas sobre el futuro del régimen franquista, que cabe sintetizar en una tesis: el régimen está a punto de morir, por capitalista y fascista o viceversa, pero solo el PCE (m-l), gracias a la justeza de su línea marxista-leninista-pensamiento Mao Tse Tung, es capaz de rematarlo. De paso, se condena no solo a los «carrillistas» o «revisionistas», sino a todos los grupos a la izquierda del PCE que no reconozcan la existencia y el liderazgo indiscutible del PCE (m-l). A esos se les llama —en el estilo de Lenin agravado por Mao— sanguijuela, rata, gusano o piojo, según los casos.

Pero la preocupación del PCE (m-l) nunca fue la teoría sino cómo pasar a la acción, ya que solo la violencia podía distinguirlo del PCE y de los demás grupos de extrema izquierda. A finales de 1967, se anuncia la desarticulación de un grupo maoísta en Valencia que había recibido en Francia, en la 9 Rue Saint-Michel, formación política y también técnica en el manejo de explosivos. El jefe es Segundo Martín Cantalejo, de Buñol; otro, luego importante, es Vicente Pérez Plaza; el «imán de masas» eran los Sindicatos Libres; había, cómo no, un cura de enlace, y el grupo, a juzgar por las detenciones, constaría de unos diez. Se les incautaron «toneladas» de propaganda china, algo que, según recuerdan los que vivieron esa época, no era invención policial. Si los chinos te reconocían como buzón político, te llovía una enorme cantidad de publicaciones; y algunas, de gran calidad. Aun así, ni el PCE (m-l) ni el FRAP, tan amigos de atribuirse cosas, recordaron nunca ese primer intento serio de atentar con explosivos, que fue el último.

En ese 1967 se produce el segundo congreso del Comité Central del PCE (m-l), nada menos que tres años después de la fundación del Partido. Pero de por medio está lo que Raúl Marco, en un discurso de 1971 ante el PTA de Albania, cuenta así:

> En el verano de 1965, nuestro partido tuvo que combatir, desenmascarar y derrotar a los bandidos trotskistas que se habían introducido en nuestras filas. Esos elementos degenerados en todos los terrenos fueron derrotados y expulsados y nuestro partido se fortaleció y sacó ricas experiencias de esa lucha.[25]

Los «bandidos», que en realidad se fueron antes de que los echaran, tenían como jefe a Felipe Martínez Marzoa, joven talento cuya *Historia de la Filosofía* en dos tomos leí con algún provecho, y que publicó textos de teoría marxista en los años setenta como *Revolución e ideología*[26], abstrusos pero muy por encima de la producción de la época, ni que decir tiene que a años luz de los artículos de *Vanguardia Obrera* o los de Elena Ódena. Su tesis de 1982 versa sobre «La teoría del valor de Marx en la filosofía moderna», y luego habitó, creo, una cátedra catalana.

Pero el «bandido trotskista» más brillante era Chicho Sánchez Ferlosio, fabuloso personaje a quien traté en los comienzos de Antena 3 de Radio, contertulios ambos de la *Hora Cero* de José Luis Balbín, y, sobre todo, de las cenas posteriores en un restaurante italiano a la vuelta del VIPS. Chicho contaba con mucha gracia su estancia como encargado de la propaganda radiofónica del PCE (m-l) en Albania y cómo lo echaron de Tirana, junto a su mujer, por *hippie*. Le sustituirá «Ricardo Acero», o sea, José Catalán Deus, que resistió mejor. Chicho —autor del *Gallo rojo, gallo negro*, cuyo estribillo «si cantara el gallo rojo / otro gallo cantaría» ha sonado en tantas noches de antifranquismo etílico— hubiera sido mejor juglar del FRAP que el oficial, Pedro Faura, con cuya canción *Los monarco-fascistas* decía Pablo Iglesias que lo acunaba su

---

[25] José Catalán Deus, *op. cit.*, tomo I, p. 203.

[26] Felipe Martínez Marzoa: *Revolución e ideología*. Fontamara, Barcelona, 1979.

padre, el militante del FRAP que ahora resulta que nunca fue del FRAP.

El caso es que, desenmascarados e idos los «bandidos trotskistas», el partido está en los huesos al llegar el II Congreso. Su logro es editar una versión del libro rojo de Mao, minúsculo y en papel biblia: *Línea y programa del PCE (m-l)*, libro de devoción y detentebala o detenteduda del militante. Catalán Deus termina el tomo I de *La chispa*, «Los prochinos y su quimera», con algunas de sus frases sobre la toma del poder mediante la violencia:

> Solo por la violencia puede abatirse el poder de las clases dominantes reaccionarias e implantar el poder de las clases revolucionarias (puesto que el poder estatal se ejerce mediante un aparato militar).[27]

Este punto prácticamente calca el Manifiesto Comunista de 1848. Lo específicamente español tiene un desarrollo más implacable en el punto 87:

> Es preciso crear y desarrollar destacamentos de fuerzas armadas revolucionarias. En el desarrollo de dichas fuerzas armadas se ponen en marcha muy diversas formas de violencia. Pero el proceso debe culminar, necesariamente, con la insurrección armada de las masas populares.[28]

Esto es leninismo puro: se partirá del terrorismo en las ciudades y del bandolerismo en el campo hasta lograr un ejército que gane la guerra civil. En rigor, para Lenin, Trotski y sus predecesores Marx, Bakunin o Blanqui, la lucha de clases es ni más ni menos que la guerra que continuamente hace el capital al trabajo, el propietario al asalariado, el burgués al proletario. No importan la paz o la prosperidad que reinen en una sociedad; la tarea de los comunistas es poner de manifiesto el trasfondo oscuro de esa visión clara, destruir las ilusiones de coexistencia entre las clases so-

---

[27] José Catalán Deus, *op. cit.*, tomo I.

[28] *Ibid.*

ciales y llevar al proletariado a la conciencia revolucionaria y a la creación de un partido y un ejército que sean capaces de ganar la guerra civil e implantar el socialismo. Según el ritmo que marquen las circunstancias, pero sin posibilidad de marcha atrás. No se trata de un golpe, una batalla, que se pueda ganar o perder. Se trata de luchar hasta vencer y destruir al enemigo, de ahí su ilimitada duración:

> 88/ (...) es imprescindible, en general, una guerra popular de carácter prolongado, puesto que un aparato de represión tan fuerte, tan centralizado y organizado como el del capital financiero y sus lacayos no se puede abatir de un golpe ni en unas cuantas batallas, sino que para derrocarlo es necesario un ejército popular, que solo puede surgir y desarrollarse en la guerra revolucionaria.[29]

Esto es, literalmente, Mao en *La guerra popular prolongada*. Y si tan fuerte es el aparato de represión capitalista, ¿qué hay de España?

> 89/ Si las anteriores leyes tienen un carácter general, en el caso de España se manifiesta aún más claramente la necesidad de una guerra popular, teniendo en cuenta que nuestro país sufre una feroz y sanguinaria dictadura fascista, que es, a su vez, un instrumento al servicio de la potencia imperialista de todos los tiempos, los Estados Unidos. En España la dictadura de la oligarquía proimperialista se ejerce, en su forma más violenta, a través del Estado yanqui-franquista, que se apoya en un monstruoso aparato terrorista (Ejército, Guardia Civil, Policía Armada, Brigada Político Social (B.P.S.), bandas de la reacción, etc.). Mediante ese Estado el imperialismo y la oligarquía ejercen la más despiadada represión sobre el pueblo, persiguiendo sanguinariamente toda acción de lucha por parte de las masas.[30]

El protagonismo del PCE (m-l) es esencial... según el PCE (m-l):

---

[29] *Ibid.*

[30] *Ibid.*

> 90/ La lucha armada revolucionaria surge en el seno del pueblo trabajador únicamente como resultado de una tenaz agitación y propaganda políticas. Solo mediante la labor propagandística de las organizaciones de vanguardia, fundamentalmente del Partido Comunista de España (m-l), podrán las masas estar ideológicamente capacitadas para comprender la necesidad de levantarse en armas contra la dictadura yanqui-franquista.[31]

Es decir, que cualquier violencia solo será legítima si la avala el Partido, este partido y ningún otro. Pero ¿cómo empezar? Igual que Mao:

> 92/ Del seno de estas luchas de masas, y al calor de las mismas, se irá iniciando la lucha armada, que podrá tomar cuerpo primero en las zonas rurales apartadas, por ser estas las que más pronto escaparán al control de la oligarquía proimperialista. Solo a través de la lucha armada en el campo le será posible a las fuerzas revolucionarias acumularse, fortalecerse, aguerrirse, ir logrando victorias parciales sobre el enemigo hasta derrocarlo, y, con el apoyo de la insurrección general armada de todo el pueblo, liderar [sic. liberar] al país del yugo de la oligarquía yanqui-franquista y establecer un poder popular.[32]

Esto decía el librito de cabecera del partido en 1967. En 1973, cuando tenga lugar el I Congreso del PCE (m-l) ya como nave nodriza del FRAP, empezar la lucha armada en el campo se cancela sin mayores explicaciones. Si no lo desconocieran todo de la historia de China y del propio Mao, que se preocupó mucho de reescribirla, sabrían que la opción de «cercar las ciudades desde el campo» se impone tras los continuos fracasos en todas las insurrecciones comunistas en las áreas de Shanghái y Cantón. Incluso en Shaoshan, donde nació Mao, quedó el recuerdo de los sangrientos fracasos de esta táctica, en la que insistía la URSS de Lenin y luego de Stalin, que pagaba y mandaba en el PCCh.

---

[31] *Ibid.*

[32] *Ibid.*

Pero no era solo una «traslación mecanicista», por usar la jerga eme-ele, de la táctica bolchevique en Rusia, con el golpe de fuerza en dos ciudades, Moscú y San Petersburgo. China, que, como Rusia antes de la Primera Guerra Mundial, tenía un crecimiento económico vertiginoso, se le parecía lo suficiente como para que los enviados de la Komintern pensaran así. En los años veinte y treinta, en las zonas bajo control extranjero, en torno a los grandes puertos como Shanghái y Cantón, se desarrolla el proletariado chino, escaso, pero que, según el dogma marxista leninista, es el único que puede guiar la Revolución. Si en Rusia era, en 1917, el 1,5 por ciento de la población (que con los bolcheviques se quedó en 0,5), en China no alcanzaba ni de lejos esa cifra, y no había contratos de mano de obra tan libres como en Rusia, porque las potencias, Gran Bretaña y Francia, de las zonas tenían un control mayor.

Aunque no había en China lo que en Rusia se llamó servidumbre —abolida por Alejandro II a mediados del siglo XIX, y no por Lenin, como dicen ahora majaderos podemitas del estilo del iletrado Sánchez Mato—, el interior tenía formas muy arcaicas de poder, sólidamente engastadas en la estructura familiar y la moral confuciana. La situación de los trabajadores en el área sureste de China, la más próspera y modernizada, era la que más posibilidades de insurrección ofrecía. Las restricciones sindicales eran mayores que en la Rusia de 1917, aunque mucho menores que en la URSS, pero resultaba razonable la apuesta soviética de buscar un golpe de fuerza, una insurrección urbana, contra un inmenso imperio rural en decadencia.

Se intentó repetidamente, con más gente de la que tuvieron los bolcheviques, y repetidamente fracasó. La teorización del cerco del campo a la ciudad fue una solución política y personal de Mao, tras elaborar —al modo de Lenin en sus primeros textos sobre Rusia, aunque apenas lo había leído— un informe que es su primer texto y de los pocos originales que se conservan, en el que declaraba casi proletariado al campesinado pobre, con lo que sobraba proletariado en China. Pero Mao no era el hombre de Moscú y se entendía bien con los bandoleros rurales, de los que aprendió la táctica de huir a la primera ocasión evitando bajas. La Larga Marcha no es más que una huida, sin plan alguno, de Chiang Kai-shek, en la que perdió nueve de cada diez hombres. Luego, en Yennan, creó la leyenda de una brillante táctica que era simple inferioridad, y que copió todo el maoísmo occidental.

¿Por qué el PCE (m-l) abandona la idea típicamente maoísta de cerco del campo a las ciudades, como la inició Sendero Luminoso desde Ayacucho en 1980, pocos años después de que el PCE (m-l)/FRAP empezara a matar? Seguramente, al fracasar, como vimos antes, su plan de atentar con explosivos, que Sendero sí pudo llevar a cabo tras robar dinamita de las muchas minas del Perú. No se explicó; tal vez Elena Ódena, líder real del partido y que no había pisado España en treinta años, se enteró del inmenso éxodo del campo español a las grandes ciudades en los años sesenta. Eso sí que era proletariado.

Pero lo indudable es que años antes de su primer asesinato, el PCE (m-l), primero con las FER y luego con el FRAP, solo concibe la acción política en España mediante la violencia. No es porque luche contra una dictadura que no deja otra opción; de hecho, en esos mismos años sesenta, PCE y CC.OO. ganan terreno en muchos ámbitos, aprovechando o forzando la legalidad franquista. Es por la ideología comunista del PCE (m-l) y sus militantes, que desprecian la democracia y buscan imponer su dictadura.

Como dice Catalán Deus tras las citas sobre la violencia y la guerra del libro rojo del PCE (m-l):

> Más detallado, imposible. La revolución armada está prevista desde que los chinos inicien su andadura, aunque les haya costado tres años redactarla en ortodoxos términos maoístas. Procurar impulsar las protestas sociales hacia la violencia será una escalada en su actuación cotidiana que terminará plasmándose en «autodefensa» callejera con cuchillos en 1973 y en ataques con pistolas en 1975. Una escalada irremediable e irreversible.[33]

[33] José Catalán Deus, *op. cit.*, tomo I, p. 340.

No será tan coherente en el tomo IV, al tratar el primer asesinato del PCE (m-l), que quiso celebrar con sangre su I Congreso… y lo consiguió.

El primer y anunciado asesinato del FRAP

En 1967, el PCE (m-l) era una cáscara vacía, cuyo librito rojo era una mezcla de retórica maoísta y delirios seniles de ancianos combatientes de la Guerra Civil, cuyo análisis de la realidad hemos visto en la declaración de guerra del Movimiento Por la Tercera República, que el PCE (m-l) reivindica como camarada. Y lo era, como el FELN de Álvarez del Vayo, pero cuyas acciones bélicas —aparte de cobrar de Argelia y hacer escalafones de mando— naufragaron en el secuestro fallido de Léon Degrelle.

Sin embargo, en el curso 69-70, que recuerdo bien porque es en el que entré en la Universidad de Zaragoza, el ambiente era muy distinto. Nunca se ha estudiado, porque sería reconocer el mérito de la dictadura, el enorme aumento de estudiantes que, terminado el bachillerato con las becas rurales del franquismo, democráticas cuanto meritocráticas, llegaban a una universidad en un clima de exaltación, temor, expectación y divertido caos. Tras el 68 todo había cambiado sin haber cambiado nada, pero se tenía la impresión de que todo podía cambiar con chasquear los dedos. Entre lo *hippie* y lo maoísta, Nanterre y Berkeley, la Nouvelle Vague y Woodstock, era como si un mundo se estrenara o estuviera por estrenar. Era una moda, pero nada mueve más a un animalito leído con dieciocho años que la moda, sobre todo cuando, como explica Von Mises sobre el socialismo antes y después de Lenin, la lucha contra el capitalismo añade la abolición de la represión sexual.

Entre las novedades hasta entonces prohibidas, estaba la política. En especial, la que negaba el juego político: el comunismo marxista-leninista. Y así, entre 1970 y 1972, el PCE (m-l), ya con el FRAP en la recámara, se vio con una capacidad de atracción de militantes que jamás había tenido. Y que desde 1973, cuando perpetra su primer asesinato, no volvería a tener jamás.

Su habilidad, copiada del PCE pero con audacia y eficacia, fue crear unas asociaciones-pantalla por sectores: la Oposición Sindical Obrera (OSO), abandonada por el PCE, se convirtió en su sindicato; la FUDE, también abandonada por el PCE en favor del SDEUM, era su asociación universitaria; la Unión Popular de Artistas (UPA), su escaparate cuché; la Unión Popular de Mujeres (UPM), el feminista, hasta que decidieron que era más útil integrarla en la OSO; la Unión de Juventudes Comunistas de España (m-l), para captar jóvenes aún de segunda enseñanza o formación profesional; o la de Profesionales, como todos los partidos ilegales, para abogados, médicos y otras profesiones liberales o del sector servicios.

En 1972 tiene lugar el I Congreso de la FUDE, la Conferencia Nacional de la OSO, se fundan las Juventudes, JCE (m-l), se asienta la Unión Popular de Artistas y se crean unas Juntas de Acción Popular, que con ese u otro nombre se desdoblan por sectores. Y por encima de todo, el FRAP. La fórmula creada ese año es llamarle «Comité pro-FRAP», pero era mera imagen, por si picaba algún burgués antifranquista con dinero, harto necesario en plena expansión y en la clandestinidad. En realidad, el FRAP, bajo forma de Comité-Pro, se anuncia en 1972 y se quita lo de Comité-Pro en 1974, porque no engañaba a nadie y porque en el Congreso de 1973 se dice que el PCE (m-l) tiene fuerza para impulsar la llamada lucha armada solo.

Pero conviene recordar el FER de Crespo, el MPTR de Perea y demás añosos militares en Argel, el FELN de Álvarez del Vayo y su «coronel» Montenegro, la frustrada escuela de explosivos en Francia o la de una universidad utilizando las taquillas de la tuna para guardar propaganda del PCE (m-l), pistolas y explosivos. Es casi un milagro que ninguno de esos intentos se tradujera en asesinatos o secuestros. Y es sorprendente también la benignidad de los jueces franquistas que no se tomaban en serio una actividad terrorista que aún no cosechaba muertos. Entre los juicios sobreseídos, los que no se llegaron a ver por las amnistías de la Transición y los delitos que prescribieron, puede decirse que hasta el 73 con el asesinato de un policía por el FRAP y el de Carrero por la ETA, la Justicia no se tomó el terrorismo en serio. Eran más duras las condenas por asociación ilícita, política o sindical, pero pacífica, que las de aquellos jóvenes que conseguían explosivos y alguna pistola para la «lucha armada».

Sin embargo, teoría y acción iban unidas. En el número 10 de *Acción*, para impulsar una huelga general el día de la coronación del príncipe Juan Carlos, se dice que hay que «orientar todas las luchas, independientemente del marco en que se desenvuelvan, contra esta continuación del franquismo (...) por el único camino por el que puede ser llevada consecuentemente hasta el fin: la lucha armada». Nadie en la FUDE, la OSO, la UPA, la UPM, las JAP, las JCE (m-l) y, por supuesto, el PCE (m-l) que las dirigía y abarcaba todas, podía tener la menor duda de que militaba en una organización que, para cambiar el régimen, no solo se proponía el uso creciente de la violencia, sino que negaba cualquier otra vía.

El I Congreso del FRAP en Italia

El I Congreso del PCE (m-l) se celebra al inicio de 1973 en Italia, en un albergue de los Alpes, por las gestiones de Riccardo Guccialino ante otra organización maoísta, Servire il Popolo, que dirige un personaje curiosísimo llamado Brandirali, que acabó en el grupo católico Comunión y Liberación. Para no molestar a China, de la que también dependían los eme-ele italianos, y que reconocía al grupo de Suré —o sea, Marcelino Fernández Movillano, el primer marido de Elena—, el Congreso se anuncia como del FRAP. De hecho, lo fue, porque el meollo fue explicar a los allí reunidos que, tras la extraordinaria expansión de sus organizaciones, prueba de su acertado análisis sobre la situación española, era el momento de *frapper*, golpear, es decir, de armarse, atacar... y matar.

En el tomo IV de *La chispa y la pradera*, Catalán Deus reproduce una charla posterior con Graíño o «Bujalance», que, tras la súbita huida de Lorenzo Peña un año antes y tras varios en la cúpula, se convirtió en la tercera pata de un taburete de dos, Elena y Raúl. Él hizo el informe sobre el FRAP:

> En el congreso yo fui quien leyó el informe sobre el Frente, porque me eligieron por mi estadía en China y Albania. Había analizado y estudiado los frentes de liberación de los dos países y había llegado a una conclusión de lo que debía ser el FRAP, no un organismo del Partido, ni mucho menos debía someterse a la disciplina del Partido. Era un frente amplísimo donde podían entrar todos los antifranquistas, fueran de derechas o de izquierdas.[34]

Desde luego, si algo había estudiado, se había enterado de muy poco. Nunca, salvo al final de la guerra civil con Chiang Kai-shek y solo gracias al respaldo militar de la URSS y al abandono o traición a Chiang por los Estados Unidos (la más grave, aunque no la más sórdida: después llegó bahía de Cochinos) hubo algo parecido a un Frente con derechistas en China. Algún ingenuo quiso creerse la propaganda de Mao para no dejar su país, pero el Frente era un pseudónimo del PCCh, que, cuando le sobró el camuflaje, lo liquidó. Por otra parte, como añade Catalán Deus al brumoso recuerdo de Graíño:

> En los dos años largos de existencia del Comité Pro-FRAP nunca se habían cumplido tales presupuestos. Y nunca se cumplirían tras proclamarse: siempre estuvo sometido a la disciplina del partido y nunca hubo ni un solo «antifranquista de derechas», es decir, burgués y moderado.[35]

No podía haberlo, dadas las resoluciones de ese mismo congreso, que declaraba, por sí y ante sí, que había que «proclamar el FRAP» ya, porque se daban las condiciones para empezar la lucha final... armada. La parte del informe que, según la retórica comunista, se hace al PCE (m-l) tiene un capítulo titulado «Hacia la proclamación del FRAP», que dice:

---

[34] José Catalán Deus, *op. cit.*, tomo IV.

[35] *Ibid.*

> Para ir a la proclamación del FRAP lo importante no son las debilidades actuales de que el movimiento de unidad popular pueda adolecer. Ese ha pasado a ser el aspecto secundario. Lo determinante es si el FRAP es necesario para la lucha revolucionaria, si las masas así lo entienden y se incorporan a él. Estamos convencidos de que este aspecto principal se da ya en España, no en forma elevada, pero se da.[36]

Tanto el análisis como la decisión la toman en Ginebra. Nadie que pudiera haber sido parte del FRAP, como algo distinto del Partido, ha sido consultado. No ya de derechas, sino de izquierdas y hasta comunistas. De hecho, los que más sobrarían, de acercarse al FRAP, serían los comunistas que han roto con el PCE por «revisionista», es decir, los otros maoístas. Raúl Marco los fulmina:

> Cuando actualmente surgen grupos, grupitos y grupúsculos de revisionistas arropados con el manto del marxismo-leninismo, que pretenden contra toda evidencia que el Partido no existe, porque ellos no están en él, no podemos por menos que preguntarles: ¿dónde estabais en los años 60-64, e incluso antes, mientras los marxistas-leninistas luchaban dura e implacablemente y en condiciones muy difíciles contra el revisionismo? (...) Sabemos dónde estaban todos esos seudo marxistas-leninistas, agentes conscientes e inconscientes del revisionismo: unos, en los seminarios estudiando para curas; otros, en asociaciones sindicales católicas; otros, en las filas revisionistas, combatiendo y denigrando a los marxistas-leninistas, etc. (...) los gritos histéricos de todos esos elementos no conseguirán distraernos de nuestro camino ni perder el tiempo con ellos.[37]

Las referencias clericales van contra la ORT, el PCE (i) y MC que, efectivamente, vienen de la HOAC, la JOC y AST, grupos católicos que fueron el vivero comunista juvenil en toda España. Pero Raúl Marco olvida al grupo Proletario, el más importante en

---

[36] *Ibid.*

[37] *Ibid.*

la fundación del Partido, que venía de la Falange y de dos curas, los padres Gamo y Llanos. Bien es verdad que para entonces Raúl llevaba varios años luchando con ahínco contra el revisionismo en la mejor calle de Ginebra, con el gran sueldo de Elena y viajando a China dos o tres veces al año. Pero eso es precisamente lo que estimula su fanatismo y los lleva a un voluntarismo criminal y suicida.

La preparación del atentado

Tras el congreso, incluido el apoyo a la proclamación del FRAP, se prepara un Primero de Mayo de 1973 concebido como un enfrentamiento de masas. Los partidos ilegales se habían acostumbrado a no convocar actos multitudinarios, dentro de lo que podían ser las masas convocadas ilegalmente, que era más bien poco, porque no compensaba las caídas de militantes el eco de la protesta. Pero el PCE (m-l)/FRAP inauguraba otra era: la del enfrentamiento violento en la calle con la policía. La preparación le corresponde al Comité de Madrid. El representante del partido es «Ricardo Acero», es decir, José Catalán Deus, y estén sus organizaciones anejas: Félix Gil por las Juventudes, Iñaki Elorrieta por las Juntas Populares, «el Rubio de la Construcción» por la OSO, Raquel López «Libertad» por la FUDE, Antonio Piera por la Unión Popular de Artistas, y Virginia Fernández por la Unión Popular de Mujeres, donde había sustituido a Juana Doña.

El lugar del enfrentamiento sería la plaza de Antón Martín y las calles de alrededor, Atocha y Santa Isabel, en vez de la habitual glorieta de Atocha, más abierta y difícil para emboscadas. «Ricardo Acero»/Catalán Deus cuenta:

> Los reunidos estudiaron en un plano la distribución de fuerzas. Cada organización (la FUDE, etc.) se comprometió a llevar varios grupos organizados y armados con objetos contundentes y, a ser posible, de armas blancas. Se estudió meticulosamente los puntos y las horas de actuación de cada uno. Cuando terminó la reunión se había confeccionado todo un plan de guerrilla urbana, el primero y

probablemente el último que se haría en la historia del FRAP. Había comprometidos varios cientos de personas en grupos pequeños de una docena de integrantes como máximo (...) acudirían al punto de actuación conjunta en dos columnas compactas dispuestas al choque que surgirían desde ambos lados de la calle Atocha y confluirían en Antón Martín. Se montaron también servicios médicos de urgencia para que los posibles heridos no tuvieran que delatarse acudiendo a los centros sanitarios públicos. Y se montó un equipo profesional de filmación y fotografía para captar lo que sucediera.

Lo que sucedió fue una serie de emboscadas en las que se asesinó a un policía, se hirió de extrema gravedad a otros dos, y en diverso grado a dos docenas más, todos ellos por navajas o cuchillos de caza. Los policías, por orden superior previa, no hicieron uso de sus pistolas. Evidentemente, se había buscado un baño de sangre por las dos partes, pero solo se había conseguido un muerto.

El relato del primer asesinato del FRAP

En la prensa de la época, en los archivos de la policía y en los de diversas fundaciones de ayuda a las víctimas del terrorismo constan los artículos de prensa, que se publicaron el 2 de mayo relatando los hechos. Esta es la versión del *Ya* recogida en la Fundación Juan March:

> El funcionario fue derribado al suelo y apuñalado con saña. Recibió varias cuchilladas, una de ellas mortal por necesidad. (...) Unos ochenta o cien manifestantes, que portaban banderas rojas y daban gritos y consignas de corte subversivo, atrajeron la atención de varios inspectores de Policía, los cuales acudieron con la intención de dispersarlos. Los funcionarios cayeron, al parecer, en una emboscada, pues se dio a la fuga el grupo que perseguían, apareciendo otro, que los manifestantes suelen denominar «piquete de defensa» y que siempre va armado. En esta ocasión, ese «piquete de defensa», integrado por gente muy joven, llevaba barras de hierro y cuchillos de monte; algunos habían atado, a modo de bayoneta, el cuchillo en

una de las terminales de la barra. (…) La convocatoria para estos actos subversivos, realizada con abundante lanzamiento de propaganda desde hace varias jornadas por el Partido Comunista, las Comisiones Obreras y el Frente Revolucionario Antifascista Patriota (F. R. A. P.), de clara ideología maoísta (…) apenas ha encontrado audiencia.

La más completa y amplia es la de *Informaciones*, recogida en *La chispa y la pradera*[38]. Estos son los párrafos clave:

El subinspector del Cuerpo General de Policía don Juan Antonio Fernández Gutiérrez, de veintiún años de edad, resultó muerto anoche en Madrid, apuñalado por un grupo de manifestantes que portaban banderas con la hoz y el martillo y proferían gritos subversivos. (…)

El policía muerto (…) fue derribado al suelo y apuñalado con saña. Recibió varias cuchilladas, alguna de ellas mortal de necesidad. (…) Tenía una herida en el hemitórax izquierdo, a la altura del corazón, con grandes desgarros musculares y rotura de vasos sanguíneos, que era mortal. (…)

También ingresó herido en el mismo centro médico don Bienvenido López García, inspector de tercera, que fue sometido en el quirófano a tres intervenciones quirúrgicas; había sido herido con arma blanca en la espalda, en el bajo vientre y en el brazo izquierdo; y don Faustino Penabad Castro, policía armado y conductor, quien, cuando se encontraba en el interior del coche, fue apuñalado por la espalda.

El relato de los hechos fue efectuado ante el juez por los compañeros del policía asesinado, quienes le brindaron los primeros auxilios. Don Juan Antonio Fernández recibió una puñalada en el costado; la herida era de unos quince centímetros de largo y de gran profundidad. El infortunado inspector tomó asiento en el umbral de un portal inmediato y comunicó a un compañero que acudió en su ayuda: «Me han dado. Me estoy ahogando». Inmediatamente fue introducido en un vehículo para su traslado al centro sanitario. Al parecer, al ingresar en la ciudad sanitaria Francisco Franco, su corazón latía aún débilmente. (…)

[38] José Catalán Deus, *op. cit.*, tomo IV, pp. 120 y ss.

Los funcionarios cayeron, al parecer, en una emboscada, pues se dio a la fuga el grupo que perseguían, apareciendo otro, que los manifestantes suelen denominar «piquete de defensa» y que siempre va armado. En esta ocasión, este «piquete de defensa», integrado por gente muy joven, llevaba barras de hierro y cuchillos de monte; algunos habían atado, a modo de bayoneta, el cuchillo en una de las terminales de la barra. Cuando los policías se encontraban a poca distancia, y sin que en ningún momento hicieran uso de sus armas, fueron agredidos en la forma y con las fatales consecuencias ya expuestas.

Policías muertos sin sacar sus armas

El dato de *Informaciones* de que ningún policía de los apuñalados hizo uso de sus armas, obviamente por orden superior, provocó la caída del ministro de la Gobernación, Garicano Goñi, un «blando» o «aperturista» dentro de los bandos en que se empezaba a dividir el franquismo. No por el terrorismo, que lo cohesionaba, sino por la edad y natural pérdida de facultades del dictador.

Una anécdota significativa en esta rememoración del FRAP y de los Iglesias en él, es que Ezequiel Puig Maestro-Amado, el hombre al que el «abuelo heroico» Manuel Iglesias le debía la vida y su holgada situación posterior como propagandista del régimen, era secretario general de las Cortes, que levantaron la sesión cuando llegaron las noticias de la muerte del policía, porque se había perdido «la serenidad y la calma precisas para seguir trabajando» y criticó que la policía procediera «con guante blanco».

¿Sabía Manuel Iglesias que su hijo Javier había sido detenido dos días antes por repartir propaganda para ese acto del Primero de Mayo, que solo convocó el FRAP, o Comité Pro-FRAP, que celebró el asesinato? Seguro. Ningún otro partido convocaba, como bien aclara Catalán Deus a Preston y otros raspadores del palimpsesto sangriento de la izquierda guerracivilista.

Otra bobada prestoniana, de uso común al tratar el terrorismo del FRAP y el GRAPO, con el que ideológicamente conecta Podemos, es que ambos estaban «trufados» de agentes policiales. De estarlo, habrían impedido el asesinato de un agente, que pudieron ser varios más. Tenían, como es lógico, infiltrados, sobre todo en la FUDE estudiantil de Javier Iglesias, esa «gente muy joven» que apuñaló a los policías, pero desconocían la determinación de matar que provenía del I Congreso del PCE (m-l) y del FRAP. No cabe otra explicación al hecho de prohibir el uso de sus armas a la policía: evitar muertos, algo que sí entraba en los cálculos de la organización, de ahí el dispositivo médico para heridos cuya base era la Fundación Jiménez Díaz y que contaba con dos hospitales más y dos casas de cirujanos habilitadas para intervenciones de emergencia. Todo eso lo cuentan el alto cargo del PCE (m-l) José Luis Díez y Lola Val, luego enfermera de Elena Ódena y sucesora como esposa de Raúl Marco, con el que tuvo una hija, pero que, por datos agavillados por Catalán Deus en *La chispa y la pradera*, no la trataba muy bien.

Algunos quieren convencerse y convencernos de que el asesinato de Juan Antonio Fernández Gutiérrez fue una fatalidad, un trágico error. En su esencial tomo IV, el titulado «Aquel Primero de Mayo», Catalán Deus, dice:

> Se buscaba vengarse de la policía respondiendo con una violencia inesperada a su violencia de siempre. En ningún momento el objetivo planteado fue causar bajas policiales premeditadamente sino defenderse de su ataque, pero era evidente que una cosa comportaba la otra.[39]

Pero «si una cosa comportaba la otra» era evidente que se buscaba lo que pasó. En realidad, se buscaba más, muchísimo más de lo que pasó.

En entrevista con Luis Balcarce en *Periodista Digital*, al presentar el documental *La chispa y la pradera*, Catalán atribuye el asesinato a la casualidad o a la mala suerte, como otros exmilitantes del FRAP («en esa tarde aciaga —dirá Juan Díaz Fariñas «Nico»— por todas partes aparecieron cuchillos». Pero eran los que la organización les había pedido llevar a todos. El proyecto de Acero y los grupos, desde la FUDE a las Juntas Pro-FRAP, lo aprueba el Co-

[39] *Ibid.*

mité de Madrid (Jorge Diz, José Luis Díaz y Enrique Aguilar) y es transmitido «vía orgánica» a Ginebra. El crimen fue el fruto, buscado y deliberadamente conseguido, del I Congreso del FRAP. Y aunque la historia oficial, que firma el anagrama Adelvec (Álvarez del Vayo), lo enmarañe, nada deja más al descubierto la voluntad de seguir matando que la forma de celebrar el crimen. El número del 11 de junio de *Acción*, citado en la página 191 de *La chispa...*, dice:

> Pero en este Primero de Mayo la policía fascista no ha podido llevar a cabo su criminal labor represiva, pues los grupos de protección de las manifestaciones han respondido con la violencia revolucionaria a la violencia fascista. (...) Estas acciones no son más que el comienzo de la justicia popular que empieza ya a organizarse en toda España. (...) El Comité Coordinador pro-FRAP reivindica plenamente estos hechos del pueblo madrileño contra las fuerzas policíacas de la dictadura. (...) El ajusticiamiento de los asesinos policías el Primero de Mayo en Madrid ha producido un gran entusiasmo entre todos los sectores populares, que ven con esperanza cómo las fuerzas auténticamente antifascistas y patriotas se enfrentan, decidida y valerosamente, a la dictadura. (...) La guerra contra el fascismo que nuestro pueblo libró de 1936 a 1939 ¡no ha terminado!

Asombra que el padre de Pablo Iglesias tenga la caradura de decir que el Comité pro-FRAP no era el FRAP ni era terrorista, y que además acuda a los tribunales para «defender su honor» cuando, como acabamos de leer, no fue el PCE (m-l) sino el «Comité pro-FRAP», al que Iglesias Peláez sí dice que pertenecía, el que reivindicó inmediata, orgullosa y oficialmente el asesinato del policía y el acuchillamiento de al menos dos docenas más. Lo veremos luego, documentalmente demostrado.

La autoría del primer asesinato y la de los demás

Una tesis, acariciada por Catalán Deus y algunos fraperos —no muchos, a juzgar por su documental—, arrepentidos de haber pasado sus años de juventud chapoteando en la mentira y la sangre para imponer un régimen al estilo maoísta o albanés, es que hubo un comando enviado expresamente desde Ginebra y al margen del Partido en Madrid que se encargó del asesinato. En cierto modo lo confirma Raúl Marco cuando dice que «los que hablan no saben y los que saben no hablan, claro». Qué más da: lo mató el FRAP.

A decir verdad, ¿qué distingue a este de los otros asesinatos del FRAP? Que no pueden presumir de sus muertos. Que, antes de morir horriblemente el primero de los suyos en septiembre de 1973, Cipriano Martos, ya habían matado ellos a un policía. Si su criminal es apresado, juzgado, condenado y ajusticiado, es «asesinado vilmente por el fascismo». Pero si no lo identifican o se lo endosan a otro, es un asesinato de la organización, sin más. Inverosímil como propaganda. Y nada lo prueba como la glorificación de los tres fusilados por los cuatro asesinatos perpetrados por el FRAP en 1975. Según un ritual típicamente maoísta, que Sendero Luminoso llevará al cénit, son «mártires, presentes siempre en la memoria del pueblo», pese a lo sórdido de sus asesinatos.

En realidad, la historia política del FRAP —oficialmente proclamado, aunque lo estuviera de sobra, en noviembre del mismo 1973— termina ese Primero de Mayo. Justo después, es desmantelada prácticamente toda la organización. La mayoría de los jóvenes captados se aparta de la vía del terrorismo. La organización queda en cuadro. Y en el último año de vida de Franco, cuando se crean las plataformas multipartidistas para el cambio democrático, Elena Ódena y su marido ordenan a los pocos militantes que les quedan que aprieten cuanto puedan para sabotear no el franquismo sin Franco, porque eso ya lo buscaban la Junta Democrática de España del PCE y la Plataforma Democrática del PSOE, luego unidas en la Platajunta, sino precisamente para impedir que ese cambio hacia la democracia —burguesa y capitalista, sin diferencia esencial con el fascismo, decían— pueda llegar a triunfar.

La sordidez de los crímenes del FRAP

Esos cuatro asesinatos del FRAP en 1975, que obedecen al mismo impulso ideológico y político que el primero, obra tan del

FRAP como los últimos, tienen como característica distintiva la sordidez. Los que los tratan en libros —el primero Pedro J. Ramírez en *El año que murió Franco*[40], luego llevado al cine— insisten, como Catalán Deus en el tomo VIII de *La chispa y la pradera*, «Verano sangriento», en la poca preparación de los asesinos. Naturalmente, se olvida siempre la poca preparación de las víctimas para ser asesinadas y la de sus familias para ver sus vidas destrozadas. Hablando con una de las viudas de los fusilados, en el desafortunadísimo epílogo de su reedición, Pedro J. le hace decir al hijo sobre su padre: «Era un tío cojonudo». Y así acaba el libro. El epitafio les encantaría sin duda a todos los miembros de la banda terrorista FRAP que mataron o mandaron matar y que, tras pasar en la cárcel algunos años o en el exilio, sobrevivieron. A las víctimas, no.

Pablo Iglesias, cómo no, que presumía de «hijo de un militante del FRAP», rindió homenaje a los fusilados del FRAP y de ETA el 27 de septiembre de 2016, en las mismas Cortes donde después invitó a su padre a denunciar a quien llamó terrorista al miembro de una banda terrorista:

> «Cuando me fusilen mañana pediré que no me venden los ojos para mirar a la muerte de frente», se lo escribió Humberto Baena a su familia poco antes de ser asesinado. Hoy se cumplen cuarenta y un años de los últimos fusilamientos de la dictadura. Señora presidenta, permítame decir en esta Cámara: memoria, dignidad, justicia.[41]

«Memoria, Dignidad y Justicia» es un sarcasmo miserable en boca de quien siempre ha estado más con los terroristas, si eran comunistas o separatistas, que con sus víctimas. Fernando Lázaro publicó, y no ha sido desmentido, que Pablo Iglesias y su entonces pareja Tania Sánchez eran los contactos en Madrid de Herrira, organización de control político de los presos etarras. De las vícti-

---

[40] Pedro J. Ramírez: *El año que murió Franco*. Plaza & Janés, Barcelona, 1985. Reeditado en 2016 en La Esfera de los Libros.

[41] Diario de Sesiones del Congreso de los Diputados. Sesión plenaria núm. 5 celebrada el martes 27 de septiembre de 2016.

mas de los fusilados, Iglesias no dijo una palabra. Prefirió burlarse del lema «Memoria, Dignidad y Justicia» que la AVT de Alcaraz enarboló contra Zapatero y sus tratos con la ETA, sacando a la calle a centenares de miles de personas que no consideraban a Otegui «hombre de paz» sino un pistolero cuyo sitio era la cárcel y cuya organización seguía siendo la ETA. Heredero del desprecio de Zapatero, y luego de Rajoy, a las víctimas del terrorismo, incluso las de su propio partido, Iglesias no habrá querido conocer a las del FRAP. Repasemos, pues, para su vergüenza y tal vez la paterna, el nombre y la alevosa muerte de esas personas a las que nadie en las Cortes recordó ese día. Nuria Richart hizo en *Libertad Digital* este resumen, justo después del debate entre Pablo Iglesias y Cayetana Álvarez de Toledo:

> Lucio Rodríguez Martín. 23 años. Asesinado el 14 de julio de 1975 en Madrid. Eran las diez de la noche y el agente de la Policía Armada había acabado su turno de vigilancia en las oficinas de las líneas aéreas Iberia, en el número 14 de la calle Alenza. Llevaba 20 minutos esperando el relevo de su compañero cuando un Seat 127, robado esa misma tarde en la calle Pez Volador, en el barrio de La Estrella, estacionó al lado de su posición. De él se bajaron dos de los tres terroristas. Aprovecharon que el policía les dio la espalda para abrir fuego. Al parecer la primera bala de un revólver Cádix calibre 22 largo falló y al volverse hacia ellos lo acribillaron con hasta ocho disparos en la cabeza, el cuello, el hombro, el brazo y el abdomen. El policía falleció en el Hospital Central de la Cruz Roja. Natural de Villaluenga, Toledo, planeaba casarse con su novia en dos meses.
>
> Contaba el diario *ABC* del martes 15 de julio de 1975: «La noticia del atentado le fue dada a los padres de Lucio por la Guardia Civil de Villaluenga sobre las once de la noche. (...) Lucio había estado el domingo en Villaluenga a ver a sus familiares y a su novia, María del Carmen Rodríguez, de diecisiete años, a la que dio la fatal noticia de la muerte Germán [uno de los cinco hermanos de la víctima]. (...) Lucio había comido con sus padres y por la tarde, con su novia, vio la película *Río Bravo*. Ayer por la mañana regresó a Madrid».

Juan Ruiz Muñoz. 49 años. Miembro de la Policía Armada también tiroteado por la espalda por dos terroristas del FRAP. El asesinato fue el 14 de septiembre de 1975 en Barcelona cuando regresaba a casa. Juan, casado con Luisa Gil Antón, tenía la costumbre de comprarle a su hija de seis años, Luisa Isabel, al salir del trabajo churros y patatas fritas. Según declararon los testigos al diario *La Vanguardia*, los terroristas conocían las costumbres de la víctima porque estuvieron hasta media hora merodeando por el lugar. *La Vanguardia* publicó el martes 16 de septiembre de 1975:

«Este final de verano se revistió anteayer domingo, de tintes trágicos, al consumarse el vandálico asesinato del policía armada Juan Ruiz Muñoz, de cuarenta y nueve años, próxima ya su jubilación, cuando se dirigía a primera hora de la tarde a su casa tras haber comprado unos paquetes de churros y patatas fritas para su única hija, de seis años de edad. Los viles asesinos, que llevaban merodeando por el lugar de la agresión desde una media hora antes de perpetrarse esta, parece que conocían las costumbres de su víctima, a la que atacaron alevosamente con varios disparos de pistola y remataron con varios golpes de navaja. Este suceso, que llenó de consternación a toda la ciudad cuando fue difundido a través de la radio y la televisión, forma parte de la cadena de hechos delictivos que, de un tiempo a esta parte, han sido organizados por grupos terroristas que reciben auxilio desde el extranjero, con el objeto de quebrantar la paz de nuestro país y siempre contando con la posible impunidad que creen que puede otorgarles las previstas manifestaciones de protesta contra las enérgicas medidas que toda España pidió y que quedaron plasmadas en la Ley Antiterrorismo, ley que una vez más esperamos que caiga con todo su rigor contra los autores de la cobarde acción».

Antonio Pose Rodríguez. El asesinato de este teniente de la Guardia Civil de 49 años fue a la luz del día y en la puerta de su domicilio, en un tercer piso de la calle Villavaliente, colonia Virgen del Rosario, barrio del Batán. Su mujer, Adolfina Corrales Fernández, y la madre de esta oyeron una detonación y se asomaron a la ventana. Estaban esperando a que Antonio llegara a comer, eran las dos y media de la tarde. Lo que su esposa vio fue el cadáver de su marido tendido en la acera. Un niño de doce años presenció el tiroteo. Los tres terroristas asesinaron al guardia civil a quemarropa con una escopeta de cañones recortados y luego huyeron por un paso subterráneo mientras lanzaban propaganda del FRAP. Antonio Pose fue trasladado al Hospital Militar Gómez Ulla, donde solo pudo certificarse la muerte. Había nacido en Almonacid de Zorita (Guadalajara). Era 16 de agosto del año 1975. Cuenta la web *benemeritaaldia.org*:

«El día 16 de agosto de 1975 el integrante del FRAP Ramón García Sanz compró dos cajas de cartuchos del calibre 12, dirigiéndose con otros de los terroristas integrantes del comando, Manuel Cañaveras de Gracia, a una vaguada cercana a la carretera de Fuencarral a El Pardo, para probar la escopeta contra un árbol. (...) Sobre las dos y media, uno de los integrantes del comando terrorista dio una voz de "ahí viene" al ver que llegaba el teniente de la Guardia Civil Pose Rodríguez. Cuando apareció el automóvil, y estando fuera del mismo el citado teniente, Proenza hizo la señal convenida y García Sanz sacó la escopeta y cuando el teniente Pose se encontraba a unos dos metros de distancia de su domicilio, sin posibilidad de defensa, le disparó un solo tiro que le alcanzó en el lado izquierdo del pecho produciéndole heridas gravísimas en pulmón y corazón, a consecuencia de las cuales falleció de forma instantánea».

Diego del Río Martín, del Cuerpo de Policía Armada y de Tráfico, fue asesinado en Barcelona un mes después, el 29 de septiembre de 1975, con 25 años de edad. No eran las nueve de la mañana cuando cinco miembros del comando terrorista se presentaron en la pagaduría de la Residencia de la Seguridad Social Francisco Franco de Barcelona. Los asesinos, que se hicieron pasar por clientes que hacían cola vestidos con batas blancas y mascarillas, de buenas a primeras abrieron fuego con pistolas y metralletas contra Diego del Río y un compañero. Al parecer los terroristas consiguieron hacerse con un botín de 21 millones de pesetas. El compañero de Del Río, Enrique Camacho Jiménez, consiguió sobrevivir. Diego, natural de Algeciras, estaba casado y era padre de un niño de un año. Algunas fuentes aseguran que sus asesinos pertenecían al FRAP y otras apuntan al GRAPO. Dice el blog *Historia* de la Policía Nacional:

«Diego del Río Martín recibió cinco impactos de bala en el estómago y un sexto en la cabeza. El funcionario de Policía fue trasladado al Hospital Militar donde fallecería. Sería la última víctima de los siniestros FRAP, que dos días después se verían reemplazados por otra banda mafiosa y extorsionadora de asesinos marxistas y antiespañoles, el GRAPO (Grupos Revolucionarios Antifascistas Primero de Octubre)».

La buena conciencia comunista, incluso póstuma

Recordemos de nuevo la frase de Iglesias en la que, como si fuera el descamisado blanco de Goya en *Los fusilamientos* dice: «Cuando me fusilen mañana pediré que no me venden los ojos para mirar a la muerte de frente». El orgulloso hijo del militante del FRAP hace suyo lo que se supone que dijo uno de sus héroes, Humberto Baena, uno de los tres fusilados del FRAP. Pero Baena fue condenado por asesinar a un policía de guardia en las oficinas de Iberia y no le dio ninguna oportunidad de mirar a la muerte de frente: le disparó cobardemente por la espalda, se le encasquilló la pistola, se volvió entonces Lucio Muñoz, y Baena le disparó hasta seis veces, ante las que trató de protegerse la cabeza levantando el brazo, pero fue inútil. Buscó socorro arrastrándose por la calle, agonizó y murió. Baena y otro terrorista del FRAP, que llevaba una navaja por si hacía falta rematar a la víctima, huyeron tan rápido que no le quitaron la pistola.

Lucio Muñoz no pudo mirar la muerte de frente porque el héroe del FRAP le disparó antes de que pudiera mirar nada. Lo mismo sucedió con las demás víctimas del FRAP: matar por sorpresa, tirar propaganda y huir. El franquismo los fusiló, en juicios con muy pocas garantías, pero más de las que ellos concedían a sus víctimas. En Francia, si no ametrallado como a Mesrine, los hubieran guillotinado, en un juicio con todas las garantías. Y de ser su abogado Jacques Vergès, harto probable, habría hecho lo famoso en él: condena política de los acusados al tribunal y la máxima pena legal.

La historia oficial del FRAP, firmada «Adelvec», insiste en algo que suelen repetir los niñatos comunistas actuales: fusilaron a unos cuantos al azar, sin prueba ninguna. Por seguir en el caso de Baena, Catalán Deus[42] recuerda que se halló la bala y se identificó la pistola, usada en otros delitos del FRAP, y que las confesiones de los acusados, aunque obtenidas bajo torturas, fueron detalladas e inapelables. Lo que desde luego no hizo la policía franquista fue inventarse al muerto. Pero la manipulación de los hechos, en el extranjero y España, por los que desde Ginebra mandaron matar policías y guardias civiles sabiendo lo que sucedería a los asesinos, llega a extremos delirantes. Blanco Chivite, uno de los del FRAP condenados a muerte —con más culpa que otros—, cuya pena fue conmutada y pronto salió libre, se preguntaba retóricamente en 2014:

> ¿Realmente fueron acciones armadas? ¿Realmente aquellos jóvenes que acabaron sus días frente a los últimos pelotones de fusilamiento del general Franco (...) realmente empuñaron y dispararon con alguna suerte de arma de fuego?[43]

A lo que José Catalán Deus se ve en la obligación de responder:

> Podrá alegarse indefensión jurídica y los enormes defectos formales que en aquellos procesos militares se cometieron —algo habitual en la época y no solo en España—, pero alegar a estas alturas que los hechos fueron inventados y que las responsabilidades fueron repartidas aleatoriamente entre un grupo de inocentes escogido al azar es un lamentable ejercicio de irresponsabilidad e incoherencia, de deshonor innecesario, cuyo objetivo parece únicamente ser indemnizados como víctimas a base de tergiversar los hechos, evadir las propias responsabilidades y calumniar la memoria de los fusilados, convirtiéndolos en víctimas de un accidente en vez de mártires consecuentes de una idea y actores consecuentes de un comportamiento intrépido, por equivocado y delictivo que fuese.[44]

---

[42] José Catalán Deus, *op. cit.*, tomo VIII, p. 213.

[43] *Ibid.*, p. 206.

[44] *Ibid.*

¿Creerán los familiares de los policías y guardias civiles asesinados por el FRAP que los que cobardemente les dispararon eran «mártires»? No. Esta es otra versión que justifica el derecho a matar que los comunistas se conceden a sí mismos sobre el resto de la especie. Lo que hizo que unos jóvenes no siempre instruidos y siempre fanatizados mataran fríamente a unas personas que estaban ahí, con el uniforme de una policía de la que sus jefes les convencieron que representaba y era la dictadura franquista, era que esos jefes que hacían análisis tan delirantes de la realidad les daban una seguridad moral e ideológica más divina que humana: el derecho a matar. Es la vuelta a una de las raíces del marxismo-leninismo: el terrorismo ruso, que al final «comprendió» el propio Marx y que mediante el «martirio» de sus militantes matando selectiva o masivamente iban a alcanzar la segura inmortalidad de los héroes de un Futuro... que escribirían los comunistas. Eso, los inocentes. Luego están los Nechaev, el terrorismo comunista puro.

Catalán Deus, que en el tomo VIII de su vasta enciclopedia confiesa que se ofreció, tras los fusilamientos, a Elena y Raúl para ocupar el sitio de los muertos, muestra bien la ambivalencia que, incluso entre los que hoy condenan sin duda el terrorismo, miran con afecto a los terroristas de ayer:

> Estaba tan obnubilado en esos momentos como para plantearme fría y seriamente dar tal paso. Tan solo un año después, pasaré a condenar radicalmente toda justificación política de la violencia. A rechazar visceralmente las supuestas razones de matar por una idea. Pero siempre recordaré lo cerca que estuve de convertirme en un terrorista y siempre miraré con una última comprensión a tales verdugos/víctimas, aun a los más sanguinarios, aun a los suicidas, el grado máximo de enloquecimiento; siempre veré en ellos gente equivocada, pero gente que me resulta cercana, que comprendo.

En *Memoria del comunismo* cito el testimonio, más elocuente, de Dostoievski sobre su relación juvenil con el terrorismo ruso. Pero él no militó, él no era comunista, y, sobre todo, él escribió

Los demonios, el primer y mejor libro sobre terrorismo comunista, basado en el caso de Nechaev.

El PCE (m-l) y el FRAP fueron desarrollos naturales de la ideología comunista. En la idea de esa «última comprensión» a la que se refiere Catalán Deus, no puede eludirse la sospecha, como en todos los grupos similares, de considerar moralmente terrorista a cualquiera que haya militado alguna vez en un grupo terrorista. De una sospecha así, al margen de las explicaciones particulares que uno se brinde, no se libra el militante del FRAP Javier Iglesias Peláez, autor de un libro que elogia el estalinismo en España. ¡Qué familia!

He aquí, como prueba irrefutable, el demoledor comunicado del Comité Pro-FRAP que no solo reivindica sino que presume, «con gran entusiasmo», de ser responsable de los primeros policías asesinados y heridos:

Acción Nº11
Junio 1973
Comité pro-Frente Revolucionario Antifascista y Patriota

COMUNICADO

Como en años anteriores, las masas populares han manifestado este primero de Mayo su odio y repulsa hacia la dictadura franquista y la dominación yanqui sobre nuestra Patria.

Tanto en Madrid, Barcelona, Valencia y demás capitales del país, los Comités pro-FRAP, junto con las fuerzas y organizaciones que lo constituyen, han llevado a cabo combativas manifestaciones y acciones contra la dictadura, la maniobra de restauración monárquica en la persona del Pelele Juan Carlos, y sus amos los imperialistas yanquis. Las fuerzas represivas de la dictadura han intentado impedir que las masas trabajadoras y patriotas se manifestaran en las calles. Pero en este primero de Mayo la policía fascista no ha podido llevar a cabo impunemente su criminal labor represiva, pues los grupos de protección de las manifestaciones han respondido con la violencia revolucionaria a la violencia fascista; en los violentos encuentros que se han producido en las calles de Madrid, concretamente, un esbirro de la policía fascista resultó muerto y varios otros heridos.

Estas acciones no son más que el comienzo de la justicia popular que empieza ya a organizarse en toda España contra la tiranía fascista que oprime a sangre y fuego a nuestro pueblo desde hace más de treinta años.

El Comité Coordinador pro-FRAP, reivindica plenamente estos hechos del pueblo madrileño contra las fuerzas policíacas de la dictadura. Frente a toda la demagogia franquista y al desencadenamiento de su prensa contra estas acciones eminentemente populares y revolucionarias, el pueblo español tiene presente la sangre vertida de cerca de quince trabajadores y antifascistas asesinados por la dictadura en el País Vasco, en Granada, en el Ferrol y Vigo, en Madrid, Barcelona, etc., sin olvidar a los cientos de miles de obreros, campesinos e intelectuales que han sido salvajemente asesinados desde 1936, por las mismas fuerzas fas ciscas que actualmente vierten lágrimas de cocodrilo por su esbirro ajusticiado por las masas populares en lucha.

El ajusticiamiento de los asesinos policías el primero de Mayo en Madrid, ha producido gran entusiasmo entre todos los sectores populares, que ven con esperanza como las fuerzas auténtica mente revolucionarias y patriotas, se enfrentan decidida y valerosamente a la dictadura de forma organizada, dejando de lado a todos los traidores y oportunistas que preconizan la colaboración del pueblo con sus explotadores y verdugos y que pretenden encauzar las luchas populares por el callejón sin salida del pacifismo y la resignación derrotistas.

La guerra contra el fascismo que nuestro pueblo libró de 1936 a 1939... ¡no ha terminado!

Este primero de Mayo, celebrado combativamente en toda España, y de forma particular en Madrid, confirma contundentemente que el nuevo movimiento revolucionario de masas, sólidamente organizado y dirigido por el Comité Coordinador pro-FRAP, está entrando en una nueva fase, cuya culminación no puede ser otra más que el derrocamiento de la dictadura, con o sin Franco, y la expulsión del imperialismo yanqui de nuestro suelo mediante la lucha armada popular.

¡VIVA EL PRIMERO DE MAYO REVOLUCIONARIO!

¡MUERA LA DICTADURA FASCISTA!

¡NI FRANCO NI MONARQUIA: REPÚBLICA DEMOCRÁTICA POPULAR Y FEDERATIVA!

UNIVERSIDAD

Madrid, Mayo de 1973

Comité Coordinador pro Frente Revolucionario Antifascista y Patriota.

OBRERO

¡Y todavía algunos se atreven a decir que el FRAP no era un grupo terrorista!

6
El asalto a la Justicia: Prohibir la Memoria, borrar la Historia

El 15 de septiembre de 2020, el Consejo de Ministros aprobó el anteproyecto de Ley de Memoria Democrática, que había sido una de las primeras iniciativas del Gobierno al tomar posesión en el mes de enero. La vicepresidenta primera, Carmen Calvo, la presentó en una rueda de prensa, en la que, más aún que la propia ley, de 66 artículos y 5 títulos, sobresalió la función política y moral que se le atribuía. Su máximo defensor, *El País*, la presentó en una larga crónica de Carlos E. Cué y Natalia Junqueras, que puede resumirse en pocos fragmentos:

> **La ley de memoria declara «nulos de pleno derecho» los juicios sumarios del franquismo**
>
> *La norma cambiará la forma de enseñar la dictadura en colegios e institutos: «Nuestros jóvenes necesitan saber de dónde venimos», dice Calvo. Las multas por incumplirla llegan a los 150.000 euros.*
>
> El texto contiene novedades legales de calado para honrar a las víctimas y cerrar el paso a todos los grupos, como la Fundación Francisco Franco, que siguen dedicándose a exaltar la Dictadura, algo inviable en muchas democracias del entorno español con sus respectivos dictadores. Y desde el punto de vista político reabre un asunto que genera polémica en la derecha pero tiene un apoyo importante entre los votantes progresistas. (...)
>
> La norma contempla la creación de una Fiscalía de sala de memoria democrática en el Tribunal Supremo para coordinar el trabajo de justicia y reparación para las víctimas. Y señala que «el Estado

> garantizará el derecho a la investigación de las violaciones de derechos humanos cometidas durante la Guerra Civil, la Dictadura y después de la muerte del dictador hasta la aprobación de la Constitución de 1978». Eso podría implicar un salto definitivo para juzgar los delitos del franquismo, aún con protagonistas vivos, sobre todo los de los últimos años. Sin embargo, todos los intentos que se han hecho hasta ahora para procesar a algún franquista —el más conocido es el del juez Baltasar Garzón— se han topado con el límite de la ley de amnistía de 1977. Y esa ley no se toca.

La reacción de la oposición, recogida en la crónica, fue nula: «Siempre que Pedro Sánchez tiene un problema, saca el comodín del público, que es Franco», declaró el portavoz del PP en el Senado, Javier Maroto. Al día siguiente, en la sesión de control al Gobierno, Pablo Casado, jefe del principal partido de la oposición, ni siquiera preguntó por esta ley a Pedro Sánchez, sino por los recortes económicos que preparaba. Inés Arrimadas, de Ciudadanos, se centró en criticar el empeño de Sánchez en renovar el Consejo General del Poder Judicial, su gran reproche al PP.

Sin embargo, tanto el proyecto de ley como su explicación por Carmen Calvo suponían la liquidación de derechos constitucionales básicos, empezando por el de libertad religiosa: se declaraba extinguida la Fundación del Valle de los Caídos, se expulsaba del lugar a los benedictinos, se convertía en civil un cementerio religioso y la vicepresidenta añadió que el Gobierno «reflexionaba» sobre si derribar o no la cruz que corona el monumento.

La misma suerte corrían los de opinión, información y asociación: todo lo opinable, publicable, discutible y asociable quedaba supeditado a una nueva ley que establecía lo que se podía pensar y decir sobre más de medio siglo de nuestra historia, que ya no era nuestra sino del Gobierno. Los llamados crímenes del franquismo empezaban en la Guerra Civil, que ya no es tal, porque deja de haber crímenes de la Guerra Civil, solo hay crímenes franquistas, que incluyen al maquis hasta finales de los años cuarenta y se alargan indefinidamente hasta la actualidad, ya que los crímenes en la Guerra Civil, del maquis, la ETA, el FRAP o el GRAPO y sus respectivas condenas quedan anulados. Torturadores, asesinos y terroristas confesos son luchadores antifranquistas con derecho a reparación material y moral. Ni siquiera los arrepentidos por las violaciones, torturas y asesinatos en las checas, o por actos terroristas después, tienen derecho a dejar de ser héroes.

En su rueda de prensa, Calvo fue más allá que la propia ley, hasta el punto de que puede darse por anulada toda la legislación española desde la Guerra Civil y alumbrado un orden legal típicamente totalitario y leninista, que se irá haciendo sobre la marcha, según se vaya condenando a los que políticamente se considere condenables. ¿Quedan también anulados y condenados los miles de fusilamientos de los brigadistas internacionales, héroes todos en la ley, que según el que los fusiló, el comunista francés André Marty, «no habría matado mucho más de 10.000»? Según informó al Partido, eran «pura escoria»: ladrones, violadores, asesinos y desertores, pero aun así parecen muchos, sobre 85.000 brigadistas. ¿Cabe comentarlo sin delinquir?

Es dudoso: la anunciada sala especial de la Fiscalía que perseguirá y sancionará con multas de hasta 150.000 euros cualquier «justificación o enaltecimiento del franquismo» lo desaconseja. Es, de hecho, un Tribunal Especial, expresamente prohibido por la Constitución (art. 117.6), pero la propia Constitución queda derogada por esta ley, así que mejor callar.

El fin esencial, subrayado por Calvo —e invisible para la oposición—, de esta ley es «homologar la democracia española con las de países que salieron de otras dictaduras», algo que «no podía esperar un día más». La «urgencia» no había impedido que pasaran nueve meses entre el anuncio y la redacción de la ley, pero fue el argumento esgrimido por la Sala de lo Contencioso-Administrativo del Tribunal Supremo para la exhumación de Franco, la prohibición de enterrarlo en la cripta familiar y la obligación de hacerlo donde dijera el Gobierno. Ochenta años después de la guerra y cuarenta y cuatro años de su muerte, era «urgente» sacarlo de la fosa, dictó, unánime, el tribunal.

La clave ideológica es «homologar», el término más usado al final del franquismo, junto a los de «reforma» y «ruptura», para crear un régimen homologable con las democracias europeas. Para el Gobierno Sánchez —como para la ETA, los comunistas de Podemos y los golpistas catalanes—, nunca lo hicimos. Desde 1977, año de las primeras elecciones libres, el régimen español fue reconocido por todos los países del mundo, y ha sido elogiadísima la Transición, que pasó de la dictadura a la democracia sin violencia y por un consenso, que se mantuvo en la votación masiva de la Constitución en 1978.

Pero para los socialistas y comunistas de 2020, nuestra entrada en la UE, de la que somos el cuarto país más importante, y los infinitos tratados firmados por el Reino de España desde entonces, son engaños, estafas a los españoles, a los demás europeos y al mundo en general. España no está homologada, ni lo estará si no se aplica esta ley, con ninguna democracia occidental. Pero cuando se aplique, si se aplica, tampoco lo estará porque habremos abandonado el orden legal europeo que durante cuatro décadas hemos contribuido a formar. A cambio, tal vez nos homologará el régimen peronista argentino, cuya superior jurisdicción reconocimos para juzgar la Transición y que, Garzón mediante, es el modelo de esta Ley de Memoria Democrática que prohíbe a España su memoria y expropia su democracia.

El asalto a la Justicia es el camino que, en la línea de Hugo Chávez, siguen las fuerzas liberticidas —comunistas, separatistas y socialistas— desde la moción de censura contra Rajoy (31 de mayo y 1 de junio de 2018) —fruto del apaño judicial del juez De Prada, íntimo de Garzón, que condenó luego el Tribunal Supremo—, hasta la nota agosteña de la pareja de Garzón, Dolores Delgado, fiscal general del Estado tras ser ministra de Justicia en pago por la sentencia anti-Rajoy. En la nota destaca la cursilada rioplatense «nuevos paradigmas memoriales», típica del juez expulsado por prevaricación, lo que posiblemente le ahorró serlo por cohecho y otros delitos como abrir una causa general con el franquismo, que anulaba lo que ya había zanjado cuatro años antes la entonces fiscal general Consuelo Madrigal: que los supuestos delitos cometidos por españoles contra otros españoles en España solo deberían juzgarse en España.

Tampoco cabía derogar la Ley de Amnistía, cuya importancia legal e histórica para la instauración del régimen democrático y constitucional en España es indiscutible. Pero María Teresa

Fernández de la Vega con Zapatero y Carmen Calvo con Sánchez han asumido la añagaza garzonita de que España vivió, durante décadas, una guerra sucia del Estado contra indefensos militantes de izquierdas, y no una guerra civil que enfrentó a dos ejércitos de un millón de hombres cada uno. Nunca hubo nada parecido en Argentina ni Uruguay, pero eso, como el supuesto secuestro masivo de niños por el franquismo, calcado de los casos argentinos, ha sido copiado zafiamente desde los medios masivamente adictos a la izquierda, sobre todo la televisión y el cine, desde 2004, cuando Zapatero, sobre los escombros humeantes del 11-M, anunció la identificación de la izquierda del siglo XXI con los comunistas, no los socialistas, de 1939.

Garzón y la Justicia Revolucionaria Humanitaria

La caída del Muro produjo muchos cascotes: el primero, el Foro de São Paulo, montaje castrista con dinero venezolano para remediar la falta de la Komintern, que con Yeltsin se daba por muerta. Putin prefirió el KGB, su primer empleo en Berlín, para matar disidentes y lo que sea. Pero el comunismo no existe sin estrépito, sin propaganda apocalíptica, y de ahí nacen, de la indignación por la caída del Muro, no por el capitalismo, los movimientos antiglobalización, teatralización violenta de la lucha de clases que imita a los comunistas libertarios del XIX y el XX. Iglesias debutó en esa Commedia dell'Arte como turista de la violencia, y cuenta que se vestía de buzo para enfrentarse a la policía. Ojo: había muertos, que es la prueba que necesita siempre el comunismo para hacer lo que sea contra quien sea.

Sin embargo, mientras nacía el llamado «socialismo del siglo XXI», el narcochavismo, se produjo un fenómeno internacional, que afectó de lleno a España y que comenzó cuando un juez sin prestigio llamado Baltasar Garzón, tan ambicioso como malo —sus instrucciones son el llanto de los gramáticos y la alegría de los criminales, que suelen salir libres—, decidió convertirse en *vedette* y, a falta de Franco, juzgar en España a Pinochet.

Y mientras los Kim implantaban su dinastía en Corea del Norte, el PCCh seguía matando chinos por cientos de miles y Fidel Castro tomaba ron con Gabriel García Márquez, Augusto Pinochet fue detenido el 16 de octubre de 1998 en la London Clinic, donde iba a ser sometido a una operación de columna.

La víspera, Garzón había emitido una orden internacional de detención basada en que, aunque era senador vitalicio chileno, el viaje era privado. El juez solicitó la extradición a España de Pinochet para responder a una querella criminal por su supuesta implicación en el Plan Cóndor, una operación de persecución de opositores en Iberoamérica. Estuvo 503 días recluido y finalmente el Reino Unido no autorizó su traslado a España. Aún no había nacido la Corte Penal Internacional, pero Garzón, mal instructor doméstico, intuía el placer de los casos eternos, fuera del tiempo y el espacio.

Joan Garcés, jurista valenciano que había sido asesor de Salvador Allende, fue el más activo en la reclamación de daños al dictador chileno. Según él mismo ha relatado, fue el propio Allende, durante el asalto al Palacio de la Moneda, quien le encargó que «contara al mundo» lo que estaba sucediendo. No hay grabación; los jueces y fiscales de izquierdas lo creyeron. En España, solo el fiscal jefe Fungairiño estuvo en contra de ese capricho de justiciero internacional de Garzón, al que conocía de la Audiencia Nacional. Dio igual. Se convirtió una causa sobre las víctimas españolas de la dictadura en causa general contra el régimen chileno u otro molesto para la izquierda. Carrillo y Guinea fueron rechazados.

Eduardo Frei, jefe del Gobierno chileno; Margaret Thatcher, ex primera ministra británica, y Felipe González expresaron su oposición a los planes del juez Garzón. González lo había llevado como su número dos por Madrid en las elecciones de 1993, en prueba de que iba a luchar contra la corrupción. Como no lo hizo ministro, Garzón desempolvó el GAL y casi lo mete en la cárcel. Era de ver, y lo he contado en varios libros, al número dos de «Mr. X» por Madrid tratando de encarcelar al presidente «Mr. X». Ese es Garzón.

El caso Pinochet hizo de Garzón una estrella internacional de la izquierda, que, mustia tras la caída del Muro, descubrió que los derechos humanos podían ser un arma más eficaz que la guerrilla del subcomandante Marcos para hundir el capitalismo. Aún mejor: para hacer justicia histórica retrospectiva, sobre todo en el Cono Sur.

En 2012, Garzón, que había sido aspirante al Nobel de la Paz en 2002 —su mánager era Mayor Zaragoza, el zángano en la Unesco que pasó de ser el más joven rector franquista a bolchevique independiente—, fue homenajeado en Argentina por Hebe de Bonafini, cabeza visible de las Madres de Plaza de Mayo, y gran defensora de los Castro y de ETA-Batasuna. De los etarras presos, alguno de la mano de Garzón, Bonafini dijo: «Son un ejemplo de dignidad y resistencia».

Pero el gran flechazo fue el de Cristina Fernández de Kirchner, que lo elogió así:

> Señor juez Baltasar Garzón, hoy nos honra con su presencia. (...) Parece ser que en los países desarrollados se puede procesar a los tiranuelos de las republiquetas, como las denominan allá, pero que su juzgamiento por intentar develar la tragedia del franquismo es una afrenta para la justicia universal. (...) Quiero reconocerle en nombre de millones de argentinos su rol en la defensa de los derechos humanos.

El «juez campeador» —del que se reían Miguel Ángel Aguilar y José Díaz Herrera, autor del libro *Garzón: juez o parte*[1]—, estimulado por la abrasiva exterrorista montonera, se zambulló en toda clase de mediaciones internacionales televisadas, como la de los indígenas del Cauca y el Gobierno colombiano de Santos, compinchado con las FARC de Timochenko para hacer de Colombia un narco-Estado.

En España, además de Felipe González, muchos veteranos del PSOE lo tenían más que calado. Y cuando le dio por procesar a Franco, uno de ellos, el expresidente de la Comunidad de Madrid Joaquín Leguina, publicó en su blog en 2008 un tremendo artícu-

---

[1] José Díaz Herrera: *Garzón: juez o parte*. La Esfera de los Libros, Madrid, 2007.

lo titulado «Muertos y sepultura», sobre Garzón y la garzonada. Partía de una base: basta una ley, que no debe llamarse de Memoria Histórica, para enterrar a los muertos:

> No es solo una costumbre respetada por todas las culturas, la del duelo es una necesidad antropológica imprescindible para que los deudos sobrevivientes puedan iniciar el proceso del olvido. La desaparición de los cuerpos, al impedir el duelo, acaba volviéndose contra los verdugos, al hacer imposible el olvido y, por lo tanto, también la reconciliación.

La Ley de Memoria Histórica de Zapatero, del año anterior, había fracasado. No hizo ni lo que se supone que reclamaban algunos familiares. Pero Garzón les vino bien:

> Quizá haya sido ese «no hacer nada» —o hacer poco— por parte del Ejecutivo lo que ha movido las voluntades de los deudos para que fueran a llamar a la puerta del Juez Campeador, el perejil de todas las salsas, quien, de inmediato, comenzó a mover este nuevo platillo chino. Un platillo más en una larga lista (¿cuántos procesos hay abiertos en ese juzgado de la Audiencia Nacional?). Platillos que —ora aquí, ora allá— se mueven a impulso de este juez *prima donna* (los que saben sostienen, sin embargo, que esas manos «instructoras» son más torpes que las del inspector Clouseau, el de la Pantera Rosa).

La ley, señala Leguina, nunca fue un obstáculo para Garzón. Lo demostró en muchas instrucciones, pero especialmente en su delirio contra el franquismo y la Guerra Civil:

> La iniciativa garzoniana ha sorprendido a la gente de la Judicatura pues, como recordó uno de ellos (el señor Gimeno, portavoz de Jueces para la Democracia), «no hay proceso sin imputables», y en este caso todos los posibles imputados fueron amnistiados. Pero los leguleyos siempre encuentran razones y resquicios para intentar llevarse el gato al agua, y a Garzón (verdadero capitán general entre ellos) las leyes ordinarias y la de Enjuiciamiento Criminal se la han traído siempre al fresco, pues *aquila non capit muscas*. Él trata direc-

tamente con normas de más calado: «Crímenes de lesa humanidad», «Resoluciones de la ONU», «Pacto Internacional de Derechos Civiles y Políticos»... y de ahí para arriba. Normas que convierten en imprescriptibles los delitos que Garzón instruye y, por supuesto, convierten en agua de borrajas la Ley de Amnistía de 1977. Lo que Garzón sostiene en la teoría y —sobre todo— en la práctica es que la Justicia (su justicia) está por encima de la Ley. Un pensamiento —obvio es decirlo— con fuerte aroma totalitario.

El texto de Leguina es quizá lo más decente que en el PSOE se ha escrito desde Besteiro. Pero el PSOE era ya de nuevo largocaballerista y, por tanto, garzonita.

Ascenso y caída de Garzón

Garzón llegó a la Audiencia Nacional en enero de 1988. Y sus instrucciones eran escaletas de telediario: el juez bajaba de un helicóptero mientras, en *off*, se contaba el número de acusados y páginas timbradas, aunque con tales errores y excesos interpretativos que, apagado el foco y de vuelta las cámaras de televisión a sus garajes, los criminales solían salir absueltos.

Veamos algunos de los más sonados, aunque la lista sería inacabable. Un «error de carpetilla» fue la excusa del juez cuando excarceló a dos narcotraficantes turcos tras una operación antidroga, pero el CGPJ solo le condenó a una multa de 300 euros. De los cincuenta y dos acusados de la Operación Nécora, diecisiete salieron absueltos y la condena del resto estuvo muy por debajo de lo debido, librándose del cargo de narcotráfico el principal imputado, Laureano Oubiña. Debido a la mala instrucción, también fue absuelto Al Kassar por falta de pruebas claras en el secuestro del buque italiano *Achille Lauro*. Otro buque, el carguero *Privilege*, transportaba supuestamente cinco toneladas de cocaína que jamás aparecieron. En el caso del Lino contra Loyola de Palacio, también se absolvió a todos los procesados. Y lo mismo sucedió en el caso Telecinco contra Silvio Berlusconi. Es más difícil llevar la cuenta de los imputados absueltos que los condenados gracias a Garzón.

Pero fue el caso Gürtel y las escuchas ilegales a los presos —urdidas en una cacería con el ministro de Justicia, que iba de furtivo, su entrañable Lola Delgado y el policía favorito de Rubalcaba, Juan Antonio González— el que le supuso, en febrero de 2012, una condena por prevaricación, el peor delito que puede cometer un juez en el ejercicio de su función. Pudieron caerle dos condenas más. Una por pedirle dinero a Emilio Botín para unos cursos en Nueva York teniendo abierta una causa contra él. Otra, por abrir la causa general contra Franco pidiendo su acta de defunción. Salió absuelto, pero ahí quedó el voto del magistrado José Manuel Maza: «Hay pocos ejemplos tan claros de prevaricación».

Apartado de la carrera judicial y condenado, pues, por prevaricación, pese al disgusto público de Dolores Delgado, el «juez campeador» sigue siendo abogado de las causas de la extrema izquierda —siempre que sean millonarias— en todo el mundo: Hervé Falciani, Julian Assange, Petróleos de Venezuela (PDVSA) o el chavista Hugo Carvajal. Y tras compartir con Villarejo la defensa de Pérez-Maura, que no fue extraditado a Guatemala gracias a un informe de Dolores Delgado, alcanzó el cénit representando, bastante mal, al testaferro de Nicolás Maduro, Saab. Es decir, a Maduro a través de su testaferro.

Pero Garzón sembró el ejemplo de que cabe volver, en un Estado de derecho, a los Tribunales Populares o a los Juicios de Moscú televisados en *prime time*. Fue el primero en usar la ganzúa desde dentro para desvalijar el Palacio de una Justicia cautiva de la demagogia televisada, de las presiones políticas y de la prevaricación generalizada.

Leyes de reparación al bando republicano

Antes de referirnos a la Ley de Memoria Histórica de 2007, hay que recordar que es absolutamente falso que, durante toda la democracia, como repiten corresponsales y artículos de muchos medios internacionales, en España no se intentase remediar a los más perjudicados del bando perdedor de la guerra, en el que hay que incluir, con todas las derechas masacradas por los Gobiernos social-comunistas, a las izquierdas perseguidas por otra izquierda, la comunista. Estas son las leyes que, tras las elecciones libres de 1977, promulgó el Gobierno de UCD, presidido por el exfalangista Suárez:

— Real Decreto-ley 6/1978, de 6 de marzo. Se regula la situación de los militares que tomaron parte en la Guerra Civil. Son las pensiones de jubilación para militares que pudieran acreditar su pertenencia a las Fuerzas Armadas o de Orden Público antes del inicio de la guerra y que después participaron en ella. Contemplaba también el derecho a pensión para viudas y huérfanos en caso de fallecimiento del titular.

— Real Decreto-ley 35/1978, de 16 de noviembre. Se conceden pensiones a los familiares de los españoles fallecidos como consecuencia de la Guerra Civil. El texto recoge «la necesidad de superar las diferencias que dividieron a los españoles durante la pasada contienda, cualquiera que fuere el ejército en que lucharon». Dispone, además, «igual trato para los familiares de aquellos españoles que habiendo fallecido como consecuencia de la guerra mil novecientos treinta y seis-mil novecientos treinta y nueve, no tuvieran aún reconocido derecho alguno a pensión».

Prueba del espíritu reconciliador de la época, en su Disposición adicional añade:

> Los beneficios derivados de este Real Decreto-ley se extenderán a los familiares de aquellas personas que, sin haber participado en acciones de guerra, hubieran muerto violentamente por acción directa y consciente del hombre y de los que hubieran sido ejecutados durante la guerra de mil novecientos treinta y seis a mil novecientos treinta y nueve o posteriormente, por hechos ocurridos en la misma.
>
> Asimismo, se considerarán comprendidos en los beneficios de este Real Decreto-ley los familiares a los que se refiere el artículo tercero de quienes sufriendo privación de libertad hubieran fallecido en igual período a consecuencia de enfermedad adquirida en prisión.

— Real Decreto-ley 43/1978, de 21 de diciembre. Por el que se reconocen beneficios económicos a los que sufrieron lesiones y mutilaciones en la Guerra Civil.

— Ley 5/1979, de 18 de septiembre. Acerca del reconocimiento de pensiones, asistencia médico-farmacéutica y asistencia social a favor de las viudas, hijos y demás familiares de los españoles fallecidos a consecuencia de la Guerra Civil.

— Ley 10/1980, de 14 de marzo. Modificación del Real Decreto-ley 6/1978, de 6 de marzo, que regula la situación de los militares que intervinieron en la Guerra Civil:

> *Artículo único.*
>
> Son profesionales, a los solos efectos de aplicación de los beneficios económicos derivados del Real Decreto-ley seis/mil novecientos setenta y ocho, quienes, con anterioridad al dieciocho de julio de mil novecientos treinta y seis, se hubieran reenganchado en algún Cuerpo militar, pertenecieran en esta fecha a las Fuerzas de Orden Público o fueran miembros del Escuadrón de Escolta del Presidente de la República o alumnos de las Escuelas de Marinería de la Armada.

— Ley 35/1980, de 26 de junio. Sobre pensiones a los mutilados excombatientes de la zona republicana. Recalca la exposición de motivos:

> La necesidad de superar las diferencias que dividieron a los españoles durante la pasada contienda, cualquiera que fuera el ejército en que lucharon, hace que sea obligado establecer igual trato a aquellos ciudadanos que, habiendo quedado mutilados como consecuencia de la Guerra Civil mil novecientos treinta y seis-mil novecientos treinta y nueve, no tuviesen aún suficientemente reconocidos sus justos derechos.

Estamos, pues, ante una ley que tiene la intención de solventar vacíos en las reparaciones anteriores ocupándose sola y específicamente del bando republicano:

> *Artículo primero.*
>
> Tendrán derecho a disfrutar los beneficios que se establecen en la presente Ley los españoles excombatientes de la zona republicana que, formando parte de modo permanente o circunstancial de los ejércitos, Fuerzas de Orden Público de carácter y organización militar o colaborando con los mismos bajo las órdenes de sus mandos naturales, hayan sufrido lesiones corporales que afectan de modo permanente su integridad física o psíquica o padezcan inutilización de igual carácter debidas a enfermedades producidas o agravadas en la prestación de un servicio durante el período de tiempo comprendido entre el dieciocho de julio de mil novecientos treinta y seis y el uno de abril de mil novecientos treinta y nueve, u originadas durante el cautiverio sufrido como consecuencia directa de acciones de guerra de dicho período.

— Ley 6/1982, de 29 de marzo, de pensiones a los mutilados civiles de guerra. Retribución transmisible a las viudas y huérfanos menores de edad o incapacitados.

> *Artículo primero.*
>
> Los mutilados civiles sometidos al Decreto seiscientos setenta/mil novecientos setenta y seis, de cinco de marzo, podrán disfrutar, además de la pensión de mutilación establecida en el citado Decreto, de una retribución básica en los casos, por las cuantías y en las condiciones que se establecen en la presente Ley.

Los Gobiernos de Felipe González hasta las elecciones de 1993 mantuvieron, como el PCE, el discurso de reconciliación de la Transición, solo discutido por la ETA. Son apoyos a las de UCD, precisiones en favor de algún sector cuya situación legal, por lo complicado de la guerra y el exilio, hubiera quedado en entredicho. Por ejemplo:

—Ley 37/1984, de 22 de octubre. De reconocimiento de derechos y servicios prestados a quienes durante la Guerra Civil formaron parte de las Fuerzas Armadas y de Orden Público y Cuerpo de Carabineros de la República.

El preámbulo dice así:

Superadas, felizmente, con la aprobación de la Constitución de 1978, las motivaciones emocionales que impidieran un año antes, en octubre de 1977, la plena solución del problema, se hace preciso ajustar las leyes a los preceptos de nuestra norma fundamental. Tal es el objetivo que persigue el título I de la presente Ley.

Pero las sucesivas disposiciones legales que han venido regulando las situaciones derivadas de la Guerra Civil no han contemplado hasta ahora el régimen que habría de ser aplicado a todos aquellos que no pertenecían a las Fuerzas Armadas con anterioridad a dicha guerra, pero que tomaron parte en ella en las filas del Ejército de la República, obteniendo en las mismas un empleo o grado, asimilándose a esta situación la de quienes durante la guerra misma ingresaron en Cuerpos o Institutos armados. Exigencias de justicia obligan a reconocer a tales ciudadanos los servicios prestados durante la Guerra Civil. Dicho reconocimiento dará derecho al uso de aquellas distinciones que en atención a su condición y rango alcanzado reglamentariamente se determinan así, con el alcance previsto en esta Ley y asimismo al cobro de una pensión y al disfrute de los beneficios derivados de la asistencia sanitaria para los interesados y sus familiares.

Más discutible, y parte del PSOE estaba en contra, fue esta compensación añadida:

— Disposición Adicional Decimoctava de la Ley 4/1990, de 29 de junio, de Presupuestos Generales del Estado para 1990. Se reconocen indemnizaciones a favor de quienes sufrieron prisión en establecimientos penitenciarios franquistas durante tres o más años, como consecuencia de los supuestos contemplados en la Ley 46/1977, de 15 de octubre, de Amnistía.

Uno. Quienes hubieran sufrido privación de libertad en establecimientos penitenciarios durante tres o más años, como consecuencia de los supuestos contemplados en la Ley 46/1977, de 15 de octubre, y tengan cumplida la edad de sesenta y cinco años en 31 de diciembre de 1990, tendrán derecho a percibir por una sola vez una indemnización de acuerdo con la siguiente escala:

Tres o más años de prisión. 1.000.000 de pesetas.

Por cada tres años completos adicionales. 200.000 pesetas.

La disposición produjo el primer debate al respecto, porque sin duda perjudicaba a las víctimas del Terror Rojo, cuyas compensaciones tras la pérdida de familiares, a veces todos, fueron muy inferiores. Pero mientras el PSOE mantuvo el discurso reconciliador de la Transición, las críticas se limitaron al tratamiento ventajista de un supuesto sector de su electorado. Nada más.

Hubo alguna iniciativa legislativa más, sobre todo regional, pero las reseñadas bastan para probar que nunca hubo ningún interés en ocultar los perjuicios personales de los vencidos en la guerra, todo lo contrario. Que lo primero que se reconoció fueron los derechos de los militares del Ejército Popular de la República, y que siempre se mantuvo la voluntad de cubrir las necesidades de los afectados y sus familiares y también de ayudar a los que legalmente tenían más complicado hacer una reclamación económica.

Nada de eso aparece desde que Garzón y luego Zapatero buscan equiparar la dictadura de Franco (que incluiría la Guerra Civil y se extendería, para algunos, hasta 1982, cuando el PSOE llega al poder) con las de Videla o Pinochet, y la amnistía de 1977 con las leyes «de punto final» al salir de esas dictaduras. En esa manipulación se basó la Ley de Memoria Histórica de 2007, que, como su hija natural, la Ley de Memoria Democrática, hace tronitonantes referencias a la Constitución de 1978 para luego deshacerla por completo.

La Ley de Memoria Histórica

La Ley 52/2007, de 26 de diciembre fue aprobada por el Congreso de los Diputados el 31 de octubre de 2007. Pese a que las intenciones de elaborar una ley de este tipo no figuraban como promesa electoral en el programa con el que el PSOE concurrió a las elecciones de marzo de 2004, ya en septiembre se aprobó un real decreto de creación de una comisión «para el estudio de la situación de las víctimas de la Guerra Civil». Se trataba de una comisión interministerial presidida por María Teresa Fernández de la Vega, entonces vicepresidenta del Gobierno de Zapatero.

Poco antes del fin de la legislatura, el PSOE cerró negociaciones con Izquierda Unida y con los nacionalistas del PNV y el BNG para tramitar el proyecto de ley. La denominación que aparece en el BOE es: «Ley 52/2007, de 26 de diciembre, por la que se reconocen y amplían derechos y se establecen medidas en favor de quienes padecieron persecución o violencia durante la Guerra Civil y la Dictadura».

De no existir las leyes antes reseñadas —hoy, desconocidas para la mayoría— parecería que la LMH es la primera dedicada a atender unas necesidades y reparar un agravio que, tras los trece años del PSOE en el poder, se mantendría sin límites de tiempo ni espacio. En realidad, el PSOE cambiaba el discurso de la reconciliación nacional por el de la ETA y otros separatistas, que con tanta emoción abrazaba Pablo Iglesias en su famoso discurso de la *herriko taberna*. Era necesario, decían, destapar el franquismo oculto desde la Transición y vivo en el régimen de 1978, y a ello se dedica el Gobierno Zapatero, deslegitimando a toda la derecha y recuperando a la ETA para el nuevo mapa político. Lo trágico y siniestro es que se votó esta ley casi por aclamación en las Cortes en 2007, justo treinta años después de las primeras elecciones democráticas auspiciadas por UCD y PCE.

Aunque resulta prolija, vale la pena leer lo que, en última instancia, supone la vuelta a la Guerra Civil. Todo el desastre de 2020 se siembra aquí:

> Exposición de Motivos
>
> El espíritu de reconciliación y concordia, y de respeto al pluralismo y a la defensa pacífica de todas las ideas, que guio la Transición, nos permitió dotarnos de una Constitución, la de 1978, que tradujo jurídicamente esa voluntad de reencuentro de los españoles, articulando un Estado social y democrático de derecho con clara vocación integradora.
>
> El espíritu de la Transición da sentido al modelo constitucional de convivencia más fecundo que hayamos disfrutado nunca y explica las diversas medidas y derechos que se han ido reconociendo, desde el origen mismo de todo el período democrático, en favor de las personas que, durante los decenios anteriores a la Constitución, sufrieron las consecuencias de la Guerra Civil y del régimen dictatorial que la sucedió.
>
> Pese a ese esfuerzo legislativo, quedan aún iniciativas por adoptar para dar cumplida y definitiva respuesta a las demandas de

esos ciudadanos, planteadas tanto en el ámbito parlamentario como por distintas asociaciones cívicas. Se trata de peticiones legítimas y justas, que nuestra democracia, apelando de nuevo a su espíritu fundacional de concordia, y en el marco de la Constitución, no puede dejar de atender.

Por ello mismo, esta Ley atiende a lo manifestado por la Comisión Constitucional del Congreso de los Diputados que el 20 de noviembre de 2002 aprobó por unanimidad una Proposición no de Ley en la que el órgano de representación de la ciudadanía reiteraba que «nadie puede sentirse legitimado, como ocurrió en el pasado, para utilizar la violencia con la finalidad de imponer sus convicciones políticas y establecer regímenes totalitarios contrarios a la libertad y dignidad de todos los ciudadanos, lo que merece la condena y repulsa de nuestra sociedad democrática». La presente Ley asume esta Declaración así como la condena del franquismo contenida en el Informe de la Asamblea Parlamentaria del Consejo de Europa firmado en París el 17 de marzo de 2006 en el que se denunciaron las graves violaciones de derechos humanos cometidas en España entre los años 1939 y 1975.

Es la hora, así, de que la democracia española y las generaciones vivas que hoy disfrutan de ella honren y recuperen para siempre a todos los que directamente padecieron las injusticias y agravios producidos, por unos u otros motivos políticos o ideológicos o de creencias religiosas, en aquellos dolorosos períodos de nuestra historia. Desde luego, a quienes perdieron la vida. Con ellos, a sus familias. También a quienes perdieron su libertad, al padecer prisión, deportación, confiscación de sus bienes, trabajos forzosos o internamientos en campos de concentración dentro o fuera de nuestras fronteras. También, en fin, a quienes perdieron la patria al ser empujados a un largo, desgarrador y, en tantos casos, irreversible exilio. Y, por último, a quienes en distintos momentos lucharon por la defensa de los valores democráticos, como los integrantes del Cuerpo de Carabineros, los brigadistas internacionales, los combatientes guerrilleros, cuya rehabilitación fue unánimemente solicitada por el Pleno del Congreso de los Diputados de 16 de mayo de 2001, o los miembros de la Unión Militar Democrática, que se autodisolvió con la celebración de las primeras elecciones democráticas.

En este sentido, la Ley sienta las bases para que los poderes públicos lleven a cabo políticas públicas dirigidas al conocimiento de nuestra historia y al fomento de la memoria democrática.

La presente Ley parte de la consideración de que los diversos aspectos relacionados con la memoria personal y familiar, especialmente cuando se han visto afectados por conflictos de carácter público, forman parte del estatuto jurídico de la ciudadanía democrática, y como tales son abordados en el texto. Se reconoce, en este sentido, un derecho individual a la memoria personal y familiar de cada ciudadano, que encuentra su primera manifestación en la Ley en el reconocimiento general que en la misma se proclama en su artículo 2.

En efecto, en dicho precepto se hace una proclamación general del carácter injusto de todas las condenas, sanciones y expresiones de violencia personal producidas, por motivos inequívocamente políticos o ideológicos, durante la Guerra Civil, así como las que, por las mismas razones, tuvieron lugar en la Dictadura posterior.

Esta declaración general, contenida en el artículo 2, se complementa con la previsión de un procedimiento específico para obtener una Declaración personal, de contenido rehabilitador y reparador, que se abre como un derecho a todos los perjudicados, y que podrán ejercer ellos mismos o sus familiares.

En el artículo 3 de la Ley se declara la ilegitimidad de los tribunales, jurados u órganos de cualquier naturaleza administrativa creados con vulneración de las más elementales garantías del derecho a un proceso justo, así como la ilegitimidad de las sanciones y condenas de carácter personal impuestas por motivos políticos, ideológicos o de creencias religiosas. Se subraya, así, de forma inequívoca, la carencia actual de vigencia jurídica de aquellas disposiciones y resoluciones contrarias a los derechos humanos y se contribuye a la rehabilitación moral de quienes sufrieron tan injustas sanciones y condenas.

En este sentido, la Ley incluye una disposición derogatoria que, de forma expresa, priva de vigencia jurídica a aquellas normas dictadas bajo la Dictadura manifiestamente represoras y contrarias a los derechos fundamentales con el doble objetivo de proclamar su formal expulsión del ordenamiento jurídico e impedir su invocación por cualquier autoridad administrativa y judicial.

En los artículos 5 a 9 se establece el reconocimiento de diversas mejoras de derechos económicos ya recogidos en nuestro Ordenamiento. En esta misma dirección, se prevé el derecho a una indemnización en favor de todas aquellas personas que perdieron la vida en defensa de la democracia, de la democracia que hoy todos disfrutamos, y que no habían recibido hasta ahora la compensación debida (art. 10).

Se recogen diversos preceptos (arts. 11 a 14) que, atendiendo también en este ámbito una muy legítima demanda de no pocos ciudadanos, que ignoran el paradero de sus familiares, algunos aún en fosas comunes, prevén medidas e instrumentos para que las Administraciones públicas faciliten, a los interesados que lo soliciten, las tareas de localización, y, en su caso, identificación de los desaparecidos, como una última prueba de respeto hacia ellos.

Se establecen, asimismo, una serie de medidas (arts. 15 y 16) en relación con los símbolos y monumentos conmemorativos de la Guerra Civil o de la Dictadura, sustentadas en el principio de evitar toda exaltación de la sublevación militar, de la Guerra Civil y de la represión de la Dictadura, en el convencimiento de que los ciudadanos tienen derecho a que así sea, a que los símbolos públicos sean ocasión de encuentro y no de enfrentamiento, ofensa o agravio.

El legislador considera de justicia hacer un doble reconocimiento singularizado. En primer lugar, a los voluntarios integrantes de las Brigadas internacionales, a los que se les permitirá acceder a la nacionalidad española sin necesidad de que renuncien a la que ostenten hasta este momento (art. 18); y, también, a las asociaciones ciudadanas que se hayan significado en la defensa de la dignidad de las víctimas de la violencia política a que se refiere esta Ley (art. 19).

Con el fin de facilitar la recopilación y el derecho de acceso a la información histórica sobre la Guerra Civil, la Ley refuerza el papel del actual Archivo General de la Guerra Civil Española, con sede en Salamanca, integrándolo en el Centro Documental de la Memoria Histórica también con sede en la ciudad de Salamanca, y estableciendo que se le dé traslado de toda la documentación existente en otros centros estatales (arts. 20 a 22).

La presente Ley amplía la posibilidad de adquisición de la nacionalidad española a los descendientes hasta el primer grado de quienes hubiesen sido originariamente españoles. Con ello se satisface una legítima pretensión de la emigración española, que incluye singularmente a los descendientes de quienes perdieron la nacionalidad española por el exilio a consecuencia de la Guerra Civil o la Dictadura.

En definitiva, la presente Ley quiere contribuir a cerrar heridas todavía abiertas en los españoles y a dar satisfacción a los ciudadanos que sufrieron, directamente o en la persona de sus familiares, las consecuencias de la tragedia de la Guerra Civil o de la represión de la Dictadura. Quiere contribuir a ello desde el pleno convencimiento de que, profundizando de este modo en el espíritu del reencuentro y de la concordia de la Transición, no son solo esos ciudadanos los que resultan reconocidos y honrados sino también la Democracia española en su conjunto. No es tarea del legislador implantar una determinada memoria colectiva. Pero sí es deber del legislador, y cometido de la ley, reparar a las víctimas, consagrar y proteger, con el máximo vigor normativo, el derecho a la memoria personal y familiar como expresión de plena ciudadanía democrática, fomentar los valores constitucionales y promover el conocimiento y la reflexión sobre nuestro pasado, para evitar que se repitan situaciones de intolerancia y violación de derechos humanos como las entonces vividas.

Este es el compromiso al que el texto legal y sus consecuencias jurídicas responden.

Salvo la fórmula «nuevos paradigmas memoriales» de Delgado/Garzón en 2020, lo esencial de la Ley de Memoria Democrática ya está ahí, ampulosamente expresado, astutamente escondido o sectariamente expuesto. Y de hecho, expone dos paradigmas memoriales que se convierten en referencia, por encima de la Constitución española: la condena al régimen de Franco de 2002, aprobada por el PP de Aznar, con mayoría absoluta, y una referencia a una de tantas declaraciones de derechos humanos de la ONU, desoídas en cuanto al derecho a la educación en lengua materna, si es el español. Sobre esas arenas legales movedizas se alza el zigurat de la reescritura de la Historia:

Artículo 1. «Objeto de la Ley».

La presente Ley tiene por objeto reconocer y ampliar derechos a favor de quienes padecieron persecución o violencia, por razones políticas, ideológicas, o de creencia religiosa, durante la Guerra Civil y la Dictadura, promover su reparación moral y la recuperación de su memoria personal y familiar, y adoptar medidas complementarias destinadas a suprimir elementos de división entre los ciudadanos, todo ello con el fin de fomentar la cohesión y solidaridad entre las diversas generaciones de españoles en torno a los principios, valores y libertades constitucionales.

Esto es falso: ni Paracuellos, ni las matanzas de las checas, ni los asesinados y quemados por el anarquista Escorza en hornos industriales de Barcelona, ni las abismales fosas comunes que fueron los pozos de minas fueron objeto de rehabilitación, porque había desaparecidos, pero no cadáveres. Y, por supuesto, debería haber tenido en cuenta el final de la Guerra Civil antes de rehabilitar a Negrín y Álvarez del Vayo un año y medio después, hazaña a cargo de Leire Pajín y Alfonso Guerra, con el respaldo teórico de Ángel Viñas, en *El País*, tal vez una de las más prodigiosas síntesis tergiversadas publicadas en papel. Vale la pena detenerse en este episodio, que, de hecho, condenaba al PSOE de Besteiro y Prieto.

La pasmosa rehabilitación de Negrín y Álvarez del Vayo

Esto es lo fundamental de la nota servida a los medios por la Agencia Europa Press de 24 de octubre de 2009, que llevaba por título «El PSOE rehabilita a Juan Negrín y a otros 35 militantes socialistas [incluido Álvarez del Vayo, a los que devuelve su carnet de partido a título póstumo] para "reconocer y recuperar nuestra historia"»:

En un emotivo acto de homenaje en la sede de la calle Ferraz en el que intervinieron la secretaria de Organización del PSOE, Leire Pajín, y el presidente de la Fundación Pablo Iglesias y exvicepresidente del Gobierno, Alfonso Guerra, descendientes de los 36 expulsados con Negrín recogieron los carnets de sus familiares, restituyendo así su militancia.

Durante su intervención en el acto, Pajín afirmó que este homenaje supone una «recuperación de la memoria» en un «permanente reconocimiento de nuestra historia», por lo que abogó por tomar como ejemplo las ideas de Negrín y sus compañeros para hacer frente a los retos del futuro. (...)

Por su parte, Alfonso Guerra consideró que el acto de hoy supone la «reparación de una injusticia», pero también es «un acto de rectificación». En este sentido, recordó que la Ejecutiva del PSOE que presidía Indalecio Prieto en 1946 «se equivocó» al expulsar a Negrín y los otros 35 antiguos militantes homenajeados, pero que «hoy se puede reparar ese error».

Uno podría pensar que, tras más de treinta años de democracia, dieciocho con el PSOE en el Gobierno, los españoles, incluso socialistas, estaban ya reconciliados. Pues no: les faltaba reconciliarse con el sector totalitario y estalinista del Partido, sobre el que de hecho fundaba Zapatero, con Guerra de buey en su belén, la legitimación del PSOE. Naturalmente, eso era insultar a Besteiro, Prieto y los alzados contra Negrín. Y a eso se había dedicado el alma de esta resurrección, Ángel Viñas, en *El País*, del 8 de julio de 2008. Es el mayor cúmulo de trolas que se ha publicado sobre Negrín, así que para no pergeñar otro plomazo, iré acotando en el artículo las más evidentes.

Negrín y 35 viejos militantes socialistas

El que el congreso del PSOE haya rehabilitado a 36 militantes, entre ellos Juan Negrín, significa predicar con el ejemplo. No se puede recuperar la memoria histórica sin asumir la propia.

Noble propósito que, como se verá, no asume Viñas ni siquiera por equivocación.

La elevación de Negrín y Vayo a los altares socialistas, de los que ellos echaron en la guerra a Besteiro, Prieto y Largo Caballero, interesó a los que espantó. Enrique Múgica lo resumió así: «Recuperamos a un ladrón (Negrín) y a un loco (Vayo)».

Según Viñas:

> La suspensión como militantes de Negrín y Álvarez del Vayo ya las había proclamado en marzo de 1939 la Agrupación Socialista Madrileña en pleno golpe del coronel Casado.

El «golpe» no fue de Casado, sino, como vimos, de todo el PSOE y todos los partidos del Frente Popular contra Negrín, cuyo plan nunca fue «salvar al mayor número de combatientes», como también dice Viñas, cosa que no intentó Negrín ni en Cataluña ni en los meses que van de las batallas del Ebro y de Peñarroya al reconocimiento de Franco por las democracias y la dimisión de Azaña, amén de que no tenía la menor comunicación con Franco.

Contra todos sus generales, de Rojo a Miaja, Negrín y su bufón optimista Vayo —«nunca hemos estado más cerca de ganar la guerra que ahora», dijo tras caer Barcelona sin lucha y cruzar la frontera— buscaban «resistir a toda costa», pero el coste era la masacre de decenas de miles de combatientes, acaso más, ante las tropas de Franco, de ahí el alzamiento contra él. Negrín quiso prolongar la guerra para seguir en el poder, mientras seguía haciéndose con propiedades del Estado y botines particulares. Pero dice Viñas:

> A Negrín le ha perseguido, básicamente, una mitografía alimentada por la propaganda del franquismo.

El exquisito estilo del historiador de cabecera de los Iglesias, que denuncia en el artículo «babosidades» y «engañifas» de «autores-basura», oculta el hecho fundamental: a Negrín no le ha acompañado solo la historiografía franquista (que lo igualaba a Prieto y otros) sino la de todos los historiadores y testigos, empezando por los socialistas, de su llegada al poder, por supuesto gracias a Stalin, que echó a Largo Caballero. Para Viñas, por lo visto, franquistas son Prieto, Largo, Besteiro, Mera, Alba... Todos menos Negrín.

Pero vamos a las acusaciones concretas, donde el firmante desborda su talento:

> I) Envió por las buenas el oro del Banco de España a Moscú. Falso. Empezó a venderlo el Gobierno Giral a los pocos días de la sublevación. Los franceses adquirieron una cuarta parte.

Si Francia había comprado una cuarta parte del tesoro, ¿por qué enemistarse con las democracias entregando el oro a Stalin? Obviamente, porque era el camino de Negrín al poder. Es muy de Viñas y muy de pañal, a elegir edad, añadir, como hace, que «el franquismo no tuvo más remedio que aguantarse». De la media España que representaba era, al menos, la mitad del oro del Banco de España, lo robado en las cajas de seguridad de los bancos, Montes de Piedad, y casas de particulares atracados y, a menudo, asesinados. Cuando Franco ganó, Viñas criticará que «se aguantó» poco.

La mentira más artera es dar a entender, como hace en su artículo, que Negrín tuvo «autorización del Consejo de Ministros», al que nunca informó. Lo supieron Largo, Prieto y, al final, Azaña. Ni se debatió en el Consejo ni, por supuesto, en las Cortes. El dinero público y el robado a ciudadanos, partidos e instituciones, del que dispuso Negrín a capricho, se gastó —o derrochó orgiásticamente— en secreto, durante la guerra y después. La del oro fue una operación de Negrín y Stashevski, a espaldas del Gobierno español. Los tres al tanto lo supieron tarde y sin remedio. Lo prueba Olaya en *El expolio de la República*[2]. Pero sigue Viñas:

> II) (...) La afirmación de Bolloten de que Negrín fue elegido por los soviéticos es, literalmente, un «camelo».

El «camelo» como categoría historiográfica es muy *viñoso*, de esos «historiadores serios», que proclaman semicultos como Javier Iglesias o los «serios» de sí mismos. Que Negrín fue elegido por los soviéticos no lo dice Bolloten, sino todos los que vivieron el proceso, de Largo a Prieto, pasando por anarquistas, poumistas y de-

---

[2] Francisco Olaya Morales: *El expolio de la República. De Negrín al Partido Socialista, con escala en Moscú: el robo del oro español y los bienes particulares*. Belacqua, Barcelona, 2004.

más. No lo negaban los soviéticos. De hacerlo, la hemeroteca lo desmentiría. Fue el PCE, con Hernández al frente, como dice, el que organizó la campaña contra Largo. Claro que puede que, para Viñas, el PCE tampoco tuviera nada que ver con los comunistas.

> III) No hizo nada para impedir el rapto y asesinato de Andreu Nin. Falso.

¿Alguien ha acusado a Negrín de despellejar vivo personalmente a Nin? Lo que él hizo fue ocultarlo, mentir, como demuestran cumplidamente Bolloten y todos los del POUM, de Gorkin a Víctor Alba, Maurín o Andrade, que para Viñas también serán franquistas, antes, después o siempre. Las torturas del KGB no solían explicárselas a Stalin. Pero, como Lenin tras asesinar a toda la familia del zar, lo que él hacía muy bien era negarlas. Además de mentir y calumniar —«¿Dónde está Nin?», pintaban los poumistas; «En Salamanca o en Berlín», añadían los estalinistas—, Negrín permitió el juicio contra el POUM, copia de los Procesos de Moscú. Y la publicación de libelos contra un partido comunista que obedecía a Stalin menos que Negrín.

> IV) Cesó a Prieto por presiones soviéticas. Falso. (...) fue Prieto el que pocas semanas antes ofreció su dimisión a los soviéticos, que naturalmente no aceptaron.

¡Qué poder tendrían los soviéticos en España en 1937, como para que Prieto les «ofreciera su dimisión»! «Que, naturalmente, no aceptaron», aclara Viñas, que habrá documentado el gesto liberal en el Consejo de Ministros, donde, respetando muchísimo la soberanía española —como Negrín, entonces en Hacienda—, se sentaba tranquilamente Rosenberg, embajador de Stalin, hasta que un día Largo Caballero lo echó, y entonces él echó a Largo Caballero. También Prieto, tras crear el SIM a imagen del NKVD, sobraba.

> V) Prieto no consintió estar en el mismo Gobierno que Hernández, quien le había atacado en la prensa. Falso.

Según Viñas, la cúpula del PC confió a Negrín la salida de la crisis de 1938 y no tuvo en cuenta los ataques en prensa a Prieto: «Sus razones tuvieron, que la historiografía profranquista y prietista jamás ha aclarado». Él tampoco lo hace en este artículo. ¿Y cómo podrían aclarar prietistas y profranquistas, valga la redundancia, las razones de los comunistas? Averígüelo Viñas.

> VI) Tras la salida de Prieto del Gobierno sus relaciones con Negrín se rompieron. Falso.

Esto es fantástico. La copiosa correspondencia de Prieto con Negrín, tras robarle el botín del yate *Vita*, se publicó tras la guerra y se ha republicado después. Tanto que se habrá borrado en los documentos consultados por este historiador bipolar. Tras decir que la propaganda prietista siguió la del franquismo contra Negrín, ¡ahora resulta que nunca riñeron!

> VII) Negrín continuó la guerra en el interés de la Unión Soviética. Falso.

Azaña y Prieto, dice Viñas, intentaban lo mismo que Negrín. ¡Qué camelo!, diría él. Al llegar al poder Negrín, Azaña envía a Besteiro a buscar la mediación británica, justo lo contrario de la política de Negrín, que era ganar la guerra, ¿o no lo era? Ponerse al amparo diplomático de Londres es lo que hizo Casado, y suponía romper con Stalin, padrino de Negrín, y aceptar la victoria de Franco. Pero Álvarez del Vayo, papagayo del Capitán Garfio canario, defendía que había que alargar la guerra de España para que empalmara con la Mundial. Eso ataca Besteiro en su discurso del 5 de marzo. Y ese era el plan de Stalin hasta el 10, cuando anuncia el viraje pro-Hitler: alargar la guerra de España en favor de sus tejemanejes diplomáticos con Alemania y Francia. Los miles de muertos españoles le importaban todavía menos que a Negrín.

> VIII) Fue el hombre de Moscú. Falso. (...) La idea de que Negrín fue un juguete de los comunistas es una construcción ideológica.

Así que todos los partidos del Frente Popular, más franquistas que Franco, mienten. Que favoreció a los comunistas, como todos sostienen, es una burda falsificación, una «puñalada trapera» a la «credibilidad de la resistencia», dice Viñas, tan favorecida por las victorias de Franco. Claro que eso también puede ser una construcción ideológica: entre 1937 y 1939 los ejércitos de Negrín no perdieron ninguna batalla. Se las robaron los traidores tras haberlas ganado todas, de Bilbao y el Ebro a Peñarroya. Qué malos eran.

> IX) Prolongó la guerra inútilmente. Falso. Contaba con informaciones de que los franceses ayudarían. Bajo Daladier, se esquivaron (...).

Pasmoso. ¿Con qué informaciones de Daladier contaba Negrín, si no eran discreteos con prostitutas, como la famosa gorda que compartía con Tedeschini? ¿Desde cuándo? ¿Lo sabe Viñas? Si Daladier y Blum «esquivando» el acuerdo de no intervención ayudaron al Gobierno de Negrín, ¿dónde queda el «abandono de las democracias»? Lo que trató Hidalgo de Cisneros con Stalin —ese perito contable al que siempre debíamos dinero— fue un gran cargamento de armas que tal vez anduvo por la frontera francesa y se volvió. Porque el Ejército de la República fue incapaz de conservar un solo paso en los Pirineos, otro fruto de la previsión de Negrín que ya brilló en la defensa de Barcelona. Pero ¿de qué servían esas supuestas informaciones sobre Daladier cuando Francia ya había reconocido a Franco? Fue entonces cuando Negrín insistió en seguir la guerra, intentó el copo militar de Madrid con los comunistas, y se enfrentó a Besteiro, Casado, Miaja y todos los demás.

De haber entregado el poder a los militares, más legítimo que el suyo, que dependía de la confianza de una Presidencia de la República inexistente, cabría decir que Negrín, aunque equivocado, no prolongó la guerra inútilmente. Sin embargo, lo intentó, como prueban los cientos, si no miles, de heridos y muertos de las tropas que, creyendo a Negrín en España, lucharon ferozmente en Madrid contra el PSOE y demás partidos del Frente Popular. ¿Acaso para Viñas al PSOE lo representa históricamente más Negrín que Besteiro?

En el punto décimo de su extenso artículo, Viñas también tacha de «falso» que Negrín dejara dicho que, a su muerte, se entregara a Franco la documentación del oro de Moscú. Y para defenderlo añade que, según dicha documentación: «La totalidad del oro se había vendido siguiendo la legalidad republicana».

Acabemos: la «legalidad republicana», de la que desciende la famosa contabilidad de Stalin, asumida por Viñas, consistió en que Negrín hacía con el dinero, público o robado, lo que le daba la gana sin rendir cuentas a nadie, durante la guerra y después.

Pero llega el Gran Final en el que Viñas, que se considera «analista de la operación del oro», se extiende en los agradecimientos a los que le permitieron, todavía en 1974, reconstruir el pasado. Empieza por la Fundación Juan Negrín, pasa por Fuentes Quintana y socialistas canarios como Jerónimo Saavedra y acaba, naturalmente, en la familia Orellana-Negrín.

Resumiendo: aún en la Dictadura, Viñas empezó su «análisis», que para Olaya, que pasó toda la posguerra haciéndolo, es el cuento del oro de Moscú. Y lo hizo ayudado por la familia Negrín, garantía de objetividad, y apoyado por socialistas de la masonería canaria como Jerónimo Saavedra. Pero este artículo, que dice más de Viñas que de Negrín, permite rehacer el tortuoso camino de la asombrosa rehabilitación de los que Enrique Múgica llamó «un ladrón» —Negrín— y «un loco» —Álvarez del Vayo—, que, por cierto, no murió en el PSOE, sino presidiendo la banda terrorista FRAP.

Es el momento de volver a la Ley de Memoria Histórica, que no deja de ser la consumación del retorno del PSOE a Negrín, a Stalin… y al FRAP.

Una ley que ya existía o nunca se cumplió

La función de la Ley de Memoria Histórica, como de su criatura la Ley de Memoria Democrática, nunca fue reparar los resquicios dejados por la amplia normativa anterior, «cerrar heridas» o «remediar olvidos». Fue y es una operación de deslegitimación de toda alternativa de Gobierno de derechas, expulsándola, como en la Segunda República, del sistema democrático. Se busca lo mismo que llevó a España a la Guerra Civil: impedir el normal cambio de gobierno a través de las urnas, al margen de su color político. En su desarrollo jamás atendió a lo que textualmente defendía. Por ejemplo:

> *Artículo 2. Reconocimiento general.*
>
> 1. Como expresión del derecho de todos los ciudadanos a la reparación moral y a la recuperación de su memoria personal y familiar, se reconoce y declara el carácter radicalmente injusto de todas las condenas, sanciones y cualesquiera formas de violencia personal producidas por razones políticas, ideológicas o de creencia religiosa, durante la Guerra Civil, así como las sufridas por las mismas causas durante la Dictadura.
>
> 2. Las razones a que se refiere el apartado anterior incluyen la pertenencia, colaboración o relación con partidos políticos, sindicatos, organizaciones religiosas o militares, minorías étnicas, sociedades secretas, logias masónicas y grupos de resistencia, así como el ejercicio de conductas vinculadas con opciones culturales, lingüísticas o de orientación sexual.

El zurriburri de legalidades anuladas y organizaciones reivindicadas es inabarcable. Se mezclan ideologías, costumbres, partidos, sociedades secretas, actividades de mariólogos y satanistas, pacifistas y antropófagos, célibes y pedófilos. Pero en toda la ley se añade siempre a la Guerra Civil el latiguillo «así como»... el franquismo. Como si guerra y posguerra fueran un único delito: destruir esa idílica Segunda República contra la que el PSOE, tras perder las elecciones del 33, dio el golpe del 34, o robó las actas del 36.

Que solo hay una memoria oficial y posible queda claro en el artículo 3 y aún más en su aplicación. Nadie investigó la Consejería de Orden Público de la Junta de Defensa de Madrid —la de Carrillo—, responsable de la masacre más atroz de la guerra: Paracuellos. ¿O eran las «sacas» del 36 «legítimas»? Diríase que sí.

Artículo 3. Declaración de ilegitimidad.

1. Se declara la ilegitimidad de los tribunales, jurados y cualesquiera otros órganos penales o administrativos que, durante la Guerra Civil, se hubieran constituido para imponer, por motivos políticos, ideológicos o de creencia religiosa, condenas o sanciones de carácter personal, así como la de sus resoluciones.

2. Por ser contrarios a Derecho y vulnerar las más elementales exigencias del derecho a un juicio justo, se declara en todo caso la ilegitimidad del Tribunal de Represión de la Masonería y el Comunismo, el Tribunal de Orden Público, así como los Tribunales de Responsabilidades Políticas y Consejos de Guerra constituidos por motivos políticos, ideológicos o de creencia religiosa de acuerdo con lo dispuesto en el artículo 2 de la presente Ley.

La legislación de guerra del bando republicano o rojo, ni aparece. Las ayudas, compensaciones, subvenciones, indemnizaciones, tributaciones especiales y otras medidas estaban en los desarrollos legislativos citados, previos a la Ley de Memoria. La localización e identificación de víctimas quedó reducida, al menos en las noticias de prensa, a una de las dos cunetas.

La víctima de Franco que mataron los rojos

A veces, la «víctima» lo era de la fiebre sectaria que impregna la Ley y sus órganos de propaganda, con *El País* al frente. Fue el caso de don Faustino Mantecón Cepedano, al que el 30 de octubre de 2009 el diario de PRISA destacó en el reportaje «Los barrancos de la memoria», con la foto de su cadáver como «represaliado por el franquismo». Unos días después, en carta al director, las hijas de Faustino Mantecón colocaron a *El País* no ante el barranco sino ante el abismo de su programada desmemoria:

> Nuestro padre, don Faustino Mantecón Cepedano, no fue uno de los represaliados del franquismo, sino que fue asesinado en Madrid, el día 11 de noviembre de 1936, por milicianos del Gobierno de la República. De hecho, las fotografías de nuestro padre

que ilustran el mencionado artículo proceden de los Archivos de la Dirección General de Seguridad del Gobierno de la República.

¿Qué artículo de las leyes de memoria amparará a este «represaliado»?

A Carrillo, los comisarios de la memoria no lo investigaron por las matanzas de Paracuellos y la Cárcel Modelo, cinco o seis mil asesinados, sino que lo canonizaron en vida. En marzo de 2005 —en su noventa cumpleaños, que por su culpa no han celebrado tantos otros—, lo obsequiaron quitando la estatua ecuestre de Franco frente al Ministerio de Medio Ambiente. Hubo fiesta hasta bien entrada la madrugada. Y fue el pistoletazo de salida —las metáforas de este género salen sin querer al hablar de Carrillo— de la olimpiada de rebautismo de calles y plazas, tan habitual en las dictaduras. Por supuesto, la Ley de Memoria Histórica legalizó el despojo generalizado:

> *Artículo 15. Símbolos y monumentos públicos.*
> 1. Las Administraciones públicas, en el ejercicio de sus competencias, tomarán las medidas oportunas para la retirada de escudos, insignias, placas y otros objetos o menciones conmemorativas de exaltación, personal o colectiva, de la sublevación militar, de la Guerra Civil y de la represión de la Dictadura. Entre estas medidas podrá incluirse la retirada de subvenciones o ayudas públicas.
> 2. Lo previsto en el apartado anterior no será de aplicación cuando las menciones sean de estricto recuerdo privado, sin exaltación de los enfrentados, o cuando concurran razones artísticas, arquitectónicas o artístico-religiosas protegidas por la ley.
> 3. El Gobierno colaborará con las Comunidades Autónomas y las Entidades Locales en la elaboración de un catálogo de vestigios relativos a la Guerra Civil y la Dictadura a los efectos previstos en el apartado anterior.
> 4. Las Administraciones públicas podrán retirar subvenciones o ayudas a los propietarios privados que no actúen del modo previsto en el apartado 1 de este artículo.

La simbología o exaltación se limitó a la «sublevación militar» de media España. Nadie quitó las calles dedicadas a Dolores Ibárruri, el «monumento» a Largo Caballero en Nuevos Ministerios, o, faltaría más, la calle del Doctor Negrín en Las Palmas. Pero el blanco era ya la profanación del Valle de los Caídos. La ley de Zapatero decía:

> *Artículo 16. Valle de los Caídos.*
>
> 1. El Valle de los Caídos se regirá estrictamente por las normas aplicables con carácter general a los lugares de culto y a los cementerios públicos.
>
> 2. En ningún lugar del recinto podrán llevarse a cabo actos de naturaleza política ni exaltadores de la Guerra Civil, de sus protagonistas, o del franquismo.

Un Real Decreto-ley de octubre de 2018 añadió un tercer punto:

> 3. En el Valle de los Caídos solo podrán yacer los restos mortales de personas fallecidas a consecuencia de la Guerra Civil española, como lugar de conmemoración, recuerdo y homenaje a las víctimas de la contienda.

Indudablemente, sobró prudencia o faltó valor político, pero llegó la crisis económica y no se asaltó la tumba de Franco ni se dinamitó la cruz, como algunos pretendían. Sin embargo, la llegada a la política de Podemos aceleró el proceso de manipulación de la Historia. En mayo de 2017, el Ayuntamiento de Madrid, con Manuela Carmena al frente, acordó cambiar el nombre de cincuenta y dos calles. Y el Comisionado de la Memoria Histórica, presidido por Francisca Sauquillo, se puso en marcha. Contaba con la colaboración de la hijastra de Fidel Castro, Mirta Núñez Díaz-Balart, que presidía la Cátedra de Memoria Histórica de la UCM, que luego se quitó de en medio. Aquello acabó fatal.

Pero las anécdotas que mostraban el analfabetismo de los comunistas del Ayuntamiento de Carmena ocultaron el problema de fondo, que es muy anterior a la Ley de Memoria Histórica de Zapatero o a la de Memoria Democrática de Sánchez e Iglesias. Es la política emprendida por los separatistas, respaldada por la izquierda y aceptada por la derecha de *desnombrar* a España, de borrar todo lo español y en español de nuestras calles, ciudades, regiones, comarcas, ríos y montes, sierras y playas. En julio de 2015, escribí en *Libertad Digital* este artículo recordando que la guerra a lo español empezó apenas llegada la democracia. Y que nadie la quiso afrontar.

Avenida de la Nación Española

A finales de 1980 escribí para la revista *Diwan* un breve ensayo, «Por la calle de Unamuno», recogido en la versión ampliada de *Lo que queda de España*. Por desgracia, treinta y cinco años después, todo lo allí denunciado sigue siendo denunciable, pero permítame el bisoño lector de *Libertad Digital* rescatar estos párrafos:

«Empieza a ser de buen gusto escribir sobre autores que no cumplan siglos estos años o años estos días. Unamuno, tan poco de moda y de modas, nos da gusto en eso y en otras cosas. Primero, no tropezamos con la academia celebrándolo, y después, sí topamos con los que hay que topar: los munícipes espesos que andan descabalgándolo de las calles del País Vasco.

»Resulta trágico y ridículo este carnaval de celebraciones centenarias mientras empiezan a resultar diarias las vejaciones públicas que a los nombres señeros de nuestras letras se hacen en ciertos lugares de España. Y no es casualidad que el sistema democrático español esté en peligro [solo un mes después de publicado este ensayo se produjo el Golpe del 23-F] gracias a los mismos grupos que quitan de los nombres de las calles vascas al vasco españolísimo Miguel de Unamuno. Va en buena compañía, en la mejor: Cervantes, que ha sido pionero en esta mudanza forzosa de los grandes nombres de la cultura española, pero solo por su caso habría más motivo de reunión y movilización que por los centenarios que a cada paso congregan a las inteligencias oficiales.

»Pasma la frialdad y la estupidez de esta falta de reacción ante hechos que solo una mente trivial considerará triviales. ¿Cabe pensar que quienes se empeñan en quitar a Unamuno o a Cervantes de una calle pueden llegar a respetar alguna vez y de algún modo al pueblo que, en el mejor de los casos, sustenta y se sustenta de su espíritu?

»¡Qué horror —dicen algunos— tener que andar aún eligiendo entre Sabino Arana y Unamuno! El horror —decimos nosotros— es pensar que esa elección no nos concierne; que la puesta en cuestión de un símbolo entrañable de la cultura en lengua española es cosa que pueda o deba resultarnos íntimamente ajena. Lo horroroso es ver a tantos que, ante esa vieja cuestión, todavía no se atreven a elegir»[3].

La elección de la rendición

Pero, al final, eligieron. Ni los partidos de derecha (UCD-AP-PP) ni los de izquierda (PSOE-PSP-PCE) pusieron como condición para votar el cupo vasco la devolución de las calles de Cervantes, Unamuno y Baroja que les habían robado los separatistas. Desde Suárez y Aznar a Rajoy, y de González a Zapatero, todos los que han tenido sobrada ocasión de impedir la vulneración básica de los derechos civiles de todos los españoles en todo el territorio nacional, que empieza por arrancar el nombre de Cervantes de las calles y termina por prohibir la enseñanza en la lengua de Cervantes (es de lo que trata todo el ensayo citado), han declinado la honrosa ocasión de hacerlo.

Fueron y son tan imbéciles, tan vagos, tan cobardes que prefieren ignorar que privar de su nombre a una cosa y ponerle otro es apropiársela y expropiársela al que antes la tenía por suya. Que al despojar oficialmente —crimen político perpetrado por González y refrendado por el patriotísimo Aznar— de su nombre en español a cualquier ciudad española que también lo tiene en catalán, gallego o vasco se está admitiendo que el español —el idioma y el ciudadano— es un ser de prestado, de paso y, en el fondo, a eliminar de esa ciudad o región. Que es admitir la amputación del solar que durante tantos siglos ha albergado a la nación española. Y que cuando un zote dice en televisión que llueve en «Yirona», está borrando el calor y el frío, la lluvia y el trueno que durante siglos afrontaron tantos españoles —de allí y de paso— en esa ciudad, empezando por su heroico defensor en la guerra de la Independencia (española, claro, la única librada en Cataluña) Mariano Álvarez de Castro, inmortalizado en el Episodio Nacional «Gerona» de Galdós. Ventajas del idioma común y de tan larga historia: el héroe de Gerona prueba que no todos los Marianos son como el manso

3 Federico Jiménez Losantos: «Por la calle de Unamuno», en *Diwan,* n.º 10, 1981.

de Pontevedra: barbeando tablas a la espera de cornear a algún subalterno.

Lo que va de Tierno a Carmena

Pero cuando los separatistas vascos le quitan a Unamuno una calle en Bilbao saben muy bien lo que hacen: borrar la memoria del Bilbao español y liberal, enfrentado en los «Sitios» a los carlistas del campo, absolutistas acérrimos. Cuando Pujol y su banda, siempre con el respaldo de PRISA y la cobarde aquiescencia de González, Aznar, Zapatero y Rajoy, amén de los barbianes del Supremo y los prevarigalupadores del Constitucional, han prohibido estudiar en español a los que tienen el español como lengua de cuna, les están forzando a admitir una ilegitimidad de origen, una bastardía que solo pueden reparar cambiando de piel y de lengua y condenando a su nación. Y aunque lleve treinta y cinco años denunciándolo sin éxito, vale la pena repetirlo: mientras en cualquier sitio de España no se pueda estudiar en español, se está asumiendo la destrucción de la nación política española, que es el ámbito de nuestras libertades, de nuestra igualdad ante nuestras leyes; se está aceptando que las leyes no sean nuestras y, sin embargo, que como ciudadanos españoles hemos de obedecerlas.

No toda la derecha ha sido miope en este asunto. Ni toda la izquierda ha sido siempre insensible al carácter nacional que, por encima de partidos y banderías políticas, al margen de ideas y costumbres de épocas diversas, debe suponer la conservación de la memoria de todos los españoles que, con su arte, su valor o su talento, han engrandecido a la patria común. Ahora que el PSOE ha instalado en el Ayuntamiento de Madrid a una recua de ediles podemitas, algunos de ellos públicamente antisemitas, proetarras, anticristianos y admiradores de cualquier dictadura comunista. Y ahora que esos siniestros pijoflautas pretenden borrar del callejero de Madrid a más de un centenar de grandes españoles, de Pla y D'Ors a Dalí y Jardiel, de Mihura a Manolete y de Bernabéu al gran Ramón Gómez de la Serna, me parece adecuado recordar que ese alcalde al que dicen que se quieren parecer estos analfabestias totalitarios que cocean cuanto ignoran encabezó a comienzos de los ochenta un gran homenaje de recuperación y reconocimiento precisamente al más brillante de los madrileños, al Ramón por excelencia.

Yo tuve el honor de participar en el cuádruple catálogo de aquella exposición que con Tierno a la cabeza devolvió a Madrid al autor de *El Rastro* y *Automoribundia*. Y vi a Tierno mirar con una sonrisa las cartas de tiempos de la guerra que pudo recuperar —junto a su estudio— Juan Manuel Bonet, y en las que Ramón escribía con tinta roja sobre papel amarillo, para significar su apoyo a la causa nacional. Y Tierno, que estuvo de recluta en el ejército de enfrente, hacía suya también esa causa, aunque adversa, a fuer de nacional. Y decía al final de su prólogo: «Al maestro debelador de estilos muertos y prejuicios deformadores, madrileño infatigable de Madrid y trabajador copioso y fecundo como pocos, le dedicamos hoy esta pequeña prueba de agradecimiento y admiración» (*Ramón en cuatro entregas* I, pp. 4-5).

La infame Ley de Memoria Histórica

En *El País* de diciembre de 1980 (cuando yo escribía «Por la calle de Unamuno») puede verse la referencia al catálogo y la exposición en el Museo Municipal de Madrid y el anuncio de las conferencias de Giménez Caballero (fundador de Falange), Francisco Umbral (cercano al PCE, gran figura de *El País*, que meses antes había presentado *Lo que queda de España* en la librería Antonio Machado) y el propio alcalde Tierno Galván (creador del PSP, integrado en el PSOE). ¿Cómo es posible que aquel pacto no escrito pero indiscutible, sagrado, para la convivencia nacional, gracias al cual un fascista, un comunista y un socialista se unían para homenajear a Ramón Gómez de la Serna, se haya convertido en el anuncio del actual Ayuntamiento de Podemos (gracias al PSOE) de quitar la calle a Ramón en aplicación de la Ley de Memoria Histórica y según una lista elaborada por un *tristoriador* o delator ideológico de Izquierda Unida para proscribir del callejero madrileño a ciento cincuenta personalidades por el delito de ser «franquistas»?

Siempre hubo una parte de la izquierda que no aceptó la democracia pero era minúscula, irrelevante frente al PSOE y al PCE que había pactado la Transición con el Movimiento Nacional de Adolfo Suárez y el «sucesor de Franco a título de rey». La gran mayoría de la derecha —solo la pequeña parte organizada en torno a Fuerza Nueva se negaba a aceptar el nuevo régimen, por haber liquidado mediante el harakiri de las Cortes el régimen de 1939— y la inmensa mayoría de la izquierda —salvo la ETA y grupos terroristas de extrema izquierda como el FRAP y el GRAPO— estaban de acuerdo en que, con todos sus defectos, la amnistía general, las elecciones democráticas de 1977 y 1979, y el abrumador plebiscito en favor de la Constitución del 78 constituían bases irrenunciables de la libertad y la convivencia nacionales.

Fue el golpismo guerracivilista de Zapatero, en el Gobierno desde 2004 pero en la trinchera desde la mayoría absoluta de Aznar en 2000, el que rescató al peor PSOE, y unido al separatismo y a los restos del PCE declaró la guerra a la libertad, a la memoria y a la nación. Esa máquina de odiar al que piensa diferente (si es de derechas, claro), de borrar de nuestra memoria todo lo que, en el correr de los siglos y por encima de guerras, de exilios, de persecuciones e inquisiciones, tenemos en común los españoles es lo que se plasmó en la infame Ley para la Memoria Histórica. Solo por haberla firmado debería haber rodado la corona de Juan Carlos I. Solo por no atreverse a derogarla merece el más absoluto desprecio Mariano Rajoy.

En todos los pueblos españoles, hasta los más pequeños, existe una plaza de España. Con su ayuntamiento, su reloj a veces parado, su bandera no siempre nueva, pero con ese nombre que es el compromiso cotidiano con la patria común. Ojalá alguna vez, como prueba de que hemos sabido despertar de esta pesadilla totalitaria y conjurar la infamia de este bárbaro Ayuntamiento, incivil y liberticida, que se arroga el derecho a proscribir de las calles de Madrid a algunos de los grandes nombres del último siglo, la anchurosa entrada a nuestra capital, desde la plaza de Castilla hasta Atocha, se llamase Avenida de la Nación Española. Siquiera un día, valdría la pena.

En fin, llevo cuarenta años, toda mi vida intelectual, combatiendo esa armada siniestra del desnombre y el desbautizo, ese sucio empeño en borrar España del mapa, ante el que tantos se rinden. Espero no hacerlo nunca.

La importancia del asalto al Valle de los Caídos

Muchos de los que ahora empiezan a preocuparse por la Ley de Memoria Democrática no recuerdan la poca importancia que le dieron al asalto al Valle de los Caídos y a la tumba de Franco para echarlo de allí. Y sin embargo, en cada paso que se ha dado para reescribir nuestra historia, la izquierda de Caín tuvo la colaboración de dos abeles: PP y Ciudadanos. He escrito sobre este asunto un montón de artículos en estos años, criticando la estúpida indolencia del PP y la frívola nadería de Ciudadanos, con menos complejos aún que el PP para exhibir sus inseguridades ante la izquierda. Repasaré los que considero más relevantes, aunque en el fondo siempre se trata del mismo problema, que exige el mismo artículo: el franquismo.

El asalto a la tumba de Franco empezó en Andalucía, donde al hilo de la Memoria Histórica de Zapatero, Susana Díaz hizo su propia Ley de Memoria, que es el anuncio de la que en 2020 alumbró Sánchez. Nadie la tomó en serio por ser del PSOE andaluz, aunque es el modelo de todo el PSOE. Esta es la parte final del artículo que publiqué en *Libertad Digital* el 19 de marzo de 2017:

Susana Díaz también se apunta a la Guerra Civil

(...) Susana Díaz ha perpetrado esta semana una fechoría tan atroz que, a mi juicio, la inhabilita moralmente como presidenta de un Gobierno de España. Es una Ley de Memoria Histórica de Andalucía, que deja en mantillas la siniestra e ilegal de Zapatero que solo la cobardía patológica de Rajoy mantiene vigente, pero que por higiene democrática debería haber derogado al llegar al poder con mayoría absoluta en 2011.

El articulado completo, interminable y norcoreano, lo ha resumido muy bien Pedro de Tena en LD. Pero hay varias cosas que no solo son ilegales e ilegítimas sino, en términos cívicos, sencillamente criminales.

La primera es entender que en la Guerra Civil solo se produjeron crímenes por parte del bando franquista, cuando la Guerra Civil fue buscada por el PSOE desde 1934 aunque solo la logró tras asesinar a Calvo Sotelo en 1936 y provocar un alzamiento tan civil como militar. Y cuando nada puede compararse con la represión en las checas del bando republicano, o simplemente rojo, con masacres como la de Paracuellos, responsabilidad directa del socialista Santiago Carrillo, pasado al bando de Stalin.

La segunda es declarar ilegal, como si la Junta de Andalucía fuera una instancia superior al Parlamento, las amnistías de la Transición para los crímenes de la guerra y la posguerra, desde Paracuellos y las checas a los crímenes etarras, pasando por los cometidos en el bando nacional. Con este disparate, que parece redactado por Baltasar Garzón «el Prevaricador», el parlamento andaluz se equipara al parlamento golpista catalán, que se ha proclamado superior a las Cortes y a esa legalidad constitucional que se supone defiende el PSOE y, dentro de él, la súbita miliciana Susana Díaz.

Del PCE de la Transición al de ahora

Si en vez de una oportunista cegata fuera una socialista decentilla, le hubiera sido fácil destrozar la propuesta de Izquierda Unida. Le bastaba recordar los discursos del PCE, desde Sánchez Montero a Camacho y al Solé Barberá del PSUC defendiendo precisamente la amnistía total como herramienta esencial y duradera de reconciliación nacional. Mal está que Izquierda Unida se empeñe en un viaje contra el tiempo y su mejor historia pero aún es más estúpido que ella rechace lo que defendieron los socialistas, empezando por Felipe González, al que, llegado al Gobierno y con tres mayorías absolutas, nunca se le ocurrió acabar con la amnistía y con el espíritu de la Transición, tan celebrado fuera de nuestras fronteras.

Pero entramos en el tercer crimen de lesa historia, que es extender el franquismo hasta 1982, cuando el PSOE llega al poder y, repito, no intenta siquiera discutir la legitimidad de esa amnistía que votó y aplaudió. Ahora va a resultar que en España no hubo elecciones democráticas en 1977 y en 1979, ni se votó la Constitución del 78, nacida del Parlamento democrático. Por supuesto que las hubo y el PSOE se presentó y celebró su resultado en 1977 aunque mostró su mal perder en 1979, cuando dijo Guerra que «el pueblo español se ha equivocado». ¿Ahora va a resultar que la democracia que trajeron los antiguos franquistas de UCD y los comunistas del PCE, con el aplauso del PSOE, su máximo beneficiario en treinta y nueve años, nunca ha existido? ¿Que todo ha sido un inmenso, interminable, impune crimen de lesa humanidad, imprescriptible y solo juzgable por la nueva legalidad emanada del comisariado de la Junta de Andalucía? Eso solo lo ha defendido la ETA ayer y Podemos hoy, cuando imita a los etarras. ¡Y hete aquí a Susana Díaz sumándose al cortejo separatista y bolivariano!

Pero el colmo es que esta Junta de Andalucía para la reanudación de la Guerra Civil pretenda incluir como asignatura obligatoria en primaria y secundaria el estudio de los crímenes del franquismo y solo del franquismo, con el apoyo de un comisariado gramatical para vigilar el lenguaje instilado a los niños como virus mefítico y totalitario, para que aprendan a odiar y, algún día, lleguen a vengarse matando a los nietos o biznietos del otro bando, que, al ser también el de la mitad de los andaluces, es el suyo.

Y, de remate, la abstención del PP y Ciudadanos

Solo hay una cosa que me ha parecido tan abyecta como la traición de Susana Díaz al PSOE socialdemócrata y su paso al bando podemita: la abstención del PP y Ciudadanos ante esa ley que, repito, no es una ley sino un crimen. Los grandes crímenes nunca se producen porque los perpetren los malos, sino porque los buenos no hacen nada para detenerlos. Es lo que está pasando en buena parte de España. También en Andalucía.

El trágala para la derecha de la desmemoria programada por la izquierda llegó dos meses después, cuando las Cortes votaron, sin un solo voto en contra, la exhumación de Franco. Y escribí el 14 de mayo de 2017 lo mismo que escribiría ahora:

Las Cortes proclaman el derecho a profanar tumbas por motivos políticos

Ni uno solo de los 350 diputados del Congreso votó «no» a la moción para desenterrar a Franco del Valle de los Caídos. Ni uno. Aunque no había ninguna posibilidad de que la moción fuera derrotada, nadie se atrevió a desafiar al partido, nadie rompió la disciplina de voto, nadie se atrevió a expresar con su voto lo que piensan e incluso dicen en privado, nadie, ni uno solo de esos 350 representantes de la soberanía nacional, de todos los españoles, tiene la menor objeción a desenterrar, como forma de infamarlo, un cadáver, que lleva enterrado cuarenta y dos años, que fue el jefe militar y político del bando nacional y que si media España ha temido mientras estuvo en el poder, la otra media ha adorado durante casi cuatro décadas.

El anterior jefe del Estado fue enterrado en el Valle de los Caídos por decisión de su «sucesor a título de rey» Juan Carlos I de

Borbón y del presidente del Gobierno Adolfo Suárez, último secretario general de FET y de las JONS (Falange Española Tradicionalista y de las Juntas de Ofensiva Nacional-Sindicalista), el partido único creado por Franco y más conocido como Movimiento Nacional o «el Movimiento». El Rey y Suárez fueron los principales artífices de la transición a la democracia, en primer lugar mediante la votación en Cortes y posterior referéndum de la Ley para la Reforma Política que permitió la legalización de los partidos políticos, el Comunista incluido; después, con la celebración de elecciones libres en junio de 1977 y, por último y fundamental, con el debate, votación en Cortes y aprobación mediante referéndum nacional de la Constitución de 1978, redactada por consenso de los principales partidos y que, con sus treinta y nueve años de vigencia, es ya la más duradera de nuestra asendereada Historia.

Ni una sola oveja abandonó el rebaño

Nadie, ni uno solo de los 350 diputados, quiso recordar lo que Franco ha significado y todavía significa para buena parte de los españoles desde hace ochenta o cuarenta años, según se valore su vida o su herencia. Nadie se atrevió a decir que fueron los franquistas los que dejaron pacíficamente el poder para compartirlo con otras fuerzas políticas, previa aprobación de una amnistía general para todos los delitos cometidos por cualquiera de los bandos durante la guerra y la Dictadura posterior. Nadie puntualizó que el desenterramiento de Franco significará el entierro del prestigio exterior de España, basado en la pacífica transición de la dictadura a la democracia.

Tampoco nadie llamó la atención sobre el hecho de que ningún país europeo se dedica a sacar a los muertos de sus fosas por razones políticas. El regicida y dictador Cromwell tiene una estatua frente al Parlamento que asaltó con su tropa y cerró. Macron, liberal modelo para Rivera, que quiere, el muy cateto, hacer de Cuelgamuros otro Arlington, no tiene proyecto alguno para desenterrar al genocida Napoleón, ni a Pétain, ni a De Gaulle. Ningún país civilizado se plantea en el Parlamento profanar tumbas por motivos políticos. Eso supondría cambiar la política por el canibalismo.

Por cierto, que el diccionario define así canibalismo: 1/ «acción o costumbre humana de comer carne de seres de su misma especie, generalmente de forma colectiva y siguiendo un ritual». 2/ «Crueldad o ferocidad extrema de una persona con sus semejantes, en especial en el ámbito político». ¡Perfecta definición para la necrofagia antifranquista!

Otra vuelta de tuerca a la Desmemoria Histórica

En fin, nadie se atrevió a salir de la ovina obediencia a unos jefes políticos que, salvo en un caso, han demostrado una vileza solo superada por la estupidez. La excepción es Pablo Manuel Iglesias, que es el único que ha actuado de acuerdo con su canto a la Guerra Civil y su plan para que España sea una dictadura como la de sus criminales padrinos de Venezuela. Los tres que dicen que defienden el orden constitucional —PP, PSOE y Cs— se han comportado como golpistas históricos, asaltatumbas y matadifuntos. Si la Ley de Memoria Histórica de Zapatero, firmada por Juan Carlos I para hacerse perdonar su corrupción, fue un delito de lesa patria, su ampliación arbitraria, siniestra, sin paralelo en Europa, es un delito de lesa humanidad.

Porque el Parlamento —no sé si los 350 lobos, cabras y, sobre todo, ovejas eran conscientes de ello— ha proclamado su derecho a imponer qué tumbas pueden ser vaciadas y profanadas por razones políticas. Esta vez, por consenso o consensuada abstención, es decir, por lealtad perruna al que pastorea el sueldo de sus necrófagas señorías. Mañana, igual que ha votado desenterrar a Franco, votará asaltar otra tumba; y podrá decidirlo un voto.

Si las Cortes se han atrevido a votar algo sobre lo que no habían avisado en sus programas electorales, ni tienen derecho moral alguno a hacerlo, mañana o pasado volveremos a la terrible costumbre leninista de sacar a los generales y soldados «blancos» de sus tumbas y quemarlos muertos, ya que no les fue suficiente derrotarlos vivos, para sembrar el terror entre el pueblo llano, atónito ante el sacrilegio. Franco fue el general «blanco» que, a diferencia de los Kolchak y Denikin, consiguió derrotar a los comunistas. Cuarenta años después de muerto, los hijos de Largo Caballero, el «Lenin español», han acaudillado heroicamente el asalto a su tumba. Les faltó aplaudirse unos a otros para darse ánimos, porque eso de provocar a los difuntos es actividad, no diré deporte, de muchísimo riesgo.

El Terror político al rojo vivo

En realidad, la votación y la unanimidad de los votantes obedecen a lo que Lenin instauró hace cien años desde su llegada al poder: el Terror Rojo. En la España actual, el temor al «Qué-dirán-en-La-Sexta» es superior a cualquier consideración ideológica o moral. De ahí la incomprensible, pero inolvidable, votación a favor de la profanación de la tumba de Franco, de Rivera y los ex-respetables diputados de Ciudadanos. De ahí la abstención del PP —incluido Pablo Casado— porque le da igual lo que aprueba o no, o sí, depende, según. A Rajoy pueden llamarle ladrón, pero franquista, jamás. ¡Soraya, dile a Mauricio que le diga a Ferreras que eso no lo toleramos!

De los 350 matamuertos de las Cortes, no sé cuántos antifranquistas lo eran en vida de Franco. Muerto, ya se ve que todos. Los que lo fuimos antes de que Franco fuera enterrado, con el mismo derecho a que respeten sus huesos que todos los españoles, podemos recordar el peligro y el miedo que pasamos en compañía de casi nadie. Por eso, aquella mínima mayoría, que aún nos felicitamos por la democracia y la reconciliación nacional, solo podemos sentir el más absoluto de los desprecios viendo gruñir al unísono, cuarenta años tarde, a tanto cerdito con tantísima nostalgia de jabalí.

Un año después, Sánchez, ya en el poder, quiso demostrar sacando a Franco de la fosa que, a diferencia de Zapatero, que como Pujol se quedó en la teoría, él sí iba a ganarle de verdad la Guerra Civil a Franco y a los que lo apoyaron. Y que había llegado para quedarse. El diseño de un régimen contrario a la monarquía parlamentaria y a la Constitución, que buscaba entroncar con el Frente Popular del 36 era evidente. Lo expliqué así en *Libertad Digital* el 24 de agosto de 2018:

En Cuelgamuros nace el sanchismo-leninismo

La tumba de Franco no debería ser saqueada por Falconetti y la checa gubernamental por muchas razones. La primera y básica, por civilización: en una sociedad civilizada, no digamos si se proclama Estado de derecho, el Gobierno no puede sacar un cadáver de una fosa donde lleva medio siglo como venganza por su significado político. Solo podría hacerlo la familia. Y eso, teniendo en cuenta ese significado para la gente que así lo valora.

La segunda es, precisamente, el significado político del muerto. En 1936, Franco —como han recordado centenares de militares de todas las armas— era ya el militar español más prestigioso de España, de ahí los encendidos elogios de Indalecio Prieto en Cuenca poco antes de que sus pistoleros asesinaran a Calvo Sotelo; y solo por casualidad no pudieron hacerlo, aunque a sus casas fueron, con Gil Robles y Goicoechea, los otros jefes de la oposición parlamentaria. Tras organizar la Legión ideada por Millán Astray, Franco actuó con extraordinario valor en más de cien combates —por esos méritos de guerra fue el general más joven de Europa—; y pese a no ser republicano, aceptó públicamente, por disciplina, el arbitrario cierre de la Academia Militar de Zaragoza, que dirigía. En 1934, coordinó desde Madrid, por orden del legítimo Gobierno de la II República, la represión del golpe de Estado del PSOE y ERC, los mismos partidos que de forma ilegítima, aunque legal, forman la actual mayoría de gobierno con el PNV, los bildutarras y los representantes en España de la dictadura genocida de Venezuela, los comunistas de Podemos. Los que ahora van a desenterrarlo.

En 1936, Franco fue el último general importante en sumarse al Alzamiento, y solo se decidió tras el asesinato de Calvo Sotelo, como tantos otros, civiles y militares, que formaron lo que pronto se llamó el Bando Nacional en la Guerra Civil. En nuestra guerra, como en la rusa, se decidió fundamentalmente si en España se imponía, como quería el PSOE, un régimen revolucionario calcado de la URSS o si la contrarrevolución lograba impedirlo. Si triunfaron los *blancos* sobre los *rojos* fue en buena medida gracias a Franco, que unificó el abigarrado bando nacional, militar y políticamente, y logró una victoria que en 1936 parecía imposible.

El respeto debido a media España

La dictadura que siguió, en sus primeros años, fue una consecuencia directa de la guerra y de la guerra de guerrillas que ordenó Stalin y ejecutó el PCE de Carrillo, que duró desde 1945 hasta 1949 y provocó miles de muertos. Pero durante la Guerra Civil y la guerra de guerrillas, «el maquis», que los comunistas declararon al régimen para continuar y ganar la guerra perdida en los campos de batalla, Franco no solo mantuvo el apoyo de la media España que se unió tras él, no con él, y ganó la Guerra Civil que le habían declarado el PSOE y los partidos del Frente Popular, sino que logró un apoyo pasivo generalizado de los que, aun viniendo del otro bando, no querían seguir en perpetua guerra civil.

Ese rechazo fue la base del amplísimo respaldo popular al régimen franquista, que, además, desde 1959 dirigió la política económica más eficaz y próspera de nuestra historia moderna. En dieciséis años, de 1959 a 1975, fecha de su muerte, la España de Franco se convirtió en la octava potencia económica del mundo, y sentó con Ullastres las bases de adhesión al Mercado Común Europeo, clave de la integración política en la UE que culminó ya en democracia y a pesar de Francia, con UCD y el PSOE. Sin el «milagro económico» del franquismo es inimaginable una economía española, incluidos los servicios sociales, plenamente integrada en Europa. Por respeto a esa España de Franco, ningún Gobierno debería desenterrarlo.

La Transición enterró el franquismo

Pero hay una razón más que todavía no entienden los defensores del régimen constitucional, y es que no fue la dictadura, sino la Transición, es decir, la democracia, la que quiso enterrar a Franco en Cuelgamuros. Esa Transición incruenta y que incluyó una amnistía general a todos los delitos de sangre cometidos en la guerra y la dictadura, hasta los abyectos etarras, supuso la autodisolución voluntaria del régimen que habían apoyado todos los que con Franco ganaron la guerra. Y eso supuso también el perdón de los vencidos en la Guerra Civil. Dos generaciones después, cuando media España se había ya casado con la otra media, el perdón republicano, por fuerza o patriotismo, era fácil. Lo difícil, lo milagroso, es que una dictadura militar y civil, con todos los ases en la mano para seguir disfrutando del poder, lo abandonase y lo hiciera «pasando de la Ley a la Ley», en frase de Torcuato Fernández Miranda que sirvió al designio del heredero de Franco, el Rey. Y así fue.

Juan Carlos I decidió, como prueba de respeto al bando nacional, el militar y el civil, que dejaba voluntariamente el poder, enterrar a Franco junto a José Antonio, las dos figuras, mítica e histórica, de la media España que había ganado la guerra y aceptaba la democracia si garantizaba la paz y la convivencia civil. El Rey actuó con un gran sentido estético e histórico, no solo porque la Corona había sido reinstaurada por Franco —no restaurada en la persona de su desnortado y denostado padre don Juan, un zascandil— sino porque el Ejército de Franco debía convertirse, bajo su mando, en el garante del cambio de régimen. Sin el Ejército, el nacional, el que había, ni hubiera sido posible la Transición, ni la democracia ni la llegada al poder de la izquierda, cuya primera manifestación, antes de ganar las elecciones el PSOE, fue ver a la Pasionaria presidiendo la Mesa de Edad de las Cortes, y a Carrillo, el genocida de Paracuellos, como figurón del nuevo régimen.

Las mentiras del Izbestia *sanchista-leninista*

Es mentira como dice el *Izbestia* (antes *El País*) que el Valle de los Caídos se levantara como monumento a la victoria del bando nacional —ya solo por eso merecería respeto— o para enterrar a Franco —todavía más—. La Basílica expresa la idea de reconciliación nacional que en los años cincuenta tenían Franco, la Iglesia, el Ejército y la gran masa civil que coincidía con ellos en apreciar la victoria o, al menos, los logros sociales del régimen. Si a unos no les gusta, basta con que no vayan a verla. ¿Por qué destruirla?

Si Rivera tiene la idea, cateta y ridícula, de un Arlington manchego, que lo haga donde quiera o le dejen, pero sin profanar tumbas ni memorias respetables. Si Casado recuerda o insiste en recordar que tuvo un tío represaliado por el franquismo, que piense en Paracuellos y se le pasará. Le bastaría recordar —como hacen muchos de sus posibles votantes— que si es católico bautizado es porque Franco defendió a los católicos del genocidio perpetrado y conseguido a medias por los partidos asaltatumbas de hoy. Y que la familia y la propiedad, de la que dimanan todas las libertades y que él también defiende, fueron respetadas y protegidas por Franco y los suyos frente a los que, como los predecesores de Falconetti, querían destruirlas.

¿Qué es el sanchismo-leninismo?

Pero hay algo más, que, enredados como están PP y Cs con el destape bolivariano de Falconetti, no acaban de entender. Si gobierna por decreto-ley contra la Ley, si en tres meses ya ha demostrado que aspira no solo a cargarse el régimen de la Transición sino a eternizarse en el poder, ¿a qué esperan ellos para impedirlo?

Recordemos que, de golpe y porrazo, al mejor estilo del Gorila Rojo, el Gobierno de Sánchez y Torra, de Iglesias y los sabinotarras, se ha cargado la patria potestad y la jurisdicción ordinaria en favor de no se sabe qué cuidadoras sociales para vengar a la secuestradora Juana Rivas. Con el Estado de derecho en manos de su elector Torra, Falconetti, vía Delgado, ha apuñalado vilmente al juez Llarena. Ha tomado, de la mano de Pablenin, RTVE y ha echado a los profesionales que no fueran de su cuerda, en la que se ha ahorcado la noticia del empleo de Begoña como sacamantecas del Erario. Y ha decidido, siempre por decreto, cargarse el techo de gasto, para lo cual la bachillera Adriana Lastra ha decretado que el Senado se opone a la soberanía nacional, que hasta ahora ostentaba junto al Congreso.

Antes, Falconetti rompió con el numerito del *Aquarius* cualquier política contra la inmigración ilegal, negocio de esas ONG para las que atracaba dinero público Begoña, Reina del Estrecho. Antes, el ministro del Interior, fantasma del Marlaska que fue grande, dijo que quitaba las concertinas de las vallas de Melilla y ahora se calla cuando los asaltos son con ácido y heces contra nuestros agentes. En Cataluña, sencillamente, mandan los golpistas. En cultura, han puesto a un Maxi mini, pero que ha dicho tales gansadas sobre Franco y del Valle que solo la Ignorante Mayor del Reino, Carmen la de Cabra, puede superarlas. Eso sí, con facilidad.

El sanchismo-leninismo es un régimen de arbitrariedad y saqueo de fondos públicos perpetrado por analfabetos. Una tribu de necios que ha descubierto en la superioridad moral de la izquierda y la omnipresencia y omnipotencia en los medios de comunicación el chollo de su vida, a costa de la ruina de la nuestra. O se les echa cuanto antes o no va a haber manera de echarlos. Ellos quieren hacer irreversible lo que hace tres meses decían momentáneo e instrumental: echar a Rajoy. Lo que realmente quieren es imponer y administrar a conveniencia el régimen que soñaba la ETA, el mismo que Roures actualizó en su dacha con Pablenin y Junqueras, el del Pacto del Tinell, del 11-M y ZP: una derecha sin derechos y un Estado sin España.

Lo que no entiende la derecha

Lo que no entiende el centro ni la derecha, porque no entienden a la izquierda, es que la cuna simbólica de ese régimen sanchista-leninista, con Falconetti a la cabeza y Pablenin en la sala de edición, es precisamente la fosa abierta, profanada por consenso parlamentario, de Franco. Y que la cuna del populismo instalado ya en la Moncloa es la tumba del régimen constitucional. No solo porque se cargue el Senado o las leyes a decretazos, sino porque impone una legitimidad nueva que parte de la negación del franquismo y de la Transición, de la paz civil pactada hace cuarenta años y refrendada masivamente por la nación en 1978. Por razones morales, éticas y estéticas no debería desenterrarse a Franco. Por razones políticas y de partido, PP y Cs deben impedirlo o, al menos, votar en contra. Si aceptan este trágala siniestro, acabarán tragando lo que venga.

¿Qué vendrá? Fácil es preverlo. Al cumplir cien años, el PSOE quiso blanquear su pasado de latrocinios con una campaña de carteles que, bajo las enharinadas sienes de González, decían: «Cien años de honradez». Los excomunistas, la única oposición al franquismo, agregaron «y cuarenta de vacaciones». Un liberal añadió: «¡Y ni un minuto más!». Este año, al cumplirse los cuarenta de la Constitución, Falconetti y el régimen de sus enemigos, que eso es el sanchismo-leninismo, dirán también: «Y ni un minuto más». Y se irán a celebrarlo a Cuelgamuros, donde, con la estúpida incomparecencia de la oposición, nace esta miserable dictadura.

Un año después, el 27 de octubre de 2019, consumada la ceremonia necrófaga, publiqué esto:

Después de Franco, la Cruz y la Corona

«Esto no ha hecho nada más que empezar», confió feliz en la SER a la «querida Pepa» (Bueno) la ministra de Justicia, tras haber participado en la profanación de la tumba de Franco, la humillación de la familia y el hórrido espectáculo de necrofagia electoral montado por el Gobierno: más de quinientos periodistas acreditados para demostrar al mundo que ahora sí que España, gracias a Sánchez, va camino de ser una democracia. Hasta ahora, habíamos padecido cuarenta y dos años de franquismo, la mayoría bajo gobiernos del PSOE, para mejor disimular, pero franquismo al fin, como siempre han dicho la ETA, el separatismo catalán y los comunistas de Podemos, que, como la ETA, condenan la participación del PCE en la Transición a la democracia. Ahora, el PSOE asume estas tesis rupturistas. Y ante este alarde de golpismo histórico, el PP y Cs ni saben ni contestan.

Perfil ético de los asaltatumbas

El perfil ético de los políticos que han perpetrado esta ceremonia siniestra lo marca el autor de la tesis Cum Fraude, su vicepresidenta —que solo quince días antes aseguró que no habría medios de comunicación para no perturbar la intimidad de la familia— y la propia ministra de Justicia, cuyo contacto delictivo con las cloacas judiciales y policiales comprobamos en las grabaciones del comisario Villarejo, que le comenta que tiene un prostíbulo clandestino para chantajear a empresarios, políticos y jueces, «información vaginal», según sus palabras, y la «querida Lola», que diría la «querida Pepa», lo celebra así: «Éxito asegurado». Villarejo compartía amistad y clientela con Garzón, expulsado de la carrera por prevaricación, que presume así de su intimidad con Delgado: «Esta bebe de mi copa».

La entonces fiscal añade en la grabación que conocía a fiscales y jueces del Supremo que fueron «de menores» en Colombia, que prefiere jueces «hombres, porque se les ve venir» y valora así al ahora ministro del Interior: «¿Marlaska? ¡Ese es maricón!». Ni denunció los delitos que le contaban ni los que contó. Pero en pago a la sentencia contra el PP del íntimo de Garzón y Batasuna, De Prada, clamorosamente descalificada por la Audiencia, es ministra de Justicia. Hecha a la política de contactos, su última hazaña ha sido la de contactar con la Justicia italiana para ayudar a la secuestradora Juana Rivas, también condenada por la Justicia española. Pues bien, esta fiscal, que debería estar tan apartada de la Justicia como su entrañable Garzón, actúa como notaria mayor del Reino. Ética asegurada.

Necrosánchez quiere otros 34.000 cadáveres

Compitiendo en alegría y función profesional con García Ferreras, el presidente de Funeraria PSOE explicó al de las tres capas de calzoncillos:

«Hemos empezado ayer a resignificar el Valle de los Caídos porque las 34.000 víctimas de la dictadura ya descansan en paz porque el verdugo ya no descansa con ellos. A mí me parece que debe ser un lugar de justicia y de perdón, es decir, un lugar de reconciliación» (...) «La deuda no está saldada del todo. Necesitamos reparación, justicia, dignidad... apoyar e impulsar las exhumaciones para que los restos de sus familiares puedan ser sepultados como se merecen». Y la ministra de «información-vaginal-éxito-asegurado» confió a su «querida Pepa» que la «resignificación» del Valle podía tener como modelo el Museo del Holocausto. Supongo que el de Jerusalén, aunque con esta pandilla de indocumentados nunca se sabe.

Que Casado y Rivera se hayan callado tras estas declaraciones nada menos que del presidente y la notaria de Profanaciones del Estado no se debe solo a que se abstuvieron o apoyaron en el Parlamento el proyecto de necrofagia guerracivilista del PSOE y sus socios comunistas y separatistas. El problema esencial de esta derecha es de orden moral, porque el día de la profanación del Valle de los Caídos Casado se limitó a hablar de la EPA, y Rivera, al día siguiente, dice que el centro es «no estar con los inhumados ni con los inhumadores». ¡Como si hubiera habido más de un inhumado o como si esperase a esos 34.000 que ahora quiere exhumar Pedro Sánchez! Por cierto, de los 34.000 cadáveres que Sánchez quiere exhumar en las urnas, la mitad al menos lucharon junto a Franco. ¿Lo creerían su verdugo?

De la cruz del Valle a la Cruz y la Corona

Además de su incuria moral, de su falta de patriotismo y de su nula sensibilidad estética ante la profanación de la tumba de un muerto ante sus nietos, que imagino que ambos ven como modelo para tratar a sus abuelos, Casado y Rivera sientan plaza de idiotas al no ver el calado del proyecto de Sánchez. Como la Conferencia Episcopal, que ha callado a cambio de un año de silencio administrativo sobre el IBI, el PP, hijo de los dos partidos fundados por franquistas, la AP de Fraga y la UCD de Suárez, no se entera o no se quiere enterar de que detrás de Franco va la Cruz, y detrás de la Cruz, la Corona, reimpuesta por Franco como forma de Estado y que la Constitución de 1978 resignificó como la monarquía parlamentaria actual.

No solo la cruz del Valle, que es incompatible con la demolición de la abadía y el templo para convertirlo en un homenaje a los que fusilaban a Cristo Rey en 1936, violaban, torturaban y asesinaban a casi 8.000 monjas, curas y frailes, y a decenas de miles de católicos solo por el hecho de serlo. Delgado y Sánchez ya han dicho que el asalto a la tumba de Franco es el primer paso para «acabar con la herencia del nacionalcatolicismo». Claro que Blázquez y Osoro, que siguen canonizando mártires de la Guerra Civil tras pedir perdón «por el comportamiento de la Iglesia en el franquismo» pueden decir que se han adelantado en la execración de aquel régimen que salvó a los católicos, recristianizó España y fue ensalzado, amedallado y enaltecido por todos los papas y por todos los responsables de la Iglesia española, sin excepción. Mientras vivió, claro. Ahora no lo conocen.

«¡Profanaréis como en el 36!»

Recomiendo al respecto el esclarecedor librito *La Iglesia reconoció a Franco. Declaraciones de la Iglesia sobre la figura de Francisco Franco y la Guerra Civil. Desde 1936 a 1975* (Ed. Producciones Armada, 2019). Si, tras leerlo, no sienten vergüenza los representantes de la Conferencia Episcopal injustamente llamada Española, porque tolera el satanismo de los curas separatistas catalanes, como antes de los curas proetarras vascos, será que la obediencia al Papa kirchneriano, que acaba de traicionar también a los mártires chinos al aceptar una Iglesia subordinada al Partido Comunista, les prohíbe reconocer la palabra, el concepto y la conducta a que obligan.

Sé que, para muchos católicos, incluida la mayoría de los obispos, habrá sido humillante y mortificante ver el horrendo espectáculo necrófago de los herederos de los que destruyeron tantas vidas de ministros y fieles, y el patrimonio histórico de la Iglesia entre 1936 y 1939, atroz persecución de la que les libró Franco. Y aún se habrán sentido peor al ver la desprotección en que la Iglesia ha dejado a los monjes del Valle, que serán los próximos expulsados del futuro Museo de la Checa. Quedémonos con ese admirable prior que ha salvado, solo, el respeto que la cruz del Valle debe a la Cruz.

No menos humillante, desde un punto de vista puramente político, es que solo Vox haya alertado sobre la gravedad del proyecto de Sánchez, que forzosamente llevará a los que se proclaman herederos de los profanadores y asesinos del 36, el bloque de socialistas, comunistas y separatistas que llevó al poder a Sánchez con la ayuda del hampa judicial, a derribar o, al menos, intentarlo, la monarquía parlamentaria. Casado y Rivera, en babia.

> *Franco no tiene la culpa del PSOE*
>
> El trámite es sencillo: se la declara ilegítima, por ser en buena parte producto del franquismo, para eso está la Ley de Memoria Histórica, que consiste en el derecho del Gobierno a imponer a los ciudadanos lo que deben pensar sobre la historia de nuestra nación, que tampoco será ya nación. La ministra de la «información-vaginal-éxito-asegurado», notaria de Ataúdes Sánchez, ya ha anunciado también, excitada y ojiplática tras su hazaña de ultratumba, que piensa modificar el Código Penal y prohibir cualquier tipo de elogio o disculpa del régimen franquista. Antes de que, con la complicidad de Casado y Rivera, lo hagan, que lo harán, quiero decir, como antifranquista que fui cuando estos pelanas sociatas no habían nacido, que lo mejor que hizo Franco fue, sin duda, derrotar al PSOE que declaró la guerra a media España. Como toda tarea humana, no podía ser eterna. Pero cúlpese de su maldita resurrección a los vivos, nunca al muerto. Franco es responsable de muchas cosas, unas buenas y otras malas, pero de la vuelta del PSOE guerracivilista, no.

La culpabilidad es del PSOE, sin duda. La responsabilidad está muy repartida.

En la derecha, caracterizada habitualmente por sus complejos, merece la pena destacar algunas intervenciones de Vox. La mejor fue durante el debate de candidatos celebrado el 4 de noviembre de 2019 y retransmitido por TVE y Atresmedia. Santiago Abascal, interrumpido varias veces por Pedro Sánchez, ganó muchos puntos con esta respuesta al presidente en funciones a cuenta de la Memoria Histórica:

> Tiene tan poca convicción el presidente del Gobierno en lo que ha leído que lo ha tenido que leer precisamente por eso. El señor Sánchez no está trayendo a España la concordia ni la memoria de las víctimas. Había una Ley de Memoria Histórica, traída por el señor Zapatero, que decía que había que buscar a las personas desaparecidas para entregárselas a sus familias y darles sepultura. Y eso está muy bien… pero ha acabado en que a una familia se le obliga a desenterrar a un muerto y el Estado le dice dónde tiene que enterrarlo.
>
> El señor Sánchez que dice que quiere introducir en el Código Penal la exaltación de los totalitarismos, del franquismo… va a aca-

bar ilegalizando al señor Iglesias que es el único que aquí se ha proclamado comunista, por cierto, porque los demás no nos hemos proclamado partidarios de ningún tipo de régimen totalitario... [«Algo, algo tiene usted pinta, señor Abascal, tiene usted pinta», interrumpió con media sonrisa Sánchez]... Está bien su gracia pero no, ahí no me va a encontrar. Y debería usted además, ya que quiere hablar de Memoria Histórica, conocer bien la historia del Partido Socialista. Pero eso lo podemos dejar para otro momento porque se lo he recordado ya mucho estos días.

Yo lo que quiero es que el señor Casado, cuando reivindica a su abuelo republicano, tenga derecho a hacerlo y se sienta orgulloso de él [Casado asiente], que yo pueda reivindicar a mi abuelo Manuel que con dieciocho años fue movilizado para luchar en el bando nacional y que las personas que están en su casa escuchándonos y que tenían un abuelo en un bando y un abuelo en otro no sean obligados por usted a elegir, porque nuestros abuelos se abrazaron [le vuelve a interrumpir Sánchez diciendo que «dignificar no es abrir heridas sino cerrarlas»]. Usted ha dejado en muy mal lugar a Felipe González y a los socialistas de la primera hora, que habían entendido que no había que rescatar viejos odios.

Nuestros abuelos se abrazaron, nuestros padres convivieron en paz y en libertad y usted quiere que los nietos vuelvan a enfrentarse... [Sánchez, con las mandíbulas a punto de estallar le habla de «concordia»] en una España que cuando más unida tenía que estar, enfrentada al separatismo, que cuando más juntos tendríamos que encontrarnos para responder a la emergencia social, usted viene aquí y se saca el conejo de la chistera del enfrentamiento. Le va a salir muy mal porque nadie cree en su convicción en este momento, señor Sánchez.

Ahí se equivocó Abascal. Sánchez sí cree en Sánchez.

Ataques a la Justicia del vicepresidente del Gobierno Pablo Iglesias

El mayor asalto posible a la Justicia —nunca se insistirá lo bastante en ello— es ilegalizar la memoria y castigar todas las opiniones sobre el pasado que no coincidan con la propaganda sobre el futuro diseñado por el poder. Pero, como buen comunista, Iglesias se ha caracterizado desde su toma de posesión como vicepresidente del Gobierno por atacar todas las sentencias, sin excepción, que perjudicaban los intereses de su partido o su persona.

A primera vista, parecería que se mantiene fiel a sus ideas sobre la justicia burguesa o la policía sicaria del capitalismo, pero tampoco: hasta una veintena de policías tiene protegiendo por turnos su chalé. En *Memoria del comunismo* hay un surtido florilegio de pedradas verbales celebrando las coces reales que los suyos endilgan a la policía. Pero hay enlaces a algunas de sus peroratas en *La Tuerka* y otros medios, que, en boca ajena, él hoy llamaría delictivas. Estas frases son de permanente actualidad:

«Nos vamos de cacería a Segovia, a aplicar la justicia proletaria, que es lo que se merecen unos cuantos»[4] (salvo contra él).

«Defender el puesto de trabajo lanzando tuercas y cohetes es el mayor acto democrático que se puede llevar a cabo»[5] (*ibidem*).

«La ley se tiene que aplicar también para arriba»[6] (válido hasta que tuvo aforamiento en el Supremo; entonces impidió crear una comisión parlamentaria para investigar las finanzas de Podemos).

«Yo no he dejado de autoproclamarme comunista nunca» (desde que es vicepresidente, siempre. Antes, también: «La palabra *democracia* mola, por lo tanto habrá que disputársela al enemigo cuando hagamos política. La palabra *dictadura* no mola, aunque sea dictadura del proletariado, no mola nada, no hay manera de vender eso», así que hay que declararse demócrata)[7].

«La obligación de un revolucionario siempre, siempre, siempre es ganar»[8].

Admirador confeso del jurista del Tercer Reich Carl Schmitt, Iglesias usa una frase que le suena, pero cuyo sentido es exacta-

---

4 *https://www.youtube.com/watch?v=eB4X7kMr1Ws*

5 *https://www.youtube.com/watch?v=6fSL8b_gB-Y*

6 *https://www.youtube.com/watch?v=EGsKpxl8qoI*

7 *https://www.youtube.com/watch?v=fsFG78OjhYY*

8 *https://www.youtube.com/watch?v=sMCAjDYsKxw*

mente el opuesto: la necesidad de jueces independientes del poder, capaces de enfrentarse al Rey o al Führer. Y su modelo es, claro, Baltasar Garzón, expulsado de la Justicia por prevaricación[9].

Los ataques más graves, en función de su cargo, son los que hizo en favor de los golpistas catalanes, socios necesarios para mantenerse en el Gobierno. Una sentencia del Tribunal Superior de Justicia de la Unión Europea sobre la inmunidad como europarlamentario del golpista Oriol Junqueras —objeto de corrección técnica inmediata para que siguiera preso— y las habituales decisiones belgas en favor de los golpistas —aceptadas sin una queja por los Gobiernos de Rajoy y Sánchez— le permitieron oponerlos a la Justicia española en bloque. Como si el Tribunal Supremo español fuera, en la UE, inferior a la jueza nacionalista de un rincón de Schleswig-Holstein.

Pero su audacia, pareja de su ignorancia y gemela de su vagancia, no vacila en arrimar el ascua a su sardina: deslegitimar el Estado de derecho en España y esperar la ocasión de imponer su Justicia Proletaria o Revolucionaria. Mientras, el patriota de los días pares, otra cosa son los impares, defiende a los delincuentes contra el pueblo español, depositario de la soberanía nacional que los separatistas quieren destruir.

«Muchos tribunales europeos han quitado la razón a nuestros jueces», decía Iglesias muy campanudo en Antena 3, en enero de 2020, usando, como en él es habitual, el término *muchos* como si fueran todos y no alguno, o para no tener que buscar cuántos son. Y eso, dijo, es «una humillación para el Estado español». Lerdos aparte, nadie piensa que las sentencias contra Alemania o Francia, muchas más que contra España, supongan humillación para el país o la justicia. Iglesias, sí: «Que haya tribunales europeos, que forman parte del ordenamiento jurídico español, que quiten la razón a algunos jueces españoles deja en mal lugar a nuestra justicia». Y pasa de inmediato a dar la solución, que es politizarla: «demuestra que la judicialización de un conflicto político no resuelve el conflicto». Un etarra como Otegui no lo habría dicho

---

[9] *https://www.youtube.com/watch?v=8fjHf5Pz9Ss*

mejor: simplemente igual. La Comisión Permanente del Consejo General del Poder Judicial emitió una declaración institucional pidiéndole «moderación, prudencia y mesura», sin «utilización política de la Justicia o cuestionar su independencia». El olmo, cosa rara, no dio peras.

De hecho, en abril, cuando el Tribunal Superior de Justicia de Madrid condenó a la diputada Isa Serra a diecinueve meses de cárcel, Iglesias decía en el Twitter:

> Las sentencias se acatan (y en este caso se recurren) pero me invade una enorme sensación de injusticia. En España mucha gente siente que corruptos muy poderosos quedan impunes gracias a sus privilegios y contactos, mientras se condena a quien protestó por un desahucio vergonzoso.

La protesta consistió en agredir a policías que ejecutaban una sentencia judicial y en decirle a una policía «Hija de puta, puta, zorra; que te follas a todos los policías municipales» o «Si fuera tu hijo, tendría que cogerte un arma y pegarte un tiro»[10].

El Consejo General del Poder Judicial volvió a pedir al Gobierno que no atacara a la Justicia y mostró su «profundo malestar» por las palabras del vicepresidente. Iglesias se quedaría dolidísimo.

Pero se recuperó. El 28 de julio dijo en Twitter que la suspensión del tercer grado de los presos golpistas catalanes «es una mala noticia para los que defendemos el diálogo para afrontar el conflicto». «Sospecho que muchos ciudadanos en Catalunya y en el conjunto de España volverán a tener la sensación de que la justicia no siempre es igual para todos. Que esa sensación se abra paso es malo para nuestra democracia». Desde que lo hicieron vicepresidente utiliza aún más su término favorito: *sospecho*, que significa que está seguro, pero le da pena tener que demostrarlo.

Y entonces estalló el caso Dina.

---

[10] Según consta en la sentencia 86/2020 del TSJ de Madrid *(http://www.poderjudicial.es/search/openDocument/522d1ca65f252d61).*

Cómo el caso Dina se convirtió en el caso Iglesias

El caso Dina es la típica complicación innecesaria en que se mete alguien demasiado acostumbrado a mentir y que cree tener a la Justicia en la mano, en el bolsillo o bajo las faldas. No había ninguna necesidad de montarlo y solo alguien tan soberbio como Pablo Iglesias pudo creer que el montaje nunca podría torcerse. Y un día, se torció.

El lío monumental de Pablo Iglesias y la que fue su alumna predilecta y luego asesora en Bruselas, la marroquí Dina Bousselham, no ha sido llevado a juicio al redactar estas líneas, aunque el juez lo ha remitido al Supremo pidiendo su imputación, ni se sabe el tiempo que tardará. Tampoco su final. Pero sabemos cómo empezó. Este es el resumen de Miguel Ángel Pérez en *Libertad Digital:*

> A finales de 2015, Dina Bousselham denunció el robo de su teléfono móvil en un centro comercial, ante los Juzgados de Instrucción de Alcorcón (Madrid). Iba acompañada por su entonces pareja Ricardo Sá Ferreira. El dispositivo almacenaba fotos y vídeos íntimos y mensajes de varios chats de Podemos. Algunos sospechan que también información confidencial del partido.
>
> En julio de 2016, *Okdiario* publica varios mensajes de Pablo Iglesias en un chat de Telegram en el que decía de la periodista Mariló Montero que «la azotaría hasta que sangre. Soy marxista convertido en psicópata». En noviembre de 2017, detienen al comisario Villarejo. Durante los registros de su domicilio encuentran un *pendrive* de memoria con archivos y carpetas del móvil robado a Dina.
>
> El 27 de marzo de 2019, Iglesias declara como perjudicado en la Audiencia Nacional ante el titular del Juzgado Central de Instrucción n.º 6, Manuel García Castellón, tras el hallazgo del *pendrive* de Villarejo. Iglesias asegura que él y Podemos son víctimas de una conspiración entre las cloacas policiales de Villarejo y *Okdiario.*
>
> Este asunto es el centro de su campaña en las elecciones generales del 28 de abril de 2019. Dina Bousselham también declara como víctima y asegura que los mensajes publicados en *Okdiario* los sacaron de su móvil robado.
>
> Sin embargo, posteriormente, la instrucción acredita que Pablo Iglesias recibió una tarjeta de memoria con información del teléfono robado de su exasesora en enero de 2016 a través del editor del

Grupo Zeta, Antonio Asensio. Iglesias pudo acceder a la tarjeta y ver su información, incluida la más íntima. Además, dos periodistas de *Interviú* habrían entregado al comisario Villarejo la información sobre el teléfono de Dina que se le encontró en su domicilio.

Avanza la investigación

La instrucción del magistrado Manuel García Castellón avanza y surgen las contradicciones, las dudas y los cabos sueltos. El 11 de mayo de 2020, Dina Bousselham anuncia que deja Podemos para dirigir la web *La Última Hora*, vinculada a la formación morada.

Un informe de la policía detecta que los mensajes publicados en *Okdiario* son en realidad pantallazos (fotos del móvil) tomados por la propia Bousselham. Otro informe de la Policía Científica apunta que la tarjeta que Iglesias le entregó a Dina presentaba daños físicos, estaba parcialmente quemada y se sospecha que pudo ser destruida en un microondas.

Dina es llamada nuevamente a declarar. El 18 de mayo, asegura al juez que Iglesias le entregó la tarjeta dañada en el verano de 2016 sin darle explicaciones tras publicarse los mensajes de *Okdiario*, y reconoce que ella misma hizo los pantallazos que publicó el diario digital de Eduardo Inda. Las fechas no son verosímiles, porque la expareja de Dina, Ricardo Sá Ferreira, envió la tarjeta dañada para intentar recuperarla a una empresa de Reino Unido en septiembre de 2017. Se sospecha que Iglesias pudo esconder la tarjeta durante más de año y medio y no durante seis o siete meses como dijo Dina.

Las declaraciones de Dina ponen en la picota a Iglesias. El vicepresidente podría haber cometido un presunto delito de revelación de secretos (por acceder a la tarjeta de Dina) y de daños informáticos (por destruir la tarjeta). Por lo tanto, podría enfrentarse a una imputación si el magistrado García Castellón eleva una exposición razonada ante el Tribunal Supremo [como finalmente sucedió].

El 28 de mayo, Bousselham cambia nuevamente su versión a través de un escrito que presenta la abogada de Podemos, Marta Flor, y dice que la tarjeta, cuando se la entregó Iglesias, inicialmente funcionaba y que después dejó de hacerlo. El juez decide retirar a Iglesias su condición de perjudicado y envía una comisión rogatoria a Reino Unido para saber más datos sobre la tarjeta. También encarga un nuevo informe a la Policía Científica para conocer exactamente cómo pudo ser destruida dicha tarjeta.

Stampa y Flor

A la espera de saber si el magistrado García Castellón reúne los indicios suficientes para imputar a Iglesias, se desata otro escándalo. El abogado de Podemos, José Manuel Calvente, «purgado» tras denunciar irregularidades en el partido, alertaba hacía meses sobre las «graves irregularidades de la abogada Marta Flor por anteponer sus relaciones íntimas con el fiscal de un asunto importante de Anticorrupción».

En febrero se abre una investigación interna para esclarecer la supuesta relación entre Marta Flor y uno de los fiscales del caso Dina, Ignacio Stampa. En marzo, esa investigación es archivada. Sin embargo, en la Audiencia Nacional no se deja de hablar de unos mensajes de Marta Flor que podían evidenciar una presunta revelación de secretos por parte del fiscal. *Libertad Digital* publica «Los secretos de Marta Flor», *El Confidencial*, *El Mundo* y otros medios publican también varios mensajes de Flor en el chat jurídico de Podemos. La letrada se refiere al fiscal Stampa con el nombre en clave de «Ironman» y al otro fiscal, Miguel Serrano, como «Batman».

Estos mensajes muestran que Marta Flor sabía que se iba a producir un registro en *Okdiario*, que se habría coordinado con los fiscales para paralizar una sentencia del Tribunal Supremo contra Pablo Iglesias o que el abogado purgado Calvente advirtió en 2016 que los mensajes publicados sobre Dina eran «una filtración». Finalmente, la gota que colmaba el vaso. Stampa habría dicho «extraoficialmente porque está en secreto» que el juez había aceptado unas diligencias a Flor. Es decir, afloraba, y nunca mejor dicho, la presunta revelación de secretos.

El propio Villarejo en una grabación de 2018 denunciaba los «abrazos» entre los fiscales y los abogados de Podemos. La Fiscalía General del Estado anunciaba la apertura de una nueva investigación a Stampa por estos hechos. Pero el escándalo es mayúsculo y al margen de que se pueda demostrar si cometió algún delito, se entiende que debería ser apartado de la causa por pura imagen de la Fiscalía Anticorrupción.

La cercanía de Stampa a la letrada Marta Flor reveló una connivencia insoportable de la institución con Podemos en un momento de crisis de Estado.

Enfrentamientos entre los fiscales y el juez

Los enfrentamientos entre el juez y los fiscales de la causa, Ignacio Stampa y Miguel Serrano, son crecientes, por peticiones o afirmaciones discutibles de estos últimos.

Lo más llamativo fue solicitar al juez que instara a Dina a aclarar si concedía el perdón expreso a Iglesias por la posible revelación de secretos. El magistrado se negó, e hizo algo más: planteó un posible «conflicto de intereses» por el hecho de que Dina (víctima) e Iglesias (posible verdugo) compartiesen la abogada Marta Flor. Los fiscales no veían conflicto de intereses y, finalmente, el magistrado acordó que Flor no podía defender a Bousselham.

Mientras tanto, Iglesias cambiaba a Marta Flor por el letrado Raúl Maíllo, muy cercano al líder del PCE, Enrique Santiago; y Dina Bousselham sigue siendo defendida por Flor, una tomadura de pelo en toda regla al juez. Iglesias recurría ante la Sala Penal de la Audiencia Nacional la retirada de su condición de perjudicado con ataques directos al instructor.[11]

Las declaraciones de Calvente —antiguo jefe de la Asesoría Jurídica de Podemos y denunciado por Marta Flor y por el propio Iglesias por «acoso sexual y laboral»— fueron tremendas y se convirtieron en el caso Iglesias o de «la Banda de los Cuatro» de Podemos. Calvente reveló detalles de la financiación ilegal del partido, el reparto de sobresueldos, las amenazas de la dirección, la existencia de una «guerrilla» de acosadores en Podemos y, sobre todo, confirmó que Iglesias, Montero, Juanma del Olmo y Rafael Mayoral, pese a su advertencia, se empeñaron en presentar la denuncia falsa del robo del móvil para usarlo en campaña electoral y tener bajo control a la propia Dina, a quien sabían autora de los pantallazos de Telegram y de la que los jefes podemitas no se fiaban.

[11] Miguel Ángel Pérez: «Todas las mujeres del vicepresidente», *Libertad Digital*, 28 de junio de 2020.

Pero aquello excitó el celo de los medios y empezaron a aparecer más casos de corrupción.

Cuando el 27 de septiembre de 2020 el juez Escalonilla confirmó la imputación por financiación ilegal y delito electoral a Podemos, por un contrato simulado con la consultora Neurona, uno de cuyos gestores es Monedero y cuyo domicilio era una casa vacía de México, se cerró el círculo virtuoso de la Justicia. Lo que empezó como manipulación judicial para provecho electoral se convirtió en delito electoral de todo el partido. La reacción de Iglesias y su corte fue la de siempre: injuriar al juez y retar a los medios. Pero era fatal que, alguna vez, el cántaro de las supercherías comunistas fuera tanto a la fuente de la desinformación que se rompiera.

Venezuela o la corrupción estructural de Podemos

El caso Dina, en definitiva, mostró la estructura ilegal de financiación y reparto de fondos del partido de Iglesias, pero dentro de una corrupción más grave, la de una Fiscalía Anticorrupción que colaboró activamente con Podemos en la presentación de una doble denuncia que sabían falsa y que se urdió como arma electoral para las Elecciones Generales de 2019, presentando a Iglesias y Dina como víctimas de delitos de «las cloacas del Estado». Las verdaderas cloacas eran los comunistas y sus fiscales anticorrupción.

A raíz del caso, se actualizaron varias denuncias de subvenciones ilegales de la dictadura venezolana y regímenes anejos —Bolivia, Ecuador— a los líderes de Podemos, a partir del primer tinglado, la Fundación CEPS (Centro de Estudios Políticos y Sociales), que cobró varios millones de dólares por asesorar a Chávez incluso en detalles tan minuciosos como la forma en que debía aparecer en televisión con buen aspecto cuando se estaba muriendo de cáncer.

Algunos de esos casos de cobros por consejos son públicos, como el medio millón de dólares de Monedero por un informe que nunca hizo sobre una moneda que nunca existió, la que iban a crear los países del ALBA. La Agencia Tributaria encontró el agujero, que a cualquiera lo hubiera llevado a la cárcel. Pero el ministro de Hacienda del PP, Cristóbal Montoro —que con Rajoy y la vicepresidenta Sáenz de Santamaría fueron los padrinos de Podemos en televisión y PRISA, en teoría para frenar las expectativas del PSOE—, lo perdonó con una de esas «paralelas» que el Fisco guarda para sus amigos. Monedero se escondió un tiempo, pero cuando Errejón apareció con el piolet de Vistalegre 2 en la cabeza, volvió a la privanza de Iglesias, y lo vimos en primera fila en la firma del pacto de Gobierno con Sánchez.

El caso Dina, lo permita o no la corrupción judicial, deja claro que no ha nacido en España un partido más corrupto que Podemos. Ahora bien, ni ellos individualmente ni su partido han inventado la corrupción al coger dinero de la caja del partido o pagar lo menos posible a Hacienda. Lo que diferencia a Podemos de los demás es su ideología comunista, fatalmente corrupta, y el modelo político que conocen y copian: el de Chávez y Maduro.

La naturaleza humana, que es débil, vulnerable y propensa a abusar del poder cuando lo tiene, hace inevitable la corrupción. Aun así, eso no debe preocupar a ningún amante de la libertad. Lo grave no es que una banda atraque un banco; lo grave es que esa banda esté compuesta por policías. O que, como en alguna novela distópica, sean jueces del Tribunal Supremo. Pero incluso eso puede remediarse acudiendo a la Ley. Lo peor es que se corrompa la Ley desde la Ley de Leyes o Constitución, supeditándola al poder político, cuando la Ley debe estar siempre por encima de la persona, por poderosa que sea. En *Memoria del comunismo* recuerdo la doctrina de la Escuela de Salamanca al respecto, en especial la del padre Mariana.

Salvo porque estropea la imagen de pobretón honrado que fingía, no es demasiado importante lo que haga Iglesias con su dinero. No es cuestión de honradez personal. Yo he conocido en la clandestinidad a comunistas honradísimos. La verdadera corrupción no está en la persona sino en la ideología comunista, porque es incompatible con la Ley. Y el trabajo de Podemos cuando aún se llamaba CEPS para Chávez y Maduro no es malo por cobrarlo sino por hacerlo. Ese régimen es la forma más peligrosa de toma del poder porque no asalta palacios, sino que corrompe y arruina la Justicia.

En el comunismo no hay que perderse en vidas particulares, salvo las de las víctimas. Lo esencial es estudiar el mecanismo intelectual de sus verdugos. Y el chavismo, modelo de Podemos, tiene mucho que estudiar.

Las «leyes habilitantes»: de Hitler a Chávez

Mucho se ha escrito sobre el régimen fundado por Hugo Chávez, pero siempre se destacan los aspectos grotescos del personaje, olvidando lo fundamental: cómo se hizo, casi desde el principio, con un poder absoluto y, en apariencia, legal. Ganó las elecciones en 1998, cambió mediante referéndum la Constitución en 1999, mientras decenas de miles morían desatendidos en el Deslave de Vargas, llegó el año 2000 y se quedó hasta que murió. ¿Pero cómo? Se valora la multiplicación por diez del precio del petróleo que le permitió crear una base social adicta y subvencionada, a la que, al bajar el precio del barril y llegar Maduro, no vaciló en ametrallar. Se alude también a su carisma personal, fundado en una presencia televisiva constante y en la buena imagen que los comunistas de todo el mundo, con Castro manchado por el moho del tiempo, le dispensaron. Eso es verdad, pero ¿cómo convirtió una democracia casi ejemplar en una grosera dictadura?

En 2016 apareció un librito de apenas doscientas páginas, patrocinado por el Interamerican Institute for Democracy, de Miami. Su autor es un prestigioso abogado venezolano, Carlos Ramírez López, y su título *Leyes infames en Venezuela*[12], subtitulado, de forma más pedagógica, «Leyes habilitantes: apariencia de legalidad de

---

[12] Carlos Ramírez López: *Leyes infames en Venezuela. Leyes habilitantes: apariencia de legalidad de una dictadura.* CreateSpace Independent Publishing Platform, Madrid, 2016.

una dictadura». Es la mejor síntesis que he leído sobre la forja legal pero contra la ley de una dictadura comunista moderna, nítida hasta para los legos en derecho que no hayan perdido ese sentido de la justicia sin el que la ley es mera competencia de farsantes.

El prólogo es de Carlos Sánchez Berzaín, cuyo artículo «Las leyes infames» en el *Diario de las Américas* (11 de noviembre de 2015) animó a Ramírez López —que había publicado anteriormente *El fruto del árbol envenenado. La Constituyente como excusa para matar al Estado democrático*[13]— a explicar sencillamente ese mecanismo que llevó a Venezuela de la democracia a la dictadura y que puede activarse en cualquier otro país, incluido el nuestro. De hecho, desde la llegada al poder del Gobierno social-comunista, nadie ha avanzado tanto hacia la tiranía como España.

Una ley habilitante es o suele ser un recurso temporal de cesión de poder que el Parlamento concede al Gobierno para hacer frente a una situación de emergencia, por lo general económica, o un desastre natural. Sin embargo, en la Constitución bolivariana que Chávez hizo aprobar en 1999, durante el Deslave de Vargas, las leyes habilitantes son definidas de forma deliberadamente imprecisa, ampulosa y nebulosa en su artículo 203:

> Son leyes habilitantes las sancionadas por la Asamblea Nacional por las tres quintas partes de sus integrantes a fin de establecer las directrices, propósitos y marco de las materias que se delegan al Presidente o Presidenta de la República con rango y valor de ley. Las leyes habilitantes deben fijar el plazo de su ejercicio.

Y además, el artículo 236.8 añade que una de las atribuciones del presidente es «dictar, previa autorización por una ley habilitante, decretos con fuerza de Ley».

Señala Ramírez López que, aunque se temía el plan dictatorial que guiaban a Chávez y la Asamblea Constituyente, se esperaba, al menos, una exposición de motivos para cambiar de raíz las leyes. Ni se molestaron. Para explicar la singularidad venezolana,

---

[13] Carlos Ramírez López: *El fruto del árbol envenenado. La Constituyente como excusa para matar al Estado democrático*. Palibrio, Indiana, 2015.

el autor nos guía por las constituciones europeas y americanas, y en ninguna de ellas las leyes habilitantes conceden al Poder Ejecutivo franquía para legislar a su antojo, como la bolivariana. Pero hay un precedente claro, que probablemente explica la admiración de Pablo Iglesias por Carl Schmitt, el jurista del Tercer Reich. Es la ley habilitante o de plenos poderes que el Parlamento alemán concedió a Hitler en 1933, y sobre la que con velocidad de *blitzkrieg* estableció «legalmente» su tiranía. Se titula Ley para Solucionar las Urgencias del Pueblo y la Nación y dice:

> El Reichstag (Gobierno) ha puesto en vigor la siguiente ley, la cual es proclamada con el consentimiento del Reichsrat (Parlamento), habiendo sido establecido que los requisitos para una enmienda constitucional han sido cumplidos:
>
> Artículo1: En adición al procedimiento establecido por la Constitución, las leyes del Reich pueden ser también emitidas por el Gobierno del Reich. Esto incluye las leyes referidas en los artículos 85.2 y 87 de la Constitución.
>
> Artículo 2: Las leyes emitidas por el Gobierno del Reich pueden diferir de la Constitución en tanto no contradigan las instituciones del Reichstag y del Reichsrat. Los derechos del Presidente quedan sin modificación.
>
> Artículo 3: Las leyes emitidas por el Gobierno del Reich deben ser promulgadas por el Canciller y publicadas en el diario oficial del Reich. Tales leyes entrarán en efecto al día siguiente de la publicación salvo que se indicara fecha diferente. Los artículos 68 al 77 de la Constitución no se aplican a las leyes emitidas por el Gobierno del Reich.
>
> Artículo 4: Los tratados celebrados por el Reich con Estados extranjeros que afecten materia de la legislación del Reich no necesitarán la aprobación de las cámaras legislativas. El Gobierno del Reich debe promulgar las reglas necesarias para la ejecución de tales tratados.
>
> Artículo 5: Esta ley entra en vigor el día de su publicación. Queda sin vigencia el 1 de abril de 1937 o si el actual Gobierno del Reich fuese sustituido por otro.[14]

[14] Carlos Ramírez López: *Leyes infames en Venezuela*, *op. cit.*, p. 186.

Así nació la dictadura nazi: el Legislativo cedió al Ejecutivo —por cuatro años, para empezar— la promulgación de leyes, y renunció a supervisar los acuerdos con países extranjeros que podrían ser de guerra. Y vaya si lo fueron. Chávez y Maduro fundaron su «legalidad» no en una sola, sino en una sucesión de seis leyes habilitantes y más de trescientos decretos-leyes que las desarrollaron, sin situación de excepcionalidad que las justificase.

Once años y varias leyes habilitantes después, se produjo el famoso episodio en el que Chávez, durante la grabación de su programa *Aló, Presidente*, se presenta en la plaza Bolívar, de la mano de su hija y al lado de Jorge Rodríguez, hermano de Delcy, a la sazón alcalde de Caracas, y un montón de ruidosos partidarios detrás. En la plaza se conservaba una de las casas en que vivió Bolívar, y Chávez pregunta: «¿Qué es aquel edificio?». Jorge musita, apenado, que «son edificios que tienen locales comerciales», y ante tan horrible término explotador, el Gorila Rojo exhala: «¡Exprópiese!». Le gusta oírse, y repite con varios edificios la misma fórmula, porque igual que el elefante es feliz barritando y la hiena himplando, el comunista disfruta expropiando, o sea, robando, porque no piensa pagar al dueño lo que se apropia. La orgía expropiadora duró diez minutos y la hemos visto todos en televisión. Lo que no supimos o preguntamos es qué pasó después con esos comercios y esos comerciantes.

Carlos Ramírez nos lo cuenta: 91 comercios, dedicados a la joyería y otros productos que desde siempre se encontraban en esa plaza, cerraron. 600 trabajadores quedaron sin empleo. Un año después, la plaza no era el «centro histórico» que anunció Chávez, sino un sucio muladar abandonado. Expropiaciones de ese género, arbitrario, ruinoso, habilitado por unas leyes que solo habilitaban la corrupción y el despotismo, hubo más de dos mil. Lo mismo casas que fincas, comercios que fábricas, todo era expropiable, o sea, apropiado por la casta comunista bolivariana, la más corrupta del mundo.

Daba igual que su propia Constitución garantizase el derecho a la propiedad en sus artículos 115 y 116. Se improvisaban instrumentos legales que inhabilitaban la Constitución, como la Ley de

Expropiación por Causa de Utilidad Pública y Social (37.475 del 1 de julio de 2002), el decreto-ley contra el acaparamiento y, cómo no, la Ley de Precios Justos con la que sueña, desde antes y después de Lenin, todo revolucionario que desprecia el bienestar de la gente a cambio de disfrutar esa palabrería. La Checa Económica bolivariana se llama Superintendencia Nacional para la Defensa de los Derechos Socioeconómicos, familiarmente, la Sundde. Y hace de los propietarios, sospechosos; de los legalistas, gusanos; y de todo opositor, una vil sanguijuela al servicio del imperialismo yanqui. He leído muchos libros sobre el desastre de Venezuela, pero pocos me han producido tal sensación de pena e indignación como el de Ramírez López.

Podemos en la destrucción de la legalidad venezolana

Para observar la corrupción tropical del socialismo científico, la famosa Ciencia de la Historia de la que presumían Marx, Lenin, Althusser y otros, el libro más divertido es el de David Placer *Los brujos de Chávez*[15], al que ha añadido otro dedicado a los de Maduro, que como hombre fabricado en Cuba y sobradamente versado en santería, amplió su horizonte mistérico yendo con su esposa a la India y entrando en el culto a Sai Baba, gurú del caníbal Idi Amín Dada, donde los Maduro enlazan la sutil armonía del cosmos con los fructuosos negocios de su hijo Nicolasito.

Pero el libro que mejor y de forma más completa —y resumiendo el trabajo de dos décadas en *ABC*, junto a la heroica Ludmila Vinogradoff— explica la corrupción del régimen chavista quizá sea el de Emili J. Blasco *Bumerán Chávez*[16]. Ahí está, con todo detalle, la participación de Chávez en el tráfico de cocaína con las FARC colombianas, a las que, recordemos, en las conversaciones de La Habana con Santos representó como abogado Enri-

[15] David Placer: *Los brujos de Chávez*. Sarrapia Ediciones, Caracas, 2015.

[16] Emili J. Blasco: *Bumerán Chávez. Los fraudes que llevaron al colapso de Venezuela*. CreateSpace Independent Publishing Platform, Madrid, 2015.

que Santiago, jefe del PCE y número dos de Podemos, excluida la adjunta al uno.

Además del «drogaducto» y de la estrechísima relación que siempre ha existido entre las narcoguerrillas comunistas colombianas (FARC y ELN) y el régimen de Chávez —hasta ascender a narcopadrino con permiso de Fidel, que siempre lo tuvo y mantuvo embrujado—, Blasco nos pone en la pista de la primera colaboración de los futuros creadores de Podemos con lo más despótico del chavismo, que fue la corrupción de la Ley a través de las citadas leyes habilitantes, y la de la Justicia, obligada a elegir entre la plata y el plomo.

Se trata de una colaboración de 1998 y 1999, formalmente anterior a la Fundación CEPS, creada en 2001 y dirigida desde Valencia por Roberto Viciano y Rubén Martínez Dalmau, profesores de Derecho Constitucional, con Fabiola Meco como vicepresidenta y tesorera. Los sucesores fueron Alberto Montero, profesor de Economía Aplicada en la Universidad de Málaga, e Íñigo Errejón, al que Montero aplicó la economía milagrosa de la *beca black*: casi 2.000 euros al mes por no ir a Málaga y no trabajar, generosidad correspondida luego por Errejón con un puesto electoral. Al cabo, estamos entre camaradas anticapitalistas, cuya lucha definía así la web de la CEPS:

> Entendemos que el Sistema capitalista ha demostrado ser incapaz de asegurar una vida digna a la mayor parte de la población del planeta y hoy pone en riesgo la propia supervivencia del género humano.

Ante tal peligro, estos estudiosos anticapitalistas de bolsillo lleno compartían chuscos de pan duro y algún traguito de agua sucia. Bueno, y millones de euros. La cifra más baja, dada por *El País* una temporada en que Iglesias anduvo travieso, es de 3,7 millones; la más creíble, por la declaración de Rafael Isea, informante de la DEA (Drug Enforcement Administration) y antes ministro de Finanzas del régimen chavista, es de 8,7 millones. Añádase el beneficio por el tipo de cambio de moneda permitido a los amigos del régimen y quedarán sueldos suculentos.

Pero insisto en que lo importante no es lo que cobraran, sino lo que hacían para que les pagaran. Y fue precisamente el grupo de Valencia el que más se significó, en dos sentidos: el teórico, con la doctrina del Nuevo Constitucionalismo —que en el fondo remite a la ya citada de Hitler en 1933, explicada por Carl Schmitt en su famoso artículo de 1934, donde dice que la voluntad del Führer es fuente de Derecho— y asesorando los cambios legislativos para destruir la democracia venezolana e imponer una dictadura comunista; y también en el sentido práctico, como parte del Gobierno en la sombra de Chávez.

El Nuevo Constitucionalismo se expandió tras la caída del Muro en una América que había aceptado en general la democracia como forma de cambiar gobiernos, sin golpes ni guerrillas, y la división de poderes como garantía de libertad y prosperidad. En este paisaje, el comunismo sobraba. En España no se le prestó atención, pero en América sí. Viciano y demás asesoraron a Chávez en la reforma de la Constitución de 1999. Y en las muy similares de Ecuador (2008) y Bolivia (2009). Blasco cita una frase de uno de los ensayos de Viciano y Martínez Dalmau, que parece redactada a la medida mesiánica de Chávez, defendiendo «la voluntad de permanencia de la voluntad del constituyente, que busca ser resguardada contra el olvido o abandono por parte de los poderes constituidos una vez que la Constitución comience un período de normalidad».

El chileno Javier Couso, en el ensayo «Las democracias radicales y el Nuevo Constitucionalismo latinoamericano»[17], critica esa «obsesión de blindar la voluntad constituyente contra la natural evolución» del país. Yo creo que se trata de mantener una perpetua excepcionalidad, lo propio del comunismo y de toda revolución que aprovecha la ocasión de instalarse en el poder y busca convertir esa llegada accidental en permanente. Otro libro que critica esa teoría hitlero-trotskista (así bautizó Stalin uno de sus

---

[17] Javier Couso: «Las democracias radicales y el Nuevo Constitucionalismo latinoamericano», en *Derechos humanos: posibilidades teóricas y desafíos prácticos.* Libraria/SELA, Buenos Aires, 2014.

inventados complots, así llamaron a los del POUM en la España de Negrín) es el de Javier Lousteau *El nuevo constitucionalismo latinoamericano*[18]. Lousteau incluso viajó a Valencia para pelearse con Viciano, pero lo convencieron de que tomara notas y se dejara de peleas. El balance del viaje, según Blasco, le pareció reconfortante: apenas los siguen dos docenas de profesores y la mayor parte no sabe qué es el Nuevo Constitucionalismo.

Me sorprende la ingenuidad de estos estudiosos liberales, incluso tan meritorios como los de Argentina y Chile. Sobre la popularidad en los departamentos universitarios, ¿qué mejor anuncio para profesores aburridos que ver al chavismo en el poder, o a Iglesias y Errejón en el Congreso? ¿Para qué cien departamentos de Políticas? Abimael Guzmán solo necesitó el de Filosofía en Ayacucho para crear Sendero Luminoso y empezar a matar en 1980, cuando volvía la democracia al Perú. Causó 70.000 muertos, que la Comisión de la Verdad y Reconciliación disimula como «el conflicto interno de Perú». La universidad actual logra que cualquier criminal insurrección comunista mute en «conflicto armado», más fácil de archivar.

Pero vayamos a los hechos, que explican por qué Pablo Iglesias se empeñó en entrar en el CNI apenas llegar al Gobierno, deseo que Sánchez concedió de forma presuntamente ilegal, que la oposición recurrió y vaga por los tribunales. Según cuenta Blasco, la CEPS la formaban más de trescientos miembros, que, si abrazaron la disparatada teoría de que el capitalismo mata a toda la especie humana, no serán hoy liberales. Sobre todo tenían la capacidad técnica, hace tantos años, de trabajar desde Valencia en conexión con Caracas. Fue el formato que utilizaron para robar las elecciones a Capriles, con una red clandestina que dirigía Jorge Rodríguez en Venezuela, en permanente contacto con Cuba. Desde allí consiguieron manipular los resultados hasta darle en el escrutinio a Maduro la victoria que le habían negado las urnas.

---

[18] Javier Lousteau: *El nuevo constitucionalismo latinoamericano.* CreateSpace Independent Publishing Platform, Madrid, 2012. Incluido también en *The Democracy Papers*, n.º 5 del Interamerican Institute for Democracy, agosto de 2012.

Si en España se llega, cosa no descartable, a la insurrección contra el régimen constitucional desde la *dark net* de Podemos, hay que tener en cuenta esa experiencia en manejar información de Estado y actuar como Gobierno en la sombra. Blasco lo cuenta así:

> (...) datos desmenuzados del Banco Central de Venezuela que no llegaban al entorno del Presidente eran enviados, en cambio, a la ciudad española de Valencia, donde además se preparaban las minutas de viaje oficiales, como las visitas que se hacían Chávez y el presidente iraní Mahmud Ahmadineyad. No solo se intervenía desde una sala situacional instalada en Valencia, sino que muchas cuestiones de asesoría política, jurídica, económica, electoral y estratégica eran abordadas en primera instancia por miembros del CEPS destacados en Caracas, que contaban con el apoyo de compañeros desde España.[19]

Por eso, insisto, Iglesias quiso entrar en el CNI.

Los mensajes por los que cobraba la CEPS

Sin embargo, lo que los activistas de CEPS hacían para cobrar es, o debería ser, mucho más importante que lo que cobraron por ello. Y gracias al trabajo de Emili J. Blasco, el lector de *ABC* y luego el de su libro han podido hacerlo, pese a la táctica, habitual en Batasuna-ETA y Podemos, de denunciar ante los tribunales a los periodistas que denuncian sus fechorías. Hablo por experiencia, porque he sufrido las dos. Aunque ganes, la familia y el entorno mediático se resienten. Así se llega, casi sin darse cuenta, a la autocensura, vacuna contra la censura directa que jueces o fiscales de la cuerda de los totalitarios denunciantes imponen a quienes los retratan.

En 2013, la Fundación CEPS denunció ante un tribunal de Valencia a *ABC* por la publicación de varios mensajes que retratan la colaboración de los primeros podemitas con el naciente régi-

[19] Emili J. Blasco, *op. cit.*, p. 329.

men de Chávez mejor que cualquier discurso de Iglesias en *La Tuerka* o que la famosa declaración de Errejón a un periodista chileno en 2018 diciendo que, gracias a la Revolución, en Venezuela se comía «tres veces al día»[20]. Seis, si eres chavista, debió añadir.

Se trataba de una selección de Blasco entre cientos de mensajes de la CEPS que no solo demostraban una colaboración teórica con el chavismo, sino su participación directa en las actividades más tenebrosas de la dictadura. Por ejemplo, las escuchas ilegales a la oposición y a los propios chavistas:

> El uso de las escuchas telefónicas para obtener información de contrincantes políticos o monitorear a personas afines es, sin duda, necesario, dentro de la lógica de actuación en legítima defensa y construcción de redes de inteligencia de todo Estado, más si este es un Estado como el venezolano, que cuenta con tantos enemigos interesados en subvertir el proceso revolucionario que se vive desde hace doce años. (…)
>
> Sería deseable, entonces, actuar siguiendo la lógica de utilizar de manera dosificada estos mecanismos, apuntando a erosionar o dejar en evidencia a grandes contrincantes (nacionales o internacionales) y, en lo posible, intentando que la difusión de las escuchas o de la información comprometedora pudiera ser filtrada primero a medios internacionales para desvincular la relación directa Gobierno-Sistema Nacional de Medios Públicos.[21]

Los informes venían tras filtrarse unas grabaciones de la opositora María Corina Machado con su madre, provenientes del Gobierno. Pero los ancestros podemitas no censuran las escuchas, solo que se seleccione mejor «gastar cartuchos tan potentes». «Creemos importante seguir una estrategia de erosión a los personajes que más daño le pueden hacer a este proceso»[22].

---

[20] Entrevista a Íñigo Errejón en la revista chilena *The Clinic* realizada el 24 de octubre de 2018 por Patricio Fernández *(https://www.theclinic.cl/2018/10/24/inigo-errejon-lo-mas-radical-que-pueden-hacer-las-fuerzas-transformadoras-es-construir-normalidad).*

[21] Emili J. Blasco, *op. cit.*, p. 333.

[22] *Ibid.*, p. 334.

El episodio más sórdido de este bolivarianismo valenciano, el que muestra su desprecio real por los venezolanos, tara que mi inolvidable y admirado amigo Carlos Rangel retrató en *Del buen salvaje al buen revolucionario*[23], que explica el gusto de los intelectuales de Occidente en imponer en el llamado Tercer Mundo el comunismo que no siempre aceptarían en su país, es el de las maniobras de ocultación del cáncer inoperable de Chávez, para llegar, entre algodones médicos y trucos de ilusionismo mediático, a ganar las elecciones de 2012. En un clima tan enrarecido, la oposición creyó de verdad que el cáncer era falso, y que en plena caída del petróleo y las subvenciones, solo se buscaba dar lástima al votante.

En realidad, como describe muy bien David Placer[24], lo lastimoso fue la peregrinación de ultratumba por las ermitas y lugares de culto más antiguos de Venezuela de un aterrado Chávez, que hablaba con Jesucristo y cumplía el vaticinio de su bruja Cristina Marksman —hermana de su amante y colaboradora política durante diez años, pero a las que no quiso ver tras llegar al poder—, que predijo: «Serás presidente y no cumplirás los sesenta».

Lo primero que hicieron los paladines de la transparencia, ayer CEPS, hoy Podemos, al saber el cáncer de Chávez fue enviarle su apoyo:

> Querido Presidente: desde los senderos de la España Republicana le escribimos para expresarle, hoy más que nunca, nuestro profundo sentimiento de solidaridad. (...) Como colectivo que somos, los que hacemos la Fundación CEPS queremos hacerle llegar en estos momentos un fuerte abrazo solidario y siempre revolucionario. ¡Venceremos! ¡Hasta pronto!

Y al agravarse definitivamente la enfermedad:

> Ante todo, queremos transmitirle a nombre de todas y todos los que hacemos la Fundación CEPS un mensaje de profundo afec-

---

[23] Carlos Rangel: *Del buen salvaje al buen revolucionario.* Monte Ávila, Caracas, 1976.

[24] David Placer, *op. cit.*

> to y compromiso ante la adversidad de las circunstancias. Estaremos acompañándole en cada paso que dé y cada tarea que usted requiera.[25]

Por supuesto, no lo acompañaron a la fosa. Tampoco hubieran sabido qué ataúd seguir. El que pasearon por Caracas estaba vacío y ni siquiera se sabe cuándo murió; si fue en La Habana, tras toda clase de ceremonias de santería y sufriendo como un perro, o cuando Fidel envió un mensaje a su pupilo Maduro, para que lo desenchufase o, simplemente, certificase el óbito.

La tribu de Podemos asume sin pestañear la fórmula de Lenin «la mentira puede ser una herramienta revolucionaria», pero en el modo imperativo, no menos leninista, de que debe serlo siempre. Eso no es consecuencia de enriquecerse manejando fondos públicos o envilecerse en el disfrute del poder. Habrá, sin duda, aunque yo no los conozca, gente de Podemos que viva modestamente y no exhiba altanería ni brutalidad. Pero la ideología comunista, desde el primer Estado totalitario soviético, es algo más que una teoría y una praxis, cultismo para no decir práctica u ocultar prácticas inconfesables; Bertrand Russell, tras visitar a Lenin, la definió como una religión práctica, asemejándola con el islamismo. Tras un siglo de leninismo, el sectarismo y la mendacidad son formas básicas de ascenso y reconocimiento grupal; ambas representan la fidelidad al Partido sobre todos los valores personales: verdad, moral, amor, familia, religión o patria. No es que los comunistas sean malos, es que si no puedes ser malo, sobras.

Por eso, los comunistas valencianos y madrileños, esos profesores de universidad que han ido a Venezuela, dicen que para ayudar al pueblo, lo que hacen en un momento clave, el de la vida o la muerte de líder, es engañarlo. Y volverían a hacerlo, porque eso fue y será siempre ser comunista, mentir:

> Sería deseable que los niveles de información sobre la dolencia exacta del Presidente siguieran siendo reservados y se limitaran las

[25] Emili J. Blasco, *op. cit.*, p. 331.

> referencias que pudieran dar «pistas» a la oposición. Es más, el dar señales contradictorias o decir «medias verdades» podría coadyuvar a que la oposición siguiera haciendo sus análisis de manera ciega alimentando las ansias de poder dentro de la misma y, por ende, su división y fragmentación política.
>
> Es más que probable que la recuperación del tratamiento requiera mucho reposo y aconseje disminuir la frecuencia de las apariciones públicas del Presidente. Por ejemplo, convendría modular las apariciones en directo, evitando así el riesgo de transmitir una imagen no planificada de agotamiento o debilidad, por no hablar de una indisposición sobrevenida que obligara a interrumpir una intervención, lo que podría ser muy perjudicial.[26]

Hay muchas más notas. Blasco apenas publicó algunas de los centenares que manejó, de entre las miles de esos años. Ejemplo: «No conviene que la imagen de lucha del Presidente contra la enfermedad que es necesario trasmitir pueda derivar en la imagen de un hombre enfermo». Tarea solo al alcance del comunismo: inventar el enfermo sano. Trucos: las camisas claras sugieren salud; y el uniforme, lucha contra la enfermedad. En fin, banalidades al alcance de cualquier asesor de imagen. ¿Por qué no escoger otros parecidos, pero de su país? Por lo mismo que Lenin eligió a un polaco y a un letón para dirigir su policía política, la Checa: desconfianza hacia los suyos y confianza en el fanatismo ideológico por encima de los lazos naturales.

La asesoría llegó a extremos represivos tan claros que, si hubiera un juicio por los crímenes del chavismo ante un Tribunal Internacional de Justicia, habría que valorar la responsabilidad de algunos líderes de Podemos. Monedero, por ejemplo, fue asesor de Chávez en el Palacio de Miraflores durante cinco años y cuyos servicios agradeció públicamente Maduro en su toma de posesión tras la ilegal sucesión del Comandante Eterno.

Y Monedero, más venezolano sin duda que Capriles, y que por entonces lucía gafitas rojas y una barbita indescriptible, publicó en la web de la embajada chavista en España un artículo titula-

[26] *Ibid.*, p. 332.

do «Capriles, el PP y el fascismo de siempre» en el que acusó al opositor, perdedor oficial tras el pucherazo electoral de 2013, de organizar «asesinatos de chavistas», «asedio a las televisiones públicas» o «quema de ambulatorios», lo que, según juicio del asesor madrileño, «en otros países le significaría la cárcel». A Leopoldo López lo acusó de «alentar disturbios que terminaron con cuarenta y tres seres humanos muertos», justificando así su prisión: «No es un preso político, es un político preso». No así Junqueras.

El Helicoide o Ramo Verde son nombres fúnebres, como Lubianka o Gulag. Quede documentada, para quien se atreva a juzgarla, la sincera labor asesora de Monedero. Otro hito en la complicidad represiva fueron los cuatro informes de la CEPS para Tareck El Aissami, entonces ministro venezolano de Justicia, sobre unas cárceles que albergan más presos políticos y comunes que ningún país de América, y desde las que Maduro elevó el hampa a aparato ejecutor oficioso, al que envían listas de asesinables, por política, negocios o ambos. El presidente de la CEPS, como dije, era entonces Alberto Montero, y el secretario, Íñigo Errejón, que ocho años después se sentaban en el Congreso de los Diputados. El Código Penitenciario de El Aissami, luego perseguido como narcotraficante, lo elogiaba así la CEPS:

> Un instrumento legal profundamente humanista, garante de los derechos humanos, progresivo, rehabilitador, reeducador y avanzado. De aprobarse sin modificaciones significativas que desdibujaran su actual configuración jurídica, se convertiría en uno de los marcos legales penitenciarios más progresistas del mundo en esta materia.

Pero la CEPS añade algunas notas para hacerlo aún más extraordinario: en vez de «cárcel» —palabra fea, por eso la piden para sus enemigos—, se sugiere «comunas, comunidades o establecimientos de reeducación social». Avance deseable era eliminar el concepto «penitenciario», que, «enfatiza la idea de pena, derivada del concepto religioso de penitencia». Solución de CEPS: las cárceles se llamarían «espacios de rehabilitación social» o «espacios reflexivos y de formación que sirvan a los internos e internas para revisar su trayectoria vital y social, su rectificación desde la autocrítica y el reimpulso hacia una nueva vida normalizada con los instrumentos educativos y formativos proporcionados por la colectividad a través del Estado. El espacio penitenciario como espacio de transición hacia la nueva vida de otro hombre u otra mujer nuevas [sic]».

Casi mejor la cárcel. Y en La Haya, por alhajar los crímenes del chavismo; ahí se sentarán, si ese juicio llega antes del Juicio Final.

Los trillonarios comunistas

Corrompida la Ley, la corrupción general resulta casi obligatoria. Pero en Venezuela la de la casta dirigente comunista y sus vástagos, los «bolichicos», sobrepasa a las peores satrapías a la sombra de la hoz y el martillo. El director de *El Nacional* de Caracas, Miguel Henrique Otero, publicó en *ABC*, el 6 de octubre de 2018, una tribuna titulada «Trillonarios de la revolución comunista», comparando la cleptocracia de Caracas con las más acreditadas del orbe rojo: Ceaucescu, Mao, Stalin, Fidel o Daniel Ortega. A todos gana el chavismo.

De Ceaucescu y su esposa Elena destaca el palacio de 14.000 metros cuadrados ubicado en Bucarest y que contaba «entre otras menudencias» con «ochenta habitaciones, una sala de cine, un baño de 90 metros cuadrados para uso exclusivo de la pareja, pisos de mármol, plazas, jardines interiores...».

Mao tuvo cincuenta y dos mansiones y «cada mansión contaba con su respectiva red de concubinas» y un buen surtido de «películas norteamericanas».

En cuanto a Stalin, destaca la dacha de veraneo frente al lago Ritsa con sala de billar y edificios anexos para más de trescientos guardias que se ocupaban de su seguridad. Según Henrique Otero, tenía cinco dachas de similares características. Otros cuentan once.

Evo Morales ordenó construir un museo en homenaje a sí mismo y Fidel Castro frecuentaba la isla Cayo Piedra donde disfrutaba a menudo de «whisky y champán, langostas, corderos asados, piscina, jacuzzi, casa de huéspedes, chefs, mayordomos, guardaespaldas, vinos de mil dólares por botella y el famoso yate *Aquarama II…*».

Como lamenta Henrique Otero, «se trata del modelo de fondo de las revoluciones comunistas, que se ha reproducido, de modo inexorable, desde hace más de un siglo: se convierte a las sociedades en sociedades de hambre, para que el pequeño grupo que detenta el poder mantenga un nivel de vida de abundancia y placeres crecientes».

Y al fin llega el fenómeno de los «trillonarios» que empequeñece todas las referencias anteriores.

> La operación del chavismo-madurismo consistió en un asalto masivo y organizado a un país que producía más de tres millones de barriles de petróleo al día, durante los años en que el precio osciló entre los 120 y los 150 dólares por barril. Economistas que han debatido la cuestión señalan que la cifra aportada por Jorge Giordani y Héctor Navarro, de 300.000 millones de dólares, debe ser todavía mayor, entre 70 y 80% superior, es decir, que lo robado supera la cifra de 500.000 millones de dólares, obtenidos a través de mecanismos como sobreprecios, compras ficticias, comisiones de porcentajes insólitos, chantajes a empresarios, contrabando de gasolina, de oro y otros metales, robo y venta de cargamentos petroleros, venta de pasaportes, pagos recibidos por la protección de terroristas en territorio venezolano y un sinfín de métodos delictivos, cuyo culmen no es otro que la asociación de civiles y militares a la actividad de narcotráfico, que ha convertido a Venezuela en el puerto de salida hacia el mundo de droga que se produce en Perú, Ecuador y Colombia.

Henrique Otero denuncia el silencio de la izquierda, entre la que destaca a Podemos, ante tan documentada realidad:

> Esto hay que repetirlo una y otra vez: la más oligárquica y enriquecida casta del planeta, la más devota de monedas como el dó-

lar y el euro, la más inescrupulosa, es la de los trillonarios del chavismo y del madurismo.

Y como si aplicara el principio de lo inversamente proporcional, en ninguna otra parte del mundo el empobrecimiento, en dos décadas, ha sido tan acelerado y extremo.

Llegados los últimos, los comunistas venezolanos son los primeros en el latrocinio mundial. Y todo empezó con la ley habilitante de 1999, a la que siguieron otras y otras, cientos de decretos-leyes, excepcionalidades de matute y miles de crímenes. Prudhon dijo: *«la propriété c'est le vol»*, en buen español, «toda propiedad es robo». La experiencia histórica prueba, más bien, que «todo comunismo es robo». Legalizado, a lo Chávez, un inmenso atraco.

Las maletas de Delcy y el maletero Ábalos

En la madrugada del domingo 19 al lunes 20 de enero de 2020, se presentó en Barajas Delcy Rodríguez, la que llamaba a Zapatero «mi príncipe» y era vicepresidenta de Venezuela y ministra de Economía al redactar estas líneas, aunque en el momento de leerlas podría ser testigo protegido de la DEA o Delcy la Fea en el programa de Jaime Bayly, porque sube tanto que, cualquier día, como leche hervida, acabará derramándose. Era entonces la segunda en la lista de los veinte más buscados por la Interpol por atentados contra los derechos humanos en Venezuela, y España estaba obligada a detenerla apenas pisara suelo español y de la UE.

Para complicar más la visita nocturna de la millonaria hermana de Jorge, huésped de estas páginas por el robo de las elecciones de 2013, la embajada española en Caracas, con el socialista Raúl Morodo al frente, se había ya revelado como guarida presuntamente receptora de decenas de millones de dólares en comisiones, sin saber a quiénes, además de entre la familia, se repartía. Y el Gobierno Sánchez-Iglesias, recién nacido, se movilizó para impedir que, con su ímpetu habitual, Delcy irrumpiera en el aeropuerto y le obligara a prevaricar más de lo habitual y en términos europeamente desagradables.

Pero ¿quién, de toda confianza, podía impedir que Delcy, ordinariamente confianzuda, se plantara en la sala de visitas a atiborrarse de chocolatinas mientras arreglaban el motor de su avión? A orillas de una larga cena, encontraron al ministro de Fomento, José Luis Ábalos, orgulloso mediador de los guerrilleros del M-19 en los ochenta. De ahí le vienen el apodo de «Comandante» con el que se siguen dirigiendo a él en su Valencia natal y las amistades con la cúpula de la guerrilla de entonces. «La muchachada», llamó Ábalos a esos comunistas asesinos, chantajistas y, si eran, como las FARC, sicarios de La Habana, raptores de niñas para esclavas sexuales y tratantes de coca al por mayor.

Si Delcy no lo conocía, su pasado lo avalaba. Pero debía de conocerlo. La acompañaba el ministro de Turismo, Félix Plasencia, amigo personal de Ábalos, aunque no sabemos desde cuándo ni para qué. Eso le proporcionaba una excusa para subir al avión y decirle a Delcy que no se le ocurriera bajar a por galletas.

Pero eso era decirle al río que no corra y al mar que se seque. A lo largo de la noche pasaron tantas cosas, es decir, se movió tanto Delcy, que Ábalos batió todas las marcas de versiones sobre un mismo suceso. En febrero, Olga R. Sanmartín resumió en *El Mundo* todo lo publicado hasta esa fecha sobre las versiones oficiales, porque hubo oficiosas:

> El viernes 24, un día después de que *Vozpópuli* desvelara el encuentro, el también secretario de Organización del PSOE asegura que fue al aeropuerto a buscar a título privado al ministro venezolano de Turismo, Félix Plasencia, que es amigo suyo, y que no sabía que en el mismo vuelo venía la *número dos* de Maduro.
>
> Sostiene que allí coincidió con la vicepresidenta de la dictadura venezolana, que después continuó viaje hacia Turquía. El viernes 24, *El Mundo* publica, citando fuentes policiales, que Ábalos fue al avión tras exigirlo la dirigente venezolana, que pidió mantener un encuentro «con alguien del PSOE», ya que no podía entrar en España.

La versión mutante del ministro Ábalos —de todo el Gobierno— aflora en poco tiempo y la historia pasa de ser el encuentro con un amigo personal a un encargo de otro ministro, Fernando Grande-Marlaska. Lo dice el propio Ábalos en una entrevista en *La Razón*. La explicación no tiene desperdicio:

> Llegando al aeropuerto me llama el ministro del Interior, Fernando Grande-Marlaska, para decirme que la ministra de Exteriores, Arancha González Laya, ha recibido una comunicación de la embajada venezolana en la que le dicen que en ese avión también viaja Rodríguez. Y me dice: «Ya que vas, procura que no baje del avión».

Lo fortuito del encuentro entre Ábalos y Delcy Rodríguez se intenta solucionar con una chapuza similar a ese «ya que vas». Para que el ministro español se vea con la vicepresidenta venezolana sin que sufra demasiado la versión oficial, entra en juego el amigo personal, el ministro de Turismo bolivariano. Así lo resume la crónica de Olga R. Sanmartín:

> Las versiones van cambiando. Lo que inicialmente es un encuentro «fortuito» con Rodríguez —«A instancias del ministro de Turismo, me pidió si no me importaba saludarla; en esas circunstancias, no sé cómo reacciona cada uno, pero, en mi caso, la saludé. Nada más»— se convierte en lo que el propio Pedro Sánchez define el sábado 25 como una especie de mediación que «evitó una crisis diplomática» con los socios de la UE. El objetivo era asegurarse de que Rodríguez «no entrara en España». ¿Pero no había ido simplemente a recoger a su amigo?

Ábalos y Delcy se van acercando irremediablemente, como atraídos por un poderoso imán: no lo sabía, sí lo sabía, solo hubo un obligado saludo y nada, pero nada más. Hasta que el domingo 26 de enero el ministro acude a La Sexta para ser entrevistado por Ana Pastor y reconoce que el saludo a Delcy duró veinte o veinticinco minutos. Tampoco eso era verdad, como veremos.

La crónica de *El Mundo* resume después más indicios que demostrarían finalmente que el «saludo» en el avión acabó siendo una larguísima reunión en la sala de autoridades del aeropuerto. O sea, que Delcy sí bajó del avión, paseó a placer por las instalaciones, se reunió en una sala restringida y, sorprendentemente, según el Gobierno, no pisó suelo español. Levitaría.

Al llegar el caso a las Cortes, *La Voz de Asturias* elaboró una esquemática crónica que recogía la aventura del ministro en Barajas como si fueran apuntes de su diario. Comenzaba a raíz de la ausencia de explicaciones parlamentarias.

> «¿Qué ocultan? Cuéntenos una verdad», le pidió ayer a José Luis Ábalos la diputada popular Valentina Martínez apenas unas horas después de que el ministro rechazase responder a una pregunta formulada por sus compañeros en el Senado. El titular de Transportes justificó ayer, ya en el Congreso, las «varias versiones» que dio sobre su reunión con Delcy Rodríguez por un «error de comunicación».

Lo de «cuéntenos una verdad» era, para entonces, más que una ingenuidad, un imposible para Ábalos, perdido entre tantas posibilidades.

La Voz de Asturias repasa, también citando a otros medios, lo sucedido desde la aparición de las primeras versiones de Ábalos del día 24 de enero: la negación de la evidencia, la llamada —«ya que vas…»— de Marlaska, el saludo corto, el saludo largo, la reunión en toda regla y la noche en vela. Al llegar al miércoles 12 de febrero, dice así:

> No fue Marlaska, fue Sánchez. Tras haber dicho que su encuentro con Delcy Rodríguez respondió a una petición de Marlaska, Ábalos admite una información avanzada por *El País* en la que se recoge que en realidad la orden había llegado directamente de la Moncloa.

Total, que entre todos lo llamaron y Ábalos la recibió. Y enloqueció. ¿Cabe imaginar una situación así con un ministro del PP? Pues eso pasa al admitir, como hace la derecha, *La superioridad moral de la izquierda* (libro, y no de humor, prologado en 2018 por Errejón): que la aprovecha.

Hasta ahí, nos movíamos en el delicado terreno de los derechos humanos, que la izquierda y sus garzones judiciales consideran sagrados cuando les conviene y «errores» cuando los atropellan los comunistas. Lo peor llegó cuando alguien reveló que el equipaje de Delcy en Barajas era tan pesado que el avión no podía despegar, o sea, huir, y tuvo que dejar cuarenta o cincuenta maletas en Madrid, cuyo contenido no había pasado la Aduana. Vamos, que en Barajas se había perpetrado un delito aún más escandaloso.

La historia la volvió a destapar el diario digital de Jesús Cacho gracias al testimonio directo de varias personas que asistieron al trasiego de «unos cuarenta bultos» que se cargaron a pie de pista en un vehículo «de grandes dimensiones» que portaba matrícula diplomática. Cuando Ábalos y Delcy terminaron su reunión, el vehículo salió del aeropuerto sin detenerse ante barrera alguna, haciendo así valer algo más que la inmunidad de su matrícula.

Tras la gran evasión, *Vozpópuli* cita las fundadas sospechas de la diputada de Coalición Canaria Ana Oramas cuando recordó, durante una entrevista en Antena 3, en qué consistía «la ruta del oro»: sacar lingotes de Venezuela, fundirlos en Turquía y distribuir el botín en paraísos como Emiratos Árabes, Jordania, Rusia o Seychelles:

> «Tú sabes que yo tengo mucha relación con Venezuela, estuve viajando durante quince años hasta hace cuatro que tuve un problema de seguridad», señaló Oramas en una entrevista en Antena 3. «La última vez que estuve en Caracas, el hotel estaba lleno de iraníes, chinos y tal... Allí se vendió todo a ochenta años, Venezuela era el país más rico. Lo que se está diciendo ahora es que el oro de Venezuela se está fundiendo en Turquía y que se iba con cajas y lingotes de oro».
>
> El paso de Rodríguez por España [explica *Vozpópuli*] alimenta estos rumores porque, aunque la vicepresidenta venezolana abandonó Barajas en un vuelo comercial con destino Catar, su «jet privado» sí voló horas después a Estambul (Turquía).

El día 20 de febrero, *ABC* daba cuenta del lío legal en que se había metido el Gobierno a cuenta de Delcy y su equipaje. O se hubiera metido, de no ser un gobierno de socialistas y comunistas, a los que no afecta la Ley:

> Las declaraciones ante notario del vigilante jurado de Ilunion que estuvo de servicio esa noche en la zona donde se produjeron los hechos añaden nuevos elementos que confirman que cada versión del ministro de Transportes ha sido una chapuza.
>
> El vigilante de seguridad, que está expedientado por su empresa por haber permitido grabar a unos periodistas la sala VIP donde estuvieron Delcy Rodríguez y su séquito, confirmó ante notario que hubo reunión, que las maletas de los venezolanos, que llenaban dos carros, no pasaron por ningún control de seguridad, y que el hombre de confianza del ministro, Koldo García Izaguirre, mantuvo una actitud altanera en algún momento.

Entre lo apabullante del escándalo —versiones mutantes, vehículos enormes que cargan medio centenar de bultos sin control aduanero ni preguntas inoportunas— y la velocidad a la que vuelan las noticias en internet, unos medios terminan citando a otros para tratar de reconstruir los hechos y llegar a alguna conclusión. *ABC* se refiere en su crónica al testimonio de un vigilante de seguridad, que había sido publicado por *Okdiario*:

> En torno a la medianoche «percibo una presencia de vehículos policiales no habituales en el lugar. Observo la presencia de entre quince y veinte policías nacionales y entre seis y ocho guardias civiles. Posteriormente me comunican que una de las personas del vuelo de llegada no puede salir», no puede «acceder a territorio nacional». Esa persona era Delcy Rodríguez.

Diez minutos después, según el testimonio del vigilante, es cuando Ábalos aparece con Koldo García Izaguirre y ambos intentan acceder a la zona restringida, tan restringida que ya habían quedado bloqueadas las puertas por la presencia de Delcy Rodríguez. «Viendo que no pueden acceder —informó *Okdiario* y recapituló *ABC*—, se quedan viendo a través de los cristales y vuelven al *hall* de las instalaciones».

No tardarían ni diez minutos más en probar otras vías de entrada gracias a un comisario que les daría acceso a las pistas para llegar al avión. Según el vigilante, «uno de los acompañantes de

Ábalos, Koldo García Izaguirre, yendo detrás de uno de los comisarios de la Policía Nacional, pretende acceder a zona aire sin identificarse. En ese momento le llamo la atención y me responde: "Yo no tengo por qué identificarme"».

Hora y media después de que el vigilante empiece a ver movimientos inusuales, Ábalos ya está de regreso de las pistas con sus acompañantes, con parte del séquito de Delcy y, por supuesto, con Delcy.

Ya alojados en la terminal VIP del aeropuerto, según el relato de *Okdiario* resumido por *ABC*:

> (...) el personal de Sky Wallet traslada dos carros con maletas al exterior de la zona pública para ponerlos en los vehículos sin pasar ningún control de aduanas. Ya a las 02:15 observo cómo el ministro Ábalos se marcha de las instalaciones con su personal de seguridad, quedando Koldo García Izaguirre acompañando en todo momento a los pasajeros del vuelo.

Las cuentas tienen poco que ver con las que salían en las variadas versiones oficiales: el ministro Ábalos estuvo, según el testimonio de un vigilante, casi dos horas con Delcy Rodríguez. Después, Koldo García Izaguirre insiste en que el avión privado de Delcy tiene que salir con destino a Turquía tan pronto como sea posible. No parece que la compañía Sky Wallet accediera a las exigencias porque allí estuvo el hombre de Ábalos, al menos, hasta las seis de la mañana, hora en la que el vigilante terminó su turno.

Cito expresamente a varios medios para demostrar que se ha informado, pese a todo y con gran profesionalidad, de los presuntos delitos cometidos, en este caso, por el Gobierno y su infame huésped. Pero la aplastante mayoría mediática audiovisual, subvencionada por el Gobierno, ha ocultado siempre todos los comportamientos presuntamente delictivos y, de haberlos cometido la derecha, moralmente inaceptables, que los medios independientes han ido revelando.

El asalto a la legalidad que identifica al chavismo y a Podemos ha sido enteramente asumido por el PSOE de Sánchez, en una operación calcada de la bolchevización del PSOE que arrastró a

España a la Guerra Civil. Pero mientras el aparato de propaganda gubernamental presentaba a un Iglesias con moño, como «la nueva masculinidad» (*El País*), y a Irene Montero como la supermamá independiente, alguna vez lesbiana «en la adolescencia, en mi juventud», pero básicamente «conservadora» y opuesta a las «parejas abiertas» (*Vanity Fair*), la ONU publicaba un informe estremecedor sobre los crímenes contra la humanidad del régimen chavista. *Vanity Fair* nunca le preguntará a Irene qué siente al ver de dónde viene su Pablo, ni a Pablo si le gustaría que sus hijos vivieran, sin ser chavistas, en esa Venezuela «que le daba envidia». Lo que ninguno de los dos ha mostrado tras ese informe es la menor conmiseración por las víctimas de ese modelo criminal. El suyo.

El informe de la ONU sobre los derechos humanos bajo Maduro

El 16 de septiembre, *El País* —el diario que más ha defendido la presencia de Podemos en el Gobierno y su alianza con Bildu y los golpistas catalanes— publicaba, porque no tenía más remedio ya que aparecía en todos los medios del mundo, un artículo de Florantonia Singer, desde Caracas, titulado «La ONU acusa al Gobierno de Maduro de crímenes contra la humanidad».

Singer señala en su crónica que el documentado inventario de violaciones y crímenes entra dentro de la competencia de la Corte Penal Internacional y recuerda que parte de él ya había sido denunciado hace años por organizaciones civiles venezolanas. El artículo de Singer en *El País* se hace eco del informe elaborado por el Consejo de Derechos Humanos de Naciones Unidas[27], que audita con detalle la rutina criminal del régimen chavista:

---

[27] Nota de Prensa oficial del Consejo de Derechos Humanos de Naciones Unidas: *https://www.ohchr.org/SP/HRBodies/HRC/Pages/NewsDetail.aspx?-NewsID=26247&LangID=S*. Se puede consultar la Resolución aprobada por el Consejo de Derechos Humanos el 27 de septiembre de 2019 en *https://undocs.org/es/A/HRC/RES/42/25*

> La Misión investigó 16 casos de operaciones policiales, militares o conjuntas que dieron lugar a 53 ejecuciones extrajudiciales. También examinó 2.552 incidentes adicionales en los que se produjeron 5.094 muertes por las fuerzas de seguridad, aunque no todos fueron necesariamente arbitrarios.

Y, por supuesto, queda al descubierto hasta para la ONU la escenografía de la que se nutren después muchos periódicos, televisiones y políticos para esconder los asesinatos o hacerlos pasar por otra cosa, mientras los jefes de brigada hacen lo posible por cumplir la exigencia de matar a diario. Así lo resume Singer:

> También revela que funcionarios de las Fuerzas de Actuación Especial (FAES, de la Policía Nacional Bolivariana) dijeron a los miembros de la Misión que era una práctica acordada asesinar personas con antecedentes penales, plantar armas para simular «enfrentamientos» y efectuar un disparo con la mano del muerto en previsión de un peritaje.

La nota de prensa oficial tras el informe de la ONU destaca el papel de las fuerzas represoras chavistas, tantas veces denunciado e ignorado:

> Dos fuerzas de seguridad —el CICPC y las Fuerzas de Acción Especial (FAES) de la Policía Nacional Bolivariana (PNB)— fueron responsables del 59 por ciento de todas las muertes perpetradas por las fuerzas de seguridad en el período analizado y fueron también los autores de las ejecuciones extrajudiciales documentadas en el informe.
>
> Una fuente con conocimiento interno confirmó que los superiores podían dar a los oficiales «luz verde para matar». Un vídeo de entrenamiento de las FAES, autentificado por la Misión, muestra a los funcionarios siendo animados a «matar criminales sin compasión».

Al que no muere de un disparo a quemarropa y aparece para la prensa con una pistola en la mano que no era suya le espera la tortura, encaminada como siempre a la delación o a la autoinculpación. Así lo recoge la nota de prensa de la ONU fechada en Ginebra el 16 de septiembre de 2019 que sirve a Singer para hacer la denuncia:

> Las detenciones en algunos casos equivalían a desapariciones forzadas de corta duración e incluían torturas, tratos crueles, inhumanos y degradantes, incluidos actos de violencia sexual, ya fuera para obtener confesiones o como castigo. Un exdirector del SEBIN dijo a la Misión que la institución tenía un «comportamiento cultural» de tortura.

Para que no falte nada, aunque parece que nada es suficiente, las torturas recogidas en el informe incluyen todo tipo de vejaciones que suelen acabar en violación. Francisco Cox Vial, uno de los integrantes de la Misión Internacional Independiente de Investigación, dice así:

> Los organismos de inteligencia también sometieron a la disidencia —tanto hombres como mujeres— a violencia sexual, incluyendo violaciones sexuales con partes del cuerpo u objetos y amenazas de violación sexual a la persona detenida o a sus seres queridos, desnudez forzada, así como palizas y descargas eléctricas en los genitales. Estos actos de violencia sexual también constituyen una tortura o un trato cruel, inhumano o degradante.

La Resolución del Consejo de Derechos Humanos de la ONU concluye con el resultado de la votación:

> Aprobada en votación registrada por 19 votos contra 7 y 21 abstenciones. El resultado de la votación fue el siguiente:
>
> Votos a favor: Argentina, Australia, Austria, Bahamas, Brasil, Bulgaria, Chequia, Chile, Croacia, Dinamarca, Eslovaquia, España, Hungría, Islandia, Italia, Japón, Perú, Reino Unido de Gran Bretaña e Irlanda del Norte, Ucrania.
>
> Votos en contra: Arabia Saudita, Camerún, China, Cuba, Egipto, Eritrea, Filipinas.

Abstenciones: Afganistán, Angola, Baréin, Bangladesh, Burkina Faso, Fiyi, India, Iraq, México, Nepal, Nigeria, Pakistán, Qatar, República Democrática del Congo, Ruanda, Senegal, Somalia, Sudáfrica, Togo, Túnez, Uruguay.

La respuesta humanista del Gobierno Sánchez-Iglesias

La respuesta del Gobierno Sánchez-Iglesias fue fulminante: ni una sola referencia al informe y respaldo incondicional al régimen de Maduro. Dos semanas después mandaban a Caracas al hasta entonces embajador de España en Cuba, fidelista total, para asegurar la interlocución fluida con ese selecto club de amigos de la libertad. Y del narco, claro. A la vez, y a espaldas de su superior en la UE, Josep Borrell enviaba una misión de tapadillo a Caracas para negociar con Maduro los términos de unas elecciones a las que solo Capriles, bajo chantaje según la oposición, avalaba.

En rigor, la relación del Gobierno Sánchez-Iglesias con el régimen de Maduro, que ha provocado la estampida de millones de venezolanos huyendo del hambre, es tan descarada que, en la misma semana del informe de la ONU, Baltasar Garzón, aún casado, aparecía en Roma de la mano con su pareja, la fiscal general del Estado y antes ministra de Justicia de Sánchez, Dolores Delgado.

Garzón, como recordamos, representó a Hugo «el Pollo» Carvajal, jefe de Seguridad de Chávez, pero no pudo evitar que se convirtiera en informante de la DEA y describiera la participación del chavismo en el narcotráfico. Y en el momento de su salida del armario conyugal representaba a Álex Saab, testaferro de Maduro, cuya extradición de Cabo Verde a los Estados Unidos trataba de impedir.

Es decir, que Garzón —que ya no ocultaba, sino que exhibía su condición de pareja de la fiscal general del Estado— es lo que en los Estados Unidos llaman un «abogado del narco» en su máxima expresión, porque, junto a todo el aparato del Estado genocida bolivariano, representa los intereses de Maduro, el número uno en la lista de más buscados por violaciones de los derechos humanos y jefe de la organización criminal narcotraficante que, para el FBI, es la cúpula político militar del régimen venezolano. ¿En algún país del mundo seguiría siendo fiscal general la novia del «abogado del narco», defensor de un genocida denunciado por la ONU?

En España, sí. Y Dolores Delgado ha sido capaz de ir más allá. Garzón, como ya vimos, está íntimamente ligado a Cristina Fernández de Kirchner, responsable de infinitos casos de corrupción y a la que varios medios argentinos han acusado del asesinato del fiscal Nisman cuando iba a procesarla por encubrir la responsabilidad de la embajada iraní en la masacre de la aseguradora judía AMIA en 1994, con más de ochenta muertos. Pues bien, en cierta nota perdida en el calor de agosto, Delgado autorizó a una jueza argentina de notoria promiscuidad peronista a enjuiciar a Rodolfo Martín Villa, ministro del Interior de UCD en la democracia, por los «crímenes del franquismo». Lo mismo que intentó su novio antes de ser expulsado por prevaricación de la carrera judicial. Y ya no esconden su amor ni sus negocios. Así está la Justicia en España.

Para terminar este capítulo, volvamos la memoria al principio: un embajador en la URSS de Stalin se hizo famoso por decir que lo difícil en un régimen comunista no es predecir el futuro, sino el pasado. La tarea más difícil de la Ley de Memoria Democrática no será borrar los crímenes de la izquierda en el pasado, sino los delitos del presente.

7
Las metamorfosis del comunismo

La guerra de los feminismos en torno al 8-M

Tras la caída del Muro de Berlín, el comunismo parece entrar en estado de hibernación y las universidades convertirse en reservorios de la peste. En realidad, desde los movimientos de Berkeley en 1967 y de París en 1968, la universidad masificada occidental se va convirtiendo en un mundo ajeno al mundo, el atrapasueños de una casta profesoral desengañada que se rige por unos códigos de *omertá* que la sociedad no entiende, del mismo modo que ella no entiende a la sociedad, a esa realidad que colapsa en pleno centro de Europa. Porque el Muro era un símbolo de terror del socialismo real y un alarde de cruel exhibicionismo del Estado totalitario marxista-leninista.

Se repiten a menudo, privadas de sentido y aplicadas a la venta de un todoterreno o un perfume con carácter, las imágenes de jóvenes berlineses derribando a martillazos el Muro. Fruto del fetichismo narcisista en la incipiente sociedad del selfi, millones de cascotes cayeron como atrezo en las películas y telecomedias europeas de finales del siglo XX. Si con los fragmentos de la Vera Cruz que vendían los frailes como astillitas píamente cruzadas en estampas se podían haber botado varias carabelas, con los cascotes del Muro como sujetalibros podría haberse reedificado el Muro tres veces. Que es lo que, a su manera oscurantista, hizo la universidad.

Lo que treinta años después —muchos con cara de estupefacción— vemos en fenómenos generalmente importados de las universidades y medios de comunicación norteamericanos —#MeToo, Black Lives Matter, Greta Thunberg o la islamofilia disfrazada de antiislamofobia— son fórmulas totalitarias ya desarrolladas por el comunista Münzenberg y su discípulo nazi Goebbels en los años treinta del siglo pasado, que tienen en la nueva tecnología de la comunicación un cauce sin orillas, como un Nilo permanentemente desbordado, pero cuyo fin último es siempre el mismo: destruir las sociedades liberales y el Estado de derecho que definen a Occidente.

El comunismo desarrolló, desde 1918, su *lucha de masas* en frentes alternativos como el feminismo, el ecologismo, el racismo tercermundista y otras formas de ingeniería social: educación, antipsiquiatría, arte o arquitectura. La gran diferencia con respecto al presente es que entonces esos movimientos conducían, tras destruir las democracias burguesas, a Pekín, Moscú o La Habana. Hoy no parecen conducir a un sitio concreto, pero es evidente la destrucción de las libertades que provocan mediante una implacable caza de brujas que se desarrolla a través de intensas campañas de terror mediático. En los sesenta, el Club de Roma daba por muerta la humanidad si la Tierra traspasaba ciertos niveles de población a los que se llegaría en breve. Superados ya los 7.000 millones, nos lloran por la España vacía. La capa de ozono que desaparecía reapareció, y el planeta que se helaba se calentó, pero hay más racismo que cuando había esclavos y el machismo es más atroz que cuando las mujeres carecían de derechos civiles. Y chitón.

Todo viene arrollado por la prisa y por la masa, medida en audiencia televisiva. Nada puede esperar «ni un día más». Se abomina del Derecho, la Historia y la Cultura, y se condena desde la presunción de inocencia a la filosofía griega, manchada por el esclavismo ateniense, que nos ahorra leer a Aristóteles. Se derriban las estatuas de Lincoln por racista, no las de Lenin. Se rebautizan calles y libros: los *Diez negritos* en francés blanqueado es *Eran diez*. Y se vacuna con notas políticas los cuadros clásicos en los museos, porque todos debemos ser amaestrados. Nadie del pasado tiene derecho a ser recordado si no vivió como dicta el presente: ni Colón, ni Cervantes, ni Dostoievski. El derecho de género sucede a la justicia de clase, pero como a la censura ideológica se le llama «cultura de la cancelación», ya no parece tan tiránica.

Y qué casualidad, tras esos movimientos tan ferozmente espontáneos, aparecen de nuevo, siempre, los viejos comunistas, rodeados por los más diversos compañeros de viaje y exhibiendo un poder aplastante que jamás lograrían en las urnas sus ideas económicas o políticas, todas fracasadas. Las mutaciones del comunismo son casi inabarcables. Empezaré por la más escandalosa vista en España tras su llegada al Gobierno: la feminista del 8 de marzo.

Una manifestación para una ley y viceversa

El 24 de febrero de 2020, el vicepresidente Iglesias, entrevistado en TVE, dijo a propósito de la Ley de Libertad Sexual que amadrinaba su pareja Irene Montero:

> Está claro que la ley va a salir antes del 8 de marzo. Esto es un acuerdo de Gobierno en el que estamos además todos los ministerios trabajando juntos. El Ministerio de Igualdad trabaja con el Ministerio de Justicia, como no podría ser de otra manera. Es un compromiso de este Gobierno, es un compromiso del acuerdo, que esa ley que es una demanda social, una ley que tiene muchos elementos, una ley que va a llevar al Código Penal una reivindicación de las mujeres españolas, y es que el consentimiento tiene que ser explícito, que solo sí es sí (...). Creo que es algo que las mujeres españolas se han ganado en la calle y que es muy importante que el próximo 8 de marzo, que es una de las movilizaciones que yo creo que pone en valor lo que significa España para el mundo, como el país con uno de los movimientos feministas más potentes, pues que las mujeres puedan celebrar una victoria que no es del Gobierno, que es de la democracia española y de las mujeres en este país.

Cinco días después, el 29 de febrero de 2020, durante un acto de partido en La Coruña, insistió en la idea de convertir el 8-M en la prueba de que hacía falta una ley, su Ley, que nunca agradeceríamos bastante a los desvelos de Podemos e Irene Montero:

> El 8 de marzo, en la movilización que ha convertido a España en una referencia mundial del feminismo y de la dignidad, se podrá decir que habrá una ley que presentará la ministra Irene Montero que dirá que solo sí es sí.

Es decir, que el Gobierno Sánchez-Iglesias, y en él Podemos, buscaba justificar una nueva ley, la de Libertad Sexual, en una demanda social que antes debía provocar. A diferencia de la lucha de clases, la lucha de sexos cuenta con un apabullante respaldo mediático y el silencio de la oposición, aterrada por si la llaman machista.

Cinco días antes del 8-M, cuya abrumadora orquestación mediática fue idéntica a la de «La Manada», el Consejo de Ministros debatió la ley Montero, que pensaba llegar a la manifestación en andas de Su Ley, que haría definitivamente libres a las mujeres. El obstáculo, como siempre para el comunismo, fue la legalidad. El sábado 7 en *El Mundo,* Lucía Méndez, de cuyas fuentes izquierdistas no cabe dudar, publicó una crónica que favorecía al socialista Campo, pero condenaba a todo el Consejo de Ministros. Esta era la pedagógica entradilla: «El anteproyecto de Ley de Libertad Sexual fue aprobado en el Consejo sin que los ministros conocieran el texto. Tras este hecho insólito está la herida de la negociación frustrada de julio y dos feminismos en lucha encarnados por Carmen Calvo e Irene Montero».

Resumamos la barahúnda de hechos y procedimientos: el lunes 2 de marzo, víspera del Consejo, Montero y Campo pactan un texto con las correcciones de Justicia al proyecto de Igualdad, una «auténtica chapuza» para el PSOE. Mientras, la cadena SER detallaba las alegaciones de Campo y la patrulla de redes podemita contraatacaba en los medios.

El martes, en la mesa del Consejo, insuficiente para albergar tanto ministramen, los apiñados presentes ven que el texto que tienen en sus carpetas no es el que explica Montero. Sánchez hace un receso y pide a Montero y a Campo que salgan y se aclaren. Todo apunta a una fechoría de Carmen Calvo, que preside el «Consejillo» del lunes.

En todo caso, ese martes el Consejo de Ministros aprueba el anteproyecto de Ley de Libertad Sexual sin que los ministros conozcan su contenido final. Una semana más tarde, seguían sin conocerlo, porque nadie se lo mandaba. «No sabemos qué texto hemos aprobado», gemían, tiempo después. Todos callan, se recuerda que alguna vez pasó algo así, y se supone que alguien envía algo para el informe preceptivo de los órganos legales del Estado.

Tras el hecho, revelador del respeto a la ley de los comunistas y la sumisión de fondo de los socialistas, está, para Méndez, la guerra de feminismos:

> El de Carmen Calvo —clásico— y el de Irene Montero, más cercano a la teoría *queer*. La vicepresidenta, número dos del presidente. La ministra, número dos del vicepresidente, pareja y madre de sus hijos. Por primera vez ha quedado al descubierto una disfunción, tabú para Unidas Podemos, pero que es una realidad tozuda e incómoda. La presencia de una pareja sentimental en la mesa del Consejo de Ministros.

Dos días antes del 8-M se reúne la comisión de seguimiento del pacto de coalición que teme dañar la epifanía sexista: «Con esto nos hemos cargado el 8-M», dicen, «La imagen que hemos dado ha sido intolerable y penosa, no podemos permitirnos un fracaso del Gobierno de coalición, y eso es lo que nos estamos jugando». Pero nada de eso trascendió a los medios, casi unánimes en su apoyo a un acto de masas que resultó fatídico.

Los socialistas le lloran después a Méndez:

> «Esto no puede sorprender a nadie, todos sabíamos que iba a pasar (...). No tienen ni idea de cómo se hacen las leyes. Su lealtad es con ellos mismos y con su gente, como esas colaboradoras que rodean a Irene Montero, y que acusan a la vicepresidenta de tener celos de ellas porque son más jóvenes y representan el nuevo feminismo».

Los comunistas también lloran:

«A Irene no se la trata con respeto. Hay un debate legítimo sobre cómo entender el feminismo en un momento clave para la lucha por la igualdad de las mujeres. (...) La actitud de Carmen Calvo es ofensiva para todos, ella nunca quiso un Gobierno de coalición. Parece que trabaja en contra».

Otra vez gimotean los socialistas:

«Ahora resulta que no hay más feministas que ellas y quieren legislar para su grupito de mujeres jóvenes. Es difícil de soportar para Carmen Calvo, más feminista que socialista, que le digan que está anticuada y que tiene celos de Irene Montero».

Pero Sánchez, como siempre, da la victoria a los comunistas:

Es evidente que la polémica ha debilitado a Carmen Calvo, ha quedado tocada, el presidente como poco ha sido equidistante y, como mucho, ha hecho piña con Pablo Iglesias.

Calvo contraataca en *El País*, con el argumento de todos los necios de todos los partidos: el fallo publicitario. Sus ideas, buenísimas, no se han explicado bien:

Hace falta pedagogía, Presidencia es una cosa y el Ministerio de Presidencia, que llevo yo, es otra. Presidencia no tiene gestión; Vicepresidencia, sí. Yo me ocupo de la coordinación del Gobierno, preparo el Consejo de Ministros. En mis manos está decir lo que se para, lo que no veo claro, lo que tiene garantía jurídica. Cuando hay varios ministerios que discrepan, decido quién tiene la razón.

Pero Sánchez respaldó que el anteproyecto de Ley de Libertad Sexual se aprobara antes de reformar el Código Penal.

Para la pequeña historia de esta gran mixtificación, quedan las deficiencias que el ministro Campo hizo públicas, lógicamente de acuerdo con Carmen Calvo: faltas ortográficas, sintácticas y gramaticales, amén de carencias jurídicas plasmadas en un informe letal: «contradicciones», «tipos penales inexistentes», «incumplimientos del Convenio de Estambul», «excesos doctrinales», «preceptos poco claros, reiterativos o innecesarios», «conflictos con otras normas», «redacción confusa y farragosa», «menciones incorrectas, citas y referencias erróneas», «modificaciones incoherentes sin sentido ni rigor»; y esta humillante recomendación escolar:

> Se recomienda revisar la terminología a lo largo del texto, para, en la medida de lo posible, emplear palabras aceptadas por el DRAE: «interseccional», «autodetermina», «revictimizar»…

Como «la gente» no sabía nada de esta guerra entre ministerios, se sorprendió por la furia del macho alfa Pablo Iglesias. El de «la azotaría hasta que sangrase» —por la periodista Mariló Montero— insinuó en público —y luego lo negó— que el ministro Campo —novio de Meritxell Batet, presidenta de las Cortes— era un «machista frustrado». Tampoco faltó a sus deberes de fámulo Echenique, famoso por la jota que entonó ante Pablo: «Chúpame la minga, Dominga, / que vengo de Francia. / Chúpame la minga, Dominga, / que tiene sustancia». Convertido en feminista *electro-queer*, dijo: «Parece que hace falta que venga un machote a arreglarte la ley». Adriana Lastra, con su sutileza habitual, quiso zanjar la polémica: «No hay ministros machistas, hay un Gobierno profundamente feminista, del primero al último». (Risas enlatadas.)

A punto de empezar el 8-M, Irene Montero aseguraba: «España se va a convertir en un país más seguro para las mujeres», para que «los derechos de las mujeres nunca más se pierdan en un callejón oscuro». Y su entrañable equipo —que en febrero le había preparado una fiesta sorpresa de cumpleaños en el ministerio y había difundido el vídeo en las redes sociales oficiales («hay que darle mimos a Irene»)— apoyó en Twitter a la jefa: «Esta ley es la ley del movimiento feminista», «No es abuso, es violación», «Hermana, yo sí te creo».

Y llegó el tuit definitivo, que despertó memorias y conciencias. En el día de la presentación de la ley, la cuenta oficial del Ministerio de Igualdad (Gobierno de España) publicaba:

> Queremos que el grito feminista «Sola y borracha, quiero llegar a casa» se convierta en una realidad para dejar de vivir con miedo.

El grito ya era real dos años antes, en el 8-M contra el «capitalismo de Zara», donde, además de «¡Abajo Amancio Ortega, abajo Inditex!», se aulló: «La talla treinta y ocho me aprieta el chocho». Zara vende otras tallas e Iglesias había dejado Alcampo por Zara en sus chaquetas, como demostró una fotografía del Congreso de los Diputados. Pero había una diferencia esencial: una de las manifestantes de ayer era ministra hoy.

«Solo sí es sí». El consentimiento explicado por la ministra

Al Gobierno que salió de la moción de censura contra Rajoy se le conocía por la frase de Sánchez «No es no», referida a pactos electorales. Con Podemos, advino otra: «Solo sí es sí», salida de las campañas contra la instrucción y juicio del caso de La Manada. La frase, que no se sabe si redunda o retumba, pero que tapa con el ruido su nulidad semántica, fue subtítulo oficial de la ley Montero: la ley del «solo sí es sí». El 3 de marzo de 2020, la ministra fue entrevistada en *El Intermedio* por el Gran Wyoming, «Don Piso», algo menos rico que Amancio Ortega y algo más que Irene. Y le preguntó cómo definía la ley el sí, el consentimiento. La ministra casi lo deletreó:

> Aquel acto que hace evidente por parte de la mujer, no tiene por qué ser verbal pero sí tiene que ser explícito, que quiere participar de esa relación sexual. Si no hay un acto explícito, pues se considera agresión sexual.

Wyoming, que se llama Monzón, preguntó: «¿Y qué herramientas van a tener los jueces para determinar si ha habido ese consentimiento explícito o no?». Irene aclaró:

> Las mismas que con cualquier otro delito, es decir si te roban en tu casa, por ejemplo, y atentan contra tu propiedad privada, y no hay cámaras ni testigos, los jueces tienen muchas pruebas: testificales, los testigos…

Adiós derecho romano o germánico, adiós testigos y testificales, adiós a la cultura general y a la humildad deseable cuando no se sabe de lo que se habla. Tras la alusión a la propiedad privada, impropia en una comunista pero no en la dueña de un casoplón y la mitad de inmuebles del entrevistador «Don Piso», quedó claro que hasta para ella era imposible convertir un lema en la exposición de motivos de una ley.

Poco después, en rueda de prensa desde la Moncloa, la ministra seguía atascada. Preguntada por cómo iba a quedar redactada la propuesta de reforma del Código Penal sobre el consentimiento, el *sí es sí*, Montero buscó entre sus papeles, extrajo uno y leyó:

> Se entenderá que no existe consentimiento cuando la víctima no haya manifestado libremente por actos exteriores concluyentes e inequívocos, conforme a las circunstancias concurrentes, su voluntad expresa de participar en el acto.

Le preguntaban precisamente eso: cómo se traducía en ley tanto aseguramiento, pero no sabía contestar. En otra entrevista promocional, Montero se le apareció a Ana Rosa Quintana, que volvió a pedir aclaraciones. Pero su «solo sí es sí» siguió oscuro:

> No se trata de decir todo el rato sí. (…) La situación que nos estamos encontrando ahora es la contraria, que cuando una mujer denuncia una agresión sexual se le pregunta si iba vestida con una minifalda y que a lo mejor, como iba con una minifalda, iba provocando y por eso un hombre ha pensado que tenía el derecho…

La sandez, referencia a un episodio de hace más de treinta años, enfadó a Quintana: «Gracias a Dios en la policía española eso ya no ocurre, eso ocurría tiempo atrás».

¡Como si a ella le importara la verdad histórica! Pero el balance de la gira de autobombo era malo: nadie veía clara la ley y se había visto demasiado a la ministra. Todo se confió al juicio de la calle. El marzo ventoso y revolucionario daba al Gobierno la oportunidad de reclamar, a toro pasado, esa ley, por mal escrita que estuviera. Y eso fue el 8-M: la gran oportunidad de reafirmación política para Pablo Iglesias y familia y también para Pedro Sánchez y su partido.

El 8 de marzo de 2020 habían muerto diecisiete personas por coronavirus en España y no existía medida oficial alguna para combatirlo. El mes se cerró con 8.189 muertos, el triple de lo reconocido oficialmente en China. Y quedó grabado lo dicho por Carmen Calvo cuando, en una entrevista en TVE, se le preguntó qué les diría a las mujeres que no habían decidido si participar o no en la manifestación, por miedo al virus:

> Pues que les va la vida [en ello], que les va su vida. Que les va seguir tomando decisiones para proteger su seguridad, así que les diría que les va la vida. Y como nos va la vida en lo colectivo, porque en lo individual nadie se salva solo, que tienen que formar parte de esto que estamos viviendo en el siglo XXI y que por más que se empeñen quienes se empeñen ya no tiene punto de retorno. Ni en España ni en el resto de mundo.

La ministra acabó dos semanas después en la Clínica Ruber Internacional. Otras no tuvieron tanta suerte. Pero el alarde cultural de la manifestación fue impresionante, así como su amable sororidad. Estos fueron algunos de los gritos más coreados y pancartas más visibles:

Proletarios del mundo, uníos.
Yo perreo sola.
Sola y borracha quiero llegar a casa.
Aprende del COVID-19 y únete contra la plaga.
El virus que más mata se llama machismo.
Quieren conquistar el cuerpo de la mujer porque el capitalismo depende de él.
Estimúlame el clítoris, pero no me toques el coño.
La copa menstrual en la boca de Abascal.
Somos Juana Rivas escupiendo al patriarcado.

Las de Ciudadanos que acudieron a la manifestación en Madrid fueron recibidas como en el Día del Orgullo que fue gay y ahora agota el alfabeto: «¡Sinvergüenza!, ¡zorra!, ¡puta!, ¡deberíais moriros todas, fascistas de mierda!, ¡dais asco!».

Cuando intentaron incorporarse al paseo del Prado les gritaron: «Que vengáis aquí es para mataros». A Begoña Villacís: «Muérete, hija de puta». Las imágenes de varios medios de comunicación delataron un peligro real. En Twitter, la diputada catalana Lorena Roldán replicó:

> A las sectarias de hoy: soy feminista y soy de Cs. Y no acepto lecciones de quien insulta, empuja y expulsa a otras mujeres de un día en el que deberíamos ir unidas. El feminismo no es patrimonio de nadie. Seguiré luchando por la igualdad y la libertad con más fuerza que nunca.

Pero las *sororas* tenían preparado el lema contra Ciudadanos, que anadeaba en el feminismo sin concretar mucho: «¡El feminismo liberal no es feminismo, a la mierda!».

Al día siguiente, la recién ungida líder de Ciudadanos, Inés Arrimadas, declaró:

> Es una vergüenza que el Gobierno de España esté animando o justificando que a mujeres el día 8 de marzo se les insulte, se les escupa, se les intente agredir y se les eche de una manifestación. Eso no es feminismo, es sectarismo, es absolutamente contraproducente. El feminismo es inclusivo, el día 8 de marzo no es de Irene Montero, el 8 de marzo es de todas las mujeres, se celebra en todo el mundo.

Pero en todas partes cuecen habas, rojas y moradas. La derecha, porque Cuca Gamarra y un pequeño grupo de representantes del PP también fueron al 8-M, siempre se entera tarde. Buena prueba de que la manifestación nada tenía que ver con lo que solo la derecha entiende por feminismo es que abundaban como nunca las banderas rojas con la hoz y el martillo, con todas las siglas comunistas de ayer y hoy. Y para alhajar la jornada, un grupo de brujas o así disfrazadas se lanzó a corear: «¡Abascal, criminal!».

La aceptación de la pandemia y el virus la misma noche del 8-M relegaron al armario el proyecto que debía canonizar en aquella jornada a Irene Montero. Pero una vez declarado el triunfo del Gobierno sobre la mitad de los muertos y el virus entero, Podemos volvió a la carga. En agosto, Campo pidió a Igualdad «una versión más acabada». E Igualdad achacó el naufragio anterior a un «error humano» cometido por alguien de Justicia que remitió el texto al CGPJ y al Consejo Fiscal antes de tiempo. «No se retira la ley de ningún sitio, simplemente se equivocan al enviarlo», justificó Montero. Y Campo lo achacó a un «problema de coordinación». ¡Cinco meses después!

¿Pero de qué iba la ley del «solo sí es sí»?

Cuando se desató la guerra civil entre feminismos, como acabamos de ver, nadie conocía los proyectos truncados o mostrencos de la ley del «solo sí es sí». Circulaban versiones, rumores, resúmenes, párrafos sueltos, pero nadie sabía si eran descartables o descartados y en qué podían afectar a la vida real de los ciudadanos.

El 25 de abril de 2020, Enrique Gimbernat, acreditadísimo catedrático de Derecho Penal, calmó esa sequía con un torrencial artículo en *El Mundo* mostrando su preocupación por el daño del «solo sí es sí» a la vida cotidiana. Un ejemplo: la pareja abandonada a la molicie matinal del domingo:

> El marido, muchos domingos, cuando su esposa se ha despertado en el lecho conyugal, la penetra vaginalmente, adoptando la mujer una actitud meramente pasiva de «dejar hacer». Según el art. 178.1 del Anteproyecto esa relación sexual constituye una violación, ya que la mujer no ha manifestado por actos exteriores, concluyentes e inequívocos su voluntad expresa de participar en el acto. Como además se trata de la «esposa» del autor, la pena prevista para esa relación sexual dominical sería, según el art. 180.1.4.ª del Anteproyecto, la de prisión de siete a doce años.

> Si los hechos descritos llegaran a juicio —y, a partir del CP 1995, la violación se ha convertido en un delito público, de manera que, aun en contra de la voluntad de la persona supuestamente agraviada, basta la querella del Ministerio Fiscal para proceder contra el presunto autor—, de nada serviría, para que el marido resultara absuelto, que la esposa jurara y requetejurara que en todo momento estuvo de acuerdo con mantener esa relación sexual con su esposo, ya que su consentimiento habría sido tácito, si bien no se exteriorizó —tal como exige el Anteproyecto para que no concurra una violación— por actos concluyentes ni exteriores ni, mucho menos aún, manifestando su «voluntad expresa» de participación. Ante una situación así, en el futuro el tribunal solo tendría dos salidas: o bien condenar a ese marido por violación a una pena de prisión de entre siete y doce años, o bien prescindir de lo que dispone ese Anteproyecto, para llegar a la elemental —pero descaradamente *contra legem*— conclusión de que no puede existir un delito contra la libertad sexual —en este caso: una violación— cuando la mujer consiente —sea expresa sea tácitamente— en la relación.

El argumento de Gimbernat, basado en el sentido común y en una idea de la libertad contraria a la fiscalización totalitaria del «solo sí es sí», es no solo *contra legem* en este caso, sino que afecta a una «ley habilitante», a imagen y semejanza de las chavistas, que convierte los derechos civiles en mero papel mojado: la Ley de Violencia de Género, auténtica madre de la ley del «solo sí es sí». Entiendo que el *laisser faire* conyugal puede ser tan fructuoso como el *laissez faire* económico dentro de la Ley; pero cuando la Ley decide el *faire*, no hay *laisser* que valga. El fiscal decide si tu vida íntima es correcta o sancionable, *contra* o *ad legem*. Y eso pasa con el VioGén —el Sistema de Seguimiento Integral en los casos de Violencia de Género—, uno de cuyos primeros casos fue la denuncia de un tercero a una pareja de Zaragoza que intercambió insultos, bofetada de él a ella, patadón en la ingle de ella a él, arrumacos de reconciliación y abandono del bar camino del *laisser* o el *faire*; pero un presente en la riña los denunció y, pese a lo que dijo la mujer, al hombre le cayó el VioGén encima.

Gimbernat empieza su artículo defendiendo que lo de La Manada fue violación, como decían las feministas batasunas, Dolores Delgado y todos los que jamás se han movilizado ante violaciones indiscutibles de norteafricanos ilegales, pero ninguno del Ejército o de las FAS, como en ese caso. En el juicio de Pamplona, uno de los tres jueces mantuvo que del vídeo y las declaraciones no se desprendía abuso sexual alguno. Lo lincharon. Sus otros dos compañeros negaron la violación y condenaron por abusos sexuales. Los lincharon. La instancia superior de Navarra ratificó los abusos, pero no la violación. Y el Supremo se sumó al linchamiento y decretó violación. Recordaba lo que, como anunció Zapatero («eso lo arregla el Constitucional»), hizo el TC con la sentencia del Supremo que ilegalizaba Batasuna: volvió a juzgar lo que no debía y la legalizó.

El de La Manada fue el caso más escandaloso y ejemplarizante de lo que Guadalupe Sánchez critica en *Populismo punitivo*[1]: cuando la opinión pública, ahormada por partidos y medios, se pone por encima de la Ley. «Podemismo punitivo» o «comunismo judicial», se trata de negar la presunción de inocencia y de satanizar conductas que, ley en mano, y pese al libre consentimiento, el juez deberá condenar.

A esa arbitrariedad, a la buena fe de la prevaricación razonable ante los excesos de la Ley, parece confiarse, sin decirlo, Gimbernat, como tantos otros juristas y teóricos del Derecho que saben que el VioGén es anticonstitucional y que el caso de La Manada no se juzgó en condiciones mínimamente compatibles con el Estado de derecho, pero no quieren o no se atreven a enfrentarse a un linchamiento donde, por primera vez desde el 11-M, han aparecido como verdadero poder dictatorial las SA del socialcomunismo, que son los medios de comunicación, identificados mayoritariamente con la izquierda.

El ilustre gremio del Derecho Penal, teórico y práctico, aceptó en general la Ley de Violencia de Género, que discrimina a los españoles en función de su sexo y es, por tanto, anticonstitucional, y lo será aunque el Constitucional y cien mil catedráticos lo nie-

[1] Guadalupe Sánchez: *Populismo punitivo*. Ed. Deusto, Barcelona, 2020.

guen por temor. En el caso de La Manada, junto a los anteojos progres de jueces y catedráticos ya no operó el temor sino el pánico a ser denunciados como «machistas» y «fachas», y defendieron la aplicación de una «convicción» sobre la Ley y los tribunales. Se hizo política suponiéndola buena, como si pudiera serlo la ley de Lynch. Y volverán a hacerlo ante la ley del «solo sí es sí» de Montero, cuya incultura general y jurídica pone de manifiesto, cada vez que habla o intenta explicarse, lo arbitrario de aprobarla. Pero no hay que olvidar la lógica comunista: no se aprobaría a pesar de ser anticonstitucional, sino precisamente por serlo. Más aún que ejercer el poder, la izquierda quiere exhibirlo y asustar.

Sin embargo, este es solo el último eslabón de una cadena de amedrentamiento civil con la excusa de los derechos de la mujer que quedan vulnerados al serlo los de los hombres, como defendían las feministas liberales de finales del XIX y principios del XX, en un arco que va de Emilia Pardo Bazán por lo liberal a Clara Campoamor por lo democrático como referencias indiscutibles.

Un caso especialmente siniestro fue el de Juana Rivas, condenada en España a cinco años de cárcel por «sustracción de menores» —sus dos hijos—, y cuyas denuncias de malos tratos fueron calificadas por un tribunal italiano como «inverosímiles e insostenibles», pero a la que defendió el entonces presidente del Gobierno Rajoy, uniéndose a la campaña de la Junta de Andalucía, Podemos y el PSOE, cuyo lema contra la Policía y la Guardia Civil que quería ejecutar la orden judicial de custodia compartida y encontrar a los niños raptados era #JuanaEstáEnMiCasa.

Ciudadanos, por cierto, fue el partido más cobarde en defensa de la igualdad de hombres y mujeres ante la Ley, única igualdad posible, porque tras criticar una de sus mejores representantes, la escritora Marta Rivera de la Cruz, la Ley de Violencia de Género por anticonstitucional, la obligaron a dar marcha atrás por razones «de imagen». La izquierda nunca tiene ese problema, porque la imagen que se debe seguir la marcan ellos y, si pueden, la imponen. La podemita Isa Serra, condenada por el Tribunal Superior de Justicia de Madrid por destrozar cajeros y agredir policías —en especial a una policía a la que, con la típica *sororidad* comunista, llamó «hija de puta, puta, zorra, que te follas a todos los policías municipales», «si fuera tu hijo, tendría que cogerte un arma y pegarte un tiro»[2]—, llegó a pasear por las instituciones, como referencia ética, a la asociación Infancia Libre, que según acabó desvelando la prensa tenía una amplia red clandestina de ocultación de niños robados por sus madres para evadir el cumplimiento de sentencias judiciales en materia de custodia compartida. Y cuya líder fue condenada a dos años de cárcel en octubre de 2020.

Pero volvamos a la ley del «solo sí es sí», en nada distinta de la Ley de Violencia de Género: el mismo despotismo ideológico contra la libertad sexual de las personas. Y, a mi juicio, en eso cae Gimbernat, cuando en su largo artículo distingue entre «quien penetra vaginalmente a la mujer, amenazándole con estrangularla si no accede a los deseos del autor (violación intimidatoria, por encima de cualquier duda posible), y el de aquel idolatrado profesor de 49 años que, abusando de su autoridad, tiene acceso carnal con la alumna deslumbrada por el docente 31 años mayor (inequívoco abuso sexual prevaliéndose de una situación de superioridad)».

La violación en este primer caso es inequívoca, pero no lo era en el caso de La Manada, cuyo desenlace, burla del Derecho, empieza por suscribir. Pero luego dice Gimbernat, con lógica aplastante, que, salvo que se quiera reescribir todo el Código Penal, la pena debe ser graduada según la gravedad del hecho juzgado. Por ejemplo, entre el sexo impuesto con extrema violencia o el que nace de un asentimiento viciado por una posición de poder que cabe interpretar como condicionante, y que ninguna ley debe juzgar de antemano. Pero eso es lo que hacen la ley Montero y la de Violencia de Género.

Lo más chocante es cuando Gimbernat habla del caso del «idolatrado profesor» y la encandilada alumna. Dejando fuera la minoría de edad, ¿qué abuso sexual *legal* hay en que una alumna mayor de edad, sin mejorar calificación a cambio, quiera acostarse con su «idolatrado profesor», para disfrutar del sexo o con la idea,

---

[2] Según consta en la sentencia 86/2020 del TSJ de Madrid *(http://www.poderjudicial.es/search/openDocument/522d1ca65f252d61)*.

tal vez compartida, de casarse con él? Hay múltiples casos, y Gimbernat conocerá muchos en la universidad, de «idolatría» erótica sincera. La reina Letizia se enamoró de su profesor en el instituto y se casó con él. ¿Abusó de la alumna el profesor? ¿Abusó del profesor la alumna? No. Nadie abusó de nadie. ¿Es mejor que dos chicos de dieciséis años, borrachos, se acuesten sin protección, que el amor de Abelardo y Eloísa? A Abelardo lo castraron; y si por «acceso carnal consentido» en el matrimonio le caen al marido de siete a catorce años, ¿no obliga la ley Montero a decir «sí, sí, sí, hasta el final», entendiendo como final la castración, dada la dificultad, temporal o permanente, de tener a un notario en la cama?

Temo que hay una barrera infranqueable que se manifestó, aviesamente, en el caso de La Manada, y que, sin malicia, también aparece aquí: la incomprensión ante el cambio en las costumbres sexuales de generaciones distintas. Como sucedía no hace tanto con la homosexualidad, condenada por extraña sobre ilegal, diríase que los que juzgaron y escribieron sobre el caso de La Manada desconocen el sexo en grupo, una de las formas no ideales pero sí reales de iniciación sexual en España y en toda Europa. Y que se disfrazaron de fariseos y publicistas de la posición «del misionero». Con esa visión del sexo, condenarían a los sodomitas por «pecado nefando»; y a todos, por el de Onán.

En última instancia, el #MeToo o el «solo sí es sí» imponen un discurso sobre el sexo mojigato e hipócrita, entre maoísta y calvinista. En las relaciones sexuales consentidas entre adultos, el Estado sobra. Otra cosa es la violencia intrafamiliar, como siempre se ha llamado, que funciona en cualquier dirección de sexo y edad y por encima de clases sociales e ideología. Por controlar lo primero, hemos abandonado lo segundo.

Y no entro en las denuncias falsas que leyes como las de Irene Montero propician. Si Marta Flor, su empleada en el caso Dina, acusó de acoso sexual a Calvente y el juez lo desechó, pero sin denunciarla, ¿por qué piensan Montero e Iglesias que están a salvo de acusaciones similares contra ellos? Para que hasta a Montero le alcance la presunción de inocencia, la ministra de Igualdad debería retirar la ley del «solo sí es sí». No quiero imaginar, aunque imagino, el divorcio de Irene y Pablo, con la misma ferocidad que ellos exhibieron contra Tania Sánchez, con hijos de por medio, martaflor enredando, un servicio rencoroso, una escolta harta y varios depurados políticos del partido prestos a declarar lo que sea contra ellos. Lo que no quieras para ti, Irene, ahórraselo a los demás.

La irreversible división feminista antes del 8 de marzo

Cuando las representantes del PP y Cs acudieron al infectódromo del 8-M, ¿sabían a qué feminismo excluyente iban, quisiéranlo o no, a apoyar? ¿Al segregacionista sexual del PSOE, el de la Ley de Violencia de Género, o al *queer* o «feminismo inclusivo», que ha dinamitado la unidad de un feminismo antiliberal?

Ya me he referido antes a la tradición feminista liberal española, cuya figura más valiosa es Emilia Pardo Bazán, la más popular Concepción Arenal, y la más sacrificada Clara Campoamor, artífice de la consecución del voto femenino con la oposición de las feministas de izquierdas, Margarita Nelken y Victoria Kent, que prefirieron alinearse con Prieto y Azaña para negar ese derecho… por si lo aprovechaban las derechas. Para ellas, y eso retrata bien lo que fue la Segunda República, todo derecho solo podía existir si servía a las izquierdas. Si no, estaba vetado para todos.

Hace bastantes años, hice en *Los nuestros*[3] unas breves biografías de Pardo Bazán, Arenal y Campoamor: las primeras, reconocidas en su época; la tercera, injuriada y perseguida de la forma más vil por las amazonas de ocasión, como Kent, o las feministas de pistola, como Nelken, llamada «la virgen loca del comunismo». Solo lo último era cierto. Y, según la Causa General y como ya vimos, la madrina política del abuelo Iglesias.

Se suele decir que el movimiento *queer* empieza, en realidad, con Simone de Beauvoir en *El segundo sexo*[4] y su frase «No se nace

[3] Federico Jiménez Losantos: *Los nuestros. Cien vidas en la historia de España*. Planeta, Barcelona, 1999.

[4] Simone de Beauvoir: *El segundo sexo*. Cátedra, Madrid, 2017. Publicación original, 1949, con el subtítulo «Los hechos y los mitos».

mujer, llega una a serlo». Sin embargo, Beauvoir desembarca en España y otros países de lengua española en medio de la algarabía de Mayo del 68, y su separación del feminismo liberal se diluye en los libros publicados entonces sobre el feminismo y la «liberación sexual», que, vista en perspectiva, fue más masculina que femenina y cuya llave fue la píldora anticonceptiva legalizada en Francia por entonces y que circulaba algo escondida en la España tardofranquista. Eran los años de *La revolución sexual*[5] y *La función del orgasmo*[6], del delirante Wilhelm Reich (1897-1957), que antes de querer encerrar en una caja de plomo el orgón, algo así como el átomo del sexo, fundó el movimiento Sex-Pol, netamente comunista, condenado por Moscú y recuperado por las comunas alemanas.

Otro libro temprano en la línea de Beauvoir es *Sexual Politics*[7], de Kate Millet, que, pese al título, es totalmente contrario a la lectura de Freud por Reich, que, como su maestro, buscaba curar —la «coraza caracteriológica», síntoma de represión sexual, era curable por el orgasmo— y no condenar a la Naturaleza. Lo *queer* podría haber quedado en algo tan antiguo como el empeño comunista en cambiar la naturaleza del ser humano y mandar sobre lo que somos en función de lo que queremos ser, pero se cruzó la ciencia: el ADN, el tratamiento *in vitro* y los estudios neurológicos sobre el cerebro de hombres y mujeres, que le privan de toda credibilidad. Lo *queer* es un voluntarismo ideológico que, paradójicamente, se apoya en lo científico, como en el tratamiento hormonal *trans*. Pero se aleja tanto de lo biológico, histórico y cultural que acaba en jerga para iniciados.

Una línea de la enorme producción teórica de esos años es la de Julia Kristeva, búlgara a la que ahora denuncian como confi-

---

5 Wilhelm Reich: *La revolución sexual. Para una estructura de carácter autónoma del hombre*. Ruedo Ibérico, París, 1970. Reedición en Planeta, Barcelona, 1985.

6 Wilhelm Reich: *La función del orgasmo. El descubrimiento del orgón. Problemas económico-sexuales de la energía biológica*. Paidós, Barcelona, 2010.

7 Kate Millet: *Sexual Politics*. Columbia University Press, Nueva York, 2016. Publicación original, 1970.

dente de la policía política, instalada en París y casada con el fundador de *Tel Quel*, Philippe Sollers. Destacan *Sèmeiotikè* (Grasset) y *La révolution du langage poétique* (Seuil), deudora la primera de Bajtin y del segundo estructuralismo ruso, y la segunda de Pleynet, del *Sade, Fourier, Loyola* de Barthes y del *Lautréamont* de Sollers. Son coetáneas de las primeras obras de Jacques Derrida *L'écriture et la différence*, *De la grammatologie* (Seuil) y alguna rareza delirante, hoy olvidada como *Glas*. Pero los universitarios de los setenta, poseídos como los jóvenes de todas las épocas por el espíritu de la moda, nos zambullimos en Lacan y la vuelta a Freud, en Althusser y la vuelta a Marx, y con el plato de Althusser iban de guarnición Harnecker y Poulantzas. Tras ellos, Foucault, los freudomarxistas Baudrillard y J.-F. Lyotard, y los que, a mi juicio, realmente inauguran el sexo líquido en que hoy surfean los *queer*: Deleuze y Guattari en *El anti-Edipo*[8] y su corolario *Rizoma*, que traté de explicar en un artículo de *Comunicación XXI*, por primera vez en España.

En *Memoria del comunismo* repaso mi trabajo con Masotta, Cardín, Álex Sáez y otros estudiosos en la difusión de estas anfractuosidades. También en las revistas que fundé y dirigí en Barcelona, *Revista de Literatura* y *Diwan*; en *Trama*; y, sobre todo, en la trabajada edición y prólogo de la versión española de *Discurso, figura*[9] de Lyotard. En fin, mi abstrusa tesis de licenciatura sobre las acotaciones a los esperpentos de Valle-Inclán es tan derridiana, kristeviana y bajtiniana que hoy me costaría trabajo mantenerla inédita.

Hago esas referencias solo para señalar que las supuestas innovaciones que hoy aparecen en la teoría *queer* tienen más de cuarenta años. Y que junto a Kristeva —entonces la figura más prometedora, a la sombra de Barthes y Sollers— aparecen en los primeros setenta autoras francesas en la colección «Des Femmes» (Seuil), más interesantes y menos liantes que la musa *queer* Judith Butler,

---

8 Gilles Deleuze y Félix Guattari: *El anti-Edipo. Capitalismo y esquizofrenia*. Barral Editores, Barcelona, 1973.

9 Jean-François Lyotard: *Discurso, figura*. Edición de Josep Elias y Carlota Hesse con prólogo de Federico Jiménez Losantos. Gustavo Gili, Barcelona, 1979.

cuyo texto básico *Gender Trouble*[10] es mucho más tardío, de 1990, pero que resucita como icono LGTBI y *queer* en los campus universitarios norteamericanos en la segunda década del XXI. Es un caso similar al de Herbert Marcuse, epígono de la Escuela de Fráncfort y siempre a la sombra de Adorno, Horkheimer y Fromm, cuyo *Eros y civilización*[11] lo resucitó al hilo de Mayo del 68.

Casi una década después de publicarlo, en el prólogo de 1999 a *Gender Trouble*, recogido en su versión española, Butler coloca su libro bajo la advocación del *postestructuralismo*. Confieso mi asombro. Criado intelectualmente como todos los filólogos en el estructuralismo primigenio —el de Ferdinand Saussure, combatido por el generativismo de Noam Chomsky, que, aunque parezca increíble, una vez fue lingüista— y, como lector de los primeros libros de Lévi-Strauss, Lacan y Kristeva, o Lyotard y Deleuze, si algo puedo asegurar hoy es que no tienen nada en común —ni siquiera en el «corte epistemológico» de Gaston Bachelard, leído críticamente en España por Gustavo Bueno y al que se refirió a menudo Cardín— con el llamado «estructuralismo», padre del «post», que acogía cualquier cosa, desde *El hombre unidimensional*[12] de Marcuse, trabajosa vuelta de tuerca a la determinación económica de Marx, hasta el puntillismo de Roland Barthes, la *Opera aperta*[13] de Umberto Eco, o el llamado *textículo* de Althusser *Freud y Lacan*[14], del que se salía sabiendo más de Althusser que de los otros dos.

Si el estructuralismo, visto en perspectiva, fue una época y no una teoría, más absurdo me parece el postestructuralismo al que se

---

[10] Judith Butler: *Gender Trouble. Feminism and the Subversion of Identity*. Routledge, Nueva York, 1990. De la versión española: *El género en disputa. Feminismo y subversión de la identidad*. Paidós, Barcelona, 2007.

[11] Herbert Marcuse: *Eros y civilización*. Seix Barral, Barcelona, 1976. Reedición en Ariel, Barcelona, 2002.

[12] Herbert Marcuse: *El hombre unidimensional*. Planeta, Barcelona, 2016 (traducción de Antonio Elorza). Publicación original, 1964.

[13] Umberto Eco: *Obra abierta*. Planeta-Agostini, Barcelona, 1985. Publicación original, 1962.

[14] Louis Althusser: *Freud y Lacan*. Anagrama, Barcelona, 1970.

acoge Butler: *El género en disputa*, dice, tiende a interpretar juntos, «en una vena sincrética», a varios intelectuales franceses (Lévi-Strauss, Foucault, Lacan, Kristeva, Wittig). La vena será muy sincrética, pero la arteria es penosamente incoherente: Lévi-Strauss no tiene mucho que ver con Foucault y todavía menos con Lacan. Como a todos los que han estudiado psicoanálisis y han leído esos autores que Butler cita, su éxito como gurú *queer* me resulta tan incomprensible como el del *perreo* en Eurovisión. Temo que sus fans, más dispuestas a sentir que a entender, se identifiquen con una mentalidad párvula que hila argumentos ajenos y citas de referencia para dar sensación de autoridad, buscando el aprobado en los recuerdos de las solapas de libros que nunca leyeron.

En una conferencia en Barcelona, tras el golpe de 2017, su feligresía esperaba revelaciones de la diosa, que se limitó al arcaico hallazgo sustitutorio de «mujer» por «hombre» en la Biblia o la filosofía griega. Pero ambos se refieren a la humanidad, sin apartar a la mitad de ella, y refiriéndose a las grandes preguntas de qué somos, de dónde venimos y adónde vamos. Eso se criticó mejor en California, en el «verano del amor» de 1967. Allí, tras quemar sus sujetadores —podían haberlos donado a ilegales lactantes— muchas clamaban «¡Dios es negra!». Se había adelantado Antonio Machín con *Angelitos negros*, y es mejor que la autodefinición de Butler como «una anarquista ocasional». ¿Qué significa eso, aparte de nada? ¿Anarquista por la mañana, fascista por la tarde, liberal por la noche y terrorista islámica en sueños? ¿O una oportunista que se da importancia?

Martha Nussbaum, en un resonante artículo, «The Professor of Parody», sostiene que «es difícil entender las ideas de Butler porque es difícil descubrir cuáles son». La clave de su éxito sería esa «aura de importancia» ante «una audiencia notablemente dócil». Resulta imposible no identificarse con Nussbaum cuando observa que sus citas de Freud e incluso de Foucault no reflejan un conocimiento de sus obras. Pero su estilo hace que el que no las conoce tampoco las entienda. Se cumple la famosa recomendación de Eugenio D'Ors: «¿Está claro? Pues oscurezcámoslo». Hay muchas referencias a libros y artículos que destrozan la teoría *queer* en la reciente obra de Axel Kaiser *La neoinquisición*[15]. En ella desvela un hallazgo formidable de Ayaan Hirsi Ali: Occidente vive bajo la tiranía de la *emocracia,* que destruye la democracia. El sentimiento se ve como un valor en sí, y las ideas, por acreditadas y fundadas que sean, deben prohibirse por si acaso resultan «ofensivas» para alguien.

En torno a figuras como Butler, Zizek y otras estrellas del espectáculo universitario —viví ese fenómeno con Marcuse, Althusser o Poulantzas— se trata de lograr una comunión, no una comunicación, de vivir una experiencia, no de acceder a una ciencia, saber o conocimiento. Como Valle-Inclán al final de *Divinas palabras*, el pueblo airado se calma ante unas palabras en una lengua que no entiende, pero acepta como sagrada. No entienden, pero obedecen: ¡la gran fantasía comunista!

Tampoco es extraño que se sucedan las tomaduras de pelo a los académicos que publican en empingorotadas revistas cualquier estupidez que parezca políticamente correcta. En el género butleriano, véase Teresa Giménez Barbat «Imposturas de género»[16]. Y en cuanto al triunfo del colectivismo en los templos de la excelencia, véanse las historias de abyección que cuenta Kaiser en el libro citado sobre los presidentes de Yale o Harvard rendidos a la matonería estudiantil y marginando a profesores que defienden que a la universidad se va a aprender, no a tener experiencias sociales. Si los ayer refugios del saber, hoy focos de barbarie, fueran coherentes con sus genuflexiones al estilo de los profesores humillados en la Revolución Cultural maoísta, anularían las notas de entrada y el cobro de matrículas y abrirían sus aulas a los menos preparados. Sugiero los mendigos cercanos, esos «otros Yale o Harvard» *invisibilizados.*

Pero volvamos a la tesis básica del llamado feminismo de género o *queer,* que, desde Beauvoir y Butler hasta Podemos, se resume en que la mujer y hasta lo femenino son meras construcciones culturales, no biológicas, y modificables a voluntad. Podría pare-

---

15 Axel Kaiser: *La neoinquisición. Persecución, censura y decadencia cultural en el siglo XXI.* Deusto, Barcelona, 2020.

16 Publicado en *El Mundo* el 12 de octubre de 2018.

cer la versión femenina del «hombre nuevo» de los comunistas del XIX y XX, y que por eso las leninistas actuales la adoptan. Pero es al revés: a cambio de poder y sueldo, pierden su razón de ser. Al negar la «mujer nueva», no por nueva sino por mujer, ya que todo género sería una construcción cultural, heteropatriarcal, capitalista, artificial y liquidable, se niega todo lo hecho, a izquierda y derecha, para corregir una realidad biológica —tener menos fuerza física que el hombre en la era agrícola, desde el Neolítico hasta la Revolución Industrial, y, sobre todo, tener y criar hijos— que por distintas causas y a lo largo de milenios se tradujo en la falta de derechos civiles de las mujeres, cuando los hombres los alcanzaban.

Y no fue en absoluto casual que en España la liquidación del feminismo *rojo* por el *queer* se produjera en vísperas del 8-M, cuando, en algo más que un gesto simbólico, Izquierda Unida expulsó al Partido Feminista de las luchadoras históricas, venerablemente antiguas, presidido por la legendaria Lidia Falcón.

Una expulsión reciente y un lejano recuerdo

El 22 de febrero de 2020 el flamante ministro de Consumo Alberto Garzón expulsó de IU, donde en 2015 las acogió Cayo Lara, a Lidia Falcón, Celia Arenas y otras dirigentes del Partido Feminista de España. Laura Garófano, del suplemento «Crónica» de *El Mundo*, quizás el medio que más ha seguido el debate dentro del feminismo español e internacional, reunió a varias de ellas. Con Falcón, fundadora y presidenta del partido, legalizado en 1981, están Celia Arenas, Marta Nogueroles, María Jesús Fernández, Guadalupe Sánchez, Teresa Galeote y Cristina Serrano. Profesoras o funcionarias que rozan la jubilación, se declaran feministas y marxistas y dicen tener unas cuatrocientas afiliadas. Salvo esto último, en lo que todos los partidos mienten, todo lo demás es indiscutible.

La dirección de IU justificó la expulsión por «reiterados incumplimientos estatutarios y mantener posiciones contrarias a las aprobadas en los órganos». En rigor, por oponerse a la ley de transexualidad de Unidas Podemos, parte del pacto de gobierno con el PSOE pero que, para Falcón y las suyas «es una norma que borrará los sexos».

Un comunicado del Partido Feminista rechazó esa ley «en la que las mujeres no existimos». Y a quince días del 8 de marzo, Día de la Mujer Trabajadora, las despidieron sin indemnización. «La expulsión ha sido una decisión sorprendente e injusta. Ni se han dado los plazos marcados por los estatutos ni han sido las maneras. Han sido despóticas», dice en esa entrevista Falcón. La votación para echarlas tuvo el 85 por ciento de los apoyos, pero «de los 56 votantes, solo cuatro se habían leído la Ley Trans. Lo pregunté, y solo cuatro alzaron la mano», añade. Habían preparado un escrito que no pudieron leer —«tampoco lo quisieron ni repartir»— antes de que se tratase su expulsión. Amarga conclusión: «En IU las heterosexuales ahora somos el enemigo». Y, para ella, la fragmentación del movimiento feminista no viene de la derecha, sino de tres sectores diferentes: el movimiento trans, el movimiento a favor de legalizar la prostitución —que irían juntos— y los llamados vientres de alquiler.

¿En qué discrepa el Partido Feminista de España, marcadamente de izquierdas, con ese proyecto de ley que elabora la izquierda? Falcón: «El sujeto de lucha, que es la mujer, desaparece. Ahora somos progenitores gestantes y progenitores no gestantes. Un disparate. No hay padres ni madres, ni mujeres ni hombres. (...) Y si no hay mujeres, ¿para qué queremos el feminismo?».

Tras su expulsión, IU emitió un comunicado en el que las acusó de transfobia, latiguillo habitual en el movimiento *queer*. «Yo misma, antes de que nacieran los que ahora dirigen IU, estaba ya defendiendo a homosexuales, lesbianas y transexuales, con bastante riesgo para mi libertad e integridad física», replica Falcón.

Su expulsión la provocaron la Federación Estatal LGTBI, la Plataforma Trans y la denominada Área de Libertad de Expresión Afectivo-Sexual de Izquierda Unida (ALEAS-IU). «El lobby trans es muy influyente, más que nosotras, en IU», dice Falcón. En 2018 el partido disolvió su Área Federal de la Mujer, «y se quedaron tan contentos».

El texto de la Ley Trans promulga que los primeros pasos para poder cambiar de sexo «comiencen a los cuatro años». Así, el niño puede tomar «bloqueadores de hormonas», «cuando en ocasiones tras la decisión de un niño de esta edad se encuentra oculto que pueden estar siendo víctimas de abusos sexuales», apunta Falcón. Y a los dieciséis se abriría la puerta a las operaciones quirúrgicas. Otro motivo de conflicto es la gestación subrogada, a la que el Partido Feminista se opone: «Una mujer elige cuando puede. Pero si es pobre, no puede elegir».

La legalización de la prostitución fue otro punto de fricción. «Todos tenemos claro que hay que luchar contra la trata, pero la trata existe porque la demanda que existe de prostitución es enorme, hasta el punto de que hay que importar mujeres para que sean prostitutas». El lobby trans habría sido también decisivo en ese ámbito: «Alegan que es su única forma de trabajo… pero es que en Andalucía hay paro y las mujeres no se prostituyen. La prostitución es un abuso a la mujer, como la pornografía». Cristina Serrano insiste: «Nosotras tenemos la misma ideología que IU: somos marxistas, anti-Iglesia, anti-OTAN… y están confundiendo a la ciudadanía, porque se está pensando que el colectivo *queer*, el colectivo LGTBI, es feminista, cuando no lo es. El feminismo es otra cosa». La Plataforma Trans las ha denunciado por «delito de odio». Para el comunismo, los peores enemigos siempre han sido los viejos comunistas.

Conocí a Lidia Falcón en los primeros años ochenta del siglo pasado, cuando vino a verme con su marido Eliseo Bayo a mi pequeño despacho de jefe de Opinión de *Diario 16*. Era y es, a sus ochenta y cinco años, una mujer impresionante, con unos ojos azules, entre cartagineses y blavatskianos, que imponen un respeto sacerdotal. Le publiqué todos sus artículos en los años que allí estuve, aunque la creía y la creo equivocada en su afán de conciliar marxismo y feminismo, presentando en su voluminosa y trabajada obra a la mujer como una clase social. Pero su revista *Vindicación*

Feminista y, sobre todo, su libro *Viernes y 13 en la calle del Correo*[17] me parecían cívicamente admirables. Ver en el reportaje, tantos años después, a esas mujeres, tan luchadoras, tan mayores ya, me produjo una profunda irritación, por la falta de respeto al que, por años y méritos, la merece. Más, ideología aparte, cuando, en el caso de Lidia, tiene más valor uno solo de sus años de militancia antifranquista que toda la vida del cubanoide Alberto Garzón.

Sin embargo, la franqueza de Falcón y su grupo al denunciar el poder en IU del grupo trans —ligado a la prostitución, cuya legalización lógicamente defiende[18]— abre un interrogante sobre los poderes económicos que hay detrás del comunismo en España.

Porque lo nuevo, por no decir revolucionario, es que grupos económicos cuyos fondos provienen de la prostitución puedan cambiar tan radicalmente los postulados tradicionales del comunismo sobre las mujeres, al punto de expulsar del partido a las militantes de toda la vida. Se dirá que, como en los vientres de alquiler, Podemos se acerca a las posiciones liberales. Pero no por las mismas razones ni propósitos. No es lo mismo que Antonio Escohotado defienda, como teórico y consumidor, la despenalización de las drogas a que lo hagan las FARC y el cártel de los Soles, o sea, el régimen de Maduro. No es lo mismo la economía de mercado que el mercado libre solo para comunistas. No es lo mismo despenalizar el consumo supuestamente terapéutico de la marihuana que presentarla como gran negocio agrario del futuro español, como ha hecho Iglesias. Lo que otorga un poder subversivo inusitado a esta vuelta del comunismo a España es, precisamente, su relación con las formas de financiación irregulares o directa-

---

17 Lidia Falcón: *Viernes y 13 en la calle del Correo*. Planeta, Barcelona, 1981.

18 «Si las mujeres y los hombres no existen sino son solo seres vivos que intercambian corporalidad, sexo y capacidades genitales, cualquiera puede ser "progenitor". Que sea o no gestante depende del dinero que invierta en alquilar úteros de aquellas que sí son mujeres, pero pobres. Si además se retuercen los argumentos y de la libertad de escoger el sexo se sigue la de escoger prostituirse, estamos afianzando el poder de las mafias de la prostitución. Que estas también tienen mucho dinero» *(https://blogs.publico.es/lidia-falcon/2019/12/16/la-inaceptable-ley-trans/)*.

mente criminales del comunismo del siglo XXI, el de Putin, Xi Jinping o, insisto, el cártel de los Soles.

La protección o desprotección de la infancia

Pero si alguien cree que el debate entre lo *queer*, antes LGTBI, y el feminismo clásico se limita a ver quién manda en el ámbito de la mujer como cantera militante o botín electoral, se equivoca. A la legalización de la prostitución se le ha añadido un conflicto mucho más grave: legalizar la transexualidad a partir de la voluntad de una criatura sin experiencia vital y cuya capacidad de juicio puede estar manipulada por un entorno militante. En esta ocasión, se adelantó el PSOE, mientras la derecha evitaba el debate.

El 20 de junio de 2020, Ángeles Álvarez, feminista histórica y primera diputada que se declaró lesbiana, defendía en *El Mundo* la posición ya artillada por Calvo y Ábalos para hacer frente a la ofensiva *queer*. Como es de rigor en la ideología totalitaria que subyace en muchas querellas ideológicas, lo primero que debía hacer Álvarez era defenderse de ser transfóbica. La entrevista de Darío Prieto era y sigue siendo apasionante.

Ángeles Álvarez comienza aclarando cuál es actualmente la principal preocupación del feminismo: «que la sustitución de la categoría "sexo" por la categoría "género" lleva a la disolución de la categoría "mujer"».

Pregunta Prieto cuáles son, pues, los términos del debate, a lo que Ángeles Álvarez responde con claridad: «El debate es si el género es algo a proteger, como identidad, o si precisamente es un sistema a abolir. Y esto último es lo que ha defendido el feminismo siempre».

Ante las acusaciones de transfobia que Prieto le recuerda que ya ha recibido por defender el feminismo clásico, Álvarez pone de relieve que lo que hay es «un sector de gente que niega la biología», que pretende incluso hacer «desaparecer jurídicamente la categoría sexo» y vuelve a centrarse en el meollo de la cuestión, que trasciende a la manía de redefinir categorías: «Lo *queer* no solamente borra las mujeres, sino también a los gays y las lesbianas».

El momento bélico estelar fue la pelea asturiana entre las *queer* y las clásicas, dispuestas, decían, a «desasnar» a Clara Serra y otras podemitas. Olga R. Sanmartín lo contaba así el 19 de enero en *El Mundo*: «En unas jornadas en Gijón, personalidades como la catedrática y miembro del Consejo de Estado Amelia Valcárcel, la exdiputada del PSOE Ángeles Álvarez o la filósofa Alicia Miyares arremetieron duramente contra la teoría *queer*, lo que provocó la censura de la FELGTB, el aviso de denuncia a la Fiscalía por parte de la Generalitat catalana y la acusación de transfóbicas». En fin, que la sororidad cabría resumirla en «hermana, yo ni te creo, ni te quiero».

Sin embargo, el debate continúa solamente dentro de la izquierda. La mitad de la sociedad, la derecha, queda voluntaria o involuntariamente fuera de algo que, por su gravedad, debería importar a todos. Dos días antes del 8-M, José Antonio Marina dictó una tribuna en *El Mundo*, luego repetida, que sirve como introducción a la historia y a la necesaria discusión futura. En resumen:

> (…) Las reivindicaciones LGTBI son, sin duda, respetables. Pero son otra lucha. Meterlas en el mismo pack liquida las específicamente feministas. (…)
>
> El feminismo clásico desencadenó movimientos ideológicos imprevisibles. No bastaba luchar por la igualdad. Había que comprender lo que estaba en origen de la discriminación. (…)
>
> Denunciaron la confusión de naturaleza y cultura. El sexo era una característica biológica, natural; pero los roles femeninos y masculinos son invenciones culturales. (…)
>
> La inicua utilización de la idea de naturaleza como fuente de derechos hizo que el movimiento feminista rechazara en bloque la noción de naturaleza como fuente normativa. (…)
>
> El feminismo de la igualdad se había convertido así en el feminismo de género, que sintió la necesidad de definir el género femenino como autosuficiente, sin hacer referencia al masculino. La estructura sexual binaria —macho/hembra— comenzó a considerarse reaccionaria, una trampa para el feminismo. (…)

> Defender la identidad de género tampoco pareció suficiente. Había que buscar una identidad individual. (...) Se empezó a hablar de géneros múltiples, y se acabó rechazando la idea de género porque no defendía lo suficiente el derecho a la diferencia. (...)
>
> Lo importante era negar las divisiones dicotómicas, el binarismo. Macho y hembra son los dos extremos de una variada serie de estados intersexuales, entre los que se puede elegir. (...)
>
> La flexibilidad se lleva al máximo. Así creo que debe interpretarse la ideología *queer*, última figura hasta ahora de la evolución que estamos contando. Toda definición es un peligro o una ofensa. (...)
>
> El movimiento feminista critica duramente la ideología *queer* porque considera que ha olvidado la situación de la mujer. (...) La evolución del pensamiento feminista ha liquidado al feminismo. Lo ha convertido en un feminismo para un mundo líquido.
>
> Las feministas clásicas se dieron cuenta pronto de que reclamar el derecho a la diferencia es una trampa. Los derechos fundamentales son siempre universales. Solo los derechos universales protegen las diferencias, porque prohíben la discriminación, es decir, negar injustamente el acceso a esos derechos. Solo apelando a derechos universales se podía luchar contra el machismo.

Estos son los términos racionales no de una sino de las muchas discusiones que esta guerra civil entre feminismos de izquierda —los de derecha son los liberales clásicos— ha abierto sobre el ámbito legal, de inminente definición, de la transexualidad o la gestación subrogada. No es algo a lo que se pueda permanecer ajeno pero que requiere reflexión. Por supuesto, cabe recluirlo en el ámbito del pecado y la perdición humana, como algún grupo religioso, pero eso no nos permitirá evitar el problema ni la forma irracional con la que desde las filas comunistas se plantea.

Beatriz Gimeno, nombrada después por Irene Montero directora del Instituto de la Mujer, decía esto en 2011 en su blog personal —fue reproducido por muchos medios de comunicación, el primero de ellos, *La Razón*— al hilo de un libro titulado *Por el culo. Políticas anales*[19]:

---

[19] Javier Sáez y Sejo Carrascosa: *Por el culo. Políticas anales*. Egales editorial, Barcelona, 2011.

> Me gustaría contribuir a problematizar la siguiente cuestión: dado el profundo simbolismo asociado al poder y a la masculinidad que tiene en la cultura patriarcal la penetración (a las mujeres), ¿qué podría cambiar, qué importancia cultural tendría una redistribución igualitaria de todas las prácticas, de todos los placeres, de todos los roles sexuales, incluida la penetración anal de mujeres a hombres?
>
> O también:
>
> El ano es una de las principales zonas erógenas para hombres y mujeres. Especialmente para hombres. Para que se produzca un verdadero cambio cultural tienen que cambiar también las prácticas sexuales hegemónicas y heteronormativas y que, sin ese cambio, que afecta a lo simbólico y a la construcción de las subjetividades, no se producirá un verdadero cambio social que iguale a hombres y mujeres.

Esa es su fantasía sexo-emancipatoria. Esta, la perplejo-filosófica:

> Siempre me pregunto qué ven los hombres cuando nos miran. ¿Qué ven cuando miran a una mujer anciana, a una niña, a una joven? ¿Cuánto de diferente es lo que ven si miran a una mujer deseable que a una que no se lo parece? Lo que me pregunto es si su mirada sexualizada sobre los cuerpos femeninos se extiende a todos los cuerpos o solo a los deseables, si es todo el tiempo, si es siempre y si, en todo caso, hay resquicio para encontrar algo de humanidad en esa mujer que miran.[20]

¿Cabe esperar similar perplejidad antes de detener sin necesidad de prueba alguna a los hombres por la Ley de Violencia de Género? Tuit de diciembre de 2019:

---

[20] Fragmento inicial del artículo «El hombre que mira», publicado el 8 de noviembre de 2019 en la web *Cuarto Poder*.

> No queremos Prisión Permanente Revisable. No queremos más presos ni más cárceles. Queremos cerrar cárceles y en algunos países se hace.

Ni un ejemplo. En tanto, su exmujer Boti García, colocada por Montero al frente de la Dirección General de Diversidad Sexual y Derechos LGTBI, sembró el desconcierto el día 14 de julio de 2020 al declararlo «Día de la Visibilidad no Binaria». En un tuit del Ministerio, con membrete y todo, se dirigió así a los ciudadanos:

> En un día como hoy se celebra el Día de la Visibilidad no Binaria. Desde esta Dirección General de Diversidad Sexual y Derechos #LGTBI reivindicamos el respeto y la dignidad de todas las personas, incluidas las que no se sienten representadas en el binarismo de género.

Ninguna idea política alcanza el elitismo teórico del comunismo, cuya interpretación precisa exegetas que nos ahorren la cárcel. Incluso el «binarismo de género», ahora festividad oficial, es sencillo al lado de una exposición que se hizo viral y desengañó a muchos de entender lo *queer.* Sucedió en la ronda de preguntas durante un curso de verano podemita en la Universidad Complutense de Madrid, en 2019. Una joven tomó el micrófono y dijo:

> Hola, Bea [Gimeno]. Y hola, Irene [Montero]. ¿Qué tal? Bueno, en primer lugar, a ver, es una pregunta un poco compleja y para ambas. Tiene varios apartados. Bueno, lo primero es sobre la constitución del sujeto agente, de cómo las mujeres, la problemática que surge ahora mismo en la economía actual, ¿no?, la concepción de una biopolítica positiva a nivel foucaultiano —bueno, foucaultiano no, butleriano— y la imposibilidad de evadir el carácter corporal de la performatividad. Eso en un primer lugar.
>
> Y luego, en segundo lugar, más en el orden de los cuerpos de las mujeres, en las colectividades. A ver, hablábamos, hemos hablado ya de la Plataforma de Afectados por la Hipoteca que, no te acordarás, pero yo sí me acuerdo de ti, de San Blas. Y a Bea, bueno,

pues nos conocimos el otro día en el recuento de votos de Isa, yo soy compañera de Isa, de clase, claro. Y, bueno, pues como se ha descompuesto un poco nuestro consejo de feminismos, que creo que ahora mismo pues no estamos en el mejor momento, las chicas de Feminismo el otro día lo hablábamos en la playa, Alba y, bueno, algunas de las chiquitas, ¿no? Y bueno, e Isa.

Y en ese orden de cosas, me quería referir exactamente al hecho de que Podemos ha dejado bastante de lado a la PAH. Yo echo de menos, es lo que yo he hecho la tesis, que es la psiquiatrización del cuerpo de la mujer. Es decir, la colectividad, justo en... No sé si sabéis, por qué no hay nadie de Podemos en el Orgullo Loco, en el colectivo del Orgullo Loco. Es una colectividad, de verdad, que sería digna de que Podemos la tuviera en cuenta, porque tienen una horizontalidad y una calidad de, bueno, pues, de haber ligado la economía al control del cuerpo de la mujer, desde a nivel maternal, a nivel incluso ya contencioso de la psiquiatrización, o sea, de la salud mental que viene de la concepción liberal de la psiquiatrización. O sea, de la antipsiquiatría, etcétera. Bueno, hay muchos intelectuales metidos.

Y quería saber eso: si nos dirigimos otra vez a volver a refundar... bueno, a refundar un poco o a cómo se va a hacer ahora con el Consejo Estatal de Feminismos y eso, y quería saber si concebís, bueno, pues que Podemos vuelva a tratar con la Plataforma de Afectados por la Hipoteca y sobre todo afectadas, como lo ha dicho Irene, porque si vas a una reunión, lo que más hay son madres de familia, y nada. Y también con el concepto de la salud mental, que la salud es toda, pero —olé por tus nenes, que yo me acuerdo del año pasado, jolín— pero también la salud mental, que la tenemos muy poco en cuenta y que creo que es base total de la sociedad capitalista, vamos. Quiero decir, como problemática. Gracias.

De nada.

Black Lives Matter o el antirracismo dirigido por el comunismo

En junio de 2020, en Richmond, Virginia, el movimiento Black Lives Matter derribó, chamuscó y finalmente arrojó al agua en el parque Byrd una estatua de Cristóbal Colón. Gritando «¡Jódete, Christopher Columbus!», «¡asesino!» y «¡genocida!», cientos de militantes izquierdistas culparon al Descubridor de la muerte de un hombre negro en Mineápolis. En Londres, derribaron la estatua de Abraham Lincoln, el presidente que, tras una crudelísima guerra civil, abolió la esclavitud; sobre los restos de piedra, escribieron nombres de afroamericanos supuestamente asesinados por la policía y dejaron este cartel a sus pies: «El racismo es una pandemia».

No se trató de un hecho aislado, sino de un movimiento iconoclasta totalitario y planificado, en el que los violentos fueron precedidos por los representantes del Partido Demócrata en diversos estados. En abril, por ejemplo, Kenyan R. McDuffie, concejal demócrata del Distrito de Columbia (Washington D. C.), anunció que preparaba una ley para eliminar «todos los símbolos de odio y racismo en el distrito». Entre esos lugares citó el Columbus Circle, o plaza de Colón, uno de los centros históricos de la ciudad. McDuffie dijo que una comisión estudiaría los nombres de calles y plazas para decidir cuáles eran racistas. Y que cambiaría el nombre del propio distrito.

Mientras otra escultura de Colón era decapitada en Boston, el estado de California anunció que el grupo escultórico de Cristóbal Colón e Isabel la Católica entregándole las Leyes de Indias sería retirado de su Capitolio. Integrantes del Parlamento emitieron este comunicado:

> Cristóbal Colón es una figura histórica profundamente polarizada debido al impacto mortal que tuvo su llegada, en este hemisferio, para las poblaciones indígenas. La presencia continuada de su estatua en el Capitolio de California, donde ha estado desde 1883, está completamente fuera de lugar hoy. Será retirada.

Lo de «figura histórica profundamente polarizada» es algo que decretan los mismos que, tras «polarizarla», la prohíben. Es el tipo de hipocresía censora que ha impuesto la llamada «cultura de la cancelación» en los Estados Unidos, copiada por los comunistas en todo el mundo. Claro que más grave fue lo de Nancy Pelosi, jefa del Grupo Demócrata en el Congreso de los Estados Unidos, que tras hincar la rodilla varios minutos para pedir perdón por la muerte del afroamericano de Mineápolis, dijo que, aunque le afectaba como italoamericana, apoyaba el derribo y ultraje de las estatuas de Colón.

Pelosi podía prescindir de sus «sentimientos italoamericanos» sobre Colón. Al cabo, fue solo un empleado de la Corona de Castilla que no tomó posesión de las nuevas tierras en nombre de Italia, políticamente inexistente, sino de Castilla, España y la Cruz. Pero la barbarie de la clase política norteamericana, renegando de su propia historia, se ve superada por su cobardía moral e intelectual en las propias universidades, llevadas también a América por los españoles, y de sus medios de comunicación, tan poblados de necios como los nuestros. Hablar de racismo a propósito de una civilización basada en el mestizaje, como la hispana en América, prueba la deliberada tergiversación de los hechos históricos y la manipulación del término «racista» al margen de la historia verdadera del racismo, prohibido por ley en los Estados Unidos, pero cuyos centros universitarios parecen haberlo reinstalado para combatirlo.

Desde que Robespierre, modelo de Lenin, inauguró la era moderna del ultraje escultórico desnarigando a martillazos las imágenes de todas las figuras sagradas de fachadas, atrios y tímpanos de las catedrales francesas, para rendir culto en Nôtre Dame a la Diosa Razón, inventada por él, Europa no ha dejado de quemar iglesias, pinturas, libros, palacios y bibliotecas, ni de asolar templos de confesiones diversas, ni de destruir símbolos de civilizaciones milenarias, en la estela del islamismo con los budas de Bamiyán.

Pero la violencia de Black Lives Matter (BLM) en los Estados Unidos no fue casualidad. Se trata del modelo de iconoclastia totalitaria calcada de la Revolución Cultural proletaria en la China de Mao Tse Tung, donde se unen el empuje de los dirigentes por arriba y la barbarie de los jóvenes por abajo.

Antes del caso Floyd, en enero de 2019, la Universidad de Notre Dame anunció que ocultaría una serie de murales que representan a Cristóbal Colón, tras las quejas de un grupo de alumnos y varios profesores, que denunciaban que las imágenes, pintadas a finales del siglo XIX por el italiano Luigi Gregori, «ocultan las consecuencias que tuvo el viaje de Colón sobre los pueblos indígenas que habitaban este nuevo mundo y, directamente, los degradan».

John Jenkins, presidente de la universidad, explicó que los doce murales serían tapados, para que alguna vez pudieran volver a ser expuestos. Según Jenkins, «en el momento en que fueron pintados, los murales no estaban concebidos como una ofensa a los pueblos indígenas». También aclaró que, aunque su objetivo era «preservar las obras artísticas originalmente destinadas a celebrar a los católicos inmigrantes que se encontraban marginados en ese momento en la sociedad, queremos hacerlo de una manera que evite la marginación involuntaria de los otros».

¡Pobre Colón! Tan lejos estaba de odiar o atropellar a los pueblos indígenas americanos que ni siquiera sabía de su existencia. De hecho, creyó haber llegado a algún lugar conquistado por Alejandro y visitado por Marco Polo, entre el norte de la India y China, llamado Catay. De ahí que su Asia acabara pluralizada en Las Indias. En cuanto a Isabel la Católica, es la única en su época que se encargó de dejar legalmente protegidos en su testamento a los indios, «hechos también a imagen y semejanza de Dios». Su nieto Carlos presidió el debate entre Juan Ginés de Sepúlveda y Fray Bartolomé de las Casas acerca del derecho moral a la conquista de América, que se basó en la evangelización y la destrucción de cultos atroces como el de los sacrificios humanos en México.

Si lo español molesta a esta cáfila despótica, deberían prescindir del saber occidental que allí llevaron los conquistadores, fruto a su vez de la historia de Grecia, Alejandría, Roma, Bagdad y otros sitios «polarizados». Y del nombre mismo de California, reina mítica que aparece en las novelas de caballerías; y de los nombres españoles de dos tercios de los Estados Unidos, que fueron de la Corona española y perdió México, hijo de la Nueva España.

De hecho, culturalmente, toda Norteamérica es una «apropiación cultural» de lo europeo, primero mediante lo español y, un siglo después, de lo anglosajón, francés, holandés y alemán. Ya pueden ir devolviendo el pavo de *Thanksgiving*, que es el de aquel cabo de Gracias a Dios que, tras doblarlo, permitió a los españoles desembarcar y negociar con los indios la compra, guiso y sabroso yantar de aquel pájaro enorme, nunca visto antes. España es, sobre todo, una «apropiación cultural» como la que critican a Rosalía por las rastas, pero de Grecia, Roma, Judea y todo el saber oriental.

La tierra de San Junípero, contra «el Juni»

Por supuesto, ante el ataque a España que supone la censura de Isabel la Católica, el Gobierno de Sánchez e Iglesias no dijo una palabra. La odia, como a todo lo español, mucho más que los izquierdistas norteamericanos. Pero sus socios separatistas, sí. Antes, las modas norteamericanas tardaban diez años en llegar a Europa. Ahora solo un mes, diez horas o diez minutos. Fue ver derribar la estatua de Colón en América y los separatistas catalanes los imitaron simiescamente con la de Barcelona, símbolo de la ciudad. Le pegaron fuego y no prendió. Pero un munícipe dijo que la quitarán del puerto y «resignificarán» el lugar. No puede ser un burguer: será un kebab.

En Mallorca, en junio de 2020, tardaron solo una semana en imitar a los primates de San Francisco que tiraron la estatua de San Junípero Serra, padre espiritual de California, al que motejaron de «asesino de indígenas». La de la plaza de Sant Francesc, en Palma, debe de estar mejor cimentada y no pudieron derribarla; solo la ensuciaron pintarrajeando «racista». Pero la acción violenta y la censura política son, en América como en Europa, las dos caras de la misma moneda: la de hierro espartana que nunca valió nada. Sonia Vivas, encargada de Justicia Social, Feminismo y LGTBI+, dijo que debía «retirarse pacíficamente» la estatua, que, como todas las de su especie, es inmóvil y, si acaso, le caerá encima al que la baja del pedestal. Vivas —que lo llama familiarmente «Junípero» y, si se lleva la estatua al ecohuerto, lo dejará en «Juni»— tuiteó:

> Las ciudades hablan mediante los nombres de sus calles, monumentos y estatuas. Cuentan una historia política de élites y oli-

garquías. Los habitantes toman la palabra en San Francisco y tiran la estatua de Junípero Serra. En Palma, pacíficamente, debería ser igual.

Pacíficamente por la fuerza: esta es la neolengua orwelliana de una de las mutaciones renovadas del comunismo. «El Juni», como lo llamarán los separatistas catalanes de Mallorca, era lo contrario de lo que dicen los lerdos de San Francisco y de Palma. Da igual. Se trata de desnombrar las ciudades, calles y plazas en toda España, de imponer el rebautizo de todo para demostrar que todo es suyo, puesto que todo queda a su nombre. Socialistas y comunistas forman el Gobierno regional, con los catalanistas de extrema izquierda, y juntos dominan muchos municipios en las Baleares. Nadie, pues, protestó contra el intento de echar de la estatua a Junípero. El próximo será Rafael Nadal, al que ya tienen tirria, por triunfador y español.

Ante el silencio de los gobiernos españoles y americanos —todas las repúblicas, empezando por la que fundó Cortés, tienen parte española—, y mientras asistíamos impávidos a nuevos ultrajes como el de Ponce de León en Florida, The Hispanic Council publicó este decálogo, tan breve como atinado:

> 1. La historia de EE. UU. no puede entenderse sin la aportación hispana. Más de 500 años de presencia hispana han generado un legado imborrable que forma parte de la identidad actual de EE. UU.
>
> 2. España fue el país que más protegió a los nativos americanos. Es innegable que hubo excesos y violencia, que las autoridades españolas persiguieron y condenaron, pero España fue el primer país, desde 1512, que impulsó leyes que protegían a los nativos, que tuvieron los mismos derechos y deberes que todos los españoles.
>
> 3. El mestizaje, clave en el desarrollo de la cultura hispana. A diferencia de otros países, si algo diferenció el modelo español en América fue la política de integración y mestizaje.
>
> 4. Muchas ciudades de EE. UU. tienen un origen hispano. Ciudades como Los Ángeles, San Diego, San Antonio o San Francisco no se pueden concebir sin su rico legado cultural hispano, esenciales para entender su historia y su identidad.

5. La herencia hispana está presente en los símbolos de EE. UU. Las banderas de muchos estados y ciudades, así como sus escudos, tienen su origen en el legado español e hispano del país, en los que puede verse claramente su herencia hispana.

6. Del dólar a los cowboys. Elementos esenciales de la cultura de EE. UU. tienen un origen hispano, lo que muestra la estrecha relación entre ambos países.

7. El español es hoy la segunda lengua más hablada de EE. UU. El español fue el primer idioma no nativo hablado en territorio estadounidense, desde la llegada de Ponce de León a Florida en 1513. Desde entonces, ha sido hablado de generación en generación por millones de personas en Estados Unidos.

8. España y los hispanos jugaron un papel esencial en la independencia de EE. UU. Personajes españoles como Bernardo de Gálvez, Fernando de Leyba o Diego de Gardoqui contribuyeron de forma esencial a la independencia de EE. UU., así como miles de soldados hispanos.

9. Juzgar la historia con los parámetros sociales y culturales actuales es un error. Cada época tiene sus contextos sociales, culturales y éticos que es necesario conocer para valorar el pasado de manera justa. El no hacerlo así nos lleva a la manipulación histórica.

10. La aportación de España a América merece la pena ser reivindicada por todo el legado cultural, social, lingüístico, institucional y demográfico que generó. España, con sus luces y sombras, promovió la cultura hispana que hoy forma parte de las señas de identidad de millones de personas a ambos lados del Atlántico.

Las víctimas negras silenciadas del Black Lives Matter

En los Estados Unidos, sociedad multirracial y multicultural, siempre ha habido, y es difícil imaginar su desaparición, casos de violencia policial que desembocan en revueltas, espontáneas o planificadas por grupos que utilizan las calles incendiadas para conseguir determinados fines políticos, a veces legítimos y otras no tanto o nada en absoluto. La muerte a manos de la policía del afroamericano George Floyd el 25 de mayo de 2020 produjo, sin embargo, una cascada de fenómenos que lo diferencian de los *riots* típicos de los sesenta.

En año electoral, el Partido Demócrata, desesperado ante un Trump que parecía invencible antes del COVID-19, decidió utilizar el caso Floyd como arma para deslegitimar al Gobierno y a los símbolos e ideales de la América que se supone representa, o que muchos de esa América quieren que represente, porque en el pasado de Trump hay más fotos con los Clinton que en las casitas de algunos Padres Fundadores de la nación. Lo novedoso fue que la dirección de la violentísima campaña de pillaje y asesinatos fue del grupo Black Lives Matter, con los demócratas detrás.

Las víctimas de la violencia desatada en las calles por la muerte de Floyd eran a menudo negras. Pero, para los activistas, esas vidas no eran suficientemente negras y arrojadizas. He aquí algunos casos de víctimas de la violencia de BLM respaldada en la NBA y otros escaparates deportivos de famosos millonarios que, de pronto, descubrían la violencia racial y se arrodillaban, ricos y compungidos, aunque no para pedir perdón, sino para culpar a los que ni eran ni se sentían culpables. Para los que impulsaron estas muertes inocentes, sus vidas no contaban. Pero hay que contarlas:

David Dorn, de 77 años, excapitán retirado, era afroamericano como George Floyd. Aún en el suelo, un transeúnte grabó las dramáticas imágenes de su asesinato, que todavía flotan en el limbo de las redes sociales. Dorn acudió a auxiliar a un amigo a una casa de empeño donde la alarma avisó de los saqueos de los Black Lives Matter en San Luis, Misuri. Era madrugada y el excapitán fue tiroteado en plena calle, frente al comercio de su amigo. En su mano, en el momento de morir, no tenía una pistola sino el teléfono móvil, que seguía encendido. Nadie le socorrió. Viuda y familia se cansaron de decir: «La vida de David Dorn importa». Para BLM, NBA, NFL y otras almas políticamente genuflexas, es evidente que no.

David Underwood, de 53 años, era oficial del Servicio Federal de Protección y fue asesinado a tiros frente a un tribunal federal en Oakland, California. Recibió varios balazos procedentes de vehículos que participaban en las protestas. «Un vehículo se acercó al edificio. Una persona dentro de un coche comenzó a disparar a los oficiales de seguridad contratados para el Servicio Federal de Protección del Departamento de Seguridad Nacional», dijo el informe oficial del FBI.

El padre de Underwood sirvió toda su vida en las Fuerzas Aéreas de Estados Unidos. David era el hermano menor de Angela Underwood Jacobs, candidata republicana para el Congreso en Lancaster (condado de Los Ángeles). Jacobs publicó en Facebook: «Mi hermano, Dave Patrick Underwood, oficial federal, fue asesinado el 29 de mayo de 2020 en Oakland, California, mientras estaba de servicio durante los disturbios. Esta violencia debe detenerse». Pero BLM no la desató precisamente para detenerla.

Shay Mikalonis, de 29 años, era policía y recibió un disparo en la cabeza en una protesta en Las Vegas Strip. Sobrevivió, pero su cuerpo quedó paralizado del cuello para abajo. A través de un comunicado, su familia dijo que «tiene un ventilador para respirar y no puede hablar». La fiscalía acusó a Edgar Samaniego, de 20 años, de disparar deliberadamente a Mikalonis. Un juez que revisó los hechos explicitó que el vídeo de la policía muestra al acusado, «caminando, sacando un arma y disparando a los oficiales».

Pero muchos fueron asesinados, y sus casos se perderán en el caos de esos días. No había uniforme digno que los condenara. Solo estaban allí:

Marie Kelly, de 22 años, fue hallada sin vida tras recibir varios disparos. Había acudido a la manifestación en Davenport por la muerte de George Floyd cuando fue abatida por uno de los manifestantes.

José Gutiérrez, de 28 años, fue otra víctima del vandalismo BLM. Según la investigación, era un mero espectador de los saqueos cuando el supuesto asesino, Zion Haygood, le disparó a sangre fría en Mineápolis.

Victor Cazares Jr., de 27 años, murió atrapado en un tiroteo. La investigación forense en Hennepin concluyó que no tenía nada que ver con la manifestación de George Floyd, pero calificó su muerte como homicidio.

Francisco Montiel, de 46 años, apareció muerto en un coche calcinado. La fiscalía lo declaró homicidio. Está por investigar.

Chris Beaty, de 38 años, exjugador de fútbol de Indianápolis, atrapado en las protestas del centro de la ciudad, murió en un tiroteo de madrugada. La policía local había perdido la cuenta de los disparos reportados en la zona.

Unos fueron asesinados por ser policías; otros estaban en el sitio equivocado en el momento equivocado. Pero ¿quién lo equivocó? ¿O quién acertó a provocarlo, hasta convertirlo en la mayor explosión de odio a los Estados Unidos registrada en décadas? ¿Quién dirige Black Lives Matter?

BLM: tres marxistas chavistas y una asesina en Cuba

Las fundadoras de Black Lives Matter son Alicia Garza, Patrisse Cullors y Opal Tometi, aunque su referencia política esencial es Assata Shakur, una «pantera negra» condenada por asesinato, que se fugó de la cárcel en 1979 y huyó a Cuba, donde le concedieron asilo político.

Las tres discípulas de Assata se han declarado siempre marxistas militantes[21] y apoyan sin reservas las dictaduras de Cuba y Venezuela, en cuyos actos de promoción en los Estados Unidos, generalmente para encubrir denuncias de torturas, crímenes y encarcelamientos políticos, han acompañado a Chávez, Raúl Castro y Maduro.

Alicia Garza se describe a sí misma como «activista por la justicia, *queer* y marxista», según su editorial norteamericana. En 2009, cuando Chávez había asegurado su dictadura tras más de una década en el poder, Garza describía la reelección de Chávez como «día histórico para Venezuela». Desgraciadamente, desde que en 1998 llegó Chávez al poder, todos los días han resultado

---

[21] Carol Swain, exprofesora de Ciencias Políticas y Derecho en las universidades de Princeton y Vanderbilt, explica en una entrevista la agenda marxista de Black Lives Matter: *https://www.youtube.com/watch?v=rpLItQnrgec*

«históricos» para Venezuela, porque nunca, en toda su historia, había estado peor… hasta el año siguiente.

En 2015, en medio de las denuncias internacionales por los crímenes de Maduro, Garza participó en el Left Forum, plataforma de promoción internacional del «socialismo del siglo XXI», la narcodictadura venezolana.

Patrisse Cullors, la segunda jefa de BLM, fue la *protegée* de Eric Mann, exdirigente de la organización terrorista Weather Underground[22] y su ideología marxista-leninista impregna toda su visión del mundo, según *Breitbart News*. En 2011 participa también en el Left Forum, como conferenciante, mientras Garza habla sobre la internacionalización del marxismo. En 2015 se describe, junto a sus compañeras, como «marxistas entrenadas»[23]. En la entrevista con Jared Ball, de *The Real News Network*, concreta más:

> Lo primero, creo, es que realmente tenemos un marco ideológico. Alicia Garza y yo en particular somos organizadores capacitadas. Somos marxistas entrenadas. Estamos muy versadas en una teoría ideológica. Y creo que lo que realmente intentamos hacer es construir un movimiento que pudiera ser utilizado por muchos, muchos negros.

Ni que decir tiene que los negros cubanos o venezolanos no pueden usar las herramientas de estas «marxistas entrenadas», salvo que sirvan al régimen discriminador y asesino de La Habana o de Caracas. La raza, o la acusación de racismo, solo sirve para imponer el comunismo, nunca para la emancipación de negros, blancos o mestizos. El odio y el resentimiento son las herramientas manejadas desde antes de Lenin para reclutar militantes y generalizar un malestar previamente diseñado por la organización subversiva. Nada nuevo desde Willi Münzenberg.

---

[22] El FBI calificó a la Weather Underground Organization (WUO) como «grupo terrorista». Además de atracos a bancos y asaltos a comisarías, perpetraron atentados con bombas contra edificios oficiales, incluidos el Capitolio y el Departamento de Estado. En 1970 asesinaron así a un policía en una comisaría de San Francisco.

[23] *https://therealnews.com/pcullors0722blacklives*

Opal Tometi, tercera fundadora de BLM, se distingue de las otras porque las supera en abierto compromiso con las dictaduras comunistas. Técnicamente es directora ejecutiva de Black Alliance for Just Immigration (BAJI), una organización californiana marxista-leninista. En la práctica, es un peón de La Habana y Caracas para desestabilizar internamente los Estados Unidos.

En 2015, Tometi ofreció una charla junto a Nicolás Maduro y Raúl Castro en la Cumbre de Líderes Afrodescendientes celebrada en Harlem, Nueva York. El carácter afrodescendiente de Raúl Castro no está claro. Que sepamos, Galicia, tierra de su padre, no comparte con los países de África Central la condición de cantera de esclavos vendidos secularmente por los musulmanes. De hecho, los Castro mantienen en el Comité Central del Partido Comunista una neta superioridad blanca, salvo que su sucesor Canel sea afrodescendiente blanco, acaso afrikáner, aunque también parece español. Maduro, sindicalista que apenas trabajó y políticamente criado en Cuba, ni siquiera tiene la santería de raíz africana como religión de referencia. Ha preferido unirse a la secta del hindú Sai Baba, venerado como dios en vida, y al que visitó en la India junto a su esposa y guía espiritual Cilia Flores. Baba falleció en 2011 y su culto ha venido a menos, pero desde lo alto debe de alentar las masacres de Maduro. Su otro discípulo famoso, como ya comentamos, fue Idi Amín Dada, genocida ugandés cuya política elogió el gurú.

Tometi viajó también en 2015 a las elecciones de Venezuela como observadora internacional. «Cumpliendo con mi deber como ciudadano global y sirviendo como observador electoral para las elecciones nacionales venezolanas», decía en Twitter. Pero internacional no significa neutral. Su organización difundió un manifiesto de apoyo incondicional al régimen de Caracas, al que la ONU declara culpable de crímenes contra la Humanidad: «Black Lives Matter en solidaridad con el pueblo venezolano», que denigra como «contrarrevolucionarios» a los opositores demócratas en Venezuela. No hay que decir, porque se ve en cualquier reportaje gráfico o televisivo, que entre los opositores torturados y asesinados por Chávez y Maduro hay miles de jóvenes negros y mestizos, pero para BLM esas vidas no cuentan.

La idolatría criminal comunista de las tres líderes de BLM queda patente en el cántico que dedican en 2015 a la asesina Assata Shakur, fugada a Cuba. Patrisse Cullors actúa como solista, ensalzando la figura de su diosa: «Ella es una líder poderosa. Nosotras vestimos la camiseta que dice: Assata me enseñó». Para animar, Cullors explica el cántico:

> Me gustaría pedirles que se pongan en pie y hagan el canto con nosotras. Esta es la forma en la que nosotras cerramos cada evento, cada encuentro, cada acción, cada calle que cortamos, cada centro comercial que hacemos cerrar... siempre escucharán este canto. Lo escucharán en este país y muy pronto en muchos otros países también. Esto nos lo enseñó nuestra admirada Assata Shakur, ella es una de las más buscadas por el FBI, una líder poderosa que nos ha inspirado...[24]

Luego, como unas Supremes afónicas, susurran hasta acabar gritando: «¡Nuestro deber es luchar, lo único que podemos perder son nuestras cadenas!».

Este es un grito peligroso en Cuba. La frase final de *El manifiesto comunista*, que el trío se apropia como si fuera un anuncio de la serie *Raíces*, puede interpretarse por la policía política castrista como llamada a la insurrección de los que pasan hambre o venden su cuerpo a los turistas. De ahí a la cárcel no hay más que un paso. Seguramente grabaron en una de las zonas prohibidas a los cubanos, muchos negros, donde los dólares y los amigos hacen más laxa la vigilancia marxista-leninista. No hay más que ver a Garza, Cullors y, sobre todo, Tometi, para darse cuenta de que no saben lo que es una cartilla de racionamiento, justo castigo para los reaccionarios.

Pero las víctimas mortales y los enormes daños materiales de la ola de violencia desatada por estas «marxistas entrenadas» y respaldadas por las Pelosi de turno prueban hasta qué punto las viejas técnicas comunistas de *agit-prop* entran en las democracias como el cuchillo en la mantequilla. Sobre todo, si cuentan con una quinta

---

[24] *https://www.youtube.com/watch?v=SNayoOysBLY*

columna formada por la mayoría mediática y buena parte de la clase política, que está aprendiendo a odiar a su país desde dentro tanto como movimientos comunistas como BLM lo odian desde fuera. Y aspiran, en nombre de la raza, la clase, el sexo o lo que sea, a destruirlo.

La Ley de protección a la Infancia y la herencia del 68

Es fundamental que la parte de la sociedad que no comparte todos esos delirios comunistas que ni siquiera los socialistas son capaces de frenar en su camino al BOE y su entronización en el Código Penal, se movilice al llegar a las Cortes los proyectos de ley de las mutaciones feministas del comunismo, en especial la *queer*, base teórica de Podemos. Por razones no explicadas, quizás para tapar la imputación de Iglesias, la ministra de Igualdad anunció también en octubre de 2020 que presentaría otra ley del aborto, para que la menor de edad —que ya tiene a su disposición la «píldora del día después»— pueda abortar sin decírselo a los padres. Es la típica invasión de terrenos comunista, en este caso de los Ministerios de Sanidad y Justicia. Una prueba más de esa forma oblicua y ubicua de cambiar la ley de tapadillo y con alevosía, copiada de las leyes «habilitantes» de Venezuela.

Una de estas extralimitaciones típicas del comunismo moderno es la que, tras la Ley de Libertad Sexual, a su vez hija de la Ley de Violencia de Género, se atribuyó Irene Montero para redactar la Ley de Protección de la Infancia. Uno tiende a pensar que los defensores de Juana Rivas y de Infancia Libre —con su jefa condenada por «sustracción de menores»— son un peligro más que una protección para los niños. Pero, aunque fingieran mejor, hay que ver más allá de lo concreto y entender las claves ideológicas que hay detrás, que en este vidrioso asunto es una de las páginas más ocultas y significativas de Mayo del 68, clave decisiva en el trasfondo de la teoría *queer.*

Cabría resumirlo como una ruptura de la barrera legal entre niñez y madurez y se basa en una lectura política sesgada de la sexualidad infantil investigada por Freud como etapa en la maduración sexual y afectiva, pero que se convierte en herramienta para abolir el niño como ser distinto del adulto, y para que ese adulto que dice respetar su libertad lo guíe a su antojo por los meandros de la iniciación sexual. Sin llegar a este punto teórico, la feminista histórica Alicia Miyares, en entrevista con Emilia Landaluce en *El Mundo*, lo denunció por la capacidad concedida a padres y médicos para suministrar hormonas a niños «incómodos con su género».

En España se ha llegado a exhibir en televisión a una niña «trans» de siete años como modelo de la felicidad alcanzada gracias a ese feminismo de género, tan dúctil y sublime. Pero la experiencia psiquiátrica de algo que se conoce desde siempre y que se aborda con el respeto debido desde hace mucho, permite establecer que se trata de un tránsito doloroso, complejo, con vacilaciones y vueltas atrás, que no cabe presentar como un logro feliz y definitivo por la decisión de un niño curiosamente adulto *solo* en materia sexual. Al público en el estudio de televisión, le levantan el cartel y aplaude. Sin embargo, se trata otra vez del sexo entendido según la ideología *queer*: una voluntad que se impone a la biología. ¿También la voluntad de un niño? ¿Con qué criterios de madurez? Estamos ante algo de raíces muy hondas, nacido en Mayo del 68, y cuya onda expansiva, por ejemplo, destrozó a la Iglesia católica.

La pedofilia en los gurús del 68, referentes en la teoría *queer*

Siquiera para animar a los católicos a entrar en ese debate con una mentalidad abierta, crítica y desacomplejada, me referiré a un capítulo casi obligado del adoctrinamiento anticristiano: la pedofilia en la Iglesia. Y hay textos que, a mi juicio, pueden encuadrar bien ese debate. El más antiguo es el llamado *La ley del pudor*, trascripción del debate radiofónico que Foucault, hoy quizás el mayor referente teórico *queer*, mantuvo en 1978 con el activista gay Guy Hocquenghem y Jean Danet en el espacio *Dialogues*, que este último conducía en Radio France Culture.

El objeto del debate era la condena por pedofilia de tres hombres en Francia por abusar sexualmente de niñas de doce y trece años, que estaban —y siguen estando— por debajo de la edad de consentimiento sexual en Francia: los quince años. En España es hoy de dieciséis, y en la UE cambia según países. Pero la condena provocó una reacción de esa izquierda intelectual francesa de la que Judith Butler se proclama heredera, que publicó un manifiesto pidiendo la abolición de esa edad —y casi cualquier otra— de consentimiento sexual.

Lo apoyaban dos de los convocados por France Culture, Foucault y Hocquenghem, sin nadie para replicarles, como siempre con la izquierda mediática, pero la nómina de firmantes haría hoy enloquecer a cualquier universidad norteamericana: Sartre, Beauvoir, Derrida, Barthes, Deleuze, Guattari, Lyotard... Hasta la psicoanalista y pediatra Françoise Dolto. La tortuosa argumentación de Hocquenghem puede resumirse en que no hay nada monstruoso en la pedofilia, sino que la sociedad crea el monstruo pedófilo a partir de sus inclinaciones sexuales, y, creado el monstruo, todo lo que haga es monstruoso y perseguido penalmente por el Sistema.

Pero es una argumentación tramposa. El problema no son sus inclinaciones, sino lo que haga con otras personas que no son realmente libres o lo bastante maduras para entender su significado. No hablo de la homosexualidad, cuya penalización ha sido venturosamente abolida en los países occidentales y solo se mantiene en esos regímenes islamistas, que, por antioccidentales, defiende la *gauche caviar*. La clave está en si el testimonio de un niño, no de un adulto, es suficiente para ese consentimiento. Foucault, también de forma muy retorcida, lo explica así:

> Podría ser que el niño, con su propia sexualidad, puede haber deseado a este adulto, puede hasta haber consentido, puede hasta haber hecho el primer movimiento. Podríamos convenir que el niño ha seducido al adulto. Pero nosotros, los especialistas, con nuestro conocimiento psicológico, podemos saber perfectamente que incluso un niño que seduce corre el riesgo de ser dañado y traumatizado. En consecuencia, el niño debe ser «protegido de sus propios deseos», hasta cuando sus deseos lo inclinan hacia el adulto.

Hasta ahí, parece describir una lógica social indiscutible. Pero el verdadero Foucault, el que hoy encanta al movimiento *queer*, tras esa inclinación burlona ante la sociedad delira sobre el «poder médico» de la «sociedad de peligros», en la que la sexualidad, como el comunismo en el *Manifiesto* de Marx y Engels, es un «fantasma omnipresente», un «peligro errante». Y añade: habrá legisladores que dirán «hay personas para las que la sexualidad de los demás puede ser un peligro latente». ¿Adivina el #MeToo? No: condena la ley por pertenecer a una conspiración permanente contra todo lo que le gusta a Foucault. Más listo que Hocquenghem, no habla de la sexualidad de los pedófilos, que era lo que se debatía tras la condena y ulterior protesta de los intelectuales de izquierda, sino de la sexualidad en general. Cuarenta años después, Foucault no ha acertado en nada, pero es lo suficientemente oscuro para seguir manteniéndolo como referencia.

La realidad era muy distinta en Francia, Alemania y otros países, y una parte de la izquierda, la de Cohn-Bendit y Hans Magnus Enzensberger, se lanzó, como veremos, a crear y a elogiar comunas donde adultos y niños vivían en total promiscuidad sexual. Los terroristas Andreas Baader y Ulrike Meinhof mandaron a sus hijos a estas comunas, y la hija de Meinhof escribió años después amargos reproches contra su madre y los adultos rojos de la época.

Ya en 2020, el más célebre de los pedófilos franceses, Gabriel Matzneff, fue denunciado por una de sus amantes, Vanessa Springora —que estuvo con él de los trece a los quince años, tal vez con conocimiento de su madre—, en su libro *Le consentement*. Aparte del oportunismo típico del #MeToo, y de que la autora confiesa que lo que la marcó no fue la seducción, sino no ser la única de las jovencitas seducidas, lo importante es que permitió recuperar una entrevista en el célebre programa *Apostrophes*, de Bernard Pivot, donde, en otra emisión, Felipe González recitó muy bien a Antonio Machado. En el suyo, Matzneff presume de que se le dan mejor las menores de quince que las menores de veinticinco, y todos ríen la frase, que, por supuesto, sabían que respondía a la verdad.

Pivot dice que era «el espíritu de la época», y es cierto. Pero también lo era el machismo del Che Guevara, idolatrado por Pablo Iglesias, y ante sus botas se arrodillaban, más que sentaban, Sartre y Beauvoir. Guevara creaba entonces el Auschwitz para homosexuales, la UMAP, en cuya entrada un cartel decía, parodiando a Hitler: «El trabajo os hará hombres». Como era comunista, se ocultaba para, según Sartre, «no desesperar a Billancourt». O sea, que las atrocidades del comunismo había que taparlas y calumniar a los que las denunciaban, para mantener la esperanza del proletariado francés. ¿En qué? *¿Les lendemains qui chantent?* El mañana era el canto lúgubre de la sirena del campo de concentración, también para homosexuales. Y sin embargo, Beauvoir —que decía que «no se nace mujer, llega una a serlo» y en sus cartas confiesa que sufría horrores haciendo para Sartre los servicios sexuales más indignos («la mujer, confesaba, no siente la experiencia del sexo igual que el hombre»)— defendía en 1977 a los pederastas condenados.

El fenómeno de fondo era la vuelta, por la pederastia, a la pedofilia. La excusa era Freud, pero se iba en la dirección contraria: el niño era el «buen salvaje» rousseauniano al que había que iniciar sexualmente. Todo lo ganado en respeto a las mujeres y a sus hijos en la Revolución Industrial desaparecía en favor de un culto a la naturaleza típicamente universitario. También coincidente, por anticristiano, con el paganismo nazi.

Lo que pasaba entonces en Francia tenía una repercusión inmediata en todo el mundo. Por supuesto, también en España. Recuerdo que el libro *Ça-ire*, de Hocquenghem, netamente pedófilo, provocó un terremoto teórico en el primer movimiento gay español, el de Barcelona, que viví con Alberto Cardín y otros grandes personajes gays de la época, víctimas del sida pocos años después, y que evoco en *Barcelona, años 70*. El libro que, en esa línea de abolición de barreras de edad para el sexo, se tradujo en España no fue el de Hocquenghem, que yo sepa, sino el más banal de Tony Duvert, *El buen sexo ilustrado*[25].

La época, sí: detrás de *Lolita*, *La pequeña* de Louis Malle o Alice Liddell y las nínfulas de Lewis Carroll, las fotos de la niña Eva

---

[25] Tony Duvert: *El buen sexo ilustrado*. Colección «Ucronía», Iniciativas Editoriales, Barcelona, 1978.

Ionesco vestida de *cocotte*, fotografiada por su madre Irina. Eva escribió *L'innocence* e hizo una amarga película sobre aquello. Sonaba *Je t'aime, moi non plus*, de lo peor de Serge Gainsbourg, que ya había escrito *Les sucettes* para France Gall, y *Lemmon incest* para su hija Charlotte. No había límites.

Visto desde hoy, ¿hay mucha diferencia entre Pierre Louÿs, Pauline Réage o Nabokov y las *Cincuenta sombras de Grey* y el sado-maso del *adult romance* en Kindle? Calidad aparte, no. Literatura, teatro, pintura y cine repiten hace milenios la misma imaginería sexual, de la pompeyana «Sala della frusta» a Sade. Pero el sexo con menores siempre se ha condenado. Grecia permitía la pederastia, no la pedofilia. Mayo del 68 quiso abolir esa última barrera.

Son docenas las películas sobre la pedofilia y el abuso de menores por curas y monjas católicos, casi nunca protestantes y nunca judíos. ¿Es creíble que en la misma época confesiones parecidas procedieran de forma tan distinta? Lo de que los protestantes se casan y evitan la tentación es una idiotez. La pedofilia es una cosa y la atracción sexual por adultos otra bien distinta. La mayoría de los violadores en serie son casados y guapos. Pero en materia de sexo, las opiniones suelen basarse más en fantasías sexuales arcaicas y asociadas a determinados grupos o credos que a la realidad. Y la realidad —según el casi oculto ensayo de Ratzinger de 2019, resumen de otros trabajos anteriores— es que la Iglesia católica, desnortada tras el Concilio Vaticano II, hizo suyas las ideas del 68 sobre la permisividad del sexo con menores.

En 2017, Giulio Meotti publicó en el diario italiano *Il Foglio* «El 68 de los pedófilos» tras un trabajo de seis años. Cuando en 2019 Ratzinger publicó su texto sobre el asunto desde el punto de vista teológico, Meotti, confortado, envió una nota a ACI para republicar el texto en el que decía:

> En el año 2013 decidí escribir este largo ensayo sobre la década de los sesenta y la pedofilia, luego de que la Iglesia católica sufriera un gran ataque por parte de las mismas élites culturales que promovieron el sexo con niños.

> Me pareció intolerable la hipocresía de estos intelectuales que en 1968 pontificaron sobre la liberación sexual también para los niños y adolescentes. Comencé a investigar y a reconstruir la atmósfera ideológica de aquellos años en Francia y Alemania; y descubrí que muchos pensadores y escritores, así como importantes diarios de izquierda, justificaron la pedofilia como una herramienta para destruir y desmantelar la familia natural.
>
> Ahora, el papa Benedicto XVI en un nuevo ensayo se refiere a esos años como lo que son: las raíces culturales de los escándalos sexuales también dentro de la Iglesia católica. Las fuertes respuestas de estas élites ante este poderoso ensayo prueban que Benedicto tiene razón.

Es muy probable que el trabajo de Meotti haya servido de base al texto de Ratzinger, porque pocos han investigado tan a fondo. El marco está claro: su origen son las ideas de revolución sexual del Mayo francés; su cénit sería el manifiesto de 1977 de los intelectuales de izquierda en favor de los pedófilos condenados y pidiendo rebajar a doce años o abolir la «edad del consentimiento»; y su canon, el ya citado *La ley del pudor*, de Foucault y Hocquenghem. Pero fue en Alemania donde en verdad cuajó. Y ahí se centra Meotti, ayudado por investigaciones no académicas, sino periodísticas, sobre todo la de *Der Spiegel*, de la que extrajo estos datos:

> En julio de 1981, la revista gay *Rosa Flieder* entrevistó a Olaf Stüben, que destacaba por su declarado apoyo a la pedofilia. En la entrevista, Stüben reivindicaba abiertamente el derecho a reconocer la pedofilia como «algo sano y moralmente aceptable». Siendo políticamente de izquierda, afirmaba que la inocencia adolescente que debía defender a los muchachos ante el sexo era solo «una invención de los burgueses del primer capitalismo».

El minucioso rastreo de Meotti incluye ensayos, artículos, libros, líneas editoriales de periódicos, partidos políticos y asociaciones. Justificaban el sexo con menores desde Los Verdes (marzo de 1985) pidiendo la legalización de «sexo no violento», hasta el diario de Dani el Rojo, *Pflasterstrand*. Un representante de la ciudad de Colonia, Volker Beck, publicó en 1988 un ensayo dentro del libro *El complejo pedosexual* reclamando la despenalización, como también hizo la candidata liberal en Wiesbaden Dagmar Döring a través del ensayo titulado *Pedofilia hoy*.

Apunta también Meotti el programa educativo del instituto Rote Freiheit (Libertad Roja) en el que «había sesiones sexuales con desnudos en grupo y lectura de revistas porno» y donde acabaron denunciándose abusos. Otro caso es el de la revista *Zitty*, que en diciembre de 1979 publicó un artículo titulado «Amor con los niños. ¿Se puede?». O el *best seller* de 1971 *La revolución de la educación* que decía que «la deserotización de la vida de familia, desde la prohibición de la vida sexual entre niños y el tabú del incesto, se relaciona con la actitud hostil hacia el placer sexual en las escuelas y a la sucesiva sumisión y deshumanización de la vida laboral».

Lo «común», como socialista, también se trasladó a ese campo, explica Meotti al relatar una experiencia que se llevó a cabo a finales de los sesenta y que se publicó en la revista *Kursbuch*, sobre

> … la comuna socialista de Giesebrechtstrasse en Berlín, a la que fueron a vivir tres mujeres, cuatro hombres y dos niños. Además de tener el dinero en cuentas comunes y de no tener puertas en los baños para favorecer la «comunión», la casa preveía experiencias sexuales con los menores. Una foto de la revista de Enzensberger, bajo el título «Amor en el cuarto de los niños», muestra a Nessim y a la niña Grischa desnudos sobre una cama.

Andreas Baader, líder de la banda terrorista Fracción del Ejército Rojo, llevó a su hija a una de esas comunas. Cuenta Meotti que en la novela *Das bleiche Herz der Revolution*, «Sophie Dannenberg, que de niña fue enviada a uno de estos institutos no autoritarios, relata las experiencias pedófilas en estos centros».

Incluso la Odenwald de Heppenheim, una institución educativa dependiente de la Unesco, fue denunciada por abusos. Según Meotti, «tuvo entre sus alumnos al mismo Daniel Cohn-Bendit, entre 1958 y 1965; a uno de los hijos del expresidente de la República Federal Alemana, Richard von Weizsäcker, Andreas; al hijo de Thomas Mann, Klaus; y a Wolfgang Porsche, de la familia creadora de la famosa marca automovilística». Paul Geheeb, fundador del instituto, decía, como recoge Meotti: «Prefiero no usar las palabras *educación* y *educar,* prefiero hablar de desarrollo humano». Pero no solo había pedagogía radical, actualizada hoy por el movimiento *queer.* Según una de las últimas directoras, Margarita Kaufmann, «al menos desde 1971» se produjeron «abusos que superan nuestra capacidad de imaginación». Cohn-Bendit no los recuerda. Como buen rojo, solo recuerda lo que le conviene.

El caso más redondo de perversión sexual e ideología comunista es el de Klaus Rainer Röhl, director de *Konkret*, famosa revista de izquierdas, y su pareja Ulrike Meinhof, la terrorista de la Fracción del Ejército Rojo, binomio de Andreas Baader. El director publicaba fotos de niñas desnudas invitando al sexo. Ella mataba. Años después, su hija, Anja Röhl, escribió: «uno de los hombres más ilustres que abiertamente defendió la pedofilia fue Klaus Rainer Röhl, mi padre». No debe de ser fácil confesarlo y más difícil aún vivirlo. Pero no conozco una sola película sobre esta historia real de la izquierda fáustica. La propaganda comunista pretende convencernos de que solo los curas católicos fueron pedófilos.

La parte francesa del texto de Meotti es más conocida y ya hemos mencionado lo sustancial. Si acaso, llama la atención la sinuosidad de Foucault en otra entrevista con Jean-Pierre Faye, parecida a la citada con Hocquenghem. Faye, que rompió con el grupo de Sollers (también firmante de la carta, como Jack Lang) en aquel *Tel Quel* que tanto nos influyó, lleva el debate al terreno realista de los abusos sexuales y los efectos traumáticos en los niños. Pero Foucault se repliega a la seducción, para concluir que si un niño consiente, no debe haber castigo. En 1979, *Libération* defendía al pedófilo condenado Jacques Dugué «por su franqueza en mérito a la sodomía». La franqueza de los terroristas de *Charlie Hebdo* ha llevado a aquella izquierda a abjurar de ciertas sinceridades, tantas veces criminales. Pero la izquierda escaparatista de hoy está recogiendo lo peor de entonces.

La opinión de Ratzinger

El texto de Ratzinger, escrito a petición o a pesar del papa Francisco, describe con sinceridad el modo en que las ideas de revolución sexual del 68, incluyendo la pedofilia, tomaron la Iglesia desde dentro, hasta el punto de que, cuando Juan Pablo II le pidió a Ratzinger un estudio al respecto, y trascendió su voluntad de poner coto a las nuevas costumbres, los libros de Ratzinger —el teólogo católico oficial más importante— fueron prohibidos en los seminarios y los seminaristas solo los podían leer a escondidas.

No es un secreto que Benedicto XVI abdicó por falta de fuerza para resistir un frente de corrupción —la secretaria de Estado y el cardenal norteamericano que más aportaba a la Iglesia— detrás del cual estaba la «mafia escarlata». Por estar fuera de la actualidad y profundizar en los orígenes del fenómeno, los textos cobran un valor especial. Seguiré la versión en español de ACI, aunque en todo lo referente a los abusos tiene un gran archivo *Infocatólica.*

El texto, en tres partes y originalmente en alemán, es muy amplio. Destaco solo lo que al menos los creyentes deberían considerar antes de participar, como es su obligación, en el debate de la Ley de Protección de la Infancia.

> Entre las libertades por las que la Revolución de 1968 peleó estaba una libertad sexual total, que ya no tuviera normas. La voluntad de usar la violencia, que caracterizó esos años, está fuertemente relacionada con este colapso mental. De hecho, las cintas sexuales ya no se permitían en los aviones porque podían generar violencia en la pequeña comunidad de pasajeros. Y dado que los excesos en la vestimenta también provocaban agresiones, los directores de los colegios hicieron varios intentos para introducir una vestimenta escolar que facilitara un clima para el aprendizaje.
>
> Parte de la fisionomía de la Revolución del 68 fue que la pedofilia también se diagnosticó como permitida y apropiada.
>
> Para los jóvenes en la Iglesia, pero no solo para ellos, esto fue, de muchas maneras un tiempo muy difícil. Siempre me he preguntado cómo los jóvenes en esta situación se podían acercar al sacerdocio y aceptarlo con todas sus ramificaciones. El extenso colapso

de las siguientes generaciones de sacerdotes en aquellos años y el gran número de laicizaciones fueron una consecuencia de todos estos desarrollos.

Este es el meollo del relativismo, que alcanzó incluso a la Teología:

> Hasta el Concilio Vaticano II, la teología moral católica estaba ampliamente fundada en la ley natural, mientras que las Sagradas Escrituras se citaban solamente para tener contexto o justificación. En la lucha del Concilio por un nuevo entendimiento de la Revelación, la opción por la ley natural fue ampliamente abandonada, y se exigió una teología moral basada enteramente en la Biblia. (...)
>
> Al final, prevaleció principalmente la hipótesis de que la moralidad debía ser exclusivamente determinada por los propósitos de la acción humana. Si bien la antigua frase «el fin justifica los medios» no fue confirmada en esta forma cruda, su modo de pensar *sí* se había convertido en definitivo. (...)
>
> La crisis de la justificación y la presentación de la moralidad católica llegaron a proporciones dramáticas al final de la década de 1980 y en la de 1990. El 5 de enero de 1989 se publicó la «Declaración de Colonia», firmada por quince profesores católicos de teología. Se centró en varios puntos de la crisis en la relación entre el magisterio episcopal y la tarea de la teología. [La reacción a] este texto, que al principio no fue más allá del nivel usual de protestas, creció muy rápidamente y se convirtió en un grito contra el magisterio de la Iglesia y reunió, clara y visiblemente, el potencial de protesta global contra los esperados textos doctrinales de Juan Pablo II.
>
> El papa Juan Pablo II, que conocía muy bien y que seguía de cerca la situación en la que estaba la teología moral, comisionó el trabajo de una encíclica para poner las cosas en claro nuevamente. Se publicó con el título de *Veritatis splendor* el 6 de agosto de 1993 y generó diversas reacciones vehementes por parte de los teólogos morales. Antes de eso, el Catecismo de la Iglesia Católica (1992) ya había presentado persuasivamente y de modo sistemático la moralidad como es proclamada por la Iglesia.
>
> Nunca olvidaré cómo el entonces líder teólogo moral de lengua alemana, Franz Böckle, habiendo regresado a su natal Suiza

tras su retiro, anunció con respecto a la *Veritatis splendor* que si la encíclica determinaba que había acciones que siempre y en todas circunstancias podían clasificarse como malas, entonces él la rebatiría con todos los recursos a su disposición.

Fue Dios, el Misericordioso, quien evitó que pusiera en práctica su resolución ya que Böckle murió el 8 de julio de 1991. La encíclica fue publicada el 6 de agosto de 1993 y efectivamente incluía la determinación de que había acciones que nunca pueden ser buenas.

Reconozco que siempre me sorprende que un buen cura vea en la muerte de otro, rival suyo, un acto de misericordia divina, con el vivo y con el muerto. Pero, dejando para los creyentes la parte última, de orden doctrinal, vale la pena citar estos párrafos de orden histórico e ideológico:

El proceso largamente preparado y en marcha para la disolución del concepto cristiano de moralidad estuvo marcado, como he tratado de demostrar, por la radicalidad sin precedentes de la década de 1960. Esta disolución de la autoridad moral de la enseñanza de la Iglesia necesariamente debió tener un efecto en los distintos miembros de la Iglesia. (...)

En varios seminarios se establecieron grupos homosexuales que actuaban más o menos abiertamente, con lo que cambiaron significativamente el clima que se vivía en ellos. (...) La Santa Sede sabía de esos problemas sin estar informada detalladamente. Como primer paso, se acordó una visita apostólica para los seminarios en los Estados Unidos.

Como el criterio para la selección y designación de obispos también había cambiado luego del Concilio Vaticano II, la relación de los obispos con sus seminarios también era muy diferente. Por encima de todo se estableció la «conciliaridad» como un criterio para el nombramiento de nuevos obispos, que podía entenderse de varias maneras. (...)

Un obispo, que había sido antes rector de un seminario, había hecho que los seminaristas vieran películas pornográficas con la intención de que estas los hicieran resistentes ante las conductas contrarias a la fe.

Hubo —y no solo en los Estados Unidos de América— obispos que individualmente rechazaron la tradición católica por completo y buscaron una nueva y moderna «catolicidad» en sus diócesis. Tal vez valga la pena mencionar que en no pocos seminarios, a los estudiantes que veían leyendo mis libros se les consideraba no aptos para el sacerdocio. Mis libros fueron escondidos, como si fueran mala literatura, y se leyeron solo bajo el escritorio. (...)

El asunto de la pedofilia, según recuerdo, no se agudizó hasta la segunda mitad de la década de 1980. Mientras tanto, ya se había convertido en un asunto público en los Estados Unidos, tanto es así que los obispos fueron a Roma a buscar ayuda ya que la ley canónica, como se escribió en el nuevo Código (1983), no parecía suficiente para tomar las medidas necesarias. Al principio Roma y los canonistas romanos tuvieron dificultades con estas preocupaciones ya que, en su opinión, la suspensión temporal del ministerio sacerdotal tenía que ser suficiente para generar purificación y clarificación. Esto no podía ser aceptado por los obispos estadounidenses, porque de ese modo los sacerdotes permanecían al servicio del obispo y así eran asociados directamente con él. Lentamente fue tomando forma una renovación y profundización de la ley penal del nuevo Código, que había sido construida adrede de manera holgada.

Concedamos a los católicos cuya fe sobrevive incluso a Francisco, y que pueden encontrar en la Escuela de Salamanca una vía para participar de la vida política nacional desde la experiencia de la Razón y la Fe, el breve consuelo de comprobar que aún queda un Papa vivo que habla de Dios:

(...) Un mundo sin Dios solo puede ser un mundo sin significado. De otro modo, ¿de dónde vendría todo? En cualquier caso, no tiene propósito espiritual. De algún modo está simplemente allí y no tiene objetivo ni sentido. Entonces no hay estándares del bien ni del mal, y solo lo que es más fuerte que otra cosa puede afirmarse a sí mismo y el poder se convierte en el único principio. La verdad no cuenta, en realidad no existe. Solo si las cosas tienen una razón espiritual, tienen una intención y son concebidas. Solo si hay un Dios Creador que es bueno y que quiere el bien, la vida del hombre puede entonces tener sentido. (...)

> Ese es el caso con la pedofilia. Se teorizó solo hace un tiempo como algo legítimo, pero se ha difundido más y más. Y ahora nos damos cuenta con sorpresa de que las cosas que les están pasando a nuestros niños y jóvenes amenazan con destruirlos. El hecho de que esto también pueda extenderse en la Iglesia y entre los sacerdotes es algo que nos debe molestar de modo particular.
>
> ¿Por qué la pedofilia llegó a tales proporciones? Al final de cuentas, la razón es la ausencia de Dios. Nosotros, cristianos y sacerdotes, también preferimos no hablar de Dios porque este discurso no parece ser práctico (...). Dios es visto como la preocupación partidaria de un pequeño grupo y ya no puede ser un principio guía para la comunidad como un todo. Esta decisión se refleja en la situación de Occidente, donde Dios se ha convertido en un asunto privado de una minoría.
>
> Una tarea primordial, que tiene que resultar de las convulsiones morales de nuestro tiempo, es que nuevamente comencemos a vivir por Dios y bajo Él. Por encima de todo, nosotros tenemos que aprender una vez más a reconocer a Dios como la base de nuestra vida en vez de dejarlo a un lado como si fuera una frase no efectiva. Nunca olvidaré la advertencia del gran teólogo Hans Urs von Balthasar, que una vez me escribió en una de sus postales: «¡No presuponga al Dios trino: Padre, Hijo y Espíritu Santo, preséntelo!».

Al leer este texto prepóstumo de Ratzinger, uno de los grandes europeos civilizados, he recordado que en los años ochenta, cuando la Teología de la Liberación se convirtió en el arma más eficaz de propagación del comunismo en América —hoy lo son el feminismo y el racismo—, leí a los teólogos más queridos por el papa Wojtyla: Ratzinger y Von Balthasar, que la revista de Comunión y Liberación *30 Giorni* entrevistaba a menudo. Por ella supe que Von Balthasar dejó los hábitos y se casó con una monja. Pero me ha gustado que, ya más fuera que dentro del mundo y ante un grupo humano, el de la cúpula eclesial, al cabo de esa situación, Ratzinger haya querido recordar en esos términos de admiración y afecto a un hombre que, ante todo, jamás se dejó llevar por el relativismo. Y, a partir de ahí, pensó.

Epílogo sobre la marcha

El 9 de octubre de 2020, cuando doy a la imprenta estas páginas, todo lo que aquí se denuncia se ha cumplido con creces. Nunca en tan pocos días se ha degradado tanto un régimen constitucional ni ha avanzado tan deprisa un proyecto totalitario de cambio de sociedad. Lo que a Chávez le costó nueve años, Sánchez e Iglesias lo han hecho en nueve meses. España va camino de convertirse en una dictadura colectivista solo camuflada para mantener el acceso a los fondos de la UE, que no impedirán nuestra ruina, ni nuestra disolución como Estado en una timba de repúblicas balcánicas.

El orden legal, que, como muestro siguiendo la trágica experiencia venezolana, es la clave de la conversión de una democracia del siglo XXI en dictadura, está siendo derribado a la vista de todos. El Rey —humillado por Sánchez para satisfacer a sus socios separatistas y demostrar que, con él, España ya no es una monarquía parlamentaria— fue vetado para la entrega de despachos a los nuevos jueces, que administran justicia «en nombre del Rey»; y una semana después fue llevado a Barcelona, bajo custodia del propio Sánchez, porque, según el ministro de Justicia, «ya no corre peligro la convivencia». Será la connivencia del Gobierno con los enemigos de la nación y del Estado, que nunca le perdonarán a Felipe VI parar el golpe con su discurso del 3 de octubre, que reprodujimos íntegro. También lo hice con las leyes de reconciliación nacional en la Transición, porque el mayor empeño de esta tiranía semianalfabeta es convencernos de que España no es lo que es, y de que aquí no pasó lo que pasó. Pero pasó.

El Gobierno, con un pie en el cuello de la monarquía y apoyado en una mayoría liberticida y antiespañola (Podemos, Bildu, ERC, PNV, BNG, Compromís y, naturalmente, el PSOE, de Sánchez y solo de Sánchez), también anunció un cambio en el modo de elección del Consejo General del Poder Judicial, una parte del cual no lo elegiría la mayoría de tres quintos que marca la Constitución sino la mayoría que Sánchez junta con los herederos de la ETA y de Chávez, de Sabino Arana y de Dencàs. Las protestas de la Unión Europea difícilmente alterarán un proyecto que siempre favorece a Podemos.

Por ejemplo, al impedir una comisión de investigación parlamentaria y que la Fiscalía llamada Anticorrupción sea el guardaespaldas de Iglesias en los presuntos delitos de financiación ilegal del partido y otros conexos que se acumulan en los juzgados: blanqueo de dinero, denuncia falsa, delito electoral o desvío de fondos a Neurona. Sí, esa asesoría ligada a Monedero y con sede social en la Guadalajara de México, a la que presuntamente giró casi medio millón de dólares la misma Caja de Ingenieros que guarda los fondos del partido y financió el casoplón de Iglesias y Montero.

Pero, como mostramos en este libro, Podemos, desde el momento de su concepción chavista como CEPS, es una empresa totalitaria que, a fuer de comunista, se ríe de la legalidad en su financiación. Iglesias puede decir, y será verdad, que sigue la estela de Lenin. En *Memoria del comunismo* lo demuestro con toda clase de datos. ¿Por qué habría de ser mejor Pablenin? Pero insisto en la tesis de este libro: lo de menos es si cobraron o no de la narcodictadura y cómo. Lo esencial es lo que hacían para que les pagaran.

Sin embargo, un escandaloso e innecesario atropello a la justicia, la presunta denuncia falsa del caso Dina que ya comentamos llevó al juez García Castellón a pedir la imputación de Iglesias al Supremo, poniendo a prueba su propia doctrina de 2016: «Apertura de juicio oral, dimisión: así de claro». Tan claro como que el juez entendió que hay que imputarlo por tres delitos, y al estar aforado, remitió el caso al Tribunal Supremo. Dicho de otro modo: está imputado moralmente por un juez, y además legalmente emplazado para serlo por el Supremo. Debería dimitir. Antes se rapará al cero.

Los argumentos del juez contra el Macho Iglesias

El juez García Castellón, en su exposición de motivos, deja un campo de minas contra Iglesias. El primero, quizás, la acusación de revelación de secretos, con agravante de género —ámbito de actuación de Irene Montero—, daños informáticos y, lo peor: acusación o denuncia falsa y/o simulación de delito. Estos serían los «hechos probados»:

1/ Iglesias recibió en enero de 2016 la tarjeta de memoria perteneciente a su asesora, Dina Bousselham, y la guardó en su poder «sin decírselo a su propietaria», aunque sabía que había desaparecido en 2015. En esa tarjeta había capturas de pantalla «de conversaciones de grupos de mensajería en los que aparecía el aforado», algo de lo que Iglesias tuvo «conocimiento». No entra en fotos íntimas, y podría.

2/ Iglesias devolvió la tarjeta «inoperativa» en 2017 y esas capturas de pantalla aparecieron en *Okdiario* en 2016. Entonces, «con la única finalidad de desprestigiar al medio», los servicios jurídicos del partido, a instancias de Iglesias, ampliaron la denuncia inicial «tratando de simular, falsariamente, una conexión entre las imágenes publicadas en el digital y la desaparición del teléfono».

3/ Iglesias vio «una oportunidad para lograr un rédito electoral, aparentando ser víctima de una actuación del señor Villarejo, y ordena a María Gloria Elizo Serrano a través de la letrada Marta Flor Núñez García, para repetir, de nuevo y a sabiendas de su falsedad, la denuncia en la que se simule la conexión material y temporal» de robo y publicación. «Consciente y planificada actuación falsaria desplegada por el señor Iglesias con su personación, fingiendo ante la opinión pública y ante su electorado haber sido víctima de un hecho que sabía inexistente pocas semanas antes de unas elecciones generales». «Presentan la desaparición del teléfono de Dina (...) como un encargo realizado por el Gobierno del Partido Popular al excomisario señor Villarejo para publicar información procedente del mismo en el digital *Okdiario* en el contexto de una campaña para perjudicar a Pablo Iglesias y por ende a Podemos».

4 / Dice García Castellón: «Este magistrado no pone en duda que la publicación de las imágenes pudiera resultar una intromisión ilegítima en el derecho fundamental a la intimidad de la señora Bousselham (...). La simulación y el uso torticero del proceso penal se refiere no al hecho de haber acudido a los tribunales, sino al haber procedido por la vía penal, con un claro objetivo de perjudicar a *Okdiario*».

5/ Y cuadra así el toro ante el Supremo: «El señor Iglesias sabía de antemano que ni había hurto, ni conexión entre la sustracción y la publicación, ni delito de descubrimiento y revelación de secretos, pues había visto el contenido de la tarjeta y la tenía en su poder, por eso, probablemente, meses después se la devolvió a su propietaria inservible, porque sabía que ella era el origen de la publicación».

Rara vez tiene uno la oportunidad de tratar de explicar un caso en un capítulo de un libro y verlo confirmado por el juez antes de publicarlo. Por la velocidad de las cosas en España, es lo que me ha pasado con el llamado «caso Dina», definitivamente convertido en «caso Iglesias». La oposición, sin embargo, no aprovechó el momento. Ni Casado ni Abascal convocaron una rueda de prensa para pedir la destitución del vicepresidente y la comparecencia en Cortes de la ministra de Igualdad, que, aunque por táctica no lo diga el juez, describimos cómo, en el capítulo sobre el caso, según el abogado Calvente, participó activamente en la urdimbre presuntamente delictiva. La derecha finge que la vida privada de los políticos no debe interferir en la valoración de su gestión, y para que no le hagan lo que siempre le hacen, nunca hace lo que debería hacer. ¿Desde cuándo un delito no lo es porque aparezcan faldas o pantalones de por medio? La mojigatería de la derecha es estúpida y suicida. Así le va y así nos va.

Ataques a la enseñanza y la propiedad

También en la aciaga primera semana de octubre de 2020 el ataque contra la propiedad privada, inseparable del derecho y la libertad, se ha generalizado, sea de forma abierta o insidiosa. Abierta fue la defensa que hizo Iglesias en las Cortes de los okupas, cantera podemita a lo Patio Maravillas, y sobre todo, ariete ideológico contra los propietarios de pisos, al distinguir entre particulares y bancos, para que el robo a los bancos legitime el robo a los particulares. Al día siguiente, Iglesias denunció que habían intentado okuparle una segunda vivienda en Ávila, y tiene veinte policías custodiando la mansión de Galapagar. De Lenin a Putin, Kim, Xi, Castro o Maduro, los nuevos ricos comunistas son así. ¿Por qué no Él?

Pero el ataque más insidioso fue el anuncio de la subida del IVA al 21 por ciento en la sanidad y la educación privadas. ¿Para qué nacionalizarlos, y acaso indemnizarlos, si con la crisis económica y la subida de costes las familias deberán prescindir de ese derecho protegido por la Constitución? La destrucción de toda noción de enseñanza la remató la ministra Celaá dictando que se aprobara a todos en el curso 2019-2020, que pasaran juntos los aprobados y los suspensos, y, de hecho, se suprimieran las calificaciones. Más inclusivo, imposible. Pero, sin notas, ¿para qué libros y profesores? Para que el viejo pedagogismo del 68, que odia el esfuerzo y la memoria, alcance su objetivo primordial: todos seremos iguales si no sabemos nada. El Parlamento lo aprobó.

El panorama económico tomó un aspecto aún más sombrío con los datos del 6 de octubre suministrados por la ministra de Economía a modo de avance o guía de los Presupuestos Generales, que tras dejar que expirase el plazo legal de tres meses antes de fin de año para su presentación, de hecho asumía los eternos de Cristóbal Montoro hasta enero de 2021. Si alguien cree que por ser del PP los Presupuestos siempre serán mejores, se equivoca por completo. Estaban pensados para una época de expansión, con más trabajo y más ingresos fiscales. Los Presupuestos tras la pandemia, con el hundimiento de la economía, 700.000 parados aparcados en los ERTE, y la catástrofe recaudatoria, debían ir en la dirección contraria.

Pero, como siempre, la ideología primó sobre el interés general. El Gobierno anunció la subida del techo de gasto un 53,7 por ciento, 196.097 millones, previendo un déficit del 11,3 por ciento. Todos los estudios, hasta los del Banco de España, preveían casi dos puntos más. Y aunque Calviño acompañó a su rival en la rueda de prensa, para tranquilizar algo a alguien, era tarea imposible ante unos números de gasto que no tenían previsiones de ingresos. Ante horizonte tan desastroso y tal incapacidad de afrontarlo, era de esperar que los comunistas exhalaran gritos de satisfacción anticapitalista. Y así fue: Pablo Iglesias, Echenique y Garzón celebraron el fin del «austericidio», recordando, involuntariamente, el modo en que Varoufakis cavó su fosa.

Echenique tuiteó:

> Hoy es posiblemente el día más importante en términos económicos de nuestra época. Hoy muere la austeridad en España. Hoy es definitivamente derrotado el núcleo neoliberal de la ideología de partidos como el PP, Vox o Cs. Hoy se anuncia una subida histórica del techo de gasto.

Iglesias quiquiriqueaba:

> Hemos aprobado en el #CMin una subida sin precedentes del techo de gasto; un paso clave hacia unos Presupuestos expansivos en los que la inversión pública apoye la recuperación económica, blinde derechos sociales y contribuya a la transformación de nuestro sistema productivo.

Y Alberto Garzón, el ministro de Consumo que debutó declarando que el Turismo era un sector «de bajo valor añadido y gran precariedad laboral» —era antes del COVID-19 el más competitivo del mundo, el 14% del PIB nacional—, lo coreó: volar el techo de gasto que impuso Zapatero al estallar la crisis permitirá «proteger a las familias trabajadoras y modernizar y diversificar la economía».

Lo malo de los comunistas no es que digan que el despilfarro de dinero público o la inflación mejorarán la vida de los pobres, sino que insistan sádicamente en matarlos de hambre. En *Memoria del comunismo* recuerdo cuando Bujarin, primer comisario económico del pueblo con Lenin, celebraba que la inflación soviética ya era mucho mayor que la de los asignados en la Revolución francesa. Como también recordé, uno de los padres de la Escuela de Salamanca decía que «bastardear el valor de la moneda» es «robar en sus bolsillos a los pobres». Y en los seis años de Maduro, de 2013 a 2019, la inflación acumulada en Venezuela resulta imposible de calcular con fiabilidad, pero las dimensiones llegaban al 10.000.000 por ciento solo desde 2018 según la CNBC, que cita al FMI. El billete de 100.000 bolívares daba para «las tres comidas» que, según Errejón, garantizaba el chavismo. Un día al mes, claro. Para los demás están las famosas bolsas de comida que, en el mercado negro, crean los trillonarios de la Revolución. Arruinar a la gente para dominarla por el hambre: todo está en Lenin. La derecha tonta cree que al Gobierno no le conviene que cunda la pobreza. A la socialdemocracia del siglo XX, no. Al comunismo del siglo XXI, sí.

Sobre la marcha

En fin, termino este epílogo sobre la marcha leyendo que Sánchez, infatuado como la mula de Chávez, impone a la Comunidad de Madrid el estado de alarma, porque no ha cumplido los términos de la amenaza: reimponer las medidas que el Tribunal Superior de Justicia de Madrid consideró, como pedía la Comunidad, contrarias a los derechos fundamentales de los ciudadanos. Nunca se ha visto tan clara la necesidad de luchar contra esta tiranía atronadora que cuenta con la medrosidad de un pueblo desnortado, confinado en sus casas y sus miedos, para imponer su velocidad liberticida. Hagámosle descarrilar. Al fin y al cabo, en España, no sería la primera vez.

La Libertad y la Nación no son nunca algo seguro, tranquilo e inmutable. Siempre hay que defenderlas sobre la marcha.

Agradecimientos

Este libro, como *Memoria del comunismo,* ha sido posible gracias al hercúleo trabajo editor de Javier Somalo, así como a la colaboración de otros colegas y amigos de *Libertad Digital* y *El Mundo:* Nuria Richart, Domingo Soriano, Miguel Ángel Pérez, Raúl Vilas, Maite Rico, Emilia Landaluce y Elena Berberana. Ni que decir tiene que todos los errores son míos, pero sin su generosidad no habría llegado a cometerlos.

Gracias también a Ana Rosa Semprún, a mi alumna Ana Lafuente y a Sara Torrico, que creyeron en el proyecto y activaron al abogado de Planeta para evitar querellas, demandas y secuestros. Por si es el último contra el comunismo que se permite editar en España, que al menos pueda leerse entero.

BIBLIOGRAFÍA

ADSUARA, Alberto: *Zizek, qué fácil lo tienes. Panfleto contra el intelectual del hoy*. Sequitur, Madrid, 2020.

ALBIAC, Gabriel: *Mayo del 68,* Confluencias, Aguadulce, 2018.

ALTHUSSER, Louis: *Freud y Lacan*. Anagrama, Barcelona, 1970.

ÁLVAREZ DEL VAYO, Julio: *La senda roja*. Espasa Calpe, Madrid, 1928.

AZAÑA, Manuel: *La velada en Benicarló*. Castalia, Madrid, 2005. 1.ª ed., agosto de 1939.

—: *Manuel Azaña. Antología. 1. Ensayos* (Federico Jiménez Losantos, comp., prol. y notas). Alianza Editorial, Madrid, 1982.

—: *Manuel Azaña. Antología. 2. Discursos* (Federico Jiménez Losantos, comp., prol. y notas). Alianza Editorial, Madrid, 1983.

BADIOU, Alain; ŽIŽEK, Slavoj; *et al.*: *Démocratie, dans quel état?* La Fabrique, París, 2009.

BADIOU, Alain: *On a raison de se révolter. L'actualité de Mai 68*. Fayard, París, 2018.

—: *The Communist Hypothesis*. Red Pepper, 2015.

—: *La filosofía frente al comunismo. De Sartre a hoy*. Siglo XXI editores, Barcelona, 2016.

BAHAMONDE, Ángel: *Madrid 1939. La conjura del coronel Casado*. Cátedra, Madrid, 2014.

BEAUVOIR, Simone de: *El segundo sexo*. Cátedra, Madrid, 2017. Publicación original, 1949.

BESTEIRO, Julián: *Marxismo y antimarxismo*. Ed. Pablo Iglesias, México, 1966.

BIANCO, Lucien: *La récidive. Révolution russe, révolution chinoise*. Gallimard, París, 2014.

BLAS ZABALETA, Patricio de y BLAS MARTÍN-MERÁS, Eva de: *Julián Besteiro. Nadar contra corriente*. Algaba Ediciones, Madrid, 2002.

Blasco, Emili J.: *Bumerán Chávez. Los fraudes que llevaron al colapso de Venezuela*. CreateSpace Independent Publishing Platform, Madrid, 2015.

Bolloten, Burnett: *La Guerra Civil española. Revolución y contrarrevolución*. Alianza Editorial, Madrid, 1989.

Bouthelier, Antonio y López Mora, José: *8 días. La revuelta comunista*. Editora Nacional, Madrid, 1940.

Butler, Judith: *Gender Trouble. Feminism and the Subversion of Identity*. Routledge, Nueva York, 1990. Ed. española: *El género en disputa. Feminismo y subversión de la identidad*. Paidós, Barcelona, 2007.

—: *Deshacer el género*. Paidós, Barcelona, 2006.

Cardenal, Juan Pablo y Araújo, Heriberto: *La silenciosa conquista china*. Crítica, Barcelona, 2011.

—: *La imparable conquista china*. Crítica, Barcelona, 2015.

—: *Propaganda china para un escenario post-Covid-19*, CADAL, 2020.

Catalán Deus, José: *Del FRAP a Podemos*. Muñoz Moya Editores, Sevilla, 2015.

Cervo, Martino: *Willi Münzenberg. Il megafono di Stalin*. Cantagalli, Siena, 2013.

Chacín G., Ángel J.: *Tatameo: antes y después del deslave*. Autoedición, Caraballeda, 2010.

Coca, Gabriel Mario de: *Anti-Caballero. Crítica marxista de la bolchevización del Partido Socialista (1930-1936)*. Ed. Engels, Madrid, 1936. También en Ediciones del Centro, Madrid, 1976.

Cohn-Bendit, Dany: *La revolución y nosotros, que la quisimos tanto*. Anagrama, Barcelona, 2006.

Costantini, Luca: *Aquí mando yo. Historia íntima de Podemos*. La Esfera de los Libros, Madrid, 2019.

Courtois, Stéphane: *Lénine, l'inventeur du totalitarisme*. Editions Perrin, París, 2017.

De la Cierva, Ricardo: *1939. Agonía y victoria (El protocolo 277)*. Planeta, Barcelona, 1989.

De la Mora, Constancia: *Doble esplendor*. Prólogo de Jorge Semprún. Gadir Editorial, Madrid, 2017. También en Ed. Atlante, México, 1944.

Deleuze, Gilles y Guattari, Félix: *El antiedipo. Capitalismo y esquizofrenia*. Barral Editores, Barcelona, 1973.

Díaz Herrera, José: *Garzón: juez o parte*. La Esfera de los Libros, Madrid, 2007.

DOMENACH, Jean-Luc: *Chine: L'archipel oublié.* Fayard, París, 1992.

DUVERT, Tony: *El buen sexo ilustrado.* Colección «Ucronía», Iniciativas Editoriales, Barcelona, 1978.

ECO, Umberto: *Obra abierta.* Planeta-Agostini, Barcelona, 1985. Publicación original, 1962.

ELORZA, Antonio y BIZCARRONDO, Marta: *Queridos camaradas. La Internacional comunista y España. 1919-1939.* Planeta, Barcelona, 1999.

ESPAÑOL BOUCHÉ, Luis: *Madrid 1939. Del golpe de Casado al final de la Guerra Civil.* Almena, Madrid, 2003.

ESPINOSA MAESTRE, Francisco: *Masacre. La represión franquista en Villafranca de los Barros (1936-1945).* Aconcagua Libros, Sevilla, 2011.

FALCÓN, Lidia: *Viernes y 13 en la calle del Correo.* Planeta, Barcelona, 1981.

GALAYS, Helena de: *Pablo Iglesias. Cómo se construye un líder mediático.* Autoedición, 2017.

GARCÍA LÓPEZ, Alfonso: *Algunos abuelos de la democracia.* Autopublicado, 2018.

GARCÍA OLIVER, Juan: *El eco de los pasos.* Publicación original en Ruedo Ibérico, México, 1978.

GLUCKSMAN, André y WOLTON, Thierry: *Silencio, se mata.* Alianza Editorial, Madrid, 1987.

GOMÁRIZ ACUÑA, Julio: *Relato de un miembro del FRAP.* El Garaje Ediciones, Madrid, 2016.

GÓMEZ-LOBATO, Lucía: *La moción.* Samarcanda, 2019.

GONZÁLEZ, Felipe y CEBRIÁN, Juan Luis: *El futuro no es lo que era.* Aguilar, Madrid, 2001.

GUZMÁN, Eduardo de: *Nosotros los asesinos.* El Garaje Ediciones, Madrid, 2008.

—: *Aurora de sangre. Vida y muerte de Hildegart.* G. del Toro, Madrid, 1972. Reedición en La Linterna Sorda, Madrid, 2014.

HERMIDA REVILLAS, Carlos: «La oposición revolucionaria al franquismo: el Partido Comunista de España (marxista-leninista) y el Frente Revolucionario Antifascista y Patriota». Revista *Historia y Comunicación Social*, n.º 2, Dpto. de Historia de la Comunicación Social, Facultad de Ciencias de la Información, UCM, Madrid, 1997.

HERNÁNDEZ, Jesús: *Yo fui un ministro de Stalin.* Ed. Gregorio del Toro, Madrid, 1974. Publicación original en Editorial América, México, D. F., 1953.

Herrero de Miñón, Miguel: *Ideas para moderados*. Unión Editorial, Madrid, 1982.

Iglesias Peláez, Javier: *Stalin en España. La gran excusa*. Raíces, Madrid, 2008.

Iglesias Ramírez, Manuel: *La moderna democracia social*. Dux, Barcelona, 1953.

—: *Problemas conyugales o vida y estado matrimonial*. Dux, Barcelona, 1953.

—: *Aborto, eutanasia y fecundación artificial*. Dux, Barcelona, 1954.

Iglesias Turrión, Pablo: *Desobedientes. De Chiapas a Madrid*. Editorial Popular, Madrid, 2011 (versión abreviada de su tesis doctoral).

—: *Maquiavelo frente a la gran pantalla. Cine y política*. Akal, Madrid, 2013.

—: *Disputar la democracia. Política para tiempos de crisis*. Akal, Madrid, 2014.

—: *Una nueva Transición. Materiales del año del cambio*. Akal, Madrid, 2015.

Iglesias Turrión, Pablo (ed.): *Cuando las películas votan. Lecciones de ciencias sociales a través del cine*. Los Libros de la Catarata, Madrid, 2013.

Iglesias Turrión, Pablo y Juliana, Enric: *Nudo España*. Arpa Editores, Barcelona, 2018.

Iglesias Turrión, Pablo y Monedero, Juan Carlos: *¡Que no nos representan!* Editorial Popular, Madrid, 2011.

Iglesias Turrión, Pablo y Nega (LCDM): *Conversación entre Pablo Iglesias y Nega LCDM. ¡Abajo el régimen!* Icaria Editorial, Barcelona, 2013.

Ionesco, Eva: *Innocence*. Editions Grasset, París, 2017.

Jiménez Losantos, Federico: *La última salida de Manuel Azaña*. Planeta, Barcelona, 1994.

—: *Los nuestros. Cien vidas en la historia de España*. Planeta, Barcelona, 1999.

—: *Memoria del comunismo. De Lenin a Podemos*. La Esfera de los Libros, Madrid, 2018.

—: *Barcelona. La ciudad que fue: la libertad y la cultura que el nacionalismo destruyó*. La Esfera de los Libros, Madrid, 2019.

Kaiser, Axel: *La neoinquisición. Persecución, censura y decadencia cultural en el siglo xxi*. Deusto, Barcelona, 2020.

Laiz Castro, Consuelo: *La izquierda radical en España durante la transición a la democracia*. UCM. Facultad de Ciencias Políticas y Sociología. Dpto. de Ciencia Política y de la Administración II, Madrid, 1993.

LEYS, Simon: *Los trajes nuevos del presidente Mao. Crónica de la Revolución Cultural.* Tusquets, Barcelona, 1976.

LIM, Louisa: *The People's Republic of Amnesia. Tiananmen Revisited.* Oxford University Press, Oxford, 2014.

LINHART, Virginie: *Le Jour où mon père s'est tu.* Seuil, París, 2008.

LÍSTER, Enrique: *Nuestra guerra.* Colección Ebro, París, 1966.

LIZCANO, Pablo: *La generación del 56. La universidad contra Franco.* Saber y Comunicación, Madrid, 2006.

LÓPEZ CAMPILLO, Antonio: *La caída de la casa Lenin.* Ed. Madre Tierra, Madrid, 1992.

LÓPEZ ORTEGA, Pedro: *Coronel Segismundo Casado López. Defensor de la Justicia, la Libertad y la República.* Espuela de Plata, Sevilla, 2018.

LOUSTEAU, Javier: *El nuevo constitucionalismo latinoamericano.* CreateSpace Independent Publishing Platform, Madrid, 2012. Incluido también en *The Democracy Papers,* n.º 5 del InterAmerican Institute for Democracy, agosto de 2012.

LYOTARD, Jean-François: *Discurso, figura* (Josep Elias y Carlota Hesse, eds.; Federico Jiménez Losantos, prol.). Gustavo Gili, Barcelona, 1979.

MARCUSE, Herbert: *Eros y civilización.* Seix Barral, Barcelona, 1976. Reedición en Ariel, Barcelona, 2002.

—: *El hombre unidimensional* (trad. Antonio Elorza). Planeta, Barcelona, 2016. Publicación original, 1964.

MARTÍNEZ MARZOA, Felipe: *Revolución e ideología.* Fontamara, Barcelona, 1979.

MERA, Cipriano: *Guerra, exilio y cárcel de un anarcosindicalista.* Ruedo Ibérico, París, 1976.

MILLET, Catherine: *La vie sexuelle de Catherine M.* Seuil, París, 2001. Ed. española: *La otra vida de Catherine M.* Anagrama, Barcelona, 2001.

MILLET, Kate: *Sexual Politics.* Columbia University Press, Nueva York, 2016. Publicación original, 1970.

MIR, Miquel y SANTAMARÍA, Mariano: *La otra Memoria Histórica.* Nowtilus, Madrid, 2011.

MODESTO, Juan: *Soy del Quinto Regimiento.* Colección Ebro, París, 1969.

MONEDERO, Juan Carlos: *La Transición contada a nuestros padres.* Catarata, Madrid, 2017.

MORÁN, Gregorio: *Miseria y grandeza del Partido Comunista de España (1939-1985)*. Planeta, Barcelona, 1986.

MUNIESA, Mariano: *F.R.A.P. Memoria oral de la resistencia antifranquista*. Quarentena, Barcelona, 2015.

OLAYA MORALES, Francisco: *El expolio de la República. De Negrín al Partido Socialista, con escala en Moscú: el robo del oro español y los bienes particulares*. Belacqua, Barcelona, 2004.

ORWELL, George: *Homenaje a Cataluña*. 1.ª ed. española en Ariel, Barcelona, 1970.

PAGLIA, Camille: *Feminismo pasado y presente*. Turner, Madrid, 2018.

—: *Sexual Personae. Arte y decadencia desde Nefertiti a Emily Dickinson*. Deusto, Barcelona, 2020.

PINKER, Steven: *La tabla rasa*, Paidós, Barcelona, 2018.

PLACER, David: *Los brujos de Chávez*. Sarrapia Ediciones, Caracas, 2015.

RAMÍREZ, Pedro J.: *El año que murió Franco*. Plaza & Janés, Barcelona, 1985. Reeditado en La Esfera de los Libros, Madrid, 2016.

RAMÍREZ LÓPEZ, Carlos: *El fruto del árbol envenenado. La Constituyente como excusa para matar al Estado Democrático*. Palibrio, Indiana, 2015.

—: *Leyes infames en Venezuela. Leyes habilitantes: apariencia de legalidad de una dictadura*. CreateSpace Independent Publishing Platform, Madrid, 2016.

RAMÍREZ SÁNCHEZ, Illich, «Carlos»: *L'Islam révolutionnaire*. Editions du Rocher, Mónaco, 2003.

RANGEL, Carlos: *Del buen salvaje al buen revolucionario*. Monte Ávila, Caracas, 1976.

REICH, Wilhelm: *La revolución sexual. Para una estructura de carácter autónoma del hombre*. Ruedo Ibérico, París, 1970. Reedición en Planeta, Barcelona, 1985.

—: *La función del orgasmo. El descubrimiento del orgón. Problemas económico-sexuales de la energía biológica*. Paidós, Barcelona, 2010.

RIVAS CHERIF, Cipriano de: *Retrato de un desconocido. Vida de Manuel Azaña*. Grijalbo, Barcelona, 1980.

RIVERO, Jacobo: *Conversación con Pablo Iglesias*. Ediciones Turpial, Madrid, 2014.

RODRÍGUEZ MIAJA, Fernando: *El final de la Guerra Civil. Al lado del general Miaja*. Marcial Pons Ediciones de Historia, Madrid, 2015.

ROLDÁN BARBERO, Horacio: *Los GRAPO. Un estudio criminológico*. Ed. Comares, Granada, 2008.

—: *El maoísmo en España y el Tribunal de Orden Público*. Universidad de Córdoba (UCO Press), Córdoba, 2011.

ROMERO, Luis: *El final de la guerra*. Ariel, Barcelona, 1976. Reedición en Planeta, Barcelona, 2006.

—: *Desastre en Cartagena. Marzo 1939*. Ariel, Barcelona, 1971.

SABORIT, Andrés: *Julián Besteiro*. Fondo de Cultura Económica de España, Madrid, 2008. Publicación original, 1957.

SÁEZ, Javier y CARRASCOSA, Sejo: *Por el culo. Políticas anales*. Egales editorial, Barcelona, 2011.

SALAS LARRAZÁBAL, Ramón: *Historia del Ejército Popular de la República*. La Esfera de los Libros, Madrid, 2006. Publicación original en Editora Nacional, Madrid, 1973.

SAN MARTÍN, José Ignacio: *Servicio Especial. A las órdenes de Carrero Blanco (de Castellana a El Aaiún)*. Planeta, Barcelona, 1983.

SÁNCHEZ, Guadalupe: *Populismo punitivo*. Deusto, Barcelona, 2020.

SERRA, Clara: *Leonas y zorras*. Los Libros de la Catarata, Madrid, 2018.

—: *Manual ultravioleta*. Ediciones B, Barcelona, 2019.

SETIÉN MARTÍNEZ, Francisco José: «El FRAP entra en escena (mayo de 1973). Discursos, mensajes y opiniones en la prensa de la época». Revista *Historia y Comunicación Social*, n.º 4. Dpto. de Historia de la Comunicación Social, Facultad de Ciencias de la Información, UCM, Madrid, 1999.

SOLZHENITSYN, Alexandr: *Un día en la vida de Iván Denísovich*. Tusquets, Barcelona, 2008.

SOWELL, Thomas: *La discriminación positiva en el mundo*. Gota a Gota, Madrid, 2006.

STEINBERG, Isaac Nachman. *Cuando fui comisario del pueblo*. Zeus, Madrid, 1930.

TAEK-GWANG LEE, Alex y ŽIŽEK, Slavoj (eds.): *La idea de comunismo. The Seoul Conference* (2013). Akal, Madrid, 2018.

TEGÜEÑA, Manuel: *Testimonio de dos guerras*. Oasis, México, 1973. También en Planeta, Barcelona, 2005.

TORREBLANCA, José Ignacio: *Asaltar los cielos. Podemos o la política después de la crisis*. Debate, Barcelona, 2015.

UTRERA MOLINA, José: *Sin cambiar de bandera*. Planeta, Barcelona, 1989. Edición revisada y aumentada en Planeta, Barcelona, 2008.

VÁSQUEZ LEZAMA, Paula: *Poder y catástrofe. Venezuela bajo la tragedia de 1999*. Taurus, Caracas, 2010.

VICENTE GONZÁLEZ, Manuel de: *Historia militar de la Guerra Civil en Madrid*, tomo II, «Los combates en Madrid». Ministerio de Defensa y MK Editora, Madrid, 2014.

VV. AA.: *Salvemos Venezuela* (Ángel Fernández, coord.). LID Editorial, Madrid, 2018.

Wu, Harry: *Retour au Laogai. La vérité sur les champs de la mort dans la Chine d'aujourd'hui*. Belfond, París, 1997.

Žižek, Slavoj: *Problemas en el paraíso. Del fin de la historia al fin del capitalismo*. Anagrama, Barcelona, 2016.

—: *En defensa de la intolerancia*. Sequitur, Madrid, 2007.

—: *Lenin: Remembering, Repeating and Working Through*. Verso, Londres, 2017.

—: *La vigencia de El manifiesto comunista*. Anagrama, Barcelona, 2018.

Créditos fotográficos

Página 1: © Imagno/Getty Images *(arriba);* ©Photo 12/ Universal Images Group via Getty Images *(abajo).*

Página 2: © Universal History Archive/Universal Images Group via Getty Images *(arriba)*; © Archivo ABC *(abajo).*

Página 3: © Archivo ABC *(arriba);* © Fox Photos/Hulton Archive/Getty Images *(abajo).*

Página 4: © Gamma-Keystone /Getty Images *(arriba);* © jgb / EFE *(abajo).*

Página 5: © Alfonso, VEGAP, Barcelona, 2020.

Página 6: Acción, n.º 30, noviembre de 1975, depositada en Universidad Obrera; *Boletín Comité Pro-FRAP*, depositado en la Universidad Autónoma de Barcelona; *Front*, febrero-marzo 1973, depositado en la Universidad Autónoma de Barcelona.

Página 7: © OLYMPIA/EFE *(arriba).*

Página 8: © POOL / EFE *(arriba);* © EyePress *(centro izda.);* © ABI / APA/EFE *(centro dcha.);* Cortesía de Libretad Digital *(abajo).*

Página 9: © Miraflores Palace/Handout/ REUTERS / Gtres *(arriba);* ©Kimberly White / Reuters / Gtres *(abajo).*

Página 10: © Orlando Sierra / AFP / Getty Images *(arriba izda.);* © Venezuela Timeline/AP Photo/ Gtres *(arriba dcha.);* © Carlos Garcia Rawlins /Reuters / Gtres *(centro);* © Tomás Bravo / Reuters / Gtres *(abajo izda.);* © Christian Veron /Reuters / Gtres *(abajo dcha.).*

Página 11: © Quique García /EPA/ EFE *(arriba izda. y dcha.);* © J.P. Gandul / EFE *(abajo).*

Página 12: © Victor J. Blanco / Gtress *(arriba);* © Moncloa *(abajo izda.);* © Paco Campos / EFE *(abajo dcha.).*

Página 13: ©EFE *(arriba);* ©Gtress *(abajo izda.);* © Ángel Navarrete / *El Mundo (abajo dcha.).*

Página 14: © Juan Carlos Hidalgo/ POOL/EFE *(arriba);* © Emilio Naranjo / Gtres *(abajo).*

Página 15: © Carmelo Jordá / Libertad Digital.

Página 16: © Thomas Peter /Reuters / Gtres *(arriba);* ©Pool *(centro izda.);* © EyePress / AFP / ContactoPhoto *(centro);* © Cortesía de *Diario Clarín (centro dcha.);* Kin Cheung / AP Photo / Gtres *(abajo izda.);* © Liu youzhi /AP Photo/ Gtress *(abajo dcha.).*